U0959820

权威·前沿·原创

皮书系列为
“十二五”“十三五”国家重点图书出版规划项目

中国社会科学院创新工程学术出版项目

英国蓝皮书

BLUE BOOK OF THE UNITED KINGDOM

英国发展报告（2018~2019）

ANNUAL REPORT ON DEVELOPMENT OF THE UNITED KINGDOM (2018-2019)

北京外国语大学区域与全球治理高等研究院
北京外国语大学英国研究中心
中国欧洲学会英国研究分会
主　编／王展鹏
副主编／徐瑞珂

社会科学文献出版社
SOCIAL SCIENCES ACADEMIC PRESS (CHINA)

图书在版编目（CIP）数据

英国发展报告．2018－2019／王展鹏主编．－－北京：社会科学文献出版社，2019.11
（英国蓝皮书）
ISBN 978－7－5201－5779－7

Ⅰ．①英…　Ⅱ．①王…　Ⅲ．①经济发展－研究报告－英国－2018－2019　Ⅳ．①F156.14

中国版本图书馆 CIP 数据核字（2019）第 242527 号

英国蓝皮书
英国发展报告（2018～2019）

主　　编／王展鹏
副 主 编／徐瑞珂

出 版 人／谢寿光
责任编辑／仇　扬
文稿编辑／高　媛

出　　版／社会科学文献出版社·当代世界出版分社（010）59367004
地址：北京市北三环中路甲 29 号院华龙大厦　邮编：100029
网址：www.ssap.com.cn
发　　行／市场营销中心（010）59367081　59367083
印　　装／三河市东方印刷有限公司

规　　格／开　本：787mm×1092mm　1/16
印　张：25.75　字　数：384 千字
版　　次／2019 年 11 月第 1 版　2019 年 11 月第 1 次印刷
书　　号／ISBN 978－7－5201－5779－7
定　　价／168.00 元

本书如有印装质量问题，请与读者服务中心（010－59367028）联系本报告是北京外国语大学2019年度“双一流”建设科研项目——智库型科研项目（《英国发展报告（2018～2019）》）成果，研究和出版还得到了2018年度区域与全球治理高等研究院“双一流”建设经费与教育部区域和国别研究培育基地经费的资助

北京外国语大学区域与全球治理高等研究院
“区域和国别研究蓝皮书系列”

《英国发展报告（2018～2019）》
编　委　会

主编简介

王展鹏　法学博士，北京外国语大学英语学院教授、博士生导师、英语学院副院长、教育部国别与区域研究培育基地英国研究中心负责人、国别与区域研究备案中心爱尔兰研究中心主任；北京外国语大学校学术委员会委员、学位委员会委员；中国欧洲学会理事、英国研究分会副会长、中国爱尔兰研究学术网络协调人；《加拿大爱尔兰研究》《英国研究》等国内外学术刊物编委；社会科学文献出版社皮书研究院高级研究员。近年来，主要从事欧洲一体化研究和英国/爱尔兰问题研究，在《欧洲研究》《武汉大学学报》《教学与研究》《国际论坛》等刊物发表中英文学术论文50多篇；著有《英国发展报告》（主编，社会科学文献出版社，2013、2015、2016、2017、2018）、《解析英国及其国际地位的演变》（主编之一，世界知识出版社，2013）、《中爱关系：跨文化视角》（主编，世界知识出版社，2011）、《跨国民主及其限度：欧盟制宪进程研究》（人民出版社，2010）、《认识爱尔兰：历史遗产与当代经验》（主编之一，外语教学与研究出版社，2009）、《国家权力与世界市场：国际政治经济学》（译著，北京大学出版社，2008）、《爱尔兰人与中国》（合译，人民出版社，2010）、《关贸总协定法律及实务指南》（合译，上海人民出版社，2004）等，主编、参编英语教材及工具书十余部（册）。

摘　要

2018～2019 年对英国而言是波谲云诡的一年，脱欧的阴霾依然笼罩着英国政坛，影响着其内外政策的方方面面。英国脱欧进程以始料未及的方式一再陷入困境。在脱欧协议遭议会三次否决后，特雷莎·梅不得不提前黯然下台。英国由“梅时代”进入“约翰逊时代”，但随之而来的并非更多的希望，而是更多的彷徨与挣扎。

脱欧在过去一年里依然是英国政府的首要任务。梅政府与欧盟在 2018 年 11 月达成脱欧协议草案，却在英国下议院折戟沉沙。脱欧难产的主要症结之一在于北爱尔兰边界问题，与之相关的“保障条款”成为最具争议的内容。但英国政党之间以及保守党内部硬脱欧派与软脱欧派之间在欧洲问题上的分歧以及背后的政党利益之争才是脱欧僵局的根本原因。鲍里斯·约翰逊于 2019 年 7 月 24 日接任英国首相以来，在脱欧问题上一面要求欧盟在北爱尔兰边界问题上做出让步，一面高调准备在 2019 年 10 月 31 日无协议脱欧。然而，脱欧前景因 9 月初反对派通过阻止无协议脱欧的法律再次变得扑朔迷离。

在政治层面，脱欧僵局致使英国政治处于更大不确定性之中。硬脱欧派约翰逊的上台使英国无协议脱欧的风险增大。围绕脱欧的争论和党派政治相互叠加使英国政党政治面临转型、重构压力：英国主要政党两极分化、政党政治格局碎片化和分化重组的趋势更趋显著。脱欧党和自由民主党等“第三党”对保守党和工党两大党的地位形成严重冲击。随着无协议脱欧的可能性增大，苏格兰拟再次启动独立进程，威尔士民族主义情绪明显上升，北爱尔兰等地区主要族群分歧加剧，《复活节协议》以来的和平进程面临冲击，英国统一的多民族国家形态面临更大的挑战。

在经济层面，受脱欧拖累，英国经济放缓的趋势在 2018 ~ 2019 年更加凸显。然而，英国经济走势与脱欧进程并不一定是简单的、线性的关系。伴随脱欧进程，英国经济出现了曲折和波动，增速在 2018 年明显下滑后，2019 年第一季度“逆势增长”，但这一增长态势未能持续。自 2018 年以来，英国金融市场波动较大，金融机构在英净投资量大幅下滑；英国贸易逆差不断拉大，英国政府对外贸易谈判的压力骤增。英国经济的一些积极因素是，财政政策和货币政策稳定，通货膨胀率实现既定目标，产业政策有条不紊推进，就业形势也持续向好。

在外交层面，英国政府继续致力于推行“全球英国”理念，但其 2018 ~ 2019 年的外交成绩依然难以与“全球英国”愿景相匹配。总体而言，过去一年来英国的外交政策并未因脱欧困境而进行战略收缩，但较之脱欧公投之前的情况，并未更具全球性，外交重心仍然更多维持在欧洲和美国。中英关系在不稳定环境中踟蹰前行，较往年呈现更复杂的态势。一方面，“黄金时代”的底色犹存：英国政府更为重视对华政策，国内出现越来越多的对华政策讨论，工商界利益集团对当前英国对华政策讨论的影响力不容小觑；中英两国继续推进在贸易、并购投资、财金、能源、教育、科技以及人文领域的务实合作。另一方面，两国关系也不时受到香港、南海和华为 5G 等问题的干扰。英美特殊关系继续在尴尬中前行，约翰逊当选首相后英美的战略协调有加强的态势，但特朗普在很多问题上仍给两国关系带来困扰。在参与全球治理方面，英国外交取得了一些进展，例如，英国仍坚持以多边外交方式积极参与防止核扩散工作，在全球气候治理中依然试图扮演领导角色。

在社会、文化层面，2018 ~ 2019 年英国社会共识进一步弱化，分歧加深；文化娱乐产业尽管受脱欧困扰，但仍维持稳步向前的态势。脱欧的久拖不决使英国社会陷入持续的撕裂与混乱之中，以实用主义和中间道路为鲜明特征的英国社会理性遭受重创，以科尔宾经济学为代表的左翼思潮影响力上升，但其能否成为解决“英国病”的良方仍是未知数。英国传媒新的图景在过去一年里不断展现，报刊业的转型不乏成功的案例，视听领域的变革加快，播客和智能语音交互技术备受关注，但脱欧进程中虚假新闻的大行其道也使新闻业的公信力下降。英国电影产业取得了骄人成绩，票房收入和观影人次双双创下自 20 世纪 70 年代初以来的最佳纪录，电影市场份额达到 21 世纪最高点。

目 录

Ⅰ 总报告

Ⅱ 分报告

Ⅲ 英国脱欧篇

Ⅳ 经济社会篇

Ⅴ 中英关系篇

Ⅵ 资料篇

总 报 告

General Report

B.1
脱欧僵局下的2018～2019年英国总体形势报告

“英国总体形势报告”课题组*

摘　要： 2018年下半年以来，英国脱欧僵局成为理解2018～2019年英国政治、经济、社会、外交形势的重要背景和关键词。特雷莎·梅因脱欧问题辞去首相职务，鲍里斯·约翰逊继任后，坚持要求修改脱欧协议并不惜以无协议脱欧的形式在2019年10月31日前离开欧盟，但遭到议会反对派的掣肘，加大了脱欧的不确定性，也进一步加剧了英国政治上的困境和经济上的曲折与波动。英国外交面临重新界定英欧关系和维持大国地位的挑战，其外交空间受限，投机性和冒险性上升。英

* 本报告由“2018～2019英国总体形势报告”课题组集体完成。王展鹏负责报告设计和统筹；各部分撰稿人分别依次为王展鹏、李靖堃、刘明礼、崔洪建、杨芳。本报告为国家社科基金课题“英国对华决策新发展及其对中英关系的影响研究”（项目批准号：16BGJ069）的阶段性成果。

国政府对华政策选择与脱欧进程的后续发展及来自美国的压力相互交织，成为影响中英关系发展的重要因素。总体来看，这一阶段政党政治甚至选举政治的考虑在脱欧走向中的影响加大，对英国政治、经济、社会发展的长远影响开始显现，形成调整与重构的压力。脱欧对英国发展模式和内外政策带来的持久性、深层次影响值得进一步关注。

关键词： 脱欧僵局　英国总体形势　政党政治　经济形势　对外政策　中英关系

2018 年 7 月以来，虽然特雷莎·梅政府与欧盟反复博弈，达成了脱欧协议，但因国内政治分歧迄今未能获得议会批准，脱欧陷于僵局，被迫将脱欧期限延迟至 2019 年 10 月 31 日。尽管如此，截至 2019 年 9 月，接替梅出任首相的鲍里斯·约翰逊面临同样甚至更大的脱欧困境，新的脱欧截止日期再次临近，英国内部各政党、各地区、各群体间的分歧依然如故。尽管约翰逊不惜以无协议脱欧的方式强势推动 10 月 31 日如期离开欧盟，但由于议会多数议员明确反对无协议脱欧，脱欧期限进一步延迟、重新大选甚至通过二次公投逆转脱欧的可能性都无法排除。

英国脱欧僵局及其影响

王展鹏[①]

（一）身份政治和选举政治的相互作用使英国深陷脱欧僵局

脱欧公投以来，疑欧主义、民粹主义崛起引发的英国与欧洲关系的争论

① 王展鹏，博士，北京外国语大学英语学院英国研究中心教授，主要研究领域为英国政治与外交、爱尔兰研究、欧洲一体化。

成为英国政治的显性议题，传统以左右意识形态分野的政党政治影响力下降，身份政治影响力上升，导致政党的分化重组。但过去一年脱欧进程进入决定性阶段，欧洲问题本身和各政党争取政党利益、选举利益最大化的动机相互交织，使脱欧进程深陷僵局。

2019 年 3 月，特雷莎·梅政府提出的模糊、折中的脱欧协议在议会受挫，英国未能如期脱欧。以此为标志，脱欧僵局进一步加深，也加大了脱欧前景的不确定性。这一方案改变了英国政府此前“无协议脱欧胜过糟糕的协议”的强硬立场：一方面英国准备在形式上退出欧盟关税同盟；另一方面与欧盟维持紧密的货物自贸区，在关税区、人员流动、北爱尔兰边界等棘手问题上提出开放、模糊的安排，留待过渡期后逐步解决。

然而，这一脱欧方案遭到了保守党内部强硬脱欧派的激烈反对。边界保障条款可能导致英国整体留在欧盟关税同盟，北爱尔兰民主统一党也因此拒绝支持该协议。脱欧协议的内容虽与工党此前所持的“建设性模糊”立场有一定的吻合度，但出于党内留欧派的压力和选举利益的考虑，工党拒绝支持该协议。工党领导层表示尊重公投结果，但脱欧方案要保障英欧既有的经济联系、欧盟框架下的劳工权利、环保法规等不受影响。尽管这些诉求在脱欧协议的过渡期内有逐步实现的空间，但工党将留在关税同盟的“软脱欧”作为底线，同时将提前大选作为解决脱欧僵局的首选方案，事实上也包含了利用保守党在脱欧问题上的困境争取选举利益的考虑。同样，自由民主党坚持取消脱欧结果的立场，希望以此从两大主流政党阵营吸引亲欧选民。而议会另一主要政党——苏格兰民族党虽可接受“软脱欧”安排，但更倾向于举行二次公投。

在此背景下，2019 年 1 月 15 日，脱欧协议在英国议会下院遭到否决，反对票超出支持票 230 票，创造了英国现代政治史上政府在立法表决中最惨重失败的纪录。此后，虽然保守党政府通过与欧盟协商争取修改脱欧协议，但收效甚微。协议在 3 月 12 日和 29 日两次遭到议会下院否决。英国最终未能按照《里斯本条约》第 50 条的规定于 2019 年 3 月 29 日实现脱欧，并被迫两次向欧盟申请延长脱欧期限。

为打破僵局，特雷莎·梅进行了寻求跨党派共识的努力，但随着欧洲议会选举和地方选举两大党的惨败，这一努力以失败告终。在 2019 年 3 月议会下院举行的意向性投票中，所有方案均未获得议会多数支持，但“软脱欧”和二次公投的选项接近半数（前者为 264 票支持，272 票反对；后者为 268 票支持，295 票反对）。[①] 在议会支持度最高的“软脱欧”方案，由于自由民主党和部分工党亲欧派坚持二次公投选项，拒绝妥协，未能获得多数。脱欧延期后，特雷莎·梅宣布邀请反对党参与关于脱欧方案的跨党派协商。在这一阶段，最有可能取得突破的仍是工党提出的“软脱欧”方案，保守党务实派中有一定数量的议员可接受该方案。如能获得保守党领导层的支持，存在达成跨党派共识的可能。但以欧洲研究小组为代表的保守党强硬派威胁，如保守党领导层接受该安排，将不惜在不信任投票中反对本党政府，甚至脱离保守党另立新党。面对保守党失去执政地位甚至分裂的风险，这一方案最终遭到搁置。英国政治精英，特别是各主要政党在脱欧方案上出于党派利益，拒绝妥协，相互否决各自的脱欧方案，成为这一僵局的典型特征。

脱欧问题长期无法解决，引发选民不满，特别是英国两大传统政党在脱欧问题上采取的模糊立场被认为是脱欧久拖不决的主要原因，也导致了支持者的流失。在 2019 年英国地方议会选举中，保守党和工党获得的选民支持率在 28% 左右，较上届选举，保守党失去大量席位，工党也未从中获益，自由民主党反而增加 500 多席。[②] 在同月举行的欧洲议会选举中，脱欧党和

---

① Dan Bloom, “Brexit Indicative Vote Results in FULL: How MPs Voted on Options for UK's Future”, *Mirror*, 27 March 2019, https://www.mirror.co.uk/news/politics/brexit-indicative-vote-results-full-14195875.

② Thomas Penny, Tim Ross and Alex Morales, “Voters Punish May and Corbyn Amid Brexit Chaos: U.K. Update”, *Bloomberg*, 3 May 2019, https://www.bloomberg.com/news/articles/2019-05-03/brexit-backlash-hits-big-parties-in-local-elections-u-k-update; Robert Hutton, “Brexit Backlash Hits Main Parties in Local Elections”, *Bloomberg*, 3 May 2019, https://www.bloomberg.com/news/articles/2019-05-03/u-k-local-elections-see-voters-reject-both-main-parties.

自由民主党居前两位，工党退居第三，保守党仅排在第五位。2019 年 3 月以后，在关于大选的多数民调中，保守党落后于工党，支持率维持在 25%左右。[①] 在此情况下，各主要政党开始明确在脱欧问题上的立场。特雷莎·梅于 2019 年 5 月 24 日宣布辞职，为保守党硬脱欧派主导英国脱欧政策开辟了空间。工党虽未完全放弃此前的“骑墙”政策，但也开始承诺接受就未来的脱欧协议进行二次公投的方案。

约翰逊当选首相标志着英国保守党加速从温和的疑欧政党向强硬的疑欧政党演变，但保守党不具备议会多数和党内少数亲欧派的不妥协，进一步加剧了脱欧僵局。在 2016 年全民公投中，保守党支持留欧的下院议员人数接近 60%；脱欧协议达成之初，大多数保守党议员接受特雷莎·梅政府的脱欧协议，支持无协议脱欧者仅占保守党议员的四分之一左右。但到约翰逊出任首相时，接受无协议脱欧的保守党议员已接近 90%。保守党选民支持无协议脱欧比例也在 60% 以上。[②] 2018 年底《经济学人》出版的《2019 年的世界》年度专刊还认为，梅一旦因脱欧问题辞职，贾维德、亨特等较为务实的硬脱欧派将在保守党领导人选举中胜出。[③] 然而，在 2019 保守党党内选举中，约翰逊毫无悬念地在议会党团和基层选民中都赢得了明显多数，当选英国首相。

保守党自撒切尔夫人的“布鲁日演讲”算起，经历了近 30 年时间，才从相对亲欧政党走向温和的疑欧政党，而从温和疑欧政党向能接受无协议脱欧的强硬疑欧政党的演变则几乎在短短的一年时间就完成了。这一突变固然有保守党内疑欧主义长期发展的积累效应，更多的则是保守党领导层和基层党员都意识到保守党在脱欧僵局下面临的生存危机：只有采取强硬脱欧的立场，才能从脱欧党手中夺回选民。很多温和、务实的保守党人出于选举考虑

---

① “Opinion Polling for the Next United Kingdom General Election”, *Wikipedia*, https://en.wikipedia.org/wiki/Opinion_polling_for_the_next_United_Kingdom_general_election.

② “More than Half of Tories Prefer ‘No-Deal’ Brexit-Poll”, *Sky News*, 4 January 2019, https://news.sky.com/story/more-than-half-of-tories-prefer-no-deal-brexit-poll-11598348.

③ John Peet, “No End of Certianties: All about Brexit”, in *The World in 2019*, *Economist*, November 2018, p. 79.

转而支持无协议脱欧，使强硬脱欧派从边缘地位成为保守党的主流。

相应的，保守党政府的政策也出现了偏离中间政治、共识政治传统，迎合民粹主义的倾向。约翰逊政府成立后，持强硬脱欧立场的保守党成员获得了回报：内阁多数重要职务由党内右翼分享，强硬脱欧派戈夫、拉布都被委以重任，前者出任兰开斯特公爵领地事务大臣，负责脱欧“战时内阁”，后者出任外交大臣；“欧洲改革研究小组”领袖雅各布·莫格出任保守党下院领袖。这一内阁因其成员秉持的右翼经济、社会理念而被称为撒切尔政府的“第四个任期”。[①] 然而，在具体施政方面，约翰逊并未推行激进的自由主义经济政策，而是一面激烈批评科尔宾的增加税收、国有化政策，一面在老龄人口的社会护理、支持教育、扩大警察队伍等方面提出雄心勃勃的扩张计划。这些需要大量财政经费的政策的可行性受到质疑。在保守党政府已失去议会多数，无论脱欧结果如何，在近期大选难以避免的情况下，约翰逊的政策很大的一部分考虑是争取选民，特别是支持脱欧的工党选区选民，因而，是长期政策还是为赢得大选的权宜之计还有待观察。[②] 从某种意义上说，2016 年的全民公投是疑欧派以欧洲身份政治“绑架”了保守党，进而重塑英国政党政治的结果，而 2018 ~ 2019 年的脱欧进程则见证了各政党“绑架”脱欧政治，导致脱欧僵局不断加深的局面。

（二）约翰逊新政府的强硬立场使脱欧前景更加错综复杂

约翰逊当选首相后，在就职演说和一系列演讲中通过“不脱欧毋宁死”、英国将如期脱欧“没有如果和但是”、不脱欧“宁可死在沟里”等强

① Sean O'Grady, “A Peacetime Prime Minister has Never Faced Bigger Challenges than Boris Johnson”, *Independent*, 24 July 2019, https://www.independent.co.uk/voices/boris-johnson-prime-minister-tory-leadership-brexit-no-deal-a9016416.html.

② Philip Stephens, “The Tories have Become the Brexit Party”, *Financial Times*, 1 August 2019, https://www.ft.com/content/a849c502-b393-11e9-bec9-fdcab53d6959.

硬表态宣示了英国将在10月31日脱欧的立场。① 约翰逊政府的基本脱欧政策是：要求与欧盟重新谈判、修改脱欧协议，特别是取消北爱尔兰边界问题的保障条款，争取有协议脱欧，但如果无法与欧盟达成协议或协议无法获得议会通过将不再延期。针对约翰逊的强硬立场，欧盟起初坚持包括保障条款在内的脱欧协议不容谈判，但随后立场有所松动，提出由英方提供解决当前僵局的建议，但坚持无论采取何种形式，北爱尔兰边界保障条款的效果不能改变。为此，英国提出了通过技术替代方案，甚至对北爱尔兰做出“特别经济和关税区安排”的设想，但迄今尚未找到英国、欧盟、爱尔兰和北爱尔兰各方均可接受的妥协安排。工党、自由民主党等反对党也很难做出让步。

这一强硬脱欧政策首先遭到议会内部反对党和少数亲欧的保守党议员的抵制。为避免议会干扰，约翰逊的顾问班子提出利用英国的宪法惯例，由首相提议经女王批准，迫使议会在10月31日前临时休会。英国政府采纳了这一方案，但在各方压力下做出妥协，只是要求议会在脱欧截止日期前的两个月中休会五周，而且给出的理由是新政府需要更多时间讨论国内立法议题。尽管如此，此次议会休会时间之长在战后英国政治史上并无先例，特别是在英国面临脱欧的生死抉择关头，大幅压缩议会辩论的时间遭到各方激烈批评。反对派指责这一举动是一场“宪法政变”，是在事关英国未来的重大历史关头，剥夺议会的发言权和监督权②，并就这一决定提出了司法审查诉

① The UK Government, “Boris Johnson’s First Speech as Prime Minister: 24 July 2019”, 24 July 2019, https://www.gov.uk/government/speeches/boris-johnsons-first-speech-as-prime-minister-24-July-2019; George Parker, “Boris Johnson Sparks Election Warning with ‘Do Or Die’ Pledge on Brexit”, *Financial Times*, 26 June 2019, https://www.ft.com/content/403eafe6-972c-11e9-8cfb-30c211dcd229; “UK PM Johnson Tells Ministers: We are All Committed to Leaving EU by October 31”, *Reuters*, 25 July 2019, https://www.reuters.com/article/us-britain-eu-johnson-cabinet/uk-pm-johnson-tells-ministers-we-are-all-committed-to-leaving-eu-by-october-31-idUSKCN1UK11B; “Delay Brexit? I’d Rather be Dead in a Ditch, Says Johnson”, *Reuters*, 6 September 2019, https://uk.reuters.com/article/uk-britain-eu-johnson-delay/delay-brexit-id-rather-be-dead-in-a-ditch-says-johnson-idUKKCN1VQ28Z.

② Ben Glaze, “‘Tinpot Dictator’ Boris Johnson Accused of Staging ‘Parliamentary Coup’ with Brexit Gamble”, *Mirror*, 29 August 2019, https://www.mirror.co.uk/news/politics/tinpot-dictator-boris-johnson-accused-19025457.

讼。该举动也加速了反对党和保守党亲欧派联合采取反制措施。2019 年 9 月 3 日，英国议会夏季假期结束后，反对派在不到一周的时间内夺取议会立法议程的控制权，通过了新法律，规定英国议会如在 10 月 19 日前不能批准脱欧协议或无协议脱欧，英国政府必须向欧盟再次申请延期脱欧。包括前财政大臣克拉克、哈蒙德在内的 21 位保守党议员支持反对派提出的法案，遭约翰逊开除出党，使保守党政府在议会下院的席位落后反对派 40 多席。保守党政府提出的提前大选动议，也因反对党担心政府利用大选后的政治真空期实施无协议脱欧而遭到了否决。反对党要求在确定脱欧推迟之后再举行大选。

英国政府的脱欧立场也遭到苏格兰、北爱尔兰、威尔士地区的反对，对英国作为统一的多民族国家的未来的威胁进一步加大。苏格兰地方政府在 2019 年 5 月再次明确提出了举行独立公投的诉求，并启动相关立法程序。苏格兰民族党认为英国政府在脱欧问题上漠视苏格兰民众的要求，特别是无协议脱欧对苏格兰经济和就业带来的巨大风险使二次独立公投难以避免。苏格兰保守党也担心失去苏格兰选民的支持，对中央政府的政策有所保留。

而无协议脱欧对北爱尔兰和平和解进程的潜在影响更大。北爱尔兰民族主义者开始要求启动爱尔兰统一公投。尽管当前大多数民调显示北爱尔兰支持爱尔兰统一的民众并未构成多数，但如果脱欧引发的政治、经济、社会矛盾升级，加之北爱尔兰人口构成的变化，都会加剧北爱尔兰脱离英国的风险。① 当前，苏格兰和北爱尔兰相关民调结果虽总体稳定，但出现了支持脱离英国民众数量上升，少数民调出现了分离主义者或民族主义者占多数的情况。② 约翰逊政府也不得不考虑脱欧给英国国家统一带来的风险，加强了与欧盟的谈判力度，并承诺脱欧后在北爱尔兰、苏格兰等地区与欧盟的关系上

① Alan Whysall, *A Northern Ireland Border Poll*, The Constitution Unit of UCL, March 2019, https://www.ucl.ac.uk/constitution-unit/sites/constitution-unit/files/185_a_northern_ireland_border_poll.pdf.

② Lord Ashcroft, "My Scotland Poll: Yes to Independence Takes the Lead", 5 August 2019, https://lordashcroftpolls.com/2019/08/my-scotland-poll-yes-to-independence-takes-the-lead/.

采取一定的区别对待的方案。

脱欧前景的不确定性还在于，英国议会多数议员虽反对无协议脱欧，但在未来英欧关系的定位上存有明显分歧，仍无法推出得到多数支持的方案。议会通过的延迟脱欧的立法并不足以避免无协议脱欧的局面。当前，避免无协议脱欧的最有效方式是反对派通过对政府的不信任案，选举亲欧派出任临时首相，主导与欧盟谈判延期，或者在议会立法组织二次公投。但这些都很难获得议会多数的支持。工党领导人科尔宾无法得到自由民主党和原保守党议员的认可，工党也拒绝接受其他党派可能推选的临时首相人选。此外，自由民主党不断强化其取消脱欧的立场。而工党亲欧派虽然也要求明确支持通过二次公投取消脱欧的主张，但科尔宾在脱欧问题上的立场不断摇摆，仍更倾向于采取中立立场，即首先赢得大选以“软脱欧”方式与欧盟达成协议，再就协议进行全民公投，希望以此拉住传统支持者中的温和疑欧派。但由于近期科尔宾和工党的民意支持一直低迷，未来大选工党单独执政的可能性有限。① 在这些博弈背后，除脱欧问题本身外，包含了众多选举利益和党派政治考虑，也给保守党政府利用法律上可能存在的漏洞强推无协议脱欧留出了空间，同时鉴于延期无法由英国单方面决定的制约，保守党政府如采取消极对待的策略，也可能导致英国意外地无协议脱欧。

脱欧久拖不决使英国民意更加矛盾、复杂，未来一年英国出现提前大选是大概率事件。2018 年下半年英国脱欧协议陷入僵局时，英国民众反对无协议脱欧的比例很高，支持二次公投的人数也迅速增加。但此后，这一数字基本稳定或略有下降。② 总体上看，反对无协议脱欧的民众数量略占上风③，

① Jeremy Corbyn，“Only Labour will Give the People a Final Say on Brexit”，*The Guardian*，17 September 2019，https：//www. theguardian. com/commentisfree/2019/sep/17/labour – final – say – brexit – boris – johnson – britain – eu？CMP = Share_ AndroidApp_ WhatsApp.

② Matthew Smith，“Expectation of Second Referendum Dwindles as Brexit Day Approaches”，*YouGov*，7 February 2019，https：//yougov. co. uk/topics/politics/articles – reports/2019/02/07/expectation – second – referendum – dwindles – brexit – day –.

③ John Curtice，“Do Voters Back the Possibility of Leaving without a Deal？” NatCen Social Research，4 September 2019，https：//whatukthinks. org/eu/do – voters – back – the – possibility – of – leaving – without – a – deal/.

但许多选民对脱欧因政党利益分歧久拖不决感到厌倦，对脱欧不确定性的蔓延感到担忧，开始认可无协议脱欧的预期。鉴于保守党已完全失去议会多数，无论 10 月 31 日前英国能否脱欧，英国都很可能迎来一场提前大选。

在未来的提前大选中，对脱欧问题的立场不可避免地成为主要议题。约翰逊当选保守党领袖时肩负两个主要使命：其一是领导英国完成脱欧，其二则是领导保守党赢得大选。其主要策略是坚持强硬脱欧立场，吸引支持脱欧党的选民回归保守党。2019 年上半年，保守党的民众支持率在舆观等主流民调中仅为 25% 左右，与工党不相上下。约翰逊当选首相以来，保守党支持率上升至 30% ~35% 之间，领先工党 10% 左右。① 但这一优势仍不足以赢得稳定的议会多数，需要争取更多中间选民和强硬疑欧派的支持，大选仍有可能出现无多数议会或保守党以微弱优势席位胜选的结果②，仍难以破解当前的僵局。

在 2019 年 9 月约翰逊政府与议会反对派关于脱欧延期的立法交锋中，保守党不惜将反对政府立场的议员开除出党，一方面进一步强化保守党的强硬脱欧立场，为大选凝聚疑欧派的支持；另一方面也是为下次大选排除亲欧派候选人。如英国不能按期脱欧，也意味着约翰逊与强硬脱欧派“蜜月期”的结束。未来大选中的一个变数是保守党与脱欧党是否结成选举联盟，在一些关键选区共同派出候选人，一旦形成这一机制，保守党赢得大选的概率将大为增加，也很有可能最终导致英国无协议脱欧。但考虑到保守党作为中右翼主流政党，与右翼民粹政党结盟意味着对自身传统的背叛，也会失去相当多的中产阶级选民的支持。因而，2019 年 9 月初，约翰逊明确拒绝了法拉奇做出的结盟提议。但未来两党是否会形成某种形式的联合，在一定程度上取决于其竞选形势和脱欧的走向。

而反对脱欧的各党派如不能摈弃分歧，采取共同立场，很难逆转脱欧结

① “Opinion Polling for the Next United Kingdom General Election”, *Wikipedia*, https://en.wikipedia.org/wiki/Opinion_polling_for_the_next_United_Kingdom_general_election.

② “List of UK By-Elections”, *Election Polling*, http://www.electionpolling.co.uk/by-elections; “Opinion Polling for the Next United Kingdom General Election”, *Wikipedia*, https://en.wikipedia.org/wiki/Opinion_polling_for_the_next_United_Kingdom_general_election.

果，脱欧僵局仍可能延续。从英国民意看，主要反对党工党受制于科尔宾的激进左翼政策主张和在脱欧问题上的模糊态度，单独赢得议会多数的可能性不大。自由民主党坚持取消脱欧的立场，拒绝考虑与工党组成联合政府，而考虑到苏格兰民族党的脱离英国的独立诉求，工党、自由民主党做出与其联合执政的选择在政治上和心理上也面临很大障碍。这些都给保守党赢得大选提供了机会，而一旦未来英国无多数议会的局面得以延续，脱欧僵局仍可能持续。事实上欧盟在约翰逊上台前也曾考虑英欧暂时搁置脱欧问题，维持现状，5 年后继续讨论该问题。①

（三）脱欧僵局影响下的英国面临多重转型挑战

在脱欧公投后，一些评论者称脱欧对英国而言是一场革命，其影响需要一段时间才能看得清楚。② 2018 年下半年以来，脱欧进程进入决定大结局的关键时期，围绕英欧协议、无协议脱欧、二次公投的博弈起伏不定，充满戏剧性。

脱欧进程短期内对英国政治、经济、社会发展造成剧烈冲击。政治上，英国在三年多的时间里迎来了三位首相，新的大选也迫在眉睫。围绕议会和行政权力、王室特权、议会休会的合法性乃至女王在脱欧中的角色等问题都引发了宪法争论。在政党政治层面，保守党、工党两大党的支持率明显下降，第三党影响力上升，主流政党政策出现了一定的两极分化的趋势，同时也表现出一定的民粹化倾向。苏格兰地方政府启动了苏格兰二次独立公投进程；《复活节协议》以来已经不再是紧迫政治议题的爱尔兰统一公投问题再次回到英国和爱尔兰的政治话语之中，英国国家统一面临前所未有的威胁。经济上，英国经济的起伏波动加快，在英国与欧盟经济关系并未发生改变的情况下，经济影响主要来自脱欧未来的不确定性。一旦英国出现无协议脱欧

① “EU Official Offered Secret Deal to ‘Put Brexit on Ice for Five Years’”, *Yahoo News UK*, 18 July 2019, https://finance.yahoo.com/news/eu-secret-deal-put-brexit-on-ice-five-years-075158215.html.

② Harold James, “Britain and Europe: What Ways Forward?” *International Economics and Economic Policy* 13, October 2016, pp. 523-530.

的局面，如何保障食品、药品供应等短期冲击和如何在 WTO 框架下界定与欧盟贸易关系都是紧迫的问题。社会层面，围绕脱欧走向，英国社会分歧进一步加剧，主张无协议脱欧的强硬疑欧派和支持二次公投的留欧派阵营更加泾渭分明，英国政治精英与民众、政党之间及其内部、地区间，社会群体间围绕脱欧问题的分歧进一步彰显。

在这些纷繁的变化背后，脱欧的长期影响值得进一步思考，英国国家身份、英国资本主义模式、主流政党推崇的“全民国家”理念和共识政治面临重构。有评论认为，脱欧是一次国家危机，这一危机给英国带来的影响将超过1846 年废除《谷物法》和1931 年大萧条时期，前者带来了英国经济自由主义的发展和世界霸权地位的鼎盛时期，后者则导致了英国政党政治的分化重组。① 这些需要关注的问题包括：

——全民公投是不是对英国代议制民主传统的根本背离，议会主权的宪法原则是否遭到了颠覆，英国是否将走向成文宪法体制；

——英国传统两党制是否出现偏离中间政治的两极分化，政党格局是否更加碎片化；

——脱欧是否导致民粹主义的社会动员和政治影响力上升；

——保守党长期被视为奉行实用主义、主张全民国家、维护商业利益的天然执政党，该党是否演变为偏狭、排外的右翼政党；

——英国多民族的统一国家形态是否发生改变；英国内部的产业结构和福利制度是否经历根本性调整；

——英国对外政策是更加内倾还是更加开放，其外交重点的优先次序是否发生了改变；

——脱欧背景下，中英关系“黄金时代”的基础和逻辑是否发生变化。

在此过程中，英国的国家身份、国家形态、内外政策是否出现转型与重构；这些变化是脱欧导致的暂时现象，还是英国在自身与全球和地区体系结

① Andrew Gamble, “The Realignment of British Politics in the Wake of Brexit”, *The Political Quarterly* 90, 24 January 2019, pp. 178 - 179.

构互动过程中出现的长期趋势性演变，还需要进一步跟踪观察，但英国面临的转型挑战和重构压力已经不可避免地对其内外政策产生了重大影响。未来一年，英国脱欧的最终结局有可能尘埃落定，英国面临新的内外政策选择，其结果是导致英国出现内外政策特征根本性的大转折，还是以更加渐进的方式实现再平衡，都亟须进一步的深入研究。

脱欧僵局中的政治困境

李靖堃[①]

脱欧僵局下，2018 ~2019 年的英国政局始终处于不稳定状态。特雷莎·梅被迫辞职，鲍里斯·约翰逊接任，其强硬立场导致无协议脱欧的可能性增大。

（一）约翰逊接任首相，无协议脱欧可能性增大

2018 年 2 月，英国与欧盟开始第二个阶段的脱欧谈判。但谈判过程十分艰难，直到 2018 年 11 月 14 日，双方才最终达成协议草案。[②] 英国内阁于次日通过该协议，欧盟也在 11 月 25 日召开的特别首脑会议上批准了协议，并就欧盟与英国的未来关系发布了“政治声明”。然而，无论是工党、北爱尔兰民主统一党、苏格兰民族党和自由民主党，还是保守党内的强硬脱欧派都对该协议不满，各派意见分歧十分严重。脱欧协议在英国议会 2019 年 1 月 15 日、3 月 12 日和 3 月 29 日举行的三次表决中均遭到否决。而在议会于 2019 年 3 月 27 日和 4 月 1 日先后进行的两轮所谓“指示性投票”中，包括取消脱欧、第二次公投，以及留在关税同盟或建立“2. 0 版共同市场”等在

① 李靖堃，法学博士，中国社会科学院欧洲研究所研究员、欧洲政治研究室主任，主要研究领域为欧盟政治、英国问题。

② European Commission, “Draft Agreement on the Withdrawal of the United Kingdom of Great Britain and Northern Ireland from the European Union and the European Atomic Energy Community, as Agreed at Negotiators’ Level on 14 November 2018”, 14 November 2018, https: //ec. europa. eu/commission/sites/beta - political/files/draft_ withdrawal_ agreement_ 0. pdf.

内的方案无一例外均被否决。这再次说明英国国内各派别之间以及执政党保守党内部的意见分歧已到了不可调和的地步，达成妥协、建立共识几无可能，脱欧陷入僵局。面对这种状况，英国不得不两次请求欧盟延长脱欧期限，欧盟虽同意延迟脱欧，但提出 2019 年 10 月 31 日是“最后期限”。①

脱欧僵局导致特雷莎·梅面临来自保守党内部以及工党的极大压力。2018 年 12 月 12 日，保守党对梅提起不信任投票，在总共 317 名参加投票的保守党议员中，梅获得 200 张支持票。2019 年 1 月 16 日，议会下院就工党领袖科尔宾发起对政府的不信任动议投票，并以 325 票反对、306 票赞成的结果否决了该动议，梅虽然“涉险过关”，但始终无法找到令各方都满意的方案，无法摆脱脱欧困局，她的地位也因此岌岌可危。即使梅在第三次投票前提出如果协议获得通过她就辞职，但仍差 58 票未获通过。在此情况下，她不得不于 2019 年 5 月 24 日宣布将于 6 月 7 日卸任保守党领袖。

在随后展开的保守党领袖竞选中，伦敦前市长、英国前外交大臣鲍里斯·约翰逊在每一轮投票中均遥遥领先，并在 2019 年 7 月 23 日由保守党全体党员进行的投票中毫无悬念地击败杰里米·亨特，以超过 66% 的得票率当选，并于次日正式成为新任首相。

无论是在约翰逊当选首相后的第一次演说②，还是在议会发表的第一次演说中③，他都明确无误地提出将在 2019 年 10 月 31 日之前完成脱欧作为任期内的首要任务。他强调必须遵守公投结果，否则就无法恢复对民主的信任。他指出先前的协议“不可接受”；对于与爱尔兰之间的边界这一焦点问题，他坚决不认可“保障条款”，认为该方案是“反民主的”，必须废除，同时又承诺无论在任何情况下都不会在爱尔兰边界设置边境检查。他

---

① European Council, “European Council (Art. 50) Conclusions”, 10 April 2019, https://www.consilium.europa.eu/media/39042/10-euco-art50-conclusions-en.pdf.

② “Boris Johnson: First Speech as PM in Full”, *BBC*, 24 July 2019, https://www.bbc.com/news/uk-politics-49102495.

③ “Boris Johnson's First Speech to Parliament as UK Prime Minister”, *Reuters*, 25 July 2019, https://www.reuters.com/article/us-britain-eu-leader-speech-text/boris-johnsons-first-speech-to-parliament-as-uk-prime-minister-idUSKCN1UK1JK.

还指出，并不希望英国无协议脱欧，而是希望与欧盟达成一份“新的、更好的协议”，并在自由贸易和“相互支持”的基础上与其他欧洲国家发展一种“新的和令人兴奋的伙伴关系”。① 但他还表示，即使无法与欧盟达成协议，英国也要如期退出欧盟，并指出英国已经在各个领域为脱欧做好了准备。

然而，无论是在特雷莎·梅任首相期间，还是在约翰逊当选之后，欧盟均多次重申，不会就脱欧协议与英国重新谈判，特别是关于爱尔兰边界问题的“保障条款”不可更改。欧盟委员会主席容克也在与约翰逊通电话时再次强调，现有协议是“最好的和唯一可能的”协议。② 在这种情况下，为了兑现在2019年10月31日如期脱欧的承诺，无协议脱欧似乎难以规避。特别是鉴于无论是约翰逊的支持者，还是其内阁成员③绝大多数是脱欧派，因此，遵守脱欧承诺对约翰逊的政治前途至关重要，这也增大了无协议脱欧的可能性。

然而，无协议脱欧很有可能导致保守党进一步陷入无法弥合的分裂。反对无协议脱欧的保守党议员不在少数，特别是“软脱欧派”以及支持第二次公投的议员。约翰逊刚刚当选为领袖，就有包括前财政大臣哈蒙德在内的多名保守党重要成员辞职，在此后议会立法限制政府无协议脱欧政策时，又有多位保守党议员倒戈。可见，约翰逊未来面临的阻力未必会比特雷莎·梅小。另外，也不排除部分保守党议员在议会表决中投反对票，甚至是与工党共同发起对约翰逊的不信任动议这一可能性。④ 因此，对约翰逊而言，脱欧

① “Boris Johnson: First Speech as PM in Full”, *BBC*, 24 July 2019, https://www.bbc.com/news/uk-politics-49102495.

② Daniel Boffey, “EU will not Renegotiate Brexit Deal, Juncker Tells Johnson”, *The Guardian*, 25 July 2019, https://www.theguardian.com/politics/2019/jul/25/michel-barnier-boris-johnsons-combative-rhetoric-targets-eu-unity.

③ 约翰逊内阁的绝大多数成员是脱欧派，如外交大臣（兼任首席大臣）多米尼克·拉布和内政大臣普丽蒂·帕特尔等人。

④ Rowena Mason, “Tory Rebels Warn Boris Johnson: Ditch No Deal or Face Fight for Survival”, *The Guardian*, 23 July 2019, https://www.theguardian.com/politics/2019/jul/22/senior-tories-warn-boris-johnson-over-no-deal-brexit.

仍然是一项艰巨任务，英国国内不同派别之间以及保守党内部关于脱欧问题的巨大分歧不会由于约翰逊的上台而“自动消失”，甚至有可能比梅首相时期更加严重。有评论认为，英国当前正在经历“和平时期最严重的政治危机”。①

（二）约翰逊政府政治理念与政策走向

在接任首相后，约翰逊在议会发表的第一次演说中表示，要引领英国进入一个“黄金时代”②，但在当前形势下，无论是在国内还是在外交领域，约翰逊政府均面临着多重困难。

提高英国人民的福利待遇是约翰逊在演说中提到的另一个施政重点，其中包括改善国民医疗服务系统、解决社会照料领域的危机，以及完善住房、养老以及儿童教育等一系列目标，同时还提出要增加警察数量、增进社会安全；改善铁路、公路、宽带等基础设施。另外，他还提出，将在秋季推出一揽子经济计划，以促进企业的发展，并继续保持英国对海外投资的吸引力。然而，在脱欧问题无法得到妥善解决的情况下，英国政府很难集中精力致力于推进国内各项政策的进展。特雷莎·梅当年在就职演说中同样提出了一系列雄心勃勃的国内改革措施，但进展寥寥。况且，除了泛泛的承诺，约翰逊并未提出任何具体可行的举措。如果英国最终采取无协议脱欧，国内经济或许会遭受重创，就更加无法保证人民的福利待遇。

在对外政策领域，约翰逊将英国定义为一个“外向和真正的全球英国”，他在演说中多次强调“自由贸易”和“自由港”（free ports）等理念，认为自由贸易不仅是促进经济增长的手段，也恰恰是使贫困人口摆脱贫困的途径。约翰逊是自由资本主义的坚定支持者，被认为比多数保守党人“更

---

① Ian Bremmer, “What Boris Johnson’s Premiership Means for Brexit and the UK”, *TIME*, 26 July 2019, https://time.com/5636590/what-boris-johnsons-premiership-means-for-brexit-and-the-u-k/.

② Boris Johnson, “Premiership will be the Start of a Golden Age”, *BBC*, 25 July 2019, https://www.bbc.com/news/uk-politics-49107417.

加自由”①，这也是他与特朗普在政策理念方面的本质差别。因此，尽管约翰逊和特朗普的确有一些共同之处，甚至有人称其为“英国特朗普”②，而且努力与美国保持良好关系也将是约翰逊政府的外交政策优先事项，但鉴于约翰逊和特朗普在贸易理念方面的差异，未来英国和美国之间的矛盾不可避免。

各界对约翰逊的评价褒贬不一，但除了其阵营的坚定支持者以外，似乎对他的绝大多数评价是负面的，特别是鉴于其内阁成员绝大多数支持脱欧，有评论认为，约翰逊的当选意味着激进右翼正在“接管”保守党③，也有人认为约翰逊接受了右翼民粹主义。④ 而工党领袖科尔宾也在约翰逊当选后发表评论指出，仅由不足10万人选出的首相并不具有代表性，并且会“选择时机提出不信任案”。⑤ 如果对约翰逊不满的保守党议员与工党联手在不信任表决中投反对票，则约翰逊很有可能提前下台，提前大选的可能性加大，这也导致英国当前的政治局势仍然处于不明朗和不稳定的状态之中。

（三）脱欧加剧政党政治的碎片化

英国向来被视为典型的两党制国家。自20世纪初以来，保守党和工党

---

① “Boris Johnson: What's His Track Record?”, *BBC*, 23 July 2019, https://www.bbc.com/news/uk-politics-48663963.

② Natasha Frost, “No, Boris Johnson isn't the UK's Donald Trump”, *QUARTZ*, 26 July 2019, https://qz.com/1674711/boris-johnson-isnt-the-uks-donald-trump/.

③ Martin Kettle, “This is No Normal Transition of Power. It's a Hard Brexit Coup”, *The Guardian*, 25 July 2019, https://www.theguardian.com/commentisfree/2019/jul/25/power-brexit-boris-johnson-radical-conservative-party.

④ Zoe Williams, Owen Jones, Simon Jenkins, Anand Menon and Katy Balls, “What did We Learn from Boris Johnson's First Speech as Prime Minister? Our Panel Responds”, *The Guardian*, 24 July 2019, https://www.theguardian.com/commentisfree/2019/jul/24/boris-johnson-first-speech-pm-panel.

⑤ Simon Osborne, “Corbyn Vows to ‘Surprise’ Boris Johnson with No Confidence Vote as He Demands Election”, *Express*, 23 July 2019, https://www.express.co.uk/news/politics/1156788/jeremy-corbyn-boris-johnson-new-prime-minister-tory-leader-brexit-no-deal.

一直轮流执政，已经“垄断”英国政坛100多年，但如今这种政党结构正在发生重组，并且出现了向碎片化发展的趋势，英国久拖不决的脱欧进程加快了这一趋势，而且在2019年表现得更加明显。

2019年5月，英国先后举行了两次选举，分别为英格兰和北爱尔兰地方议会选举以及欧洲议会选举。尽管这两次选举的重要性比不上全国性议会选举，但它们至少在一定程度上起到了“风向标”的作用，表明了英国政党政治格局的发展趋势。

英格兰地方选举每年举行一次，每次选举其中的部分议员，而此次选举是四年中规模最大的一次，要选举8800多个议席。保守党和工党在地方选举中都遭受重创，而自由民主党、绿党和独立人士则均有斩获。保守党损失了1334个议席，失去了44个地方议会的控制权（但仍比工党多33个）；尽管工党在选举前的民调中位居榜首，但在选举中损失了84个议席，失去了6个地方议会的控制权。另外，在此次地方选举中，保守党和工党还有一个共同点是，在其各自原本的“堡垒”地区，支持率都有所下降：工党在北方损失最为严重，而保守党则在南方损失最多。[①] 其最主要的原因在于两党在脱欧僵局中的“不作为”，使其失去了部分选民的信任。而自由民主党则由于一直明确反对脱欧，因此成为最大的赢家，增加了704个议席，控制的议会数量也增加了10个，特别是它赢得了保守党长期占有的某些“安全选区”的议席；无党派人士获得的议席数增加了606个，而绿党获得的议席数也增加了194个，是其有史以来的最好成绩。

而欧洲议会选举对英国政党政治格局的冲击则更为强烈。英国如果按照原定计划于2019年3月29日退出欧盟，原本可不参加此次选举，但由于延迟脱欧而被迫参加。在此次选举[②]中，脱欧党一枝独秀，获得了31.6%的选票、29个议席，成为英国在欧洲议会中的最大政党；自由民主党位居第二，

① John Curtice, “Local Elections: The Main Parties have been Punished”, *BBC*, 3 May 2019, https://www.bbc.com/news/uk-politics-48132541.

② 选举结果参见“European Election 2019: UK Results in Maps and Charts”, *BBC*, 27 May 2019, https://www.bbc.com/news/uk-politics-48403131。

获得了20.3%的选票、13个议席；绿党也有所收获，获得12.1%的选票、7个议席。而工党和保守党则损失惨重，仅分别获得14.1%和9.1%的选票（10个议席和4个议席），保守党更是创下了英国执政党有史以来在欧洲议会选举中的最差纪录，仅排在第五位。

毋庸置疑，从以往的经验来看，欧洲议会选举与全国性议会选举的结果基本上没有关联，在更多情况下是选民表达对政府和执政党不满的一种方式。但正因为如此，却更加能够说明，欧洲议会选举才是民意的“真正表述”。而且，英国的全国性选举采用简单多数制（欧洲议会选举采用比例代表制），得票率与议席数之间往往不成比例，也因此并不完全与民意相符。如果近期提前举行大选，由于脱欧仍将是大选的聚焦点，因此，很有可能再次出现脱欧党和自由民主党的得票率增加，而保守党和工党均无法获得议会多数的情况，从而使英国的政党政治格局发生变化。

欧洲议会选举结束后，英国民调机构就民众在下次大选中的投票意向进行了多次调查（包括YouGov、Opinium、Detapoll等），结果表明，保守党、工党、自由民主党和脱欧党四个政党的支持率不相上下，这几乎是英国历史上前所未有的情况。①

在这一背景下，关于英国是否已经是三党制或多党制的讨论又重新成为热点。由于脱欧仍未结束，因此目前尚无法给出确定无疑的判断，但脱欧正在推动英国的政党政治格局向碎片化和多元化的方向发展，这一点应该可以肯定。而且，脱欧问题拖得越久，英国政党政治向多党制发展的可能性也就越大。原因在于，脱欧不仅造成了民意的分裂和极端化，而且打破了民众以前的政党忠诚纽带，同时也推高了民众的所谓“反政治”情绪（即不支持两大主要政党中的任何一个）。2017年大选时，保守党和工党的支持率加起来达到了82%，是1970年以来最高的比例。直到2018年11月，即特雷莎·梅与欧盟达成脱欧协议草案之时，两党的支持率才略有下降，

① Thomas K. Grose, “Storm Clouds for the UK’s Political Order”, *US News*, 10 June 2019, https://www.usnews.com/news/best-countries/articles/2019-06-10/brexit-is-realigning-britains-long-established-political-order.

均为 39%，而自由民主党和工党的支持率分别仅为 8% 和 2%，英国独立党为 5 %。[①] 转折点发生在 2019 年 3 月 29 日，即英国原定退出欧盟的日期。在此期间，保守党和工党的支持率大跌，而自由民主党和脱欧党的支持率则迅速上升，欧洲议会选举结果正是这一民意的集中体现。这与民众对脱欧问题的关注度密切相关：在英国与欧盟达成脱欧协议之前，英国人对脱欧的关注度并不算高，只有 30% 的人表示脱欧是自己最关注的问题；2018 年 11 月，这一比例上升到了 65%[②]；2019 年 1 月 15 日，脱欧协议第一次被议会否决，民众对脱欧的关注度也随之骤增至 86%。[③] 由此可见，时间拖得越久，民众对脱欧的关注度越高，民意也就会更加固化和极端化，也就越不利于保守党和工党。在此背景下，保守党和工党被迫调整在脱欧问题上的立场，特别是约翰逊当选英国首相后强化了保守党的强硬脱欧立场。

这也正是脱欧党在欧洲议会选举中成为第一大党的最重要原因。脱欧党正式成立于 2019 年 2 月，现领导人为英国独立党前领袖法拉奇。法拉奇因为不满独立党在脱欧过程中的表现以及它与极右翼政党的交往而离开该党。脱欧党的宗旨仍然是推动英国退出欧盟。该党没有党员，但拥有“注册支持者”（registered supporters）11.5 万人，而且吸引了英国独立党的一些成员加入。它在欧洲议会选举中的支持者主要是支持脱欧且对保守党政策不满的选民，从而破坏了保守党原有的选民基础。另外，以自由民主党为代表的一些政党则赢得了希望留欧的选民的支持，这二者加起来，对保守党和工党多年来在英国政坛的统治地位形成了严重冲击。

---

① John Curtice, “Who would Win if a General Election were Held Now?”, *BBC*, 22 July 2019, https://www.bbc.com/news/uk-politics-49043552.

② Paul Mason, “A Country in a Critical Situation”, *New Statesman*, 21 November 2018, https://www.newstatesman.com/politics/uk/2018/11/country-critical-condition.

③ Will Clothier, “As Brexit Continues to Dominate the News, the Public are Reporting Feeling Bored and Frustrated”, *Populus Poll*, 28 January 2019, https://www.populus.co.uk/insights/2019/01/as-brexit-continues-to-dominate-the-news-the-public-are-reporting-feeling-bored-and-frustrated/.

最后，新政党“独立团体”（The Independent Group）的成立也值得关注。该党成立于2019年2月，最早的成员包括对各自政党的脱欧政策不满的8名原工党议员和3名原保守党议员。它最初只是一个独立团体，于2019年4月注册为政党“改变英国——独立团体”（Chang UK—The Independent Group），后于2019年7月改称“致力于改变的独立团体”（The Independent Group for Change）。该党的宗旨是反对脱欧，坚持中间路线。该党目前力量仍然较弱，在欧洲议会选举中仅获得3%的选票，且有6名议员退出该党，因此，它短期内还不太可能对英国政治形成根本影响，但鉴于当前英国的中间政党力量较弱，而且自由民主党已经向其伸出了“橄榄枝”，因此，也不能排除未来双方在选举中结成联盟，并成为一支有影响力的力量的可能性。

综上，脱欧党在短时间内的“异军突起”，加上自由民主党和绿党等政党支持率的回升以及中间政党“独立团体”的成立，导致了英国的政党政治格局正处于重构过程之中，并且因脱欧陷入僵局而加速，但它的发展趋势最终仍将取决于英国是否脱欧，以及以何种形式脱欧。

（四）苏格兰独立进程再次启动

自2016年脱欧公投之后，英国的国家统一就始终面临着风险。由于脱欧一拖再拖，尤其是约翰逊的当选加大了无协议脱欧的风险，英国各地区的民族主义情绪进一步高涨，特别是苏格兰拟再次启动独立公投。

在2017年大选结束后，苏格兰民族党曾暂缓推动独立。但在英国政府决定推迟脱欧之后，苏格兰政府决定重新启动第二次独立公投。2019年3月，苏格兰民族党通过了增长委员会2018年发布的“经济独立报告”的修订版，认为“独立的苏格兰”应在可行的时候尽早创设一种能够取代英镑的新货币，以获得财政主权。苏格兰民族党领袖斯特金还提议成立“社会公正委员会”，以对其新经济政策做出补充。[①] 2019年4月，斯特金向苏格

① “SNP Members Change Leadership's Currency Plan”, *BBC*, 27 April 2019, https://www.bbc.com/news/uk-scotland-scotland-politics-48069470.

兰议会提出，如果英国退出欧盟，则拟在2021年地方议会选举之前举行第二次独立公投。[①] 2019年5月，苏格兰民族党正式向苏格兰议会提出了《公投（苏格兰）法案》[②]，并授权地方政府部长制定与公投的日期、问题等事项有关的二级立法，作为未来公投的法律基础。该法案预计在2019年底前通过。由于苏格兰民族党和绿党（支持独立）在地方议会中拥有多数，因此，尽管遭到苏格兰保守党、工党和自由民主党的反对，但预计该法案通过的可能性还是比较大的。

约翰逊当选首相后，他的强硬脱欧立场强化了苏格兰要求独立的呼声。苏格兰反对英国退出欧盟，要求给予苏格兰在脱欧和独立之间进行选择的权力。斯特金在约翰逊就职当天致函提出，无协议脱欧将导致苏格兰经济受到严重损失，且使苏格兰丧失大量就业岗位。如果无法避免无协议脱欧，则英国政府必须对苏格兰做出替代安排，否则苏格兰就有可能在2020年举行第二次独立公投。[③] 在约翰逊当选首相后，苏格兰民众的独立情绪也被激发，支持独立的民众比例在民调中首次超过了半数，而此前反对独立的民众一直占有微弱多数。[④]

当然，根据法律要求，苏格兰独立公投必须首先取得英国中央政府的同意，不仅特雷莎·梅在任期间表示反对，约翰逊则直接否定了公投的可能，指出2014年的公投是“历史性的”，“一代人只有一次”。[⑤] 因

---

① “Sturgeon Wants Scottish Independence Referendum by 2021”, *BBC*, 24 April 2019, https: //www. bbc. com/news/uk – scotland – scotland – politics – 48026430.

② Scottish Government, “Referendums Bill”, 29 May 2019, https: //www. gov. scot/news/referendums – bill/.

③ “Nicola Sturgeon: Indyref 2 ‘More Essential than Ever’”, *BBC*, 25 July 2019, https: //www. bbc. com/news/uk – scotland – scotland – politics – 49105538.

④ Karla Adam and William Booth, “Could Boris Johnson’s ‘No-deal’ Brexit Break up the United Kingdom?”, *Washington Post*, 29 July 2019, https: //www. washingtonpost. com/world/europe/could – boris – johnsons – no – deal – brexit – crack – up – the – united – kingdom/2019/07/29/b871ebac – b1e6 – 11e9 – acc8 – 1d847bacca73_ story. html? noredirect = on.

⑤ Natasha Clark, “Boris Booed in Scotland after He Rules out Second Independent Referendum”, *The Sun*, 29 July 2019, https: //www. thesun. co. uk/news/9608066/boris – johnson – booed – scotland – independence – referendum/.

此，至少短期内苏格兰举行独立公投的可能性并不大。但这并不等于说苏格兰独立的风险不复存在，而且苏格兰与中央政府的矛盾还有可能被激化。

与此同时，威尔士地区的民族主义情绪也有所增强，该地区的一些人士也提出了独立主张。威尔士民族党在英国下院的议会党团领导人利兹·罗伯茨在约翰逊当选后表示："选举约翰逊为领导人，是保守党送给威尔士独立运动的'大礼'"，认为威尔士独立不可避免。[①] 尽管总体上认为，相较于苏格兰，威尔士独立的可能性更小，但其民族主义情绪也不容忽视。

北爱尔兰的情况则更为复杂，无协议脱欧不仅意味着英国和爱尔兰之间将出现"硬边界"，而且意味着英国有可能再一次陷入暴力冲突。事实上，自脱欧公投以来，北爱尔兰已经发生了多起暴力事件，2019 年这一趋势有增无减。如 2019 年 1 月，一个自称"爱尔兰共和军"（IRA）的团体声称为设置在一辆警车下面的炸弹负责；再如，2019 年 4 月，新闻记者蕾拉·麦吉在对发生在伦敦德里的骚乱进行报道时被流弹击中身亡。[②] 这仅是其中的两个例子。更严重的是，民调显示，在北爱尔兰居民中，支持与爱尔兰统一的民众与支持留在英国的民众之间的对立日益尖锐[③]，这对和平局面十分不利。

约翰逊也深知脱欧特别是无协议脱欧对英国的国家统一可能造成的严重后果，因此在其就职演说中多次强调"团结"（unite），并强调他是"整个英国"的首相。而且，约翰逊还为自己创设了一个新的部长职位，即"联盟大臣"（Minister for the Union）。2019 年 7 月 29 日，约翰逊刚刚

① Richard Hartley-Parkinson, "Welsh Fight for Independence from UK Bolstered by 'Clown' Boris Johnson", *The Metro*, 24 July 2019, https://metro.co.uk/2019/07/24/boris-johnson-prime-minister-helps-wales-independence-plaid-cymru-says-10449285/.

② Sinead Barry, "Northern Ireland Conflict 50 Years on: Will a No-deal Brexit Threaten the Peace?", *Euronews*, 15 August 2019, https://www.euronews.com/2019/08/14/northern-ireland-conflict-50-years-on-will-a-no-deal-brexit-threaten-the-peace.

③ Katy Hayward, "The British-Irish Centre Ground in a British-Irish Crisis", *QPOL*, 26 July 2019, http://qpol.qub.ac.uk/the-british-irish-centre-ground-in-a-british-irish-crisis/.

当选就访问了苏格兰、威尔士和北爱尔兰，宣布将启动一项总共3亿英镑的投资计划，帮助这些地区的经济增长，但这三个地区的政治家和民众并未做出积极回应，特别是支持留欧的民众。如果英国最终选择无协议脱欧，即使不会引发各个地区的独立浪潮，但社会和政治动荡似乎难以避免。

脱欧进程中的经济波动

刘明礼①

2018年下半年至2019年上半年这段时间，是脱欧进程中的一个关键时期，期间经历了英欧双方艰难达成协议、协议多次被议会否决以及脱欧延期等一系列重大事件和时间节点，其中原定的2019年3月29日脱欧期限到来前的无协议脱欧风险一度引发剧烈的担忧。观察这段时间英国的经济表现可以发现，经济走势和脱欧进程的发展有着密切的联系，但这种联系并不是简单地、线性地促进了或者阻碍了经济发展，而是伴随脱欧进程在大趋势下出现了曲折和波动，其中部分时间经济表现超出了市场预期，但经过分析可以发现符合脱欧进程的逻辑。

（一）总体经济走势

英国脱欧对本国经济的影响一直是各界关注的重点。公投以后，除了短时间内金融市场的波动外，脱欧对经济的影响在2016～2017年这段时间表现得尚不明显，这很大程度上可能是由于企业、消费者处于观望状态，还不急于做出重大决策。但2018年以来，随着2019年3月底脱欧期限的临近，以及谈判进程的艰难，市场主体越来越慎重地看待脱欧事件，对实体经济的影响也越来越明显。

① 刘明礼，中国现代国际关系研究院欧洲所副所长、博士、研究员，主要研究领域为欧洲经济、欧洲一体化、货币政治。

从图 1 可以看出，金融危机后，英国经济的复苏速度较快，直到 2016 年脱欧公投前，经济增速都快于欧元区和七国集团平均水平。但在脱欧公投后，英国经济在经历 2016～2017 年的相对平稳增长后，2018 年的下滑迹象已经较为明显，说明脱欧进展的艰难以及前景的不确定性已经制约了经济增长。纵向比较看，2018 年全年英国 GDP 仅增长 1.4%，是本国 2010 年以来的最低水平。横向比较看，这一数字也低于欧元区的 1.8% 和七国集团的 2.1%。脱欧进程对英国经济的一个趋势性影响是，金融危机后，英国在发达国家中相对更快的复苏节奏被打乱，相对较好的经济发展势头被“逆转”，已经落后于欧元区和七国集团平均水平。

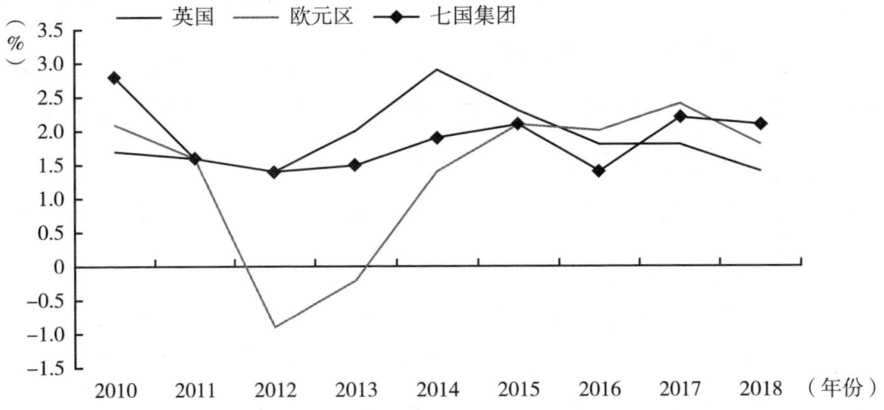

图 1　英国、欧元区和七国集团 GDP 增长率（2010～2018 年）

资料来源：IMF，“Real GDP Growth-Annual Percent Change”，https：//www. imf. org/external/datamapper/NGDP_ RPCH@ WEO/OEMDC/ADVEC/WEOWORLD。

按此趋势推算，进入 2019 年后，随着 3 月 29 日脱欧期限的临近以及无协议脱欧风险的增加，英国经济应出现进一步的下滑，甚至衰退。但在一片嘈杂的脱欧乱局中，英国经济却实际表现出“惊喜”，出现了“逆势增长”。英国国家统计局的数据显示，2019 年第一季度，英国 GDP 实现了 0.5% 的环比增长，不仅大幅高于 2018 年第四季度的 0.2%，也高于欧元区的 0.4%，同比增长数据为 1.8%，超过了 2018 年的平均增速。其中，2019 年第一季度建筑业环比增长 1.4%，工业环比增长 1.1%，创 2016 年第二季度以来最高值。商业投资在2018年连续四个季度收缩后，2019年第一季度首次增长。失业率方面，2019年第一季度英国失业率降到了3.8%，这是20世纪70年代以来的最低水平。①

2019年初至3月底，英国内部以及英国和欧盟之间围绕脱欧问题博弈激烈，但英国经济“不降反升”，可以归结为以下原因：一是出现企业大量囤货。“硬脱欧”将导致双方互增关税，通关手续变得复杂，降低物流速度，提升进口成本，不少企业增加了库存，以防止产业链中断或紊乱。一些零售企业出现囤货，包括食品、药品、服装等，英国一些地方甚至出现存储仓库预定爆满的情况。英国国家统计局数据显示，2019年第一季度库存增量达到46亿英镑，为两年多来最大增幅。二是工厂加快工期，以期在2019年3月29日原定脱欧日之前交货，规避脱欧后可能面临的关税、物流混乱等风险，这推升了工业产值。三是由于脱欧前景不明朗，英国企业不愿进行长期投资，转而通过临时增加员工来完成订单，这促进了就业。同时，脱欧导致一些来自欧盟的劳动力回到欧洲大陆，出现了用工缺口，使英国的就业率有所提升。

上述推动2019年第一季度经济增长的因素，很难具有可持续性。实际上，2019年第一季度经济的反弹也难以掩盖部分行业的疲软。和制造业部门形成鲜明反差的是，占英国国内生产总值近80%的服务业仍然低迷。马基特公司的数据显示，受脱欧不确定性影响，2019年3月英国服务业制造业采购经理指数（PMI）降至48.9，是2016年7月以来首次跌破50.0荣枯线。②

在并购方面，英国国家统计局数据显示，2019年第一季度，外国企业并购英国企业的总金额为63亿英镑，较前一个季度的388亿英镑显著减少；英国企业并购外国企业的总金额为54亿英镑，同样远低于前一个季度的105亿英镑；英国企业间的并购总金额为14亿英镑，也低于前一

① Office for National Statistics, "Unemployment Rate (Aged 16 and Over, Seasonally Adjusted)", https://www.ons.gov.uk/employmentandlabourmarket/peoplenotinwork/unemployment/timeseries/mgsx/lms.

② 强薇：《“脱欧”不确定性拖累英国经济增长》，《人民日报》2019年5月7日，第17版。

个季度的56亿英镑。马基特公司经济学家克里斯·威廉姆森认为，在脱欧带来不确定性的背景下，英国企业在支出和投资上仍十分谨慎，这加剧了全球经济放缓对英国的负面影响。[①] 2019年5月，英国央行发出警告，预计经济增速在第二季度将回落至0.2%。目前2019年第二季度的统计数据尚未发布，但市场数据似乎印证了英国央行的担忧。2019年7月初，马基特公司和英国采购与供应特许协会联合发布的数据显示，6月制造业、建筑业、服务业表现全面下滑。英国2019年6月综合采购经理人指数（PMI）为49.2，低于5月的50.7。这是自2016年7月以来，该指数首次低于荣枯线50.0。其中尤其建筑业值得关注，该行业采购经理人指数在2019年6月下降到了43.1，这是2009年4月以来的最低水平，英国《金融时报》形容为“向坠石一样下滑”。[②] 市场预计，受到企业消化库存、全球制造业下滑等因素影响，英国经济要在短期内实现有力反弹是十分困难的。[③]

（二）主要经济政策

2018年下半年到2019年上半年，英国的经济政策随着形势变化有所调整，财政政策上结束了紧缩时代，货币政策进一步走向正常化，贸易谈判方面的压力有所增加。

1. 财政政策

2008年金融危机之后，英国公共财政的状况急剧恶化，连续出现巨额财政赤字。为应对公共债务问题，卡梅伦领导的保守党与自由民主党联合政府提出了雄心勃勃的财政紧缩目标，大幅度削减公共开支，并将矛头对准福

① 闫磊、桂涛、闫洁：《新首相角逐“脱欧”乱局或加剧英国经济下行压力》，《经济参考报》2019年6月10日，第A03版。

② Valentina Romei, “UK Construction Activity ‘Drops Like a Stone’ to Decade Low”, *Financial Times*, 2 July 2019, https://www.ft.com/content/fa499cb0-9ca5-11e9-b8ce-8b459ed04726.

③ Bethan Staton, “Fears Grow for UK Economy after Weak Services Sector Data”, *Financial Times*, 3 July 2019, https://www.ft.com/content/ad405aee-9d6d-11e9-b8ce-8b459ed04726.

利制度，推动和深化福利及社会政策改革。英国政府财政紧缩设定的改革目标很高，大幅削减公共支出，是近年来发达国家中规模较大的一次福利收缩改革。但紧缩措施加剧了英国的贫富分化，扩大了社会不平等，社会保障体系逐步遭到削弱，影响了社会底层民众的生活。① 英国红十字会认为，财政支出削减，加上公众对公共服务的高需求，导致英国的医疗系统正在面临“人道主义危机”。英国财政研究所警告称，由于英国政府削减福利支出，2021 年前英国将新增 40 万贫困儿童。②

在此背景下，英国的紧缩政策在 2018 年下半年有所调整。根据 2018 年 10 月 28 日英国政府公布的新预算案，未来 5 年将大幅增加开支及减税，财政大臣哈蒙德表示，“英国的紧缩年代已经终结”。其主要内容包括：计划提高个人免税额至 1. 25 万英镑，缴付 40% 税率的门槛将提升至 5 万英镑，预计有 3200 万人受惠；政府动用 45 亿英镑改革统一福利金制度、增加国防和道路基建开支；到 2023 年，每年为全民医疗体系提供 205 亿英镑的额外资金；为地方当局提供 6. 5 亿英镑的额外费用，用于 2019 ~ 2020 年度的社会护理支出；2018 ~ 2019 年度为残疾人设施提供 450 万英镑补助；向学校提供 4 亿英镑的年度奖金，用于购买所需设备和设施，平均每所小学 1 万英镑，每所中学 5 万英镑。③

2. 货币政策

在货币政策方面，金融危机后英国通过宽松的货币政策维持经济稳定，2008 年起将基准利率从 5. 25% 一直降到 2016 年的 0. 25%。2009 年 3 月，英国央行还出台量化宽松的非传统货币政策来刺激经济。但在 2017 年 11 月 2 日的货币政策会议上，英国央行宣布加息，将基准利率从 0. 25% 提高至

① 扈大威：《英国的财政紧缩与福利制度改革》，《国际问题研究》2019 年第 3 期，第 59 页。

② May Bulman, “Over 400000 More Children will Live in Poverty by 2021 Due to Benefit Changes, Finds Report”, *The Independent*, 2 November 2017, https: //www. independent. co. uk/news/uk/home - news/child - poverty - increase - 2021 - benefit - changes - cuts - universal - credit - report - a8031411. html.

③ The UK Government, “Budget 2018”, https: //www. gov. uk/government/publications/budget - 2018 - documents/budget - 2018.

0.5%，之后开启了货币政策“正常化”进程。2018 年 8 月 2 日，英国央行决定再次加息 25 个基点至 0.75%（见表 1）。

表 1　英格兰银行基准利率变化情况（2008～2018 年）

时间	变动情况（基点）	变动后利率（%）
2008 年 2 月	-25	5.25
2008 年 4 月	-25	5.00
2008 年 10 月	-50	4.50
2008 年 11 月	-150	3.00
2008 年 12 月	-100	2.00
2009 年 1 月	-50	1.50
2009 年 2 月	-50	1.00
2009 年 5 月	-50	0.50
2016 年 8 月	-25	0.25
2017 年 11 月	+25	0.50
2018 年 8 月	+25	0.75

资料来源：英格兰银行。

英格兰银行行长卡尼认为，英国需要温和收紧的货币政策，因为国内通胀压力正在累积。图 2 显示，2016 年 6 月全民公投后，通胀处于上升趋势，在 2017 年 9～11 月最高达到 2.8% 的水平，在 2017 年 11 月和 2018 年 8 月两次加息后通胀水平有所下降，2019 年 5 月降到了 1.9%。英国央行认为，若经济发展继续总体符合预期，持续收紧货币政策将是合适的，未来的任何加息预计都会是渐进且有限的。

3. 贸易政策

从贸易状况来看，图 3 显示，2018 年以来，英国总体对外贸易逆差逐步有所扩大，尤其是 2019 年第一季度逆差大幅增加，这可能与前文分析的该季度经济异常表现有关，也就是该季度生产商和零售业为应对可能的无协议脱欧而大量囤货，大幅增加了相关产品的进口。

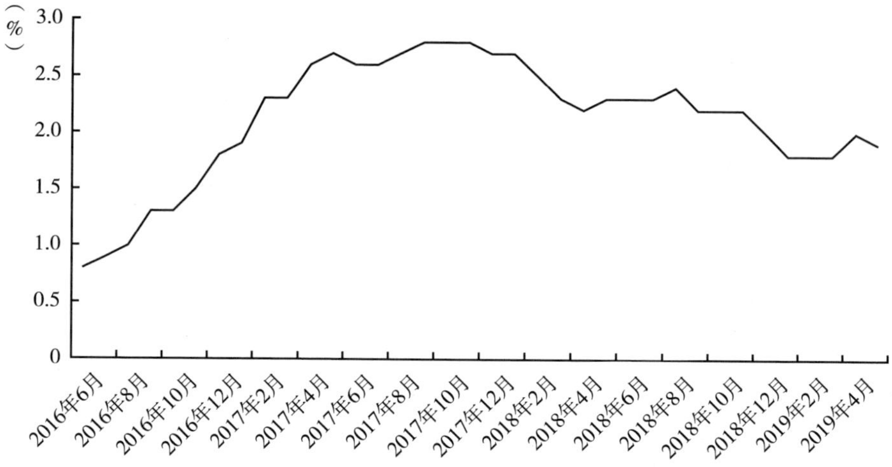

图 2　英国公投后的通胀情况（月度数据）

资料来源：英国国家统计局。

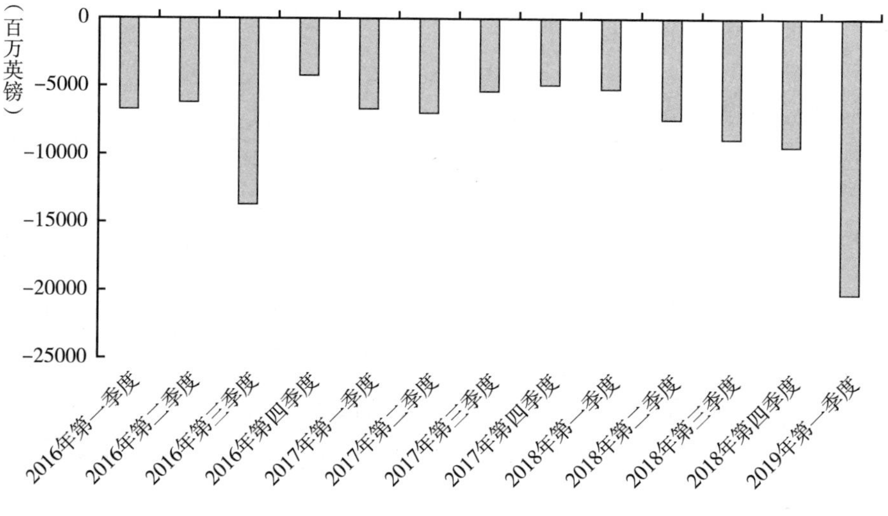

图 3　2016 年以来英国的贸易盈余情况（季度数据）

资料来源：英国国家统计局。

进入 2019 年第二季度后，统计数据显示，英国的贸易状况有所改善。2019 年 3～5 月，英国的对外贸易（商品加服务）逆差为 126 亿英镑，比之前的三个月减少了 46 亿英镑。但在 2019 年 5 月之前的 12 个月中，贸易逆差扩大到了462亿英镑，比此前同期增加了206亿英镑，其中货物贸易逆差增加157亿英镑，服务贸易顺差减少49亿英镑。[①]

以上数据显示，2018年下半年到2019年上半年这一段时间，英国的整体贸易逆差呈现扩大趋势，尤其是2019年第一季度大幅增加，这与脱欧进程显示出非常强的相关性。从这些数据来看，脱欧问题对英国对外贸易状况的影响是负面的，这也在一定程度上增加了英国政府对外贸易谈判的压力。2019年2月18日，英国与以色列、巴勒斯坦签订脱欧后的贸易连续性协议，使得与其达成此类协议的经济体升至9个[②]，涵盖的贸易总值只有约186亿英镑，但与作为欧盟成员国所享受到的、涉及69个国家的40项、规模达1110亿英镑的对外贸易协议相比，差距还相当大。

（三）未来面临的难题

从英国脱欧公投之后，尤其是从2018～2019年的情况看，英国的经济走势与脱欧进程的相关性表现得越来越强。虽然脱欧尚未发生，但经济上的波动已经出现。从趋势上看，脱欧问题的影响是负面的，虽然从个别短时间内的经济表现看，脱欧也可能带来向上的动力，比如2019年第一季度，但这种“异常”经济表现未来很难持续出现。约翰逊出任首相后，脱欧问题依旧棘手，虽然脱欧期限延长至10月底，但保守党内部、议会各党派间很难达成共识，而欧盟方面的谈判立场也很难有大的变化，预计英国经济仍会在各种不确定性中艰难前行。

除政治因素外，在脱欧进程中，过去困扰英国经济的一些根本性问题仍然没能得到解决，甚至在一定程度上继续恶化。首先是困扰英国的“生产率之谜”。英国《金融时报》著名评论员马丁·沃尔夫认为，生产率下滑是英国经济政策面临的最严峻挑战，这一问题要远远比脱欧更

① Office for National Statistics，“Dashboard：Understanding the UK Economy”，https：//www.ons.gov.uk/economy/nationalaccounts/articles/dashboardunderstandingtheukeconomy/2017－02－22.

② 其他7个为瑞士、智利、毛里求斯、马达加斯加、津巴布韦、法罗群岛和塞舌尔。

重要。[①] 英国国家统计局的数据显示，英国的劳动生产率在2019年第一季度下降了0.2%，这也是连续三个季度下降。原因在于，在政治风险下，企业投资技术和设备的信心不足，进而生产率难以提高。即便是政治风险消除，从投资到转化为生产力也需要时间。美国研究机构“经济咨商理事会”（The Conference Board）的数据显示，2019年预计英国劳动生产率仅增长0.2%，低于2018年的0.3%，更低于美国2019年的1.3%，也是七国集团中唯一一个劳动生产率增速下滑的国家。[②]

英国金融业发达，是国家经济的支柱产业，但伦敦作为国际金融中心，不可避免地受到了脱欧问题的影响。欧盟85%的对冲基金资产、70%的离岸衍生品交易、51%的海上保险业务都在伦敦。[③] 作为国际金融中心，伦敦有很多自身优势，如基础设施完善、专业人才聚集、语言通用、政策透明等[④]，这些都不会因脱欧而丧失。但脱欧很可能导致英国金融业无法继续自由进入欧盟大市场，这将会产生重大影响。欧盟脱欧谈判首席代表米歇尔·巴尼耶多次表示，英国正式脱欧后将不会在金融服务领域拥有对欧盟市场的绝对准入权利，否则在制度上对其他非欧盟成员国不公平。从图4可以看到，金融机构在英国的投资受到了明显影响，2017年后呈现持续下滑局面，2018年以后净投资已经是负数，显示金融机构对脱欧后英国能否自由进入欧盟大市场有较强的担忧。

2019年3月11日，在原脱欧期限临近时，英国智库“新金融”发布的报告显示，英国有275家金融机构为应对英国脱欧，已经或正将其部分业务、员工、资产或法律实体从英国转移到欧盟其他国家。其中，约有250家机构已

① Martin Wolf, “Britain’s Dismal Productivity Is Its Biggest Policy Challenge”, *Financial Times*, 6 April 2017, https：//www. ft. com/article – UK – labour – productivity – martin – wolf.

② Valentina Romei, “UK Productivity Contracts for Third Consecutive Quarter”, *Financial Times*, 6 July 2019, https：//www. ft. com/content/6f6ef53a – 9f08 – 11e9 – 9c06 – a4640c9feebb.

③ “The Economic Consequences of Leaving the EU”, Center for European Reform, April 2016, p. 69, http：//www. cer. org. uk/sites/default/files/publications/attachments/pdf/2014/report _ smc_ final_ report_ june2014 – 9013. pdf.

④ “The Economic Consequences of Leaving the EU”, Center for European Reform, April 2016, p. 69.

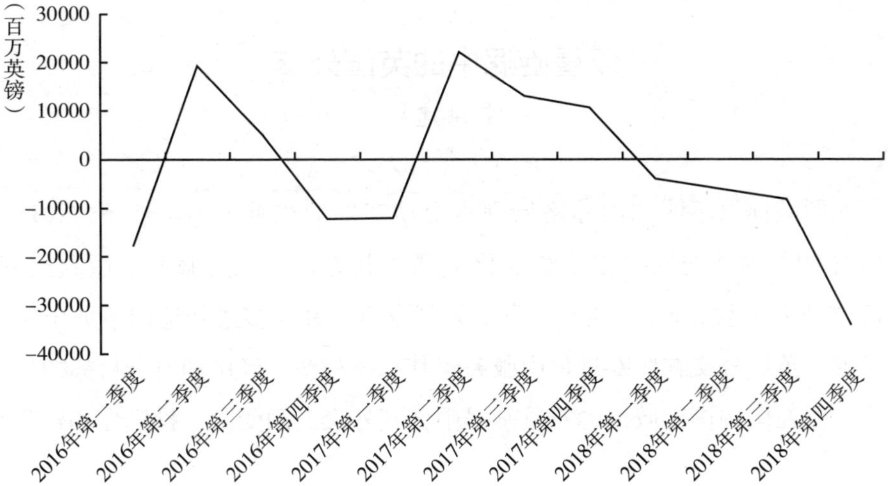

图4　金融机构在英净投资（季度数据）

资料来源：英国国家统计局。

择定其英国脱欧后的欧盟业务中心，有200多家机构已经或正在欧盟设立新的实体来管理其业务。报告还认为，企业迁移将削弱伦敦作为欧洲主要金融中心的地位，增加欧洲金融服务的成本、复杂性及风险，在欧洲及全球范围内降低英国的金融影响力，并对英国金融服务税收和出口造成打击。①

总体看，2016年脱欧公投后，英国经济增长已经呈现放缓的趋势，这在2018年以后表现得更为明显。在这一趋势下，也出现了阶段性的意外“反弹”，主要因为2019年第一季度脱欧期限到来前的复杂情况，但这很难改变整体趋势。目前能够看到的2019年第二季度的数据和分析显示，在脱欧进程的相关不确定性中，英国经济很可能迎来持续困难的局面。同时，英国经济走势还不仅仅取决于自身和脱欧进程，作为开放经济体，无可避免地会受到外部因素影响。从2019年的形势看，欧盟经济也出现了放缓迹象，中美贸易谈判进展仍然十分艰难，这可能进一步增加英国经济的困难。

① “Brexit & The City—The Impact So Far”, *MarketMedia*, 11 March 2019, https://www.marketsmedia.com/brexit-the-city-the-impact-so-far/.

双重旋涡中的英国外交

崔洪建①

在脱欧前景不明和国际格局剧烈变动产生的双重不确定性下，2018～2019年的英国外交既要在政治变化中调校其方向，又要服务于脱欧进程，构建“新型英欧关系”，还要跻身于大国竞争，并在多边和地区事务中保持能见度。英国外交在脱欧进程中服务于其总体战略、经济和安全目标的任务加重，但在国内国际政治的双重旋涡中，其外交空间受限，投机性和冒险性上升。

（一）调校外交目标

2018年7月到2019年7月，英国保守党政府主掌外交事务的首相和外交大臣职位发生戏剧性变化：梅政府前外交大臣鲍里斯·约翰逊成为新任首相，而接替他担任外交大臣的杰里米·亨特则在党首之争中败北并被排除在新政府之外。英国外交在这一政治变化中如何调校并实现其目标，约翰逊政府是否继承“全球英国”这一梅政府的外交遗产，成为观察这一时期英国外交动向的起点。

1. “软脱欧”路线体现英国外交连续性

亨特上任伊始即于2018年8月访美，并在美国和平研究所发表演讲，较为系统地阐述了英国官方对国际形势的总体看法和政策导向。② 他在演讲中以如何“维护战后至今的民主政治经济秩序”为主题，罗列了蔑视国际规则（以俄罗斯“入侵格鲁吉亚、吞并克里米亚”，“毒杀前间

① 崔洪建，博士，中国国际问题研究院研究员、欧洲研究所所长，主要研究领域为欧洲政治与对外关系、中国外交。

② The UK Government, “Foreign Secretary's Speech at the United States Institute for Peace”, 21 August 2018, https://www.gov.uk/government/speeches/foreign-secretarys-speech-at-the-united-states-institute-for-peace.

课”以及叙利亚政府使用化学武器为例）、东西方之间权力平衡的变化（其中以中国经济崛起和“不完全接受现有规则”为例）、西方民主制度遭遇挑战以及受伊斯兰极端主义煽动的恐怖主义“四大威胁”，并提出三点应对主张，即“重建强有力的价值观联盟”、“从制度优势中重获经济动能以提升竞争力”以及“处理好来自西方内部的政治、经济和社会挑战”。亨特试图淡化脱欧对英国内政外交的影响，也避免对特朗普政府的外交政策进行直接评论，仍将英国定位于“西方核心国家”与“美国最亲密盟友”。

在2019年新年致辞中，正处于脱欧进程关键阶段的特雷莎·梅对英国外交一句带过，称2019年英国将“克服分歧与欧洲邻居建立新的牢固关系并将英国建设成全球性的贸易国家”。[①] 自2018年11月提出脱欧协议后，特雷莎·梅的主要精力集中在与议会的博弈上，在外交上鲜有系统论述且集中在如何维护英国贸易地位并坚持多边规则等方面。[②]

2. “硬脱欧”目标强化英国外交的议题导向和功利性质

约翰逊政府上台后将“全球英国”的外交目标表述为塑造“富有进取心、外向型和真正全球化的英国，慷慨大度并与世界接轨”。[③] 在向议会陈述其执政方针时，约翰逊以2050年为期，提出了在英国实现“居于新贸易协定网络中心、欧洲最繁荣经济”“拥有最强大的交通和技术联通能力”“引领世界实现零排放目标”“提供最具活力的商业投资环境”等一系列远大目标，为此将采取如期脱欧、加速与其他经济体进行自贸谈判、调整移民政策等现

① The UK Government, “PM: 2019 will Start a New Chapter for Britain”, 31 December 2018, https://www.gov.uk/government/news/pm-2019-will-start-a-new-chapter-for-britain.

② 参见“PM Speech at the Bloomberg Global Business Forum”, 26 September 2018, https://www.gov.uk/government/speeches/pm-speech-at-the-bloomberg-global-business-forum-26-september-2018;“PM Statement at the G20 Summit”, 29 June 2019, https://www.gov.uk/government/news/pm-statement-at-the-g20-summit-29-june-2019。

③ The UK Government, “Boris Johnson's First Speech as Prime Minister”, 24 July 2019, https://www.gov.uk/government/speeches/boris-johnsons-first-speech-as-prime-minister-24-july-2019.

实步骤。[①] 因此，约翰逊政府的外长拉布在访美期间没有像其前任那样发表长篇大论，而是聚焦于英美贸易谈判等问题。[②] 随着脱欧方向的变化，英国外交延续了“全球英国”的目标，但体现出更强烈的议题导向和功利性质。

（二）应对脱欧与构建英欧“新型关系”

应对脱欧是英国的头等大事，在特雷莎·梅政府提出打造“英欧关系新时代”后，服务于脱欧进程并在经济、安全领域与欧洲国家构建新关系，成为英国对欧外交的两项主要任务。

1. 服务于脱欧进程

在脱欧进程中，英国与欧盟关系正从原有成员国关系向正常外交关系渐变。除在脱欧问题上保持与欧盟及法、德等国沟通外，自 2019 年 1 月起，英国外交部联合国际贸易部等在其官方网站连续发布欧盟国别“脱欧服务信息”。主要内容是在无协议脱欧的情况下，就英欧跨境贸易、人员往来、职业认证和数据保护等问题为英国公民提供服务。[③] 约翰逊政府提出在 2019 年 10 月 31 日前如期脱欧目标后，英国政府网站开辟专栏，就业务与机构、个人与家庭如何应对脱欧等提供信息及外交服务。[④]

2. 构建英欧新型关系

除为脱欧提供应急服务外，英国对欧外交的主要工作一是加强与欧洲国家尤其是非欧盟经济体的联系，为应对脱欧可能带来的经济冲击做准备；二是以安全合作为主要手段，强化与欧洲各国的机制性联系。在英国与瑞士年

---

① The UK Government, “PM Statement on Priorities for the Government”, 25 July 2019, https://www.gov.uk/government/speeches/pm-statement-on-priorities-for-the-government-25-july-2019.

② The UK Government, “Foreign Secretary Crosses the Atlantic to Expand Post-Brexit Opportunities for Global Britain”, 6 August 2019, https://www.gov.uk/government/news/foreign-secretary-crosses-the-atlantic-to-expand-post-brexit-opportunities-for-global-britain.

③ 参见“Germany: Providing Services after Brexit: Guidance for UK Businesses on Rules for Trading in Services with Germany if There's a No-deal Brexit”, 28 February 2019, https://www.gov.uk/guidance/germany-providing-services-after-eu-exit。

④ The UK Government, “Get Ready for Brexit”, https://www.gov.uk/brexit.

贸易额已达300亿英镑的背景下，2018年10月亨特访问瑞士，这是英国外交大臣自1996年以来的首访。两国签订《英国退出欧盟和人员自由流动协议后临时过渡期劳动力市场准入协定》，并于2019年7月提交英国议会，其运筹脱欧后英瑞经贸关系的意图明显。① 加强和拓展安全合作是英国构建新型英欧关系的主要手段。英国“伊丽莎白女王”航母编队将于2021年首次部署，在英国的外交努力下，荷兰于2018年10月宣布成为首个加入其航母编队任务的国家，网络反恐也成为两国安全合作的主要领域。② 英国还于2019年3月与冰岛签署防务与安全合作备忘录，承诺加强在警务、反恐、海上搜救、危机管控和网络安全领域的协作。③ 英国还以安全合作为抓手进一步加强了与北欧国家和波兰等国的关系。④

（三）参与大国博弈

应对国际变局并参与大国博弈是英国在脱欧背景下维护并体现其大国地位的主要手段。其主要表现是维持并加强英美关系，与俄罗斯既对抗又接触；在对华事务上则体现出政治安全干预与经贸合作相矛盾的趋势。

---

① The UK Government，“UK/Switzerland：Agreement on Admission to the Labour Market for a Temporary Transitional Period Following the Withdrawl of the UK from the EU and the Free Movement of Persons Agreement”，18 July 2019，https：//www.gov.uk/government/publications/ukswitzerland－agreement－on－admission－to－the－labour－market－for－a－temporary－transitional－period－following－the－withdrawal－of－the－uk－from－the－eu－and－the.

② The UK Government，“Prime Minister Hails New Era of Dutch-UK Security Cooperation Post-Brexit”，24 October 2018，https：//www.gov.uk/government/news/prime－minister－hails－new－era－of－dutch－uk－security－cooperation－post－brexit.

③ The UK Government，“UK and Iceland Sign Agreement on Defence and Security Cooperation”，26 March 2019，https：//www.gov.uk/government/news/uk－and－iceland－sign－agreement－on－defence－and－security－cooperation.

④ 特雷莎·梅于2018年10月访问北欧理事会并发表讲话呼吁全方位合作，参见“PM Nordic Council Speech：30 October 2018”，30 October 2018，https：//www.gov.uk/government/speeches/pm－nordic－council－speech－30－october－2018；英国与波兰于2018年12月举行第三次政府间磋商并发表联合公报，宣布两国建立“技术及增长伙伴关系”，参见“UK-Poland Intergovernmental Consultations，20 December 2018：Joint Communiqué”，20 December 2018，https：//www.gov.uk/government/news/joint－communique－between－the－prime－ministers－of－the－uk－and－poland。

1. 对美需求上升、协调增强

由于脱欧方向的变化，特雷莎·梅政府和约翰逊政府时期对美国的需求和投入有所不同。梅政府提出的脱欧协议草案立足于软脱欧、慢脱欧，其后期在陷入与议会的内斗后对美外交投入不多，但仍在倒台之前顶住民意压力帮助特朗普实现访英。梅在会见特朗普时不仅强调英美“特殊关系”，也未回避双方在外交观念、伊核协议和气候变化等问题上的分歧。① 尽管实现了访英，但特朗普对梅的软脱欧路线及英美分歧不满，在访英前后对梅进行公开批评并向约翰逊示好。为避免受特朗普在英民众中名声不佳的拖累，准备参选保守党党魁的约翰逊未应邀与其会面。但在约翰逊政府寻求硬脱欧、快脱欧的背景下，美国在英国寻求贸易和投资替代中的重要作用凸显，英国对美外交需求增大，主要目的是尽快获得有关英美自贸谈判的政治承诺，以此来巩固国内民意支持并对欧盟施压。② 为此，约翰逊上任后即与特朗普通话，认为“脱欧为加强英美经济伙伴关系提供重大机遇”，并强调脱欧后英美“应立即展开自贸谈判”。③ 外交大臣拉布旋即访问美国、加拿大和墨西哥三国，除欲落实美方承诺外，还试图将自贸协定谈判范围扩展至被特朗普“改造”后的北美自贸区。④ 受英国国内政治及脱欧方向变化的影响，美国在英国外交中的权重上升，除加

① The UK Government,“PM Statement with US President: 4 June 2019”, 4 June 2019, https://www.gov.uk/government/speeches/pm-statement-with-us-president-4-june-2019.

② 美国是英国最大的贸易伙伴国并对英保持顺差，英国是美国第七大贸易伙伴和第四大出口目的地。2018 年双边货物及服务贸易总额达 2619 亿美元，美对英贸易逆差为 189 亿美元。参见美国政府贸易代表办公室数据，https://ustr.gov/countries-regions/europe-middle-east/europe/united-kingdom。英美互为最大投资伙伴，截至 2018 年，英对美投资达 5400 亿美元，占美外资总额的 15%。美对英投资额为 7500 亿美元，占美对欧投资总额的近四分之一，占美全球对外直接投资总额的 12% 强。英美贸易投资分别为两国创造超过 125 万个和 150 万个工作机会。参见美国商会数据，https://www.uschamber.com/international/europe/us-uk-business-council/us-uk-trade-and-investment-ties。

③ The UK Government,“Readout of PM Call with President Trump: 26 July 2019”, 26 July 2019, https://www.gov.uk/government/news/readout-of-pm-call-with-president-trump-26-july-2019.

④ The UK Government,“Foreign Secretary Crosses the Atlantic to Expand Post-Brexit Opportunities for Global Britain”, 6 August 2019, https://www.gov.uk/government/news/foreign-secretary-crosses-the-atlantic-to-expand-post-brexit-opportunities-for-global-britain.

强经贸联系外，英国在太空军事化、中东问题上表现出跟进美国的态势。[①]

2. 对俄施压与接触并举

英国对俄罗斯除继续外交施压外也保持接触，展现出一定的灵活性。英国借“毒杀间谍事件”对俄保持压力，拉拢法、德、美、加于2018年9月发表联合声明，指责俄罗斯情报机构实施毒杀行为并声称各国将共同应对类似事件。英国借此显示西方团结，但也表明其无意、无力升级事态。[②] 在“间谍事件”就此休止后，英国又借网络攻击问题继续对俄保持外交压力。[③] 在施压同时，英国逐渐恢复与俄接触，特雷莎·梅在日本参加G20峰会期间会晤普京总统，双方就维护伊核协议、乌克兰等问题进行对话。[④]

3. 对华采取双轨策略

出于寻求外部经贸合作以应对脱欧冲击的考虑，英国急于发展对华经贸关系。英国政府在开展“一带一路”倡议框架下合作、探讨中英自贸协定可行性等方面态度积极，但在南海、香港等涉及中国主权、安全利益的问题上则采取干涉立场。这种试图将政治与经贸事务切割的“双轨策略”，给中英关系带来复杂性和不确定性。

（四）介入多边与地区事务

为落实“全球英国”目标，英国介入多边与地区事务的重点包括：在

---

① 英国国防部于2019年7月宣布将加入美国领导的“奥林匹克卫士行动”（Operation Olympic Defender），并投入3000万英镑与美国合作在一年内完成发射一颗小型卫星演示器。参见“Defence Secretary Outlines Ambitious Space Programme”，18 July 2019，https：//www. gov. uk/government/news/defence－secretary－outlines－ambitious－space－programme。

② The UK Government，“Salisbury Attack：Joint Statement by Leaders of France，Germany，the United States，Canada and the United Kingdom”，6 September 2018，https：//www. gov. uk/government/news/salisbury－attack－joint－statement－by－leaders－of－france－germany－the－united－states－canada－and－the－united－kingdom.

③ The UK Government，“UK Exposes Russian Cyber Attacks”，4 October 2018，https：//www. gov. uk/government/news/uk－exposes－russian－cyber－attacks.

④ The UK Government，“Readout of Meeting Between PM Theresa May and President Putin at the G20 Summit in Osaka，Japan”，28 June 2019，https：//www. gov. uk/government/news/readout－of－meeting－between－pm－theresa－may－and－president－putin－at－the－g20－summit－in－osaka－japan.

全球治理如气候变化领域试图发挥引领作用；以应对脱欧为目的在各地区推行经济外交和伙伴关系；在地区安全事务上加强与欧美协调并逐渐从在欧美间保持平衡向跟进美国变化。

1. 在气候变化领域保持能见度

2018 年 9 月，梅政府以“成为世界低碳科技领导者”为目标，宣布对汽车零排放研发提供 1.06 亿英镑资助。2019 年 6 月，梅政府向议会提交立法动议，为英国在 2050 年前实现零排放制定法律，以保持其“全球领先地位”，并要求其他国家跟进。①

2. 加强对非、亚和北美外交

继特雷莎·梅于 2018 年 8 月访非后，英国政府于 2019 年 1 月向议会提交与非洲东部和南部国家建立“经济伙伴关系”的协定。② 英国在亚洲的外交重点放在了日本和越南。在安倍于 2019 年 1 月访英期间，英日发表联合声明，提出将英国的“现代工业战略”与日本“社会 5.0 战略”对接，目标是建立“塑造 21 世纪的新型联盟”。③ 英日还就在脱欧后即刻进行自贸协定谈判达成共识。④ 2019 年 7 月，英国与越南举行第七次战略对话，主要涉及脱欧后越方如何将与欧盟签订的自贸协定及“全面伙伴关系及合作协定”转化适用于英方，以及在越南担任联合国安理会非常任理事国及东盟轮值主席期间加强合作等。⑤

---

① The UK Government, “PM Unveils Plans for UK to Become World Leader in Low Emission Tech”, 10 September 2018, https: //www. gov. uk/government/news/pm – unveils – plans – for – uk – to – become – world – leader – in – low – emission – tech.

② The UK Government, “Agreement Establishing an Economic Partnership Agreement Between the Eastern and Southern Africa States and the UK”, 12 February 2019, https: //www. gov. uk/government/publications/agreement – establishing – an – economic – partnership – agreement – between – the – eastern – and – southern – africa – states – and – the – uk – london – 31 – january – 2019.

③ The UK Government, “UK-Japan Joint Statement: 10 January 2019 UK and Japan Forge New Alliance to Shape 21st Century”, 10 January 2019, https: //www. gov. uk/government/news/uk – and – japan – forge – new – alliance – to – shape – 21st – century.

④ Tsutomu Ishiai and Kayoko Geji, “British Foreign Secretary: Japan Trade Talks on Table Post-Brexit”, 11 January 2019, http: //www. asahi. com/ajw/articles/AJ201901110052. html.

⑤ The UK Government, “Joint Communique on the 7th UK-Vietnam Strategic Dialogue”, 2 July 2019, https: //www. gov. uk/government/news/joint – communique – on – the – 7th – uk – viet – nam – strategic – dialogue.

3. 在中东及伊朗问题上逐渐转向

美国单方面退出伊核协议后，英国与法、德等其他缔约方基本保持一致立场，希望维持协议并采取行动应对美方的单边制裁。但在英国国内政局变化、美国加大对伊朗施压、伊朗方面采取重启核开发计划后，英国逐渐调整其对伊朗和中东政策：一方面加大对伊朗施压，就人权问题等实施制裁①；另一方面以伊方违反欧盟对叙利亚制裁为名，在直布罗陀海域扣押伊朗油轮，导致海湾局势一度紧绷。随后英国以“维护航行自由”为借口加入美国召集的“国际海洋安全行动”。② 英国通过这种两面下注的做法试图将维持伊核协议与“解决伊朗问题”相区分，既在美欧分歧之间确立自身立场和利益，同时向美中东和伊朗政策靠拢并为其在海湾地区实现军事存在制造理由。

不稳定环境中踟蹰前行的中英关系

杨　芳③

2018～2019年对于英国而言是极为不确定的一年。在这一年中，影响英国最大的脱欧进程变化莫测。与此同时，发生在世界第一与第二大经济体之间的中美贸易争端也加剧了英国外部环境的不稳定性。近年来对华政策一直总体向好的英国政府，遭遇了其最重要的传统盟友——美国及其在英国国内的追随者们日益公开的施压：总统特朗普、国务卿蓬佩奥、时任国家安全顾问的博尔顿等人甚至直接到英国游说，高调宣示英美特殊关系，并以加速

① The UK Government, “UK Sanctions on Iran Relating to Human Rights”, 31 January 2019, https://www.gov.uk/government/collections/uk-sanctions-on-iran-relating-to-human-rights.

② The UK Government, “UK Joins International Maritime Security Mission in the Gulf”, 5 August 2019, https://www.gov.uk/government/news/uk-joins-international-maritime-security-mission-in-the-gulf.

③ 杨芳，硕士，中国现代国际关系研究院欧洲所副研究员，主要研究领域为英国与爱尔兰国别问题研究。

英美自贸谈判等多方允诺，明确要求英国在华为5G、香港等问题上追随美国。不稳定的大环境中，中英关系遭遇的挑战叠加，取得的一些进展难能可贵。未来一段时间，脱欧进程的演变、英国政府对华政策的选择以及来自美国方面的压力将是共同影响中英关系发展的重要变量。

（一）中英关系的新进展

在日益复杂的国际环境中，中英两国政府对推动双边关系的发展寄予厚望。2018年10月16日，中国国家主席习近平在人民大会堂会见英国四十八家集团俱乐部主席佩里，欢迎其再次访华，强调中国人民永远不会忘记在那个艰难岁月为开拓中英经贸往来做出历史性贡献的老一辈友好人士。共同打造中英关系“黄金时代”已经成为两国政府和两国人民的共识。①

2019年4月，时任英国财政大臣哈蒙德来华出席第二届“一带一路高峰论坛”。在演讲中，哈蒙德明确指出，其目标是在英中关系的“黄金时代”里，将中国在制造、工程和建筑方面的顶尖实力与英国在项目设计、法律、技术和金融服务方面的顶尖实力“强强联合”，为所有人建设21世纪世界级的可持续基础设施。②

2019年7月，英国新首相约翰逊上台伊始，就在采访中表示英国政府将非常“亲华”，对“一带一路”倡议非常热情。英国将继续是欧洲对中国投资“最开放的市场”，并欢迎中国学生赴英学习。③ 7月24日，中国国务院总理李克强致电祝贺约翰逊就职。李克强表示，中方重视发展同英国的关系，愿同约翰逊首相一道努力，在相互尊重、平等相待基础上，深化两国政治互信，拓展各领域务实合作，推动中英关系沿着“黄金时代”大方向稳健

① 《习近平会见英国四十八家集团俱乐部主席佩里》，新华网，2018年10月16日，http：//www. xinhuanet. com/politics/leaders/2018 – 10/16/c_ 1123568250. htm。

② The UK Government, “Belt and Road Forum: Philip Hammond's Speech”, 26 April 2019, https：//www. gov. uk/government/speeches/belt – and – road – forum – philip – hammonds – speech.

③ 《英国新首相表示将非常“亲华”》，凤凰网，2019年7月25日，https：//news. ifeng. com/c/7obAYuSKRGK。

向前发展，并为维护多边主义和自由贸易、建设开放型世界经济做出贡献。①

除两国政府高层的引领之外，本年度中英关系的进展主要体现在贸易与财金以及多边领域的务实推进上，显示出在复杂多变的国际环境之下中英合作的韧性与需求依然强劲。近年来，中英经贸合作保持稳定发展态势。高级别对话机制引领作用明显，贸易额持续增长，新领域合作不断拓展。2008～2019 年，中英副总理级经济财金对话共举行了 10 次，对双边贸易以及财金等各领域合作起到了有力的推动作用。10 年间，英国对中国的出口量增长了两倍。两国投资增长近两倍。在过去 6 年中，新增投资 700 多项，创造了就业岗位近 1.6 万个。② 截至 2019 年 5 月，中国是英国第五大出口市场和第四大进口来源地。③

2019 年 6 月，第十次中英经济财金对话在伦敦举行。国务院副总理胡春华与英国财政大臣哈蒙德共同主持召开。双方围绕宏观经济形势及全球经济治理、贸易投资与大项目合作、金融改革与金融市场发展、战略性与新领域合作等议题进行了深入交流，达成 69 项互利共赢成果。此行中，胡春华还会见了英国首相梅，并与哈蒙德在伦敦证券交易所共同出席了“沪伦通”启动仪式。④ 英国财政部认为，此次对话产生的多项重大成果均具有里程碑意义。例如，英国上市公司将成为全球首批能够在中国内地发行股票的外国公司；扩大英国牛肉和猪肉在华的市场准入等。⑤

---

① 《李克强向英国新任首相鲍里斯·约翰逊致贺电》，新华社，2019 年 7 月 25 日，http：//www. gov. cn/guowuyuan/2019－07/25/content_ 5415063. htm。

② The UK Government，“Tenth Economic and Financial Dialogue Held Between the UK and China”，17 June 2019，https：//www. gov. uk/government/news/tenth － economic － and － financial － dialogue－held－between－the－uk－and－china.

③ 本部分中英双边贸易数据主要来自中国商务部国别报告，详见《2019 年 5 月英国贸易简讯》，《国别报告》，https：//countryreport. mofcom. gov. cn/new/view110209. asp？news_ id = 64970。

④ 《中国同英国的关系》，中华人民共和国驻大不列颠及北爱尔兰联合王国大使馆，2019 年 7 月，http：//www. chinese－embassy. org. uk/chn/zygx/zygxgk/。

⑤ The UK Government，“Tenth Economic and Financial Dialogue Held Between the UK and China”，17 June 2019，https：//www. gov. uk/government/news/tenth － economic － and － financial － dialogue－held－between－the－uk－and－china.

贸易领域，在全球贸易环境堪忧的背景下，本年度中英贸易额继续保持增长。据英国税务与海关总署统计，2018 年英国货物进出口总额为 11466.6 亿美元，同比增加 7.6%。其中出口 4940.7 亿美元，同比增加 11.3%；进口 6525.9 亿美元，增加 4.9%。总贸易逆差 1585.2 亿美元，下降 10.9%。中英双边货物贸易额达 821.0 亿美元，增加 12.0%。其中英国对中国出口 283.3 亿美元，增加 32.2%，在英国出口总额中占比 5.7%，同比上升 0.9 个百分点；英国自中国进口 537.6 亿美元，增加 3.6%，占英国进口总额的 8.2%，下降 0.1 个百分点。在 2018 年中英双边货物贸易中，英方贸易逆差为 254.3 亿美元，下降 16.5%。2019 年 1～5 月，中英双边货物贸易额为 336.5 亿美元，增加 3.7%。其中，英国对中国出口 116.1 亿美元，下降 0.1%，占英国出口总额的 5.9%，增加 0.3 个百分点；英国自中国进口 220.5 亿美元，增加 5.9%，占英国进口总额的 8.1%，增加 0.6 个百分点。2018 年 11 月初，中国成功举办了全球首个以进口为主题的博览会——中国国际进口博览会，英国作为主宾国派出高级别代表团参展，签署了超过 20 亿英镑的商业协议。

2018 年是中国改革开放 40 周年，中国宣布了更多开放市场的举措，其中包括放开英国牛肉、乳制品对华出口，也包括进一步对外资开放服务和金融市场。① 作为中国重要贸易伙伴的英国也从中获益良多。

同时，中英双边服务贸易保持较好发展势头。据统计，2017 年英国对华服务贸易总额为 58.1 亿英镑，占英国与非欧盟国家服务贸易总额的 2.3%，其中对华出口额为 37.15 亿英镑，自华进口额为 20.95 亿英镑。中英服务贸易领域主要集中在运输、旅游、其他商业服务、金融、保险、通信、文化娱乐等行业。近年来，中英清洁能源机制和环保合作项目激增，成为新亮点。服务外包、创意产业和设计也成为合作新领域。② 2018 年，中英

① 《包玲公参出席 48 家集团和英国董事协会联合主办的工商界招待会并致辞》，中华人民共和国驻大不列颠及北爱尔兰联合王国大使馆驻英国经商参处，2018 年 12 月 19 日，http://gb.mofcom.gov.cn/article/xgjg/201812/20181202818002.shtml。

② 《对外投资合作国别（地区）指南：英国（2018 年版）》，中华人民共和国商务部，2019 年 1 月 29 日，http://www.mofcom.gov.cn/dl/gbdqzn/upload/yingguo.pdf。

还签署了《关于建立中英服务贸易工作组谅解备忘录》，深化中英“一带一路”项目下合作，扩大服务贸易，深化两国地方和企业合作。①

在投资领域，中国商务部统计资料显示，2018 年，英国是中国第五大外商直接投资来源地（38.9 亿美元，同比增加约 150%）。2019 年前 5 个月，英对华投资 10.6 亿美元。② 德国墨卡托中国研究中心的研究报告就指出，2018 年中国对欧投资连续第二年下滑，在中国对外投资总额中的占比从 2017 年的 71% 下降至 45%。但英国仍以 42 亿欧元名列欧盟成员国榜首，是中国对欧投资第一大目的地。③

英国是传统的金融强国，而本年度中国资本市场改革和对外开放不断加强，双边金融领域合作的深入发展面临历史性机遇。2018 年 11 月，中国人民银行与英格兰银行续签了中英双边本币互换协议，规模为 3500 亿元人民币/400 亿英镑。协议有效期三年，经双方同意可以展期。④

伦敦人民币离岸市场快速平稳发展，已发展成为世界最大的人民币离岸外汇交易中心和仅次于中国香港的世界第二大人民币离岸清算中心。伦敦市场人民币日均交易额突破 750 亿英镑。自 2014 年成立以来，截至 2019 年第一季度，伦敦人民币清算行累计清算量已突破 32 万亿元人民币。据 SWIFT 统计，英国还是中国香港之外使用人民币支付最多的经济体，2018 年中英两国跨境交易总额增长近 110%；2019 年 2 月达到约 299 亿元人民币，同比增长约 50%。即使面临英国脱欧的种种不确定性，伦敦人民币离岸市场的

① 《中国服务进口报告 2018》，中华人民共和国商务部，2018 年 11 月，http：//cif. mofcom. gov. cn/cif/html/upload/20181114111146542_ % E4% B8% AD% E5% 9B% BD% E6% 9C% 8D% E5% 8A% A1% E8% BF% 9B% E5% 8F% A3% E6% 8A% A5% E5% 91% 8A2018. pdf。

② 数据来源：《2018 年 1～12 月全国吸收外商直接投资快讯》，中华人民共和国商务部，2019 年 1 月 15 日，http：//www. mofcom. gov. cn/article/tongjiziliao/v/201901/20190102832209. shtml。

③ Thilo Hanemann，Mikko Huotari and Agatha Kratz，“Chinese FDI in Europe：2018 Trends and Impact of New Screening Policies”，Rhodium Group（RHG）and the Mercator Institute for China Studies（MERICS），https：//www. merics. org/sites/default/files/2019 – 03/190305_ MERICS – COFDI – Update – 2019_ Table – 2. jpg.

④ 《中英两国央行续签双边本币互换协议》，新华网，2018 年 11 月 12 日，http：//www. xinhuanet. com/fortune/2018 – 11/12/c_ 1123702427. htm。

发展仍然强劲。2018 年，伦敦人民币离岸市场共发行人民币计价债券 30 余只。受 2018 年点心债获利丰厚的影响，2019 年 2 月，3 只人民币计价债券在伦敦人民币离岸市场上市。至此，伦敦人民币离岸市场人民币计价债券总数达到 113 只，价值约 320 亿元人民币。[①]

2019 年 6 月 17 日，中国证监会和英国金融行为监管局发布联合公告，原则批准上海证券交易所和伦敦证券交易所开展“沪伦通”业务。同日，华泰证券股份有限公司发行的全球存托凭证在伦交所挂牌交易。这是首家按“沪伦通”业务规则登陆伦交所的 A 股公司，意味着“沪伦通”西向业务迈出实质性的一步。[②] 华泰证券的 GDR 发行还创下近年来英国乃至欧洲资本市场的多项纪录，其中包括 2017 年以来英国市场规模最大的 IPO，2013 年以来全球存托凭证市场规模最大的 IPO，同时也是 2012 年以来欧洲市场规模最大的纯新股募资上市。[③] 酝酿四年的“沪伦通”正式启动，反映了脱欧前景不确定时期中英对彼此市场的重视与肯定。

除经贸关系之外，第三方合作有序推进成为本年度中英关系的另一新进展。2019 年 4 月 12 日，英国国际发展大臣佩妮·莫当特在世界银行会议上发言称，在国际发展事务上，英国正在与中国建立“积极、建设性的关系”。[④] 2019 年 6 月 17 日，中英签署《关于开展第三方市场合作的谅解备忘录》。双方将积极推动中英两国企业、机构按照企业主体、市场原则在第三方市场开展务实合作，并重点推动基础设施领域的投融资合作项目。

① “London RMB Business Quarterly (Issue 4)”, City of London and The People’s Bank of China, July 2019, https://www.cityoflondon.gov.uk/business/asia-programme/greater-china/Documents/london-rmb-business-quartely-july-2019.pdf.

② 《沪伦通正式启动》，新华社，2019 年 6 月 17 日，http://www.gov.cn/guowuyuan/2019-06/17/content_5400997.htm。

③ 《沪伦通是重要的经济合作举措》，新浪网，2019 年 8 月 23 日，https://cj.sina.com.cn/articles/view/1651428902/626ece2602000kk79。

④ The UK Government, “Penny Mordaunt Welcomes China Move on International Development”, 29 April 2019, https://www.gov.uk/government/news/penny-mordaunt-welcomes-china-move-on-international-development.

（二）不确定的英国与分化的对华立场

在世界百年未有之大变局中，中英关系在过去一年里虽有务实推进，但英国内政和外交政策由于脱欧的巨大不确定性而产生了明显的分化与分裂，英国对华政策亦不例外。一年多来，英国国内对如何认知、发展对华关系争论不断，英国政府在是否允许华为参与英国5G市场建设上难以抉择，甚至出现了所谓在中国南海“自由航行”、妄评中国香港内部政治纷争的不当做法，为中英关系的健康发展蒙上了阴影。

在脱欧以及日趋复杂的国内外环境的大背景下，英国国内对华立场的分化更趋明显。英国政府对华政策保持了延续性，总体向好。2019年2月8日，英国下院议员曾在议会辩论中提问：“英国对华政策的目标是什么?”时任外交国务大臣马克·菲尔德回答称，中英关系强有力的增长使双方受益。英国政府发展对华关系的目的和目标包括推动双边贸易与投资增长，并在卫生、气候变化、发展以及地区安全等全球重大议题上加强合作。在教育、旅游和文化等领域，加强双边人文交流也十分重要。与此同时，中英强大的伙伴关系使双方得以坦陈歧见。① 英国官方数据显示，2018年英国向中国颁发的签证增加了11%，占当年签证总数的四分之一。② 牛津大学教授克里斯·罗利认为，中欧特别是中英关系日益重要。英国与欧盟不仅可以给中国提供出口市场和投资机遇，还是技术、创新和知识的来源地，是中国通向西方的窗口。对于欧盟和英国而言，中国是一个巨大的贸易伙伴和不断增长的消费、高附加值产品以及服务业的市场，也是英国与欧盟通向亚洲的桥头堡。③ 这种对双边关系积极的评价不仅存在于英国政界和学者当中，在商界

---

① Westminster Hall，“UK Policy Towards China”，CDP 2019/0106（2019），7 May 2019，https：//researchbriefings. parliament. uk/ResearchBriefing/Summary/CDP - 2019 - 0106 # fullreport.

② Westminster Hall，“UK Policy Towards China”.

③ Chris Rowley，“China's Relationship with the UK and the EU：From Golden Era to Global Britain and Brexit”，25 April 2019，https：//theasiadialogue. com/2019/04/25/chinas - relationship - with - the - uk - and - the - eu - from - golden - era - to - global - britain - and - brexit/.

也十分普遍，而且更为客观、务实。英中贸易协会与总部位于荷兰的达盟集团（TMF Group）发布的研究报告就认为，英国会配合中国的战略重点提供一系列的投资机会，进一步推动教育、医疗、能源、物流和交通方面的投资和合作项目。脱欧引发的不稳定性有可能会暂时拖累投资活动，但从长期来看仍呈现积极的发展趋势。需要密切留意的是英国对中国投资可能采取更加谨慎的立场，但英国全面改变“开放营商”立场的风险不大。总体来讲，相比中国企业在美国和澳大利亚的一些投资因涉及国家安全原因而受阻，英国对中国在当地投资的政治言论则相对温和。但有迹象表明，英国的贸易立场也开始变得保守。①

在英国国内，这种保守的声音更多来自一向对华看法较为负面的议员、智库等。2019 年 2 月，皇家三军研究所发布的报告甚至称，脱欧后英国将更加弱势，其内部事务容易受到中国的“干涉”。② 同年 4 月，英国议会外事委员会发布题为“中国与基于规则的国际秩序”的报告，提出了英国与中国建立更深层次的伙伴关系并不是英国对华政策的首选目标，反对将经济利益置于其他战略利益之上，甚至建议英国政府谨慎对待中国企业参与 5G 等关键基础设施建设。③

2019 年 5 月，英国下院议员在议会发起有关“英国对华政策”的辩论，英国议会下院图书馆就此发布报告，集中阐释了各方的不同观点。例如，英国一些人主张英国密切对华关系不应导致其与美国这个最重要的传统盟友产生分歧。但该报告也认为，随着英国脱欧，如何定义对华关系成为英国外交政策中必须解决的最重要问题之一，因为这一关系具有难以避免的复杂性和多面性。④

---

① 《中英投资在新“黄金时代”的制胜策略》，达盟集团与英中贸易协会，2018 年 11 月 14 日。

② Parliament UK, “UK Policy Towards China”, 2 May 2019, https://researchbriefings.parliament.uk/ResearchBriefing/Summary/CDP-2019-0106#fullreport.

③ House of Commons, “China and the Rules-Based International System”, 26 March 2019, https://publications.parliament.uk/pa/cm201719/cmselect/cmfaff/612/612.pdf.

④ Parliament UK, “UK Policy Towards China”, 2 May 2019, https://researchbriefings.parliament.uk/ResearchBriefing/Summary/CDP-2019-0106#fullreport.

英国国内在中国问题上的立场分化，还体现在是否要限制中国企业华为参与英国5G市场建设上。本年度，英国政府多次召开内部会议讨论这一事项，但并未做出最后决定。约翰逊政府成立后，英国数字、文化、媒体和体育大臣摩根表示，英国将在2019年秋季决定其5G网络是否可使用中国华为的设备。摩根称必须确保这是一个长期的决定，确保英国所有网络的安全。

在英国政府难以抉择的同时，英国的安全部门、电信企业以及议会相关委员会也就此接连发声。2018年11月，英国情报机构“政府通信总部”（GCHQ）下设的“国家网络安全中心”要求华为对一系列技术问题做出改进。12月5日，英国电信（BT）表示，已将华为排除在其核心5G网络设备供应合同竞标之外，未来只在电信基础设施非核心区使用华为设备。2019年7月15日，英国议会科技委员会主席致信英国数字部部长莱特称“未发现有任何证据表明，从技术角度将华为完全排除在英国的电信网络之外，是对外国供应商所构成潜在信息安全威胁的适当回应”。该委员会还建议，政府如正式下令将华为排除在5G网络的核心部分之外，须提供“明确的排除标准”，以便未来可以适用于其他供应商。7月19日，英国议会情报与安全委员会发布题为“5G供应商”的声明。该声明称华为公司5G技术全球领先，却由于其中国身份而遭到“五眼联盟”中美国和澳大利亚的禁令，这也让英国在是否允许华为参与英5G网络建设上一直存在争议。声明从现实的商业角度表达了华为对于英国5G网络建设的重要性。该委员会还认为，尽管与华为合作或将损伤英国最亲密盟友美国的意愿，但如果禁止华为参与英国5G建设，英国会在其他方面被禁止在中国建设中扮演重要角色，最终会牵扯到中英两国本可协作互利的其他重要领域。

该声明指出，中国经济充满活力，全球影响力不断增长，现在和未来都是英国重要的经济和外交伙伴，是我们必须以礼相待的对象。华为本身也是一家卓越的公司，它取得了非凡的技术进步，并为整个行业带来了激进的创新和竞争，如果没有华为，这个行业就将丧失这些属性。①

如果说在华为问题上，中国还在等待英国政府的理性选择，那么英国在所谓“自由航行”和香港问题上的不当言行则遭到了中方的坚决回击。2018 年 9 月 6 日，中国外交部新闻发言人表示，8 月 31 日，英国“海神之子”号船坞登陆舰未经中国政府允许，擅自进入中国西沙群岛领海。中国海军依法对英国军舰实施查证识别，并予以警告驱离。英舰有关行为违反中国法律和相关国际法，侵犯中国主权。中方对此坚决反对，已经向英方提出了严正交涉，表达了强烈不满。②

2019 年 8 月 9 日，英国外交大臣拉布就香港局势与香港特别行政区行政长官林郑月娥通话。对此中国外交部发言人表示：“今天的香港是中华人民共和国的一个特别行政区，早已不是英国的殖民地。英国对香港一无主权，二无治权，三无监督权。香港事务不容任何外国干涉。依照基本法规定，香港特别行政区的外交事务应归中央政府负责管理。英国政府直接向香港特别行政区行政长官打电话施压是错误的。中方严正要求英方立即停止一切插手香港事务、干涉中国内政的行为，不要再对香港指手画脚、煽风点火。”③

（三）未来面临的主要挑战

2019 年 8 月 27 日，英国议会最大反对党领袖科尔宾集合自民党、绿

① Intelligence and Security Committee of Parliament, “Statement on 5G Suppliers”, 19 July 2019, https://b1cba9b3-a-5e6631fd-s-sites.googlegroups.com/a/independent.gov.uk/isc/files/20190719_ISC_Statement_5GSuppliers_Web.pdf?attachauth=ANoY7co7ggYTKxwWiffF4cxLnVdSi0suEeYV5C_TqikT4aIodHg7sP9ELb0egerj6z0PwWFfrZLBNRv9qWyNFJzrzzupN_M-sDaroR8ae_jxx2ENinDi6NtJQHTsnUotliCUGdYesQiFL9lHCxWwyJftNpRwjuQrX3tEZm-ewsjrQnL30VvHV9qHs_kBLfzpHo1KdNSLgv0Sken5cFpE_rKQBWEI2BNtMPybJizKZATXFbbNETz-BNgLm3RTe3YRUQMX2ss7RUYf&attredirects=0.

② 《2018 年 9 月 6 日外交部发言人华春莹主持例行记者会》，中华人民共和国外交部，2018 年 9 月 6 日，https://www.fmprc.gov.cn/web/fyrbt_673021/t1592689.shtml。

③ 《外交部发言人就英外交大臣与香港特别行政区行政长官通话事答问》，中华人民共和国驻大不列颠及北爱尔兰联合王国大使馆，2019 年 8 月 10 日，http://www.chinese-embassy.org.uk/chn/zywl/t1687852.htm。

党、苏格兰民族党等，决定联手阻止约翰逊政府无协议脱欧。28 日，英国女王正式批准了约翰逊首相要求 9 月 9 日至 10 月 14 日暂时关闭议会（休会）的申请，激起了各方更大反弹。英国国内政治、脱欧进程步入新一轮动荡期，成为影响未来一段时期中英关系发展的主要变量，而美国特朗普政府在力挺约翰逊政府的同时，在对华问题上也将会延续施压路线。因此，未来一段时间中英关系的发展将主要受如下三方面因素的影响。

首先，英国脱欧之路能不能走好？这是关系英国国家、政府以及主要政党前途命运的大事，也将会直接或间接作用于中英关系未来的发展。在脱欧问题上，约翰逊首相最为明确的观点是，不论有没有协议，英国都将于 10 月 31 日脱欧。对此，英国国内有很大争议。议会反对党已通过立法迫使保守党政府延期脱欧，未来不排除通过不信任、组成临时政府等方式采取进一步行动，阻止英国无协议脱欧。英国各党派、各力量之间围绕脱欧的博弈仍在继续。英国脱欧的不确定性不断加大，无协议脱欧的风险并未解除。这对英国自身、英欧关系乃至全球市场的冲击将是巨大的，中英关系也会受到波及。

其次，英国政府的对华政策能否稳定？近年来，中英关系持续向好，中英关系“黄金时代”的战略定位对稳定处于变局之中的双边关系功不可没。这既是两国政府和人民达成的共识，也契合中英两国未来发展的共同利益。在当前形势下，影响未来英国政府对华决策的内部因素主要体现在两个方面：一是英国政府自身的稳定性。脱欧导致的英国国内以及保守党、工党内部的分裂一时难以弥合，脱欧进程每发展一步，党争就再升一级。如果英国政府长期不稳或弱势，其包括对华政策在内的决策力与政策执行力都很难保证。二是英国国内的不同声音。在对华问题上，英国国内长期存在不同的声音。不论是政府、议会内部，还是媒体舆论，当然也包括民间。英国政府越弱势，国家越分化，这种现象可能越突出。而从某种角度来说，英国国内对华认知更趋多元是正常的，与当下复杂多变的英国国情相匹配，也符合日益多元的英国外交的定位与利益。但在未来的英国政府对华决策中，如何处理和回应这些分歧是个问题，并将会对中英关系的平衡发展产生一定影响。

最后，美国对英国施压的结果会是怎样？美国特朗普政府一直在对华问题上越来越明显地向英国政府施加压力。最为突出的例证是在华为5G问题上，美国明确以影响情报合作为借口，要求英国等其他“五眼联盟”跟随美国的政策，将华为排除在其国内5G市场之外。到2019年9月初为止，英国保持了相对的独立性，但未来如何发展尚是未知。这首先取决于美国对英国的利益贡献有多大。“英美特殊关系”代表了一种历史、文化与人文联系，一种特定级别的安全与情报合作水平和一种相互联系紧密的经济关系：美国是英国最大的单一国家出口市场，英国则是美国第一大外资来源地（占比15%）。战后“英美特殊关系”是不平衡的，英国一直是实力较弱的一方。但对于英国而言，维系英美同盟更重要的意义在于保持英国超越自身实力发挥影响世界的重要能力。

英国政治家有句名言，“没有永恒的朋友，也没有永恒的敌人，利益却是永恒和持续的。为了我们的国家谋求利益是我们的职责”，这句话最初源自19世纪曾两度封相的帕默斯顿，后来也因曾被丘吉尔首相演绎而广为流传。因此，有欧洲学者指出，英美关系的问题不仅在于实力上的不平衡，还在于特朗普政府单边主义、贸易保护主义的主张与英国的政策选择渐行渐远。如果“美国优先”的政策削弱了美国的国际信用，英国对与美国绑定关系的意愿也可能会下降。同样，如果美国继续将增加关税作为其标志性的贸易政策，脱欧后的英国为了服务于自身国家利益，将秉持自由主义立场，也将被迫保持与美国的距离。①

除了利益的考虑，这也是对英国外交独立性的一大考验。自伊拉克战争以来，一味追随美国已经成为英国外交不可为之的“禁忌”。自布莱尔首相提前下台以来，可以说，此后的历任英国首相都在谨慎“纠偏”。目前，约翰逊政府正由于自身的弱势和特朗普总统的强势而面临更大的压力。但不论如何，甚至不论英国是否脱欧或是以何种形式脱欧，多元、独立的外交才更有利于这个国家走出困境、谋定新篇。

① Edoardo Campanella and Marta Dassù, *Anglo Nostalgia: The Politics of Emotion in a Fractured West* (London: Hurst Publishers, 2018), p. 170.

分　报　告

Reports on UK Trends

B.2

英国政党政治形势

夏　添*

摘　要： 2018～2019年，随着英国脱欧最终期限临近，脱欧成为英国政党政治中最主要的议题。保守党依然因脱欧具体安排存在重大分歧，由特雷莎·梅所主导的脱欧协议先后三次被议会否决，梅迫于压力辞去首相一职，硬脱欧派代表鲍里斯·约翰逊赢得党魁选举接任首相。工党在脱欧问题上仍较为被动、立场模糊，从支持"软脱欧"到有限度地支持举行第二次公投，左右摇摆，也反映出工党在当下所面临的选举政治困境。围绕脱欧的争论超越了英国传统的左右分野的阶级、党派政治，在脱欧久拖不决的背景下，英国政党政治可能进一步走向分裂化、碎片化；鲍里斯·约翰逊上台后，英国无协议脱

* 夏添，博士，上海对外经贸大学国际商务外语学院讲师，主要研究方向为英国政治。

欧的可能性上升，英国的社会、政治、经济面临更大的风险与不确定性。

关键词： 保守党政府 工党 政党政治 脱欧

2018 年下半年以来，围绕脱欧问题所产生的分歧成为英国政党政治中最主要的问题。这一分歧已经不再局限于各政党之间，也出现在保守党与工党内部。面对日益临近的脱欧最终期限与保守党内部以及各党派之间因脱欧而产生的分裂，特雷莎·梅和鲍里斯·约翰逊两任首相艰难地推动着英国脱欧进程。

一 保守党

2018 年 7 月 6 日，保守党政府内阁官员在首相官邸契克斯别墅就英国脱欧方案初步达成一致。随后，因不满特雷莎·梅所主导的脱欧方案，脱欧大臣戴维·戴维斯与外交大臣鲍里斯·约翰逊相继辞职。约翰逊声称："我们现在处于荒唐可笑的境地……英国正在走向欧盟殖民地地位，许多人很难看到这种特殊安排的经济或政治优势。"①

作为硬脱欧派的领军人物，约翰逊与戴维斯的辞职标志着保守党内部围绕脱欧方案的分歧已彻底公开化。在围绕脱欧具体方案的博弈中，硬脱欧派逐渐占据上风，继任的外交大臣杰里米·亨特与脱欧大臣多米尼克·拉布同样支持硬脱欧，拉布认为无协议脱欧好过对欧盟做出过多的让步与妥协，主张英国彻底脱离欧盟后转型为低税收、监管宽松的经济体。与此同时，保守

① Boris Johnson, "Full Texts of Boris Johnson's Resignation Letter and PM's Reply", *The Guardian*, 9 July 2018, https://www.theguardian.com/politics/2018/jul/09/full-text-of-boris-johnsons-resignation-letter-to-the-pm.

党内部团体“欧洲研究小组”（European Research Group）影响力不断上升。该团体由雅各布·里斯－莫格领导，成员有近60名保守党议员，其中包括保守党前领袖伊恩·邓肯·史密斯、国际贸易大臣利亚姆·福克斯以及环境大臣迈克尔·戈夫等人。该团体的硬脱欧立场十分坚定，且内部高度团结一致，对特雷莎·梅的领导地位形成了严峻挑战。

2018年7月12日，英国政府出台脱欧白皮书《联合王国与欧洲联盟的未来关系》，阐述了英国脱欧后与欧盟在经济、社会、安全等方面的合作与相关制度安排。[①] 11月25日，英欧双方就脱欧协议达成一致，主要内容包括：建立主要涵盖货物贸易的英欧自贸区；在过渡期内，英国退出关税同盟，适用本国关税，实施独立的贸易政策，寻求谈判建立新的“便利化关税安排”；终止人员自由流动，但将努力通过规则和监管框架的协调，实现深度合作。此外，协议还包含关于爱尔兰与北爱尔兰边界保障机制的议定书，英国政府做出妥协，同意在找到该问题的解决办法之前，英国整体留在欧盟关税同盟。特雷莎·梅和欧盟领导人都宣称，该协议是现有条件下最好的可行方案。但该方案实质上是保守党政府做出的实用主义妥协，在移民、关税同盟等问题的具体安排上采取了模糊处理的方式，给未来留出了试错和修正政策的空间。梅强调，这一协议可以确保实现公投的意志，“夺回英国对自身财政、法律和边界的控制权；结束人员自由流动；保护就业、安全和国家的统一；避免无协议脱欧或脱欧逆转的情况出现”。[②]

协议在英国议会审议过程中遭遇了巨大阻力，内阁决定接受协议草案后，包括脱欧事务大臣拉布在内的多名内阁成员和国务大臣辞职。在议会就脱欧协议正式表决前，保守党议员提出了对梅的不信任案，梅虽然获保守党约三分之二议员的支持得以继续留任，但保守党在脱欧问题上的深刻分歧使

---

① HM Government, “The Future Relationship Between the United Kingdom and the European Union”, 12 July 2018, https: //www. gov. uk/government/publications/the – future – relationship – between – the – united – kingdom – and – the – european – union.

② HM Government, “Theresa May’s Speech on Cabinet Agreeing the Brexit Deal in Full”, 25 November 2018, https: //www. gov. uk/government/publications/pm – letter – to – the – nation – 24 – november – 2018.

政府很难达成令各方都相对满意的方案。2019 年初，议会下院以 432 票对 202 票否决了政府此前与欧盟达成的脱欧协议，BBC 评论称，如此大的差距堪称“历史上在任政府经历过的最大失败”。① 协议遭否决后，特雷莎·梅政府希望对协议做出修改，特别是调整北爱尔兰边界保障机制的条款，重新与欧盟谈判，争取在议会获得通过。在未能得到欧盟实质性妥协的情况下，议会于 3 月 12 日再次否决了脱欧协议。梅向保守党议员表示，只要脱欧协议能获得议会批准，她愿意卸任保守党领袖一职，以此让步来换取部分党内要员的支持。② 这一承诺争取到了包括鲍里斯·约翰逊与伊恩·邓肯·史密斯等人对协议的支持。3 月 29 日，议会以 344 票反对、286 票赞成第三次否决了脱欧协议，5 月底，特雷莎·梅正式宣布她将于 6 月 7 日辞去保守党领导人一职。梅在辞职演讲中表示，自己“已经尽了一切努力让议员支持脱欧协议”，但“现在已经清楚地认识到由新的首相来领导这一事业更加符合国家的利益”。③

特雷莎·梅作为卡梅伦辞职后的继任者，将带领英国顺利完成脱欧程序视为上台后的首要任务，随着她主导的脱欧协议连续三次被议会否决，不仅意味着 2018 年下半年以来以“契克斯方案”为雏形的脱欧安排最终失败，也标志着梅作为保守党领袖与英国首相为应对脱欧问题所带来的挑战而所采取的一系列措施宣告失败。究其原因，主要有以下几点。

首先，特雷莎·梅政府在对脱欧的具体方案有较为明确的认知与把握前启动了脱欧程序，低估了脱欧的周期之长和问题之复杂性。梅政府于 2017

---

① “Brexit: MPs Vote ‘No’ to Theresa May’s Deal”, *BBC*, 15 January 2019, https://www.bbc.com/news/video_and_audio/headlines/46885617/brexit-mps-vote-no-to-theresa-may-s-deal.

② Heather Stewart, Rowena Mason and Peter Walker, “Brexit: May Vows to Resign Before Next Phase of Negotiations if Deal is Passed”, *The Guardian*, 28 March 2019, https://www.theguardian.com/politics/2019/mar/27/theresa-may-to-resign-before-next-phase-of-brexit.

③ Theresa May, “Theresa May’s Resignation Speech in Full”, *The Guardian*, 24 May 2019, https://www.theguardian.com/politics/video/2019/may/24/prime-minister-theresa-mays-resignation-speech-in-full-video.

年3月29日正式启动脱欧程序，根据《里斯本条约》的规定，从正式提出脱离欧盟的申请到最终完成脱欧程序的时间为两年，然而谈判启动后并未取得各方认可的实质进展，“契克斯方案”直到2018年7月才具体成型。梅在启动脱欧程序前，对脱欧具体安排的规划与准备不足，对保守党以及议会内部围绕脱欧问题产生的分歧与力量对比预判不足，导致其在后续的谈判与博弈中越发被动。在面临英国脱欧委员会质询时，戴维·戴维斯承认政府尚未就脱欧对不同经济领域的影响进行评估，菲利普·哈蒙德也曾表示，直到2018年初，内阁“尚未对其所希望的英国脱欧结果进行具体讨论”。①

其次，少数派政府的现状削弱了特雷莎·梅在脱欧谈判中对议会的主导权，限制了政府的谈判能力，保守党内部的分裂则进一步加剧了政府的上述困境。梅于2017年启动提前大选导致保守党失去了议会多数席位，在北爱尔兰民主统一党的支持下保住了执政党地位。梅原本寄希望于扩大多数席位优势，进一步获得民众授权以减轻脱欧谈判的障碍，然而2017年的大选反而削弱了她对保守党的领导权，部分保守党议员将选举失利归咎于梅对形势的误判，加大了梅作为政党领袖弥合党内分歧的难度。随着脱欧谈判的深入，北爱尔兰边境问题日益突出，梅主导的脱欧协议拟设立爱尔兰与北爱尔兰边界的保障机制，这一安排因北爱尔兰民主统一党的反对使协议的通过前景更为渺茫。民主统一党一再表示，除非英国在与欧盟的谈判中能够确保关于爱尔兰边界问题的保障机制包含有法律约束力的时间限制，否则将不会支持政府的脱欧协议。②

再次，脱欧所涉及的各方立场与诉求复杂多元、相互冲突，特雷莎·梅希望寻找一条中间道路以避免无协议脱欧，然而其试图让各方做出一定让步和妥协的方案无法在议会中达成广泛共识。硬脱欧派认为协议未能实现退出

---

① Nicola Slawson and Andrew Sparrow, “Irish PM: May to Present New Text on Border Deal ‘Tonight or Tomorrow’ – as it Happened”, *The Guardian*, 14 February 2018, https://www.theguardian.com/politics/blog/live/2017/dec/06/david-davis-questioned-by-brexit-committee-about-impact-assessments-politics-live.

② Mark Devenport, “Brexit: DUP will Vote Against Deal, Says Dodds”, *BBC*, 29 March 2019, https://www.bbc.com/news/uk-northern-ireland-47736913.

单一市场和关税同盟的根本目标，模棱两可的安排为未来英国走向软脱欧留出了空间。软脱欧派认为这一复杂方案给企业界的经贸活动带来风险，背离了英国自由开放的经济传统，也放弃了在欧洲的领导地位。亲欧派则主张进行第二次公投，希望彻底逆转脱欧进程，他们同样拒绝温和折中的脱欧方案，认为软脱欧虽然将英国留在了单一市场和关税同盟，但英国失去影响欧盟决策的权力后地位将低于正式成员国。在梅政府的脱欧方案中，独立的贸易政策和开放的边境流通始终难以相容。将英国从欧盟原本错综复杂的政治经济框架中分离出来极为困难且耗时，在这一过程中软脱欧派与硬脱欧派、脱欧派与留欧派的分歧不断扩大，加大了妥协的难度。

最后，特雷莎·梅希望在脱欧进程中避免保守党内部的分歧扩大导致彻底分裂，因此在很大程度上将脱欧视为政党管理问题，因而缺乏与民众的沟通，也未能有效争取保守党以外的潜在支持者。梅通过在谈判中划定强硬的红线来争取强硬脱欧派人士的支持，但这些人对她始终持怀疑态度，因为她曾在公投中支持留欧。2017 年保守党在议会失去多数席位后，梅逐渐把自己与选民隔离开来，未能向选民解释脱欧所涉及的平衡取舍，未能说服民众接受必要的妥协与让步，也未能在民众层面塑造真正的共识，从而使脱欧谈判基本沦为政治精英间的博弈，在左右翼政治都更为极化的背景下为民粹主义提供了发展的空间。梅在脱欧谈判中始终坚持安抚党内硬脱欧派的政策。尽管其本人并不支持无协议脱欧，然而对硬脱欧派的迁就导致保守党内的力量对比发生变化，硬脱欧派的影响力持续上升，保守党在这一过程中疑欧情绪更为严重。

特雷莎·梅宣布辞职后，保守党进入了新一轮的党魁之争，6 月 10 日，包括前外交大臣鲍里斯·约翰逊、外交大臣杰里米·亨特、环境大臣迈克尔·戈夫、内政大臣萨义德·贾维德、下议院领袖安德烈娅·利德索姆、卫生大臣马修·汉考克以及前脱欧事务大臣多米尼克·拉布等 10 人陆续加入了党魁竞争。党魁选举前五轮由保守党议员通过投票选出两名候选人，最终交由全体党员进行投票。第一轮投票结束后，利德索姆等三人因未能获得 17 票而被淘汰，马修·汉考克尽管在第一轮投票中获得了 20 票，但他随即宣布退出竞争并全力支持鲍里斯·约翰逊。[1] 几轮投票后，拉布、贾维德、戈夫等人也相继出局，鲍里斯·约翰逊与杰里米·亨特成为最后的候选人。

约翰逊与亨特均为硬脱欧派的代表人物。在脱欧事务上，约翰逊承诺“不管发生什么”都将以10月31日为最终期限脱离欧盟，但政府仍然会尝试与欧盟达成新的协议，包括英欧之间新的自由贸易协定以及对北爱尔兰边境问题的安排，且在达成新协议之前不会向欧盟缴纳390亿英镑的“分手费”。亨特则表示将成立一个新的谈判团队，制订“替代性脱欧协议”取代梅此前的方案，计划在8月与欧盟领导人进行接触并出台一份临时的无协议脱欧预算，在9月底前决定是否存在达成新协议的“现实机会”。如果不存在此种机会，则将放弃谈判并专注于无协议脱欧的准备工作。亨特还承诺在无协议脱欧的情况下，政府将为农业和渔业出口关税买单。此外，两人还分别阐述了各自在税收、支出、社会保障等方面的政见主张。约翰逊提出将目前40%的个人所得税税率起征点由5万英镑提高至8万英镑，提升工人所得税的起征点；为公共部门员工提供更多资金；提升全国最低工资标准；到2022年将额外招募2万名警员以解决英国当前警员数量不足的问题；提高中小学教育经费支出，使中学教育经费至少达到人均5000英镑，并考虑降低学生的贷款利率。在移民问题上，支持效仿澳大利亚实行的移民积分制度，从全世界引进高技术、短缺工种移民，支持恢复英国毕业生留学后可以在英国工作的签证政策。亨特拟将公司税税率降至12.5%，将工人支付国民保险的起点提升至每年1.2万英镑，在未来5年内增加150亿英镑的国防开支，计划兴建150万所住宅，并拟出台新的计划为年轻人提供更多的发展资金，减免年轻创业者的学费，制定为教师职业提供更多资助的长远规划。[2]

---

① Peter Walker and Heather Stewart, “Matt Hancock Pulls Out of Conservative Leadership Race”, *The Guardian*, 14 June 2019, https: //www. theguardian. com/politics/2019/jun/14/matt - hancock - pulls - out - of - conservative - leadership - race.

② “Tory Leadership Candidates Compared: Johnson v Hunt”, *BBC*, 18 July 2019, https: //www. bbc. com/news/uk - politics - 48395611.

党魁选举的最后一轮由保守党党员投票决定，约 16 万名党员拥有投票资格。本次选举的投票率为 87.4%，最终鲍里斯·约翰逊以 66.4% 的得票率当选党魁，成为英国新一任首相。① 约翰逊赢得党魁选举的主要原因在于，脱欧进程未能获得实质性突破以及少数派政府的现状使保守党的执政地位岌岌可危，尽管保守党内的部分成员并不赞成约翰逊的硬脱欧立场，但仍希望约翰逊凭借其知名度和影响力挽回保守党流失的支持者，应对可能出现的提前大选和日益临近的脱欧期限，特别是应对脱欧党带来的挑战。奈杰尔·法拉奇领导的英国脱欧党迅速崛起，吸引了数百万原本支持保守党的疑欧选民。在 5 月的欧洲议会选举中，英国脱欧党拿下 29 个席位，成为最大的赢家，相比之下保守党仅获得 4 个席位，得票率下降 14.8%。② 支持硬脱欧的选民倒向脱欧党在保守党内部引起了广泛的担忧，约翰逊被认为是最有能力赢回这波民众的人选。约翰逊在就职演讲中宣称："那些看衰英国的人将会输得一败涂地，我们将恢复民众对英国民主的信任，我们将履行议会对人民的反复承诺，并在 10 月 31 日脱离欧盟，在这一问题上没有'如果'或者'但是'。我们将达成一项新的协议，一项更好的协议，将英国脱欧的机会最大化，同时允许我们在自由贸易和相互支持的基础上，与欧洲其他国家建立一种崭新的、令人兴奋的伙伴关系。"③

鲍里斯·约翰逊上台后迅速重组了内阁，包括与约翰逊竞选党魁的外交大臣杰里米·亨特、财政大臣菲利普·哈蒙德等人在内，共有 18 名特雷莎·梅时期的内阁大臣被解职或辞职。与梅试图平衡硬脱欧派与软脱欧派的思路不同，约翰逊新启用的内阁成员多为硬脱欧派，他将自己的亲信与支持者分配至更为关键的职位。多米尼克·拉布被任命为外交大臣，萨义德·贾维德被任命为财政大臣，"欧洲研究小组"领导人雅各布·里斯－莫格被任

① "Boris Johnson Wins Race to be Tory Leader and PM", *BBC*, 23 July 2019, https://www.bbc.com/news/uk-politics-49084605.

② "European Elections 2019: Brexit Party Dominates as Tories and Labour Suffer", *BBC*, 27 May 2019, https://www.bbc.com/news/uk-politics-48417228.

③ Boris Johnson, "First Speech as PM in Full", *BBC*, 24 July 2019, https://www.bbc.com/news/uk-politics-49102495.

命为下议院领袖，斯蒂芬·巴克莱与杰弗里·考克斯分别留任脱欧大臣与司法大臣，中途撤出党魁竞选宣布支持约翰逊的马修·汉考克留任卫生大臣。在2016年的保守党党魁竞选中，迈克尔·戈夫原本是约翰逊最重要的支持者，然而他后来宣布自己也将加入竞选，致使约翰逊最终宣布退出竞争。此后，作为梅政府的环境大臣，戈夫曾力主避免无协议脱欧，并支持梅的脱欧协议，尽管如此，约翰逊依然任命戈夫为内阁办公厅大臣，负责为可能出现的无协议脱欧局面做好相关准备工作。除此之外，约翰逊专门成立了“退出战略委员会”（Exit Strategy Committee），该委员会共有六名成员，包括约翰逊本人、多米尼克·拉布、萨义德·贾维德、迈克尔·戈夫、斯蒂芬·巴克莱以及杰弗里·考克斯，旨在“以任何必要手段”推动英国脱欧。

随后，约翰逊政府启动了新一轮的公关活动，计划向英国每户家庭发放传单介绍无协议脱欧的安排，并且在电视与网络平台投放相关广告，为民众提供咨询服务，以缓解民众对无协议脱欧的恐惧与担忧。财政大臣萨义德·贾维德表示，政府已经投入11亿英镑用于增加边境警卫、储备重要药品以及针对家庭和企业开展大规模宣传攻势。此外，政府正在筹备无协议脱欧应急预算，拟增加10亿英镑的额外资金，以确保在无协议脱欧的情况下英国社会经济仍能保持稳定运行。[①] 约翰逊将废除北爱尔兰边界保障机制作为重启与欧盟谈判的前提，但布鲁塞尔驳回了这一要求。欧委会主席容克称，已有的脱欧协议是最佳且唯一的，欧盟谈判首席代表米歇尔·巴尼耶呼吁欧盟成员国团结一致，对英国废除北爱尔兰边界保障机制的要求“绝不妥协”。爱尔兰作为直接受到边界问题安排影响的另一方，表示鲍里斯·约翰逊的强硬态度“无法接受”。[②] 戈夫警告称，英国与欧盟最终无法达成协议的可能性“非常大”，政府正基于英国将无协议脱欧的假设进行运作，为无协议脱

① Macer Hall, “Brexit War Chest: No More Wasting Time! Boris and Javid Reveal £ 2 Billion No Deal Plan”, *Daily Express*, 1 August 2019, https://www.express.co.uk/news/politics/1160273/brexit-news-no-deal-brexit-boris-johnson-sajid-javid-treasury.

② Daniel Boffey, “EU will not Renegotiate Brexit Deal, Juncker Tells Johnson”, *The Guardian*, 25 July 2019, https://www.theguardian.com/politics/2019/jul/25/michel-barnier-boris-johnsons-combative-rhetoric-targets-eu-unity.

欧做好准备是政府当前的“首要任务”。[①]

上述事态的发展加大了无协议脱欧的可能，但英国是否将于10月31日前完成无协议脱欧仍存在不确定性。首先，约翰逊政府仍坚称希望与欧盟达成协议，双方正在探讨重启谈判的方案；其次，议会内部的软脱欧派与留欧派希望避免无协议脱欧并在9月初通过了阻止无协议脱欧的法律，束缚了约翰逊政府的手脚；最后，保守党的执政地位已岌岌可危，在通过延期脱欧立法过程中多名保守党议员退出或被开除出党，约翰逊政府已完全丧失议会多数，未来的提前大选使英国脱欧进程仍然存在变数。

二 工党

近年来，工党始终在摸索其意识形态与方向定位，科尔宾上台为传统左派创造了空间，他们提出了一些包括反对紧缩政策在内的更激进的想法。工党在2017年大选中获得40%的选票后，党内的传统左派进一步复苏，开始考虑执政的可能性，并将注意力转向如何将其理念转化为实际政策。尽管科尔宾始终未能妥善解决党内的斗争与分歧，但其意识形态与政策方针已经逐渐成形。科尔宾同意继续履行北约成员国的义务，并支持更新英国三叉戟核潜艇。由影子财政大臣麦克唐纳主导发布的社会经济报告与规划性文件在货币政策、财政政策和结构性改革等方面的相关理念体现了凯恩斯、波兰尼等经济学家思想的复归。麦克唐纳解释称，工党当前主张的国有化与二战后以国家利益为目标、依赖专家团体来管理制造业和服务业的国有化有很大区别；二战后的国有化模式“太过久远、太过官僚，也脱离了在最前沿提供

① Ashley Cowburn, “Boris Johnson Unveils Special Brexit Committee as He Makes No-deal Planning ‘Number One Priority’”, *Independent*, 29 July 2019, https: //www. independent. co. uk/news/uk/politics/boris - johnson - brexit - no - deal - preparations - michael - gove - cobr - eu - a9024496. html.

服务的劳动力的现实”。[①] 在此背景下，左翼思想理念在工党内部也变得更为活跃，并尝试探讨新的社会经济改革模式。智库“共同财富”负责人马修·劳伦斯提议要求大公司将超过10%的股权交给工人设立基金，工党已计划采纳这一提议。左翼智库“新经济基础”提议实行每周四天工作日制度。此外，麦克唐纳还暗示，工党拟推广一项全民基础收入的试验计划，并对所谓“绿色新政”持开放态度。

在过去一年中，工党在社会经济领域主要提出了以下几点主张。首先，改革现有税收和养老金安排，增加对高收入者的税收。工党希望削弱乃至废除高收入者养老金税的减免待遇。在所得税方面，主张将50%税率的起征点由当前的年收入15万英镑下降到12.3万英镑，并新增一档45%的税率，起征点为年收入8万英镑，这一税改如果落实可能将扭转保守党削减资本利得税的政策。工党还承诺对私立学校的学费征收增值税，并希望收紧现行的遗产税制度，减少或取消将财产转移至可自由支配信托基金或亲属名下所获得的补贴。其次，在英国经济体系中引入全新的税收。工党希望通过新的金融交易税每年筹集约50亿英镑，此举将使金融机构每笔交易的收益减少0.2%。据报道，为此，一些对冲基金考虑向海外转移。工党还考虑对资产征收财富税，该措施主要针对高价值住宅，以便为社会保障筹集更多资金。麦克唐纳此前还曾支持一项一次性征收20%财富税的提议，以帮助减少政府债务。由于存在无协议脱欧的可能性，部分高收入群体担心如果无协议脱欧引发严重的经济动荡，工党一旦上台将限制资本进出英国。尽管工党一再否认将采取资本管制措施，但部分金融机构已安排将其投资账户的托管权转移至瑞士等地，以规避工党上台与无协议脱欧可能带来的双重风险。[②]

在脱欧路径选择这一容易产生分裂的问题上，工党此前的处理方式是低调行事以避免激怒民众，等待保守党犯错或失败。2018年6月，工党就脱

---

① John McDonnell and Hilary Wainwright, “The New Economics of Labour”, *Open Democracy UK*, 25 February 2018, https://www.opendemocracy.net/uk/hilary-wainwright/new-economics-of-labour.

② “Labour and the Rich: The Pips Squeaks Again”, *The Economist*, 4 May 2019, p. 47.

欧方案的具体安排首次表态，提议在英国与欧盟之间建立一个大型内部市场，以便英国在退出欧洲统一市场之后仍能保持此前的诸多优势。这被许多人视为工党迈向软脱欧的最重要举措，然而也有很多人质疑该提议在很大程度上只是口号的转向。工党虽然接受了与单一市场和关税同盟最大限度融合的逻辑，却同样难以回答在保留欧盟单一市场和关税同盟的好处的前提下如何避免承担成员国的义务。工党内部在脱欧问题上的分歧同样明显，许多党员反对工党支持脱欧，他们指责科尔宾未能有效遏制议会内部硬脱欧势力的发展。

科尔宾自脱欧公投宣传阶段以来就给民众留下了疑欧主义者的印象，他曾在 1975 年的公投中反对英国加入欧共体，也曾在 20 世纪 80 年代反对欧洲统一市场，其疑欧立场导致原本相对亲欧的工党在脱欧谈判的多数时间里表现得极为被动、立场模糊。在科尔宾的支持者中年轻群体占较大比重，其中多数是亲欧派，科尔宾在脱欧谈判阶段表现不佳在一定程度上削弱了这部分选民对他的支持与信心。科尔宾试图塑造自身果断、坚定、有原则的左派领导人形象，但其在脱欧问题上的被动与摇摆对这一目标产生了负面影响。2019 年初，议会否决特雷莎·梅政府的脱欧协议后，科尔宾随即对政府提出了不信任动议，但议会最终以 306 票赞成、325 票反对的结果，否决了该动议。2 月，科尔宾再次提出五项软脱欧主张，包括建立“永久性的、全面的关税同盟”，在未来的贸易协议中拥有发言权；在“共同机构”的支持下，与单一市场紧密结合；“在权利和保护方面的动态协调”，使英国的各项标准与欧盟保持同步；明确承诺英国未来参与欧盟机构和资助计划；出台关于未来安全事务合作安排的明确协议。[①] 科尔宾表示，如果特雷莎·梅政府同意以上主张，工党将在接下来的脱欧谈判中支持政府出台的协议，但梅

① Heather Stewart and Jessica Elgot, “Corbyn Lays out Labour’s Terms for Backing May on Brexit”, *The Guardian*, 6 February 2019, https: //www. theguardian. com/politics/2019/feb/06/corbyn – lays – out – labours – terms – for – backing – may – on – brexit.

以留在关税同盟无法确保英国获得独立的贸易政策权为由拒绝了科尔宾的主张。[①]

2019 年 2 月 18 日，因不满以科尔宾为首的工党领导层在脱欧问题上的表现以及工党内部出现的反犹情绪，包括楚卡·乌穆纳、克里斯·莱斯利在内的八名工党议员宣布脱离工党，成立名为“独立小组”（the Independent Group）的组织。他们指责科尔宾在脱欧问题上背叛选民，任由种族主义在党内蔓延以及对国家安全构成威胁。2 月 20 日，安娜·索布里等三名反对英国硬脱欧的保守党议员也宣布脱离保守党加入该组织，他们认为梅领导下的保守党处处受制于硬脱欧派的威胁，已经被硬脱欧派“绑架”。对此，影子财政大臣约翰·麦克唐纳承诺，将开展“大规模的倾听活动”，了解议员的诉求，加强党内的团结，阻止更多议员辞职。[②]

工党副党魁汤姆·沃森警告称，如果领导层不采取更多措施减轻党内议员的担忧，将有更多人效仿而造成一系列政治风险。沃森敦促科尔宾改组影子内阁，遏制党内反犹主义的发展，他宣称多元文化和左派声音的多样性一直是工党的巨大优势，将在党内召集新的中左议员团体“未来英国小组”（Future Britain Group），“倾听党内所有的声音”以加强党内团结。[③] 工党内部原本已有由温和左派组成的“论坛小组”（Tribune Group）以及拥护科尔宾与其盟友约翰·麦克唐纳的坚定左派，这一局势的发展反映出自科尔宾上台以来工党内部的分裂问题始终没有得到妥善解决，也使工党作为最大的反对党对保守党执政地位构成的威胁有限，保守党议员虽然在脱欧方案上严重分裂，但为避免失去执政地位，在表决中一般仍支持特雷莎·梅。整体上相对亲欧的工党面对陷入分歧和混乱的保守党，既未能抓住时机赢得民众的支

---

① Theresa May, “Theresa May’s Letter to Jeremy Corbyn”, *BBC*, 11 February 2019, https://www.bbc.com/news/uk-47196356.

② “The Independent Group: Who are They and What do They Stand For?”, *BBC*, 1 March 2019, https://www.bbc.com/news/uk-politics-47305860.

③ Heather Stewart, “Tom Watson Sets Up Centre-Left Group Within Labour Party”, *The Guardian*, 8 March 2019, https://www.theguardian.com/politics/2019/mar/08/tom-watson-sets-up-centre-left-group-within-labour-party.

持，也未能有效遏制议会内硬脱欧势力的发展。

2019 年 5 月举行的欧洲议会选举中，工党仅获得 14% 的选票，和此前相比得票率下降 11.3%，在其原本传统票仓苏格兰仅获得 9% 的选票，是 1979 年以来在欧洲议会选举中表现最糟糕的一次。[①] 选举结果在党内引发了激烈的争论，这场争论表面上是关于工党在欧洲问题上的立场，但实际上也是对科尔宾领导能力的质疑与不满。副党魁汤姆·沃森和影子外交大臣艾米莉·索恩伯里等高层将工党在选举中的惨淡表现归咎于工党拒绝全心全意支持举行第二次公投并支持英国留在欧盟。沃森对科尔宾的敌意由来已久，其组建的党内中左派团体包括约 80 名议员，主张推行更主流的政策。艾米丽·索恩伯里与影子脱欧大臣基尔·斯塔莫也均获得了党内部分议员的支持。约翰·麦克唐纳虽然是科尔宾坚定的盟友，但部分党内人士认为相比科尔宾，麦克唐纳的经验更为丰富，对主流工党议员采取了更温和的态度，能够正视党内的反犹主义问题，也更加愿意听取党员的意见，因此是更为合适的党魁人选。但科尔宾并非孤立无援，部分来自支持脱欧选区的议员提出，如果工党公开支持留欧，也可能流失大量工人阶级腹地选区的选民。阿什菲尔德议员格洛丽亚·德·皮耶罗呼吁党内同僚不要让脱欧这一单一问题“毁掉”工党的团结。联合工会主席莱恩·麦克卢斯基指责工党内第二次公投的支持者，认为他们出于个人的政治利益支持第二次公投，试图发动政变推翻现任领导集体，将在党内造成更大范围的混乱。麦克卢斯基称，如果工党仅因欧洲议会选举失利转而听取“狂热留欧派”的意见，反而可能失去自二战以来在北部和中部地区占据的数十个席位。[②] 此外，工党内部反犹主义的问题也未得到妥善解决，5 月 28 日，英国平等与人权委员会宣布将对工党是否非法歧视、骚扰或迫害犹太人展开正式调查，该机构上一次采取类

① “European Election 2019: UK Results in Maps and Charts”, *BBC*, May 2019, https://www.bbc.com/news/uk-politics-48403131.

② Paul Waugh, “Len McCluskey Warns Corbyn: Copying Lib Dems on Brexit would be ‘Electoral Suicide’”, *Huffpost*, 31 May 2019, https://www.huffingtonpost.co.uk/entry/len-mccluskey-warns-corbyn-making-labour-the-anti-brexit-party-would-be-electoral-suicide_uk_.

似调查是针对极右翼政党英国民族党，这一事件无疑给工党的公众形象带来了负面影响。YouGov 于 2019 年 5 月和 6 月发布的民调结果显示，工党的支持率仅为 19%，民众对科尔宾个人的满意度仅为 26%。[①]

面对党内压力，科尔宾已被迫表态支持二次公投，但软脱欧和重新大选仍是其优先考虑的政策目标。科尔宾在保守党政府第三次推迟协议表决后表示："首相承诺要实现一些她知道不可能实现的目标，这是一种故意拖延时间的策略，而且是在欺骗人民。"[②] "首相似乎只有一个真正的策略就是拖延时间，希望逼迫议员们去支持一份有严重缺陷的脱欧协议。这是不负责任的行为。"[③] 但科尔宾同样是在以优先考虑政党利益的角度对待脱欧，他更为关注的是工党的选举政治利益，而未能通过积极主动、持久公开的宣传向民众阐明工党在这一问题上的立场，也未能向民众解释为什么这一进程于整个国家的利益至关重要。

三　其他政党

2019 年 5 月底，苏格兰政府公布了一项框架性法案，允许就苏格兰独立问题进行第二次公投。尼古拉·斯特金表示，在 2021 年前举行第二次独立公投将使苏格兰"有机会成为一个独立的欧洲国家，而不是被迫接受英国脱欧的未来"。[④] 在 5 月的欧洲议会选举中，苏格兰民族党获得了苏格兰 6 个席位中的 3 席，得票率为该党历史上最高。苏格兰政府宪法关系大臣迈克尔·罗素宣称，苏格兰民族党在 2016 年施政宣言中提出的举行第二次独立

---

① Kate Whitfield, "Jeremy Corbyn Poll: Corbyn Approval Ratings Sink to Damning Low as Labour on the Brink", *Express*, 1 July 2019, https://www.express.co.uk/news/politics/1146529/jeremy-corbyn-poll-approval-rating-low-labour-leader-antisemitism-row.

② Hansard, "Leaving the European Union Debate in Commons Chamber", Vol. 655, Col. 169, 26 February 2019.

③ Hansard, "Leaving the EU Debate in Commons Chamber", Vol. 654, Col. 734, 12 February 2019.

④ Libby Brooks, "Scottish Government Publishes Independence Referendum Bill", *The Guardian*, 29 May 2019, https://www.theguardian.com/uk-news/2019/may/29/scotland-publishes-second-independence-referendum-bill.

公投的条件现已“完全满足”，因为英国正朝着无协议脱欧的目标迈进。苏格兰政府出台的公投法案尚未规定具体日期、宣传周期以及公投的具体问题，这些内容需要交由次级立法来决定。斯特金此前曾承认，在正式启动第二次独立公投前，需确保从威斯敏斯特获得授权。但特雷莎·梅在任期间始终反对苏格兰民族党在独立方面的诉求。斯特金称：“我们将寻求在适当时机就权力移交达成协议，以便议会正式批准举行独立公投。最重要的是，英国政府必须认识到，如果它试图阻止这样一场公投，将是一种民主暴行。事实上，任何这样的立场都将被证明是完全不可持续的。”①

自脱欧公投结束后，苏格兰民族党始终未放弃独立的诉求，2019 年 5 月底的相关民调显示，支持苏格兰独立的人数略有上升。斯特金计划就苏格兰独立后的财政可持续性进行新的研究，通过跨党派会谈等形式讨论苏格兰未来的宪法以及新的议会，并认为在此方面可以参考爱尔兰的政治模式。此外，苏格兰政府计划向 200 多万户家庭发放独立指南，详细解释政府对苏格兰独立后的政治、经济和社会规划。

斯特金敦促科尔宾与苏格兰民族党和其他支持留欧的政党合作，阻止鲍里斯·约翰逊上台后将英国推向无协议脱欧。她表示，在当前的局势下，只有所有反对硬脱欧的政党联合起来才能挫败保守党，乃至逆转脱欧进程。如果英国政府在极端的保守党硬脱欧派的领导下所能提供的只是更多的混乱和困惑，那么未来独立后的苏格兰可以向民众提供更好的公共服务。② 斯特金指责鲍里斯·约翰逊故意将英国推向无协议脱欧，尽管约翰逊“虚张声势”地表示仍希望与欧盟领导人达成协议。2016 年，大多数苏格兰人投票支持留在欧盟，和英国其他地区相比，苏格兰相对更为亲欧，由约翰逊等硬脱欧派主导的英国政府可能激起更多苏格兰民众的反感。撒切尔政府时期在苏格兰地区推行的一系列不受欢迎的政策激发了苏格兰对于权力下放的诉求，也

---

① Libby Brooks, “Scottish Government Publishes Independence Referendum Bill”.

② Severin Carrell, “Sturgeon: Strong Case for Independence Vote After EU Elections”, *The Guardian*, 27 May 2019, https://www.theguardian.com/politics/2019/may/27/sturgeon-strong-case-for-new-scottish-independence-vote-after-eu-elections-brexit.

导致保守党在很长一段时间内成为苏格兰最不受欢迎的政党。自 20 世纪 70 年代以来，大多数苏格兰人都支持带有左翼色彩的社会民主主义政策，约翰逊政府的具体政策和执政能力仍有待观察与检验，然而在上台以前，约翰逊已经被媒体和舆论塑造为顽固的右翼政客与保守主义的代言人。根据 2019 年 7 月的民调结果，已有 49% 的苏格兰民众支持独立。尽管近年来保守党在苏格兰的支持率出现了回暖的迹象，但约翰逊政府所推行的政策可能将加剧英国中央政府与苏格兰地方政府之间的紧张关系。①

2015 年的大选重创了自由民主党，该党在近年来始终面临身份定位与如何复苏的难题。尼克·克莱格辞职后，政党领袖频繁更迭，自由民主党的首要目标不再是为执政做准备并争取修改选举制度，而是需要极力避免其影响力进一步衰退，甚至在英国政坛彻底消失。蒂姆·法伦的继任者温斯·凯博在宣传方面投入了较大的精力，组建了负责宣传工作的新团队，希望提振党内士气、扭转该党在公众眼中一蹶不振的形象。凯博认为，自由民主党需要继续坚守其中间偏左的政治立场，并进一步明确了自由民主党支持留欧的态度。

凯博的一系列措施遏制了自由民主党继续衰退的趋势与党内的分裂，保守党政府在脱欧谈判中表现不佳以及保守党和工党内部在脱欧问题上陷入重大分歧，推动了自由民主党出现复兴的迹象。在 2019 年 5 月的欧洲议会选举中，该党在全国范围获得了 20% 的选票，超过了工党和保守党，与此前相比增加了 15 个席位。此外，威尔士自由民主党领导人简·多兹在 8 月的补选中击败了保守党候选人，获得布雷肯和拉德诺郡选区的议席。近期的民调显示，该党的支持率已经开始回升。尽管如此，自由民主党的支持率仍然远低于 2010 年大选时的水平，近期出现的复苏转机仍处于萌芽阶段。鉴于凯博年事已高，其健康状况和执政能力存在较大的不确定性，自由民主党于 2019 年 7 月再次启动了党魁选举。

---

① Tom Devine, "Why Scottish Nationalists will be Cheering on Boris Johnson", *The Guardian*, 28 July 2019, https://www.theguardian.com/politics/2019/jul/27/boris-johnson-brexit-scotland-independence.

在7月22日的党魁选举中，原副党魁乔·斯文森以72%的得票率击败了竞争对手艾德·戴维，接任自由民主党领袖，也成为首位获得该职位的女性。斯文森现年39岁，是英国主要政党中最年轻的领导人，具有良好的公众形象。斯文森再次明确了自由民主党反对脱欧的立场以争取亲欧选民的支持，她表示："自由民主党从第一天起就明确了在脱欧问题上的立场。我们相信，英国最好的未来是留在欧盟，作为你们的领导人，我将尽一切努力阻止英国脱欧。"① 在此基础上，斯文森试图将该党塑造为反对政治极化的中坚力量，她宣称："面对民族主义、民粹主义和英国脱欧带来的灾难，自由主义依然生机勃勃……当下正是合作的时候，而不是被集团主义（tribalism）牵制的时候。那些与我们有着共同价值观的政党议员，如果你们认为英国应该拥有更好的未来，应该阻止脱欧，阻止约翰逊、法拉奇和科尔宾，那就与我们合作，加入我们。"② 斯文森成功地将此前脱离工党加入"独立小组"的议员楚卡·乌穆纳拉入了自由民主党的阵营，此外，该党还在与保守党和工党的部分议员进行谈判，希望进一步扩大在议会中的影响力。

自由民主党当下的优势在于他们在脱欧公投和后续谈判中立场一致，很早就表明了反对脱欧的坚定立场。在无协议脱欧的可能性越发上升的情况下，尽管自由民主党只占据11个议席，却因为其坚定的留欧主张成为议会内部一股不容忽视的力量。总的来说，自由民主党出现复苏的迹象更多地归功于英国脱欧问题的走势，而非选民对自由民主党的信心复苏。在民粹主义抬头、政治极化的背景下，自由民主党作为一个中左派政党想要真正突破当下的局限，需要找到令人信服的答案，来回答如何管理社会不平等、支持移民以及化解民族主义初现的威胁等问题。然而，除了在脱欧方面展现出坚定的立场，自由民主党对困扰英国的其他社会问题以及造成英国脱欧的根源性问题做出了较为平庸和保守的回应。

---

① Peter Walker, "Jo Swinson Elected New Lib Dem Leader", *The Guardian*, 22 July 2019, https://www.theguardian.com/politics/2019/jul/22/jo-swinson-elected-new-lib-dem-leader.

② Peter Walker, "Jo Swinson Elected New Lib Dem Leader".

2019年1月，英国独立党前党魁奈杰尔·法拉奇与独立党经济事务发言人凯瑟琳·布莱克洛克正式宣布建立英国脱欧党；2月，脱欧党在英国选举委员会注册，获得参与各类选举活动的资格。法拉奇之所以脱离独立党成立脱欧党，原因在于独立党党魁杰拉德·巴滕上台后试图将独立党打造成极右的反伊斯兰政党，法拉奇并不赞同该举措，他声称独立党若沿着这一路径走下去无异于自掘坟墓。脱欧党建立后从独立党吸纳了大量成员，独立党进一步走向衰退，原有的17名欧洲议会议员已有14名转投脱欧党。

脱欧党成立后迅速获得了大量财政支持，原保守党资助人杰里米·霍金斯向脱欧党捐赠了20万英镑，此外还包括其他普通选民的个体捐赠。在法拉奇的领导下，脱欧党采取了和此前的独立党相似的宣传策略，并未发表详尽的施政宣言，也回避了对脱欧安排的具体设想与细节。脱欧党的宣传重点是批评和攻击英国政府与威斯敏斯特的政客，指责其背叛了公投和人民的意志。但法拉奇并未排除与保守党合作的可能性，在媒体的访谈中，他表示："如果我们能节省390亿英镑，离开关税同盟、统一市场和欧洲法院的管辖，成为一个真正独立、自治、可以选择自己未来的民主国家，那么我愿意与魔鬼做交易。"①

在2019年5月的欧洲议会选举中，脱欧党获得了29个席位，拿下31.6%的选票，成为最大的赢家，相比之下，独立党失去了其在欧洲议会的所有席位，得票率由此前的27.5%暴跌至3.3%。脱欧党不仅带走了独立党原本的成员，也成功地拉拢了原本支持独立党的选民。② 保守党政府在脱欧问题上不尽如人意的表现使更多支持硬脱欧的民众转而支持脱欧党，Opinium 5月底开展的民调显示，脱欧党一跃成为选民最青睐的政党，26%的受访者表示愿意在大选中投票支持脱欧党，相比之下，仅有17%的受访

① Daniel Capurro, "The Brexit Party: What do They Stand for, and What does It Mean now They've Won the European Elections?", *The Telegraph*, 28 May 2019, https://www.telegraph.co.uk/politics/0/the-brexit-party-manifesto-meps-european-elections/.

② "European Election 2019: UK Results in Maps and Charts", *BBC*, May 2019, https://www.bbc.com/news/uk-politics-48403131.

者支持保守党。[①] 这是该党首次在全国性民调中获得最高位，尽管该民调结果的可靠性被质疑，但脱欧党影响力上升无疑对保守党带来了极大的压力，也成为鲍里斯·约翰逊上台的外部原因之一。为了对抗脱欧党的崛起、遏制选民进一步流失，保守党的一些软脱欧派成员出于选举利益最终向硬脱欧派妥协。约翰逊上台后，各大民调机构的调查结果显示保守党支持度回升，《星期日泰晤士报》7 月底开展的民调结果显示，保守党的支持率上升至 31%，而脱欧党的支持率已下跌至 13%，部分支持硬脱欧的选民从脱欧党回流至保守党。[②]

结　语

自 2018 年下半年以来，脱欧已经成为英国政党政治中最主要的议题，政治精英围绕脱欧具体安排所展开的博弈日趋复杂和激烈。约翰逊的上台为打破脱欧问题所面临的僵局带来了可能，但保守党政府在议会中的权力并不稳定，最终失去了议会多数，保守党内部的重大分歧也未消弭，截至 9 月初，英国脱欧的最终结局仍不明朗，依然存在无协议脱欧、重新大选、二次公投等多种可能。

脱欧谈判的僵局反映出英国代议制民主下的选举政治逻辑，主流政党不惜利用规则上的漏洞来达成选举政治利益最大化。围绕脱欧的争论超越了英国传统的左右分野的阶级、党派政治，脱欧支持者背后存在的极右民族主义和极左的反建制思潮使英国政治意识形态两极化，加剧了社会分裂，构建政治共识的难度进一步加大。2018 年下半年以来，包括外交大臣、脱欧大臣在内的多位内阁成员辞职，特雷莎·梅政府成为二战后内阁大臣离职率最高

① Michael Savage, "Brexit Party Tops Westminster Election Poll for First Time", *The Guardian*, 1 June 2019, https://www.theguardian.com/politics/2019/jun/01/brexit-party-nigel-farage-lead-opinion-poll-conservatives-opinium.

② Alain Tolhurst, "Tories Enjoy Boris Johnson Poll 'Bounce' with 10-point Lead over Labour as He Becomes PM", *Politics Home*, 28 July 2019, https://www.politicshome.com/news/uk/political-parties/conservative-party/boris-johnson/news/105610/tories-enjoy-boris-johnson.

的一届政府，梅本人也因协议搁浅迫于压力而辞职。因疲于应对脱欧挑战，梅在上台之初提出的“建设更加公平的英国社会”的目标最终流于口号。总的来看，在梅执政期间英国政府在社会保障、医疗教育等领域的政策乏善可陈。工党的犹豫被动、立场模糊同样反映出其在当下选举政治中的困境，工人阶级数量下降动摇了左翼政党的选民基础，传统的左翼意识形态对中下层选民的吸引力下降，这部分民众在民族主义思潮和反全球化的影响下越来越认同右翼政党的主张。

在政治精英继续就脱欧问题展开博弈的情况下，英国议会的决策能力受到制约。只破不立，否决政府的脱欧协议和二次公投方案，难以主动推出建设性的议案。由脱欧方案具体安排引起的英国政党政治乱局反映出，在身份、利益更加多元化的欧洲面前，怎样调和民族国家与地区一体化、全球化之间的冲突，限制公投带来的负面影响，实现新制度与原有民主机制的有效对接，是英国政府、议会与主流政党应对当下脱欧僵局的主要命题。

B.3
英国经济形势

杨成玉*

摘　要： 本年度以来英国经济“喜忧参半”。一方面，经济增长总体平稳，但2019年后起伏加大，消费和服务业对增长贡献度最大，就业形势持续向好，对外贸易受世界经济大环境冲击有限。财政政策和货币政策稳定，通货膨胀率实现既定目标；另一方面，市场预期偏于悲观，投资意愿不足，金融市场波动较大，汇率持续下跌，贸易方面对欧盟依赖程度依然很高。目前各界都将关注度集中于脱欧前景，未来英国经济走向主要还是看脱欧的方式及进程。在应对脱欧短期风险方面，英国财政政策有限，货币政策存在一定的调整对冲空间。

关键词： 英国经济　经济政策　国际贸易　英国脱欧

一　英国宏观经济形势

宏观经济形势需要从不同角度综合判断。通过对增长及贡献度、产业、投资、就业市场、债务以及对外贸易等经济指标的梳理，本文能够从整体上把握近一年来英国经济形势及特点，为接下来的形势判断及展望提供支撑依据。

---

* 杨成玉，经济学博士，中国社会科学院欧洲研究所助理研究员，主要研究领域为欧洲经济。

（一）经济增长有所回暖，预期好于欧元区

英国经济继在2015年第一季度实现季度同比增长2.7%后，开始缓慢进入衰退周期。如图1所示，衰退势头在2016年第二季度降至短期底点，当季实现1.7%的经济同比增长。2016年第二季度至2017年第三季度，英国经济受脱欧公投影响有限，整体保持稳中有进的增长势头。在2017年第三季度实现2.0%的同比增长。从2017年第四季度开始，经济下滑明显，2018年第一季度仅实现0.1%的环比增速，同比增长1.2%，跌至欧债危机以来最低季度增速水平。从2018年第二季度开始，英国经济增长呈现出平稳复苏态势，同年第二季度、第三季度和第四季度分别实现1.4%、1.6%和1.4%的同比增长水平，特别是2018年第三季度与上季度相较实现了0.7%的环比增速。然而第四季度环比增速仅为0.2%，拖累全年GDP的增长水平。2018年英国经济同比增长率为1.4%，为2012年以来的最低水平。[①] 2019年开始，英国经济一度出现一些可喜的回暖迹象，服务业持续发力，家庭支出、政府消费和投资对拉动经济增长的贡献积极。2019年第一季度较上季度环比增长0.5%，实现1.8%的同比增长水平。但此后，经济增长开始放缓。

纵向比较难以全面客观地展现英国经济发展特点，而使用与欧元区同期经济增长情况的历史横向比较，更能清楚地看出英国经济在欧洲经济中的现状与规律。图2为2015年第一季度至2019年第一季度英国、欧元区和欧盟（除英国）经济增长的历史横向比较。整体上看，英国与欧盟27国、欧元区经济增长轨迹呈现一定的“反U形”趋同性，但欧盟（除英国）、欧元区波动更为剧烈。2015年第一季度英国经济增长率（当季同比增长率为2.7%）略高于欧盟（除英国）（2.1%）和欧元区（1.8%），此后欧洲经济增速有所下滑，英国下滑幅度更大。2016年第二季度英国经济增长率滑

① 2012～2018年，英国经济增长率依次为1.4%、2.0%、2.9%、2.3%、1.8%、1.8%以及1.4%。

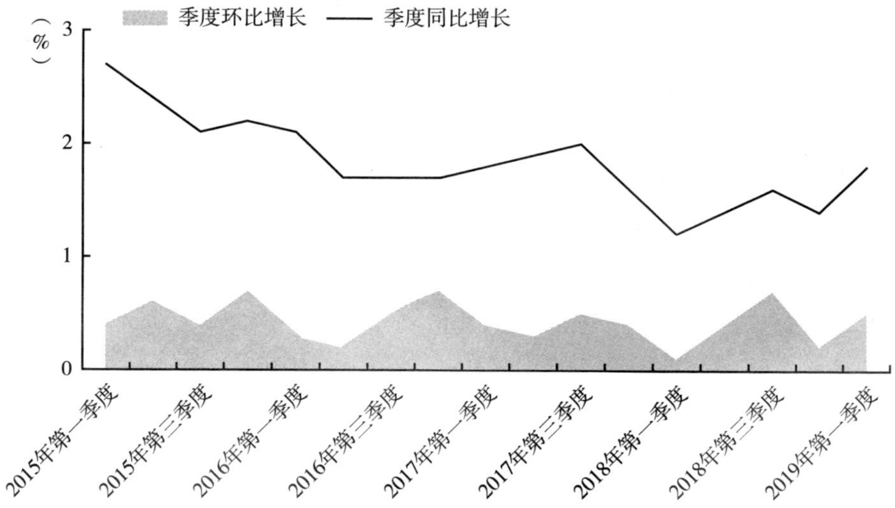

图1　2015 年第一季度至 2019 年第一季度英国经济增长

注：数据为经通货膨胀调整后的季度数据，单位为%。
数据来源：英国国家统计局（Office for National Statistics UK）。

落至 1.7%，已经落后于欧盟（除英国）（2.0%）和欧元区（1.8%）。得益于经济周期上升通道和宽松的货币政策，2016 年第二季度至 2017 年第三季度，欧盟（除英国）、欧元区经济呈现复苏景象，期间季度同比增长率分别从 2016 年第二季度的 2.0% 和 1.8% 持续拉升至 2017 年第三季度的 3.0% 和 2.8%，与此同时，英国季度增长率从 1.8% 微弱升至 2.0%。从 2017 年第四季度开始，欧盟（除英国）、欧元区经济增长开始步入快速下降通道。2018 年底，欧元区经济增长率开始被英国赶超（2018 年第四季度欧元区及英国同比增长率分别为 1.2% 和 1.4%）。从 2018 年全年数据看，欧盟（除英国）、欧元区及英国分别实现 1.9%、1.8% 和 1.4% 的增长，英国相对落后。

然而通过对比 2019 年第一季度数据不难发现，英国经济 1.8% 同比增长水平明显领先于欧盟（除英国）（1.5%）和欧元区（1.2%）。由于出口和投资下滑，加之发展中国家消费市场萎缩，预计欧元区 2019 年增速将会放缓。2019 年 6 月，世界银行发布的《全球经济展望》进一步下调欧元区经济增长预期：虽有货币政策持续支持，但贸易和内需疲软拖累了经济增

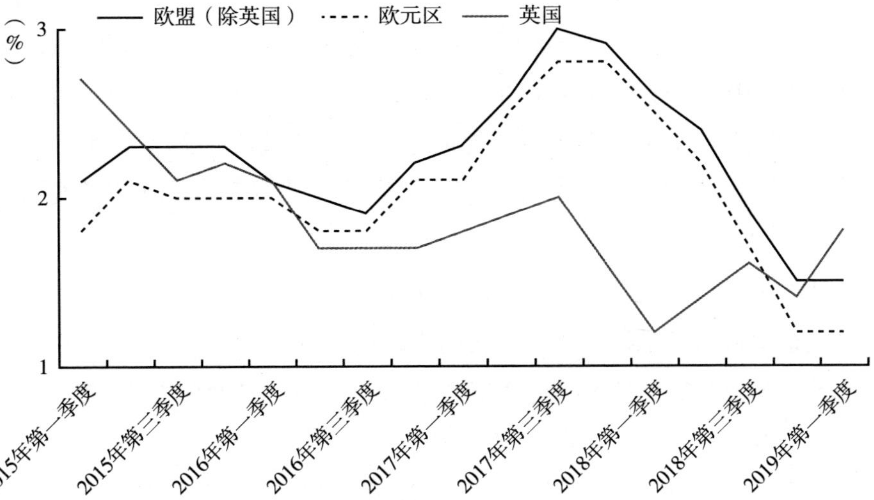

图 2　2015 年第一季度至 2019 年第一季度英国、欧元区及欧盟（除英国）经济增长比较

注：数据为经通货膨胀调整后的季度数据。

资料来源：英国数据来源于英国国家统计局；欧元区数据来源于欧洲统计局数据库（Eurostat）。

长，预计 2019 年将下降至 1.2%，2020 年和 2021 年将在 1.3% 和 1.4% 左右徘徊。[①] 而 2020 年至 2021 年英国经济预计在 1.7% 至 1.8% 增长率区间震荡，表现有望优于欧元区。

（二）服务业、零售业强于制造业，消费成为提升经济最大动能

经济发展可能通过不同渠道最终传导至细分经济部门，反映出经济增长的不同水平和贡献度。一般而言，经济增长贡献可表现为按产出组成部分和按支出组成部分两种形式。[②] 在按照产出组成方面，据英国国家统计局

① 《全球经济展望：紧张局势加剧，投资低迷》，世界银行（World Bank），2019 年 6 月，https://www.worldbank.org/en/publication/global-economic-prospects。

② 按产出组成可分解为农业、制造业、其他生产部门、建筑业以及服务业五个部分；按支出组成可分解为家庭消费、非营利机构支出、政府采购支出以及固定资本形成四个部分。

（Office for National Statistics UK）统计，2018 年英国农业、制造业、其他生产部门、建筑业以及服务业同比增长率分别为 -2.2%、1.2%、0.6%、2.8%和 2.0%，对经济增长的贡献依次为 -0.01%、0.12%、0.08%、0.17%和 1.64%，其中服务业动能最强，对经济增长的拉动作用最为强劲。在按照支出组成方面，2018 年英国家庭消费、非营利机构支出、政府采购支出以及固定资本形成同比增长率分别为 1.9%、-1.8%、2.2%和 1.7%，对经济增长的贡献依次为 1.21%、-0.05%、0.41%和 0.30%，其中家庭消费贡献率最大，是拉动经济增长的主要动力。

关于各部门发展情况，图 3 反映了 2015 年第一季度至 2019 年第一季度英国制造业、建筑业、服务业以及零售业四类最为重要的生产部门增长情况。在 2018 年以前，建筑业增长率领跑其他部门，平均保持在 5%以上的季度增长水平，这与 2015 年以来保守党执政推动地区平衡发展和改善基础设施密不可分。从 2018 年第一季度开始，零售业成为经济增长的最强引擎，到 2019 年第一季度，依次实现 1.4%、1.6%、1.9%、2.0%和 2.0%的同比增长。英国制造业发展波动较为不稳定，反映出"时而低增长、时而负增长"的特点。伴随世界经济回暖趋势，制造业在 2017 年第四季度和 2018 年第一季度分别实现季度增长 3.2%和 2.3%的目标，但随后转而下探并在 2018 年第四季度衰退 1.3%。受"硬脱欧"风险影响，海外纷纷扩大对"英国货"的采购，2019 年第一季度制造业整体增长回升至 1.2%的正常水平。然而，2019 年 6 月英国综合采购经理人指数（PMI）从 5 月的 50.9 降至 49.7，自 2016 年中以来首次进入收缩区间，反映出制造业和建筑业的低迷状况。

近年来，服务业在英国经济中起着"中流砥柱"作用。2015 年第一季度至 2019 年第一季度，英国服务业发展保持稳定，增速较为平稳，季度同比增长率长期维持在 2%左右。英国旅游资源丰富，旅游业长盛不衰，一方面为服务业保持持续增长奠定坚实基础，另一方面扩大服务贸易出口，带来稳定外汇收入。如图 4 所示，2018 年第一季度赴英旅游人数达 971 万人次，随后在第二季度下滑至 927 万人次，之后的两个季度旅游人数持续增长，当年

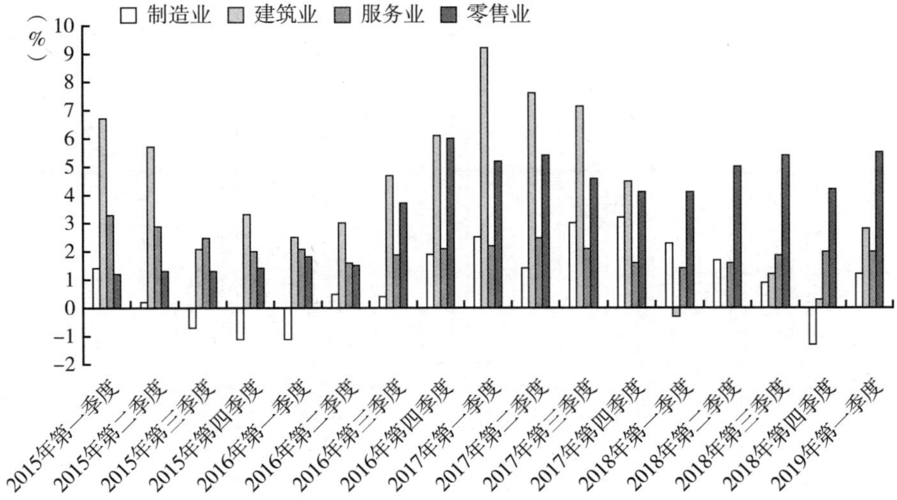

图 3　2015 年第一季度至 2019 年第一季度英国产业增长

资料来源：英国国家统计局。

第四季度超过 960 万人次。与此同时，虽然旅游人数呈现平稳态势，但旅游业收入有所下滑，从 2018 年第一季度的 63 亿英镑下滑至第三季度的 53.5 亿英镑。形势在第四季度有所好转，实现收入 56.6 亿英镑。整体而言，零售业和服务业发展水平能较为客观地反映出居民消费状况。根据数据分析不难发现，英国居民消费总体保持稳定，受世界经济和外部环境不确定性影响较小，是英国经济“三驾马车”中最关键的因素。而建筑业和制造业发展水平是投资和净出口决定因素之一，两者增长波动较大且受外部环境干扰明显，拉动经济增长的动能稍显不足。

（三）信心度下降、投资萎缩，产业转型升级激活社会就业

长期以来，金融业一直是英国的优势产业，在拉动社会经济增长、创造高端就业岗位方面地位重要。脱欧公投后，英国金融机构外迁、国际金融中心外移的“声音”不绝于耳。目前欧盟有多个城市，包括巴黎、法兰克福、都柏林及阿姆斯特丹在内，都在完善金融基础设施，希望更多的英国金融机

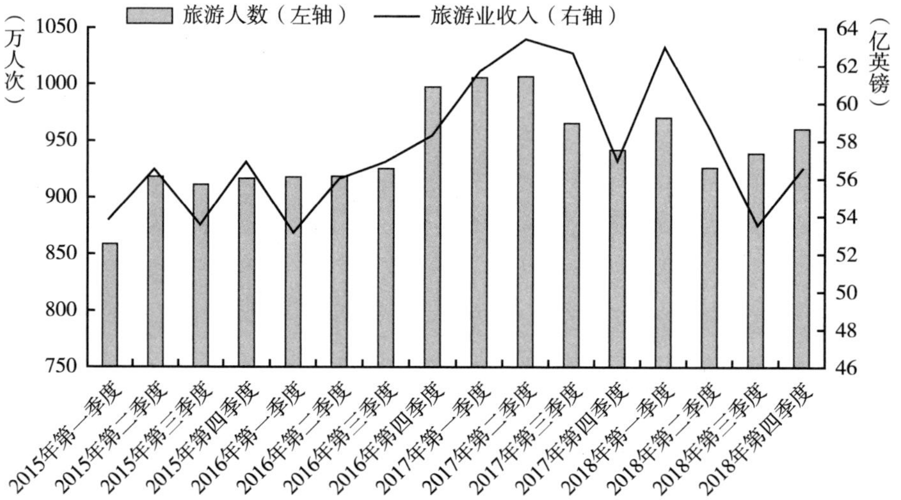

图 4　2015 年第一季度至 2018 年第四季度赴英国旅游人数及收入

注：旅游人数为海外赴英国旅行者数量。

资料来源：英国国家统计局。

构入驻，亟欲吸引英国脱欧后想要留在欧洲单一市场的伦敦金融业者。脱欧的不确定性也在削弱金融机构在英投资动力，如图 5 所示，脱欧公投后英国金融机构投资净值只在 2017 年第二季度至第四季度实现正值，其他时间均为负值。从 2018 年第一季度开始，脱欧进程缓慢、波折，重挫金融从业者投资信心，第四季度投资净值更是“断崖式”下跌，出现了 342 亿英镑的负值。

在社会就业方面，近年来英国失业状况得到控制，失业率呈现缓慢下降趋势。可劳动人口长期失业率由 2015 年第一季度的 22. 1% 下降至 2019 年第一季度的 20. 8% 。英国政府改革税收体系、降低企业所得税率等措施取得一定成效。传统优势行业和跨国数字企业在英国新增就业岗位数量显著，如捷豹路虎着手向自动驾驶和电动车方向转型，2018 年新增 5000 个工程师技术岗位；亚马逊 2017 年在英国开设新总部，设置 5000 个就业岗位，2018 年因看重英国教育质量还在英设立了研发中心，并增加了 2500 个就业岗位，2019 年计划进一步开设 2000 个工作岗位；电子商务企业 ASOS 看重英国成熟的消费市场，于 2016 年投资 4000 万英镑翻新其伦敦总部，并在三年内新增 1500 个工作岗位。

结合图 5 不难发现，受脱欧影响，英国金融业投资活跃度和信心度有所下降，部分金融机构外迁，这给英国就业市场带来一定负面影响。然而，英国整体失业率还是得到控制，且长期处于下降通道。其中主要有两个方面的原因：一方面，虽然欧洲银行管理局将正式从伦敦迁至巴黎，但绝大部分金融机构还处于观望阶段。外迁也是一个长期性过程，伦敦的欧洲金融中心地位短期内难以撼动。另一方面，传统优势制造业的转型升级和新经济领域发展，对传统就业岗位削减形成一定的替代效应，形成社会工作岗位数量有增无减的情况。与此同时，英国对金融领域的转型升级也在发力，过去一年英国巩固了其作为金融科技初创企业全球中心的地位，在金融科技领域就业岗位增加了 61%，成为英国经济增长最快的细分行业，目前英国的金融科技“独角兽”数量全球领先。

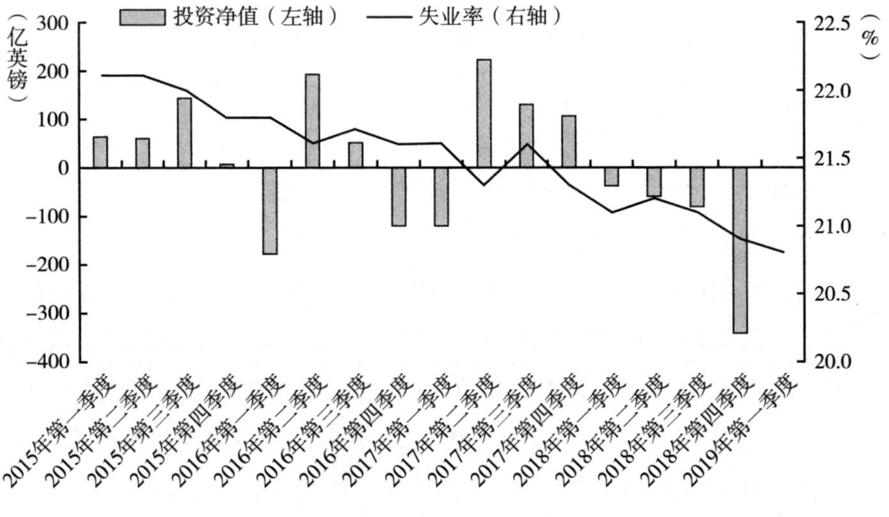

图 5　2015 年第一季度至 2019 年第一季度英国失业率及金融机构投资净值

注：数据截至 2018 年第四季度；失业率是 16～64 周岁可劳动人口长期失业率。

资料来源：英国国家统计局。

（四）国际贸易平稳增长，对欧贸易“宽进严出”

从事国际贸易情况是衡量一国经济是否活跃的重要指标。一方面，出口体现该国产品的国际吸引力，反映其产业的国际竞争力水平；另一方面，进口规模衡量该国消费市场吸纳能力，反映其经济形势。图 6 显示 2015 年第一季度至 2019 年第一季度英国出口总额、进口总额以及贸易平衡情况。期间，英国出口总额和进口总额均实现不同程度的增长，出口总额由 2015 年第一季度的 1302 亿英镑上升至 2018 年第三季度的 1595 亿英镑，再至 2019 年第一季度的 1641 亿英镑；进口总额由 2015 年第一季度的 1397 亿英镑上升至 2018 年第三季度的 1684 亿英镑，再至 2019 年第一季度的 1844 亿英镑。2019 年第一季度，英国出口、进口总额分别同比增长 5.68% 和 14.86%，在反映英国经济韧性的同时，这些数据也体现出经销商对可能面临的“硬脱欧”的反应，加紧采购以减小成本压力。贸易平衡测算一国出口与进口之差，从图 6 可见，2015 年以来英国始终处于贸易逆差状态。2015 年第一季度至 2016 年第二季度，贸易逆差整体保持稳定，控制在 70 亿英镑以下。脱欧公投后的 2016 年第三季度贸易逆差陡增至 137 亿英镑，此后直至 2018 年第四季度得到平稳控制，始终保持在 100 亿英镑以下。然而，2019 年开始伴随进口规模扩大，英国贸易逆差在第一季度增长至 202.67 亿英镑，较 2018 年第一季度同比增长 288%。

目前，英国还保留在欧洲共同市场中，与欧盟 27 国保持密切贸易往来，欧盟也一直是英国最为看重的市场。如图 7 所示，英国与欧盟 27 国的进出口整体呈现“稳中有升”态势，与英国对全球进出口情形大致相同，但各有亮点：一是 2017 年以来，英国对欧盟 27 国出口规模出现增长停滞。在此期间，英国对欧盟 27 国季度出口总额一直保持在 450 亿英镑左右，这与在此期间英国对全球出口规模增长形成反差，显示出英国正在寻求更加多元的出口目的地，“英国制造”产品对欧盟市场出口依赖度在下降。二是从 2018 年开始，英国从欧盟 27 国进口规模持续上升，特别是在 2019 年第一季度环比增长 14.88%，突破 650 亿英镑，实现进口总额 666 亿英镑，显

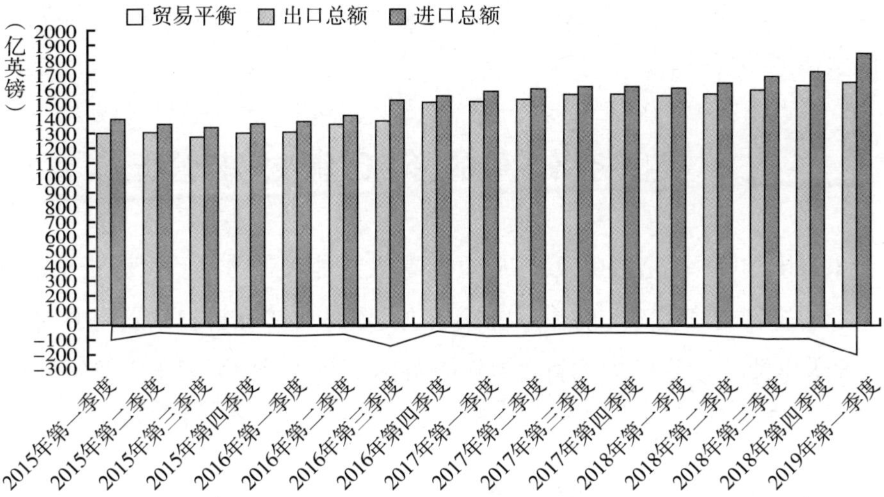

图 6　2015 年第一季度至 2019 年第一季度英国进出口及贸易平衡

资料来源：英国国家统计局。

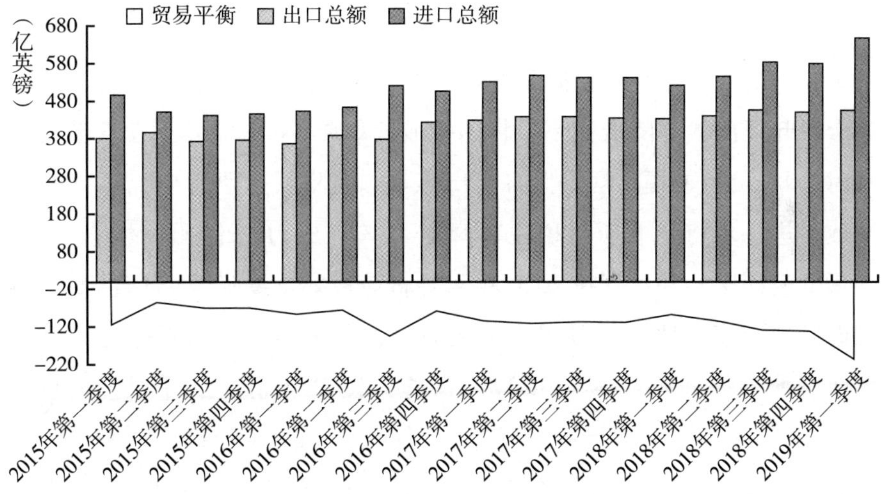

图 7　2015 年第一季度至 2019 年第一季度英国对欧盟进出口及贸易平衡

资料来源：英国国家统计局。

示出英国经济对于“欧盟制造”产品依赖度有增无减，欧盟依然是英国全球产业链、价值链的重要一环。与此同时，英国与欧盟 27 国的贸易逆差进一步扩大，2019 年第一季度扩大至 208 亿英镑，甚至大于英国与世界其他地区整体逆差规模。

二　英国经济发展的影响因素及形势分析

未来影响英国经济的因素，从短期看主要是宏观财政政策和货币政策，从中期看金融市场稳定、防止系统性风险是英国经济保持健康发展的前提条件，而从长期看，脱欧方式将直接影响英国未来产业国际竞争力及贸易政策安排。

（一）财政政策和货币政策

延续保守党内阁财政整固计划，2018 年以来英国政府继续实行“稳定、可持续、负责任”的财政政策，制定了一系列财政改革措施，以提振经济活力。一是税收体系改革。从 2018 年开始，英国政府陆续出台一系列税收改革举措，旨在简化税制、降低企业和个人税率，主要包括简化报税流程、提高个税起征门槛并降低税率、将国家最低薪资标准从每小时 7.5 英镑升至每小时 7.83 英镑、提高法定假日支出等。二是降低企业所得税率。2019 年英国政府进一步将企业所得税税率降至 19%，成为二十国集团（G20）中税率最低的国家，并计划在 2020 年 4 月将该税率持续降至 17%，对于英国公司向其他国家或地区的股东支付的股息，英国不会代扣所得税。① 此外，英国政府推出一套税收减免和激励措施：设立企业投资计划（Enterprise Investment Scheme）和风险投资信托（Venture Capital Trusts），为投资英国小型企业的个人提供税收减免待遇；提供企业研发支出税收抵免（R&D Expenditure Tax Credit），对在英国获得专利的发明所得利润仅征收 10% 的所得税。减税措施虽在短期对财政赤字形成冲击，但无疑有利于提高居民收

① Department for International Trade, “UK Tax and Incentives”, 24 July 2019, https: //www.great.gov.uk/international/content/how - to - setup - in - the - uk/uk - tax - and - incentives.

入，提升社会购买力水平，进一步支撑消费需求并刺激经济增长；同时，企业从中直接获益，活力得到激发，对于新增投资和就业岗位起到积极作用。然而，薪资的持续提高也将形成对雇主的成本压力，从而对就业市场不利。根据英国国家统计局数据，2019 年以来英国平均薪金增长了 3.4%，供需平衡被打破，就业市场已开始显示出失去动能迹象。[①] 截至 2018 年底，英国政府财政赤字为 323 亿英镑，占国内生产总值的 1.5%，与政府制定的财政盈余目标相差甚远。政府总债务为 1.8375 万亿英镑，占国内生产总值的 86.7%。[②] 英国财政压力虽有所缓解，但与实现财政盈余目标还有差距。

与此同时，英国政府改善基础设施计划进程缓慢。作为早期发达工业国家，英国基础设施历史较久，部分设施确实亟待更新。基建计划由来已久，2017 年底英国政府便计划在未来 10 年向基础设施领域投入 6000 亿英镑的政府和私人资金，其中包括高铁、机场、发电站等项目。投资确实会在短期内形成“乘数效应”，刺激经济增长，并对长期经济运行形成保障。但融资渠道不畅使计划执行缓慢、受限于财政赤字上限约束也是计划执行不力的重要因素之一。

货币政策方面，2018 年以来，无论是面对美联储加息及欧央行结束购债计划，还是应对两大央行“鸽派”信号，英央行始终都是以一种“以不变应万变”的姿态，维持货币政策不变。英国央行货币政策委员会（MPC）长期将基准利率维持在 0.75% 的水平，同时将购买政府债券和企业债券分别控制在 4350 亿英镑和 100 亿英镑规模。英央行货币政策基本实现稳定经济的效果，2018 年第四季度和 2019 年第一季度英国通货膨胀率分别为 2.1% 和 1.8%，基本控制在目标值 2% 左右。截至 2019 年 7 月 15 日，英国

① Office for National Statistics, “Employment Rate (Aged 16 to 64, Seasonally Adjusted)”, 10 September 2019, https://www.ons.gov.uk/employmentandlabourmarket/peopleinwork/employmentandemployeetypes/timeseries/lf24/lms.

② Office for National Statistics, “UK Government Debt and Deficit: December 2018”, 17 April 2019, https://www.ons.gov.uk/economy/governmentpublicsectorandtaxes/publicspending/bulletins/ukgovernmentdebtanddeficitforeurostatmaast/december2018.

10 年期国债利率维持在 0.84%，而欧元区 10 年期国债利率降至 0.62%。[①] 相比于欧元区，英央行货币政策更为趋紧，具有更灵活的调整空间。经济形势将持续影响货币政策的调整，一旦发生“硬脱欧”或经济形势持续恶化，英央行有充足的货币工具，采取降息方式对冲系统性风险。

（二）金融市场

保持金融市场繁荣稳定，既是英央行主要职责，也是实现英国经济平稳增长的前提条件。因其国际金融中心的特殊地位，英国金融业在国际金融市场中极富影响力，同时世界经济也将冲击英国金融市场，形成直接的双向影响。

在汇率方面，受脱欧不确定性和经济增长不利因素影响，英镑汇率持续走弱。英镑兑美元汇率从 2018 年初的 1.3498 下降至 2019 年 6 月 30 日的 1.2699，贬值幅度接近 6%；在股票市场方面，英国富时 100 指数（FTSE）截至 2019 年 6 月为 7577 点，相比于 2018 年 1 月 7533 点略有增长，其间经历两次暴跌，一度在 2018 年 12 月跌至 6728 点，波动较为剧烈。从整体上看，英国股市在金融危机后还是处于上升通道，但呈现出“高位波动”的特点。

随着无协议脱欧可能性上升，英镑下跌风险进一步加大，英镑贬值可能从支撑经济转变为拖累经济。一是影响投资者信心。当前英镑汇率已跌至两年来新低，无协议脱欧将进一步释放悲观情绪，投资者信心受挫、悲观情绪蔓延。二是抬高英国企业成本。英国在国际贸易中长期处于贸易逆差状态，特别是在与欧盟 27 国贸易中逆差值更大，英镑贬值无疑将抬高进口商成本，短期来看损失利润、通胀率增长，长期可能面临产业链外迁的风险。三是对英国金融市场不利。作为国际主要储备货币之一，货币的稳定和保值是投资者选择持有英镑的前提条件，如果失去英镑支撑，英国作为国际金融中心的吸引力也将下降。

---

① 欧元区数据来源于 Eurostat 数据库，https：//ec. europa. eu/eurostat/data/database；英国数据来源于英格兰银行，https：//www. bankofengland. co. uk/statistics/yield - curves。

（三）脱欧前景

2018 年以来，梅政府的脱欧协议在英国议会下院三次被否，英国各界对脱欧方式争执不下，社会发生剧烈分化。鲍里斯·约翰逊当选首相，无协议脱欧风险上升，民众普遍对脱欧前景迷茫，风险集聚。

面临欧盟设置的 10 月 31 日最后期限，英国目前仍然拿不出一份与欧盟“讨价还价”的共识，更缺少谈判的底气和资本。无协议脱欧无疑将重新在英欧之间建起关税壁垒，英国产品的国际竞争力将被重新“洗牌”，其全球产业链、价值链地位将被重塑。建立新的全球贸易关系是脱欧后亟须推进的事项，脱欧后英国可结合“更灵活的”贸易政策，发挥政策灵活性，尝试与发达经济体签署自由贸易协议、与发展中经济体推进贸易投资便利化，树立新的英国全球贸易形象。然而到目前为止，英国未能提出未来贸易安排的可行性方针，与各经济体也未形成有效共识。即使脱欧成功，未来贸易安排在谈判阶段可能也需要经历数年时间，期间可能对英国经济形成短期不利冲击。

三　英国经济展望

近一年来英国经济“喜忧参半”。一方面，经济增长平稳，预期好于欧元区，消费和服务业对增长贡献度最大，就业形势持续向好，对外贸易受世界经济大环境冲击有限。财政政策和货币政策稳定，通货膨胀率实现既定目标。另一方面，市场预期偏于悲观，投资意愿不足，金融市场波动较大，汇率持续下跌，贸易方面对欧盟依赖度仍很高。目前各界都将关注度集中于脱欧前景，未来英国经济走向主要还是看脱欧的方式及进程。

国际货币基金组织（IMF）的《世界经济展望》报告显示，受世界经济低迷和国际贸易紧张局势影响，2019 年英国经济有望实现 1.2% 的同比增长，相比 2018 年低 0.2 个百分点，预计 2020 年 GDP 增长率有望回升至

1.4%的水平。[①] 世界银行的《全球经济展望：天色渐暗》报告将英国经济2019年增长率稳定在1.4%的水平，2020年和2021年预期较为乐观，预计增长率分别为1.7%和1.8%。[②] 面对无协议脱欧威胁，国际货币基金组织（IMF）结合模型推演出的两种“破坏性较小”的无协议脱欧情景，预测结果显示无协议脱欧对英国经济冲击有限，但英国资产价格和英镑汇率将大概率下跌，从而抬高英国国债的违约风险。英国预算责任办公室（Office for Budget Responsibility，OBR）报告前瞻性分析显示，无协议脱欧将使经济不确定性增强、信心下降，阻碍投资活动，并将形成英国与欧盟之间较高成本的贸易壁垒，对英国出口构成压力。[③] 预计无协议脱欧后，英国公共债务将骤增600亿英镑，英国经济恐从2019年第四季度开始陷入为期一年的衰退期。

在应对脱欧短期风险方面，英国财政政策有限，货币政策存在一定的调整对冲空间。首先，从经济内生增长背景角度看，金融危机后劳动生产率提升长期受到抑制，阶级固化、贫富差距拉大，不利于营造理想的政治氛围，逐渐形成政治危机。难民危机、脱欧事件长期发酵，身份认同危机和领导层危机，甚至是宪法危机蔓延。[④] 这些因素不利于为经济发展提供背景支撑。其次，从应对无协议脱欧的措施角度，英国政府具有一定的货币政策空间，但财政政策空间有限。近年来，减税措施显著提升社会收入，促进消费拉动经济增长。但同时也使雇主用工成本上升，社会边际就业数量收窄，加之投资不足、基建计划推进缓慢，英政府可动用的财政政策极为有限。然而在货币政策方面，英央行始终维持购债计划，将基准利率坚持控制在0.75%的

① 《世界经济展望：增长缓慢、复苏不稳》，国际货币基金组织，2019年4月，https：//www. imf. org/zh/Publications/WEO/Issues/2019/03/28/world - economic - outlook - april - 2019。

② World Bank, *Global Economic Prospects*: *Spillovers amid Weak Growth*, January 2016, http：//pubdocs. worldbank. org/en/697191452035053704/Global - Economic - Prospects - January - 2016 - Spillovers - amid - weak - growth. pdf.

③ OBR, *Fiscal Risks Report*, July 2019, https：//obr. uk/docs/dlm_ uploads/Fiscalrisksreport 2019. pdf.

④ Martin Wolf, “Britain is Once Again the Sick Man of Europe”, *Financial Times*, 19 April 2019, https：//www. ft. com/content/5a629584 - 610a - 11e9 - a27a - fdd51850994c.

水平。在无协议脱欧情形下，英央行存在一定的宽松货币空间刺激经济。最后，从贸易政策角度看，未来与欧盟之间的关税安排，与世界其他国家或地区的贸易安排将对英国产品、产业的国际竞争力重塑起到决定性作用，价值链将因贸易格局变化而改变，同时将给经济带来长期性影响。未来务实、高效的贸易谈判将是摆在英国政府面前的头等大事。

B.4

英国外交形势

徐瑞珂*

摘　要： 2018年7月~2019年6月，梅政府继续致力于践行“全球英国”理念，并且取得了一些进展，但其外交成绩单依然难以与“全球英国”愿景相匹配。总体而言，过去一年来梅政府的外交政策虽然并未因脱欧困境而进行战略收缩，英国外交依然具有全球视野，但在实践中并未比脱欧公投之前更具全球性，其外交重心仍然在跨大西洋地区。脱欧派对脱欧后英国重振大国雄风的美好畅想已被证明过于乐观。

关键词： “全球英国”　英国脱欧　自由贸易协定　国际秩序　全球治理

2019年6月7日，特雷莎·梅被迫宣布辞去保守党领袖职务；7月24日，前外交大臣鲍里斯·约翰逊当选新的保守党领袖，取代梅成为新一任首相，梅时代宣告终结。在梅时代，“全球英国”理念被英国政府奉为外交政策的根本指导方针。2018年7月~2019年6月，梅政府的外交政策继续以“全球英国”理念为圭臬。然而，由于大国竞争所带来的国际环境的恶化以及脱欧事务久拖不决，梅政府在践行“全球英国”理念上较往年显得更加力不从心。相比2017年7月至2018年6月，梅政府的“全球英国”成绩单更为乏善可陈。

---

* 徐瑞珂，博士，北京外国语大学英语学院英国研究中心讲师，主要研究领域为英美特殊关系、英国外交、中国的中东政策。

一　遭受更多质疑的“全球英国”理念

“全球英国”理念的核心是积极外向的国际主义。在“全球英国”理念指导下，梅政府的外交政策取向本应表现在如下几个方面：第一，兼顾新朋旧友，在维系与传统盟友友好合作关系的同时，寻求提升与非盟友国家的合作关系，扩大英国的“朋友圈”；第二，维护自由贸易，反对贸易保护主义；第三，捍卫以规则为基础的国际秩序，支持多边主义国际机制；第四，积极参与全球治理，塑造英国负责任的大国形象。[①]

“全球英国”理念自提出以来便一直伴随着质疑和批评，至今依然如此。[②]“全球英国”是一个美好的愿景，与二战以来英国历届政府所遵循的外交传统一脉相承。梅政府希冀脱欧后的英国可以在世界舞台上扮演更积极的角色，让英国成为一个更加开放、包容和有影响力的全球性大国。但不幸的是，梅政府在践行“全球英国”理念上受到诸多掣肘，既不具备实现“全球英国”愿景的“天时”和“地利”条件，也不具备实现“全球英国”愿景的“人和”条件，因而“全球英国”理念一直备受诟病。

在“天时”上，自英国脱欧公投以来国际环境日趋恶化，国际局势的

① House of Commons Foreign Affairs Committee, “Global Britain”, *Sixth Report of Session 2017 – 19*, March 2018, pp. 5 – 9.

② Dalibor Rohac, “‘Global Britain’ is a Pipe Dream”, *Foreign Policy*, 1 May 2019, https://foreignpolicy.com/2019/05/01/global – britain – is – a – pipe – dream – brexit – free – trade – deals/; Martin Kettle, “‘Global Britain’ is Doing Its Foreign Policy on Autopilot”, *The Guardian*, 8 May 2019, https://www.theguardian.com/commentisfree/2019/may/08/global – britain – foreign – policy – autopilot – brexit; Mehdi Boussebaa, “Brexit's ‘Global Britain’: UK Needs a Clear Economic Strategy for Its Trading Future, Not a Dead Colonial Fantasy”, *The Conversation*, 10 May 2019, https://theconversation.com/brexits – global – britain – uk – needs – a – clear – economic – strategy – for – its – trading – future – not – a – dead – colonial – fantasy – 116707; Jess Gifkins, Samuel Jarvis and Jason Ralph, “‘Global Britain’: Have We Lost Our Marbles?”, LSE Blog, 22 February 2019, https://blogs.lse.ac.uk/brexit/2019/02/22/global – britain – have – we – lost – our – marbles/; Martin Wolf, “‘Global Britain’ is an Illusion Because Distance has not Died”, *Financial Times*, 17 May 2019, https://www.ft.com/content/eb666f8a – 770b – 11e9 – be7d – 6d846537acab.

新变迁和日益凸显的大国纷争对梅政府实现“全球英国”愿景不利。[①] 特朗普领导下的美国不再热衷于维护以规则为基础的国际秩序或“自由国际秩序”，反而成为对“自由国际秩序”的最大破坏者，美式单边主义和贸易保护主义大行其道。这让力图维护“自由国际秩序”的梅政府甚为被动。特朗普政府在一定程度上成为梅政府实现“全球英国”愿景的一大障碍。此外，中美和美俄对抗态势的加剧致使国际局势恶化，这使英国的外交选项受限，英国愈加难以在世界舞台上纵横捭阖。

在“地利”上，全球权力重心的继续东移使欧洲在全球权力体系中的地位进一步被削弱，而印太地区的地位则不断提升，这对梅政府实现“全球英国”愿景不利，因为英国的地缘优势主要还是在欧洲和大西洋地区。英国有 14 块海外领地，其中 12 块坐落于大西洋，其他 2 块分别坐落于太平洋和印度洋。而印太地区正日益成为全球权力的中心地带：在世界五大经济体中，这里有四个；在世界十大常备军国家中，这里有七个；在世界仅有的九个核国家中，这里有六个；在世界十大最繁忙的海港中，这里有九个。[②] 由于在该地区缺乏地缘优势，英国对印太地区事务的影响力较小。特朗普政府致力于推行“印太战略”，强化了与日本、韩国、菲律宾、印度、澳大利亚等印太国家的伙伴关系，而英国则受到了特朗普的相对冷落。尽管英国也将对特朗普政府推进“印太战略”有所助益，但其重要性抵不上美国的印太盟友。[③]

在“人和”上，英国因脱欧“难产”而陷入严重的政治分裂，内患纷扰不止，这对梅政府实现“全球英国”愿景不利。由于脱欧所带来的震荡，英国陷入严重的政治危机：苏格兰与北爱尔兰的地区分离主义再度抬头；政

---

① Dalibor Rohac, “‘Global Britain’ is a Pipe Dream”, *Foreign Policy*, 1 May 2019, https://foreignpolicy.com/2019/05/01/global-britain-is-a-pipe-dream-brexit-free-trade-deals/.

② The U. S. Department of Defence, *Indo-Pacific Strategy Report: Preparedness, Partnerships, and Promoting a Networked Region*, 1 June 2019, p. 1.

③ The U. S. Department of Defence, *Indo-Pacific Strategy Report: Preparedness, Partnerships, and Promoting a Networked Region*, 1 June 2019, p. 21.

党之间相互对立与拆台；保守党和工党内部各自内讧严重，各派别之间分歧难以弥合。政治上的人心涣散使梅政府在践行“全球英国”理念上力不从心。外交是内政的延续，如若内政一盘散沙，那么外交势必难有大成。

在此背景下，本文将依照如下指标评判梅政府过去一年来的外交成绩单：第一，梅政府的首脑外交所涵盖的地区和国家在多大程度上彰显了“全球英国”愿景；第二，梅政府在何种程度上提升了布局“全球英国”外交的能力建设；第三，梅政府在何种程度上维系并提升了与传统盟友在经贸（尤其是自由贸易协定的进展）与安全领域的友好合作关系（英国的传统盟友指的是北约框架以及“五眼联盟”框架下的盟友，主要是欧洲国家和英语国家）；第四，梅政府在何种程度上提升了与非盟友国家在经贸与安全领域的友好合作关系；第五，梅政府是否依然捍卫以规则为基础的国际秩序，是否依然积极参与全球治理并继续支持多边主义国际机制。

二　首脑外交与“全球英国”愿景

自从2016年7月13日任职英国首相以来，特雷莎·梅访问了33个国家，共计93次出访。截至2019年6月30日，梅出访最多的地区是欧洲（70次），其次是中东、北美洲和印太地区（如图1所示）。在梅出访的国家中，欧洲国家最多，其次是中东、印太地区、非洲和北美洲。梅出访次数最多的5个国家分别为比利时（欧盟总部）、法国、德国、意大利与美国（如图2所示）。2016年7月～2019年6月，梅各年出访的国家数量分别为13个、17个、19个和6个，外访的次数分别为15次、32次、32次和13次（如图3所示）。

从梅出访的情况来看，梅政府过去3年的外交重心还是欧洲、中东和北美洲，这也是英国外交的传统重心所在。鉴于脱欧事务尚在进行之中，梅政府不得不把欧洲作为外交的重中之重，中东与北美洲也是英国历届政府外交的主要关切。不难看出，梅政府的外交实践并未比英国往届政府更具全球性。虽然过去三年来梅政府把欧洲作为首要外交重地，但这并不意味着英国

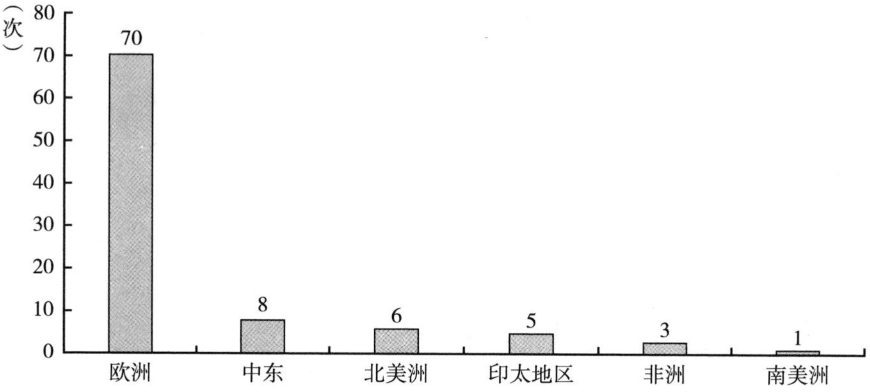

图1　2016年7月~2019年6月特雷莎·梅外访地区次数统计

资料来源：作者自制。

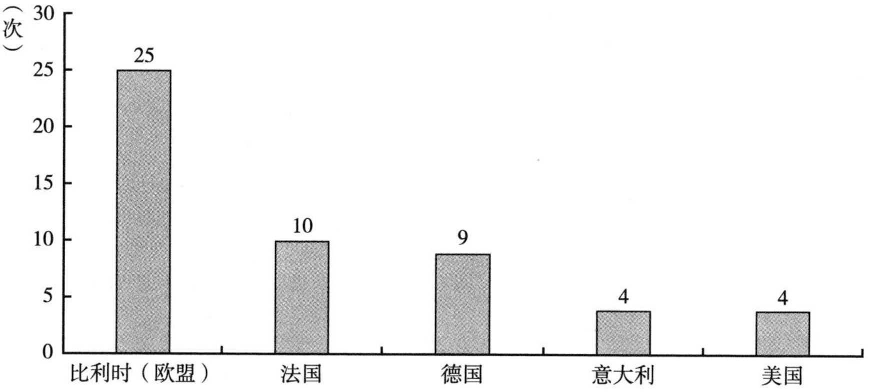

图2　2016年7月~2019年6月特雷莎·梅外访国家次数统计

资料来源：作者自制。

把欧盟国家作为最亲密的外交伙伴。与英国往届政府一样，梅政府依然把其他英语国家视为最亲密的外交伙伴。欧盟和英联邦国家（非英语国家）在英国外交中处于次核心地位。印太地区（非英联邦国家）在英国外交中的地位上升，但其依然不及欧盟和英联邦国家。非洲（非英联邦国家）和拉丁美洲（非英联邦国家）在英国外交中的地位最低（如图4所示）。

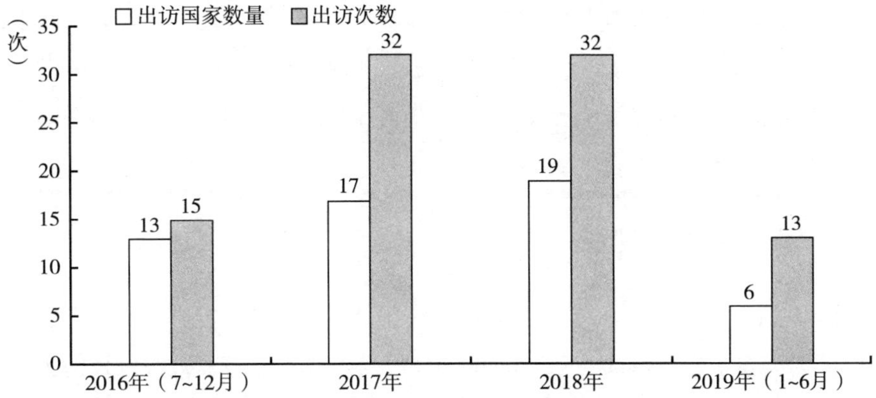

图3　2016 年 7 月 ~2019 年 6 月特雷莎·梅历年外访国家数量及次数统计

资料来源：作者自制。

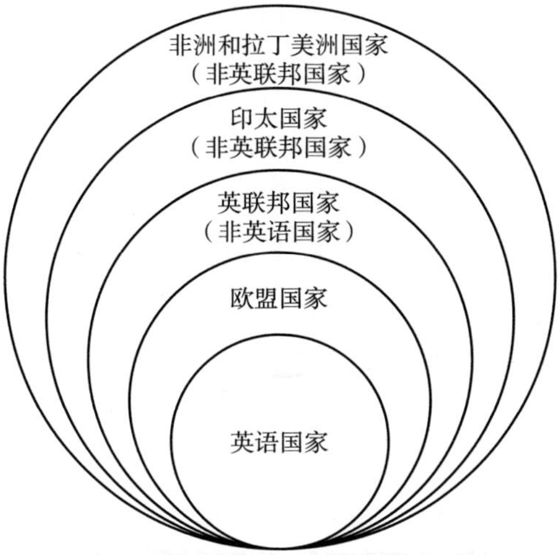

图4　英国的外交伙伴亲密等级示意

资料来源：作者自制。

三　外交能力建设与“全球英国”愿景

为了助力英国开展“全球英国”外交，梅政府自上台以来便着手进行外交能力建设，具体表现在两个层面：第一，制度能力建设，主要是政府层面成立一系列促进“全球英国”外交的新机构；第二，资源能力建设，主要是增加外交岗位和外交人员数量、提高外交人员掌握外国语言水平以及增加外交人员所学外国语言的数量。

（一）制度能力建设

在2018年3月的《国家安全能力评估报告》中，梅政府表示将成立一个“全球英国”董事会（Global Britain Board），以协调各部门、机构以及海外网络关于“全球英国”的外交活动。①“全球英国”董事会的首任主席是曾担任英国外交部经济与全球事务局局长的黛博拉·布朗纳特（Deborah Bronnert）。② 2019年2月以来，门娜·罗林斯（Menna Rawlings）接替布朗纳特成为英国外交部新一任经济与全球事务局局长，同时担任“全球英国”董事会主席。此外，英国外交部还专门成立了“全球英国”特别工作组，负责落实英国外交网络扩张并设计一系列指标以衡量“全球英国”外交的进展。③

为了推进英国与非欧盟国家达成新的自由贸易协定，梅政府在2016年7月专门成立了国际贸易部，分担了外交部原先在贸易政策上的部分职能。英国国际贸易大臣利亚姆·福克斯2017年11月宣布新设9个贸易专员岗位（HMTCs），以便在非洲、亚太地区、中国、东欧与中亚、欧洲、拉丁美洲、中东、北美和南亚9个区域推进英国贸易和投资。④ 2018年7月6日，福克

① The UK Government, “National Security Capability Review”, March 2018, p. 30, https://assets. publishing. service. gov. uk/government/uploads/system/uploads/attachment_data/file/705347/6. 4391_CO_National – Security – Review_web. pdf.

② House of Commons Foreign Affairs Committee, *Global Britain: Government Response to the Sixth Report of the Committee (The 10th Report of Session 2017 – 19)*, p. 5, https://publications. parliament. uk/pa/cm201719/cmselect/cmfaff/1236/1236. pdf.

③ House of Commons Foreign Affairs Committee, *Global Britain: Government Response to the Sixth Report of the Committee (The 10th Report of Session 2017 – 19)*, pp. 5 – 6, https://publications. parliament. uk/pa/cm201719/cmselect/cmfaff/1236/1236. pdf.

④ The UK Government, “International Trade Secretary Announces New Roles to Boost Trade Around the Globe”, 27 November 2017, https://www. gov. uk/government/news/international – trade – secretary – announces – new – roles – to – boost – trade – around – the – globe.

斯任命安德鲁·米切尔为欧洲贸易专员。至此，9名贸易专员的任命全部完成。①

2019年底，英国计划在部分地区增设外交岗位和升级外交机构：（1）非洲：在莱索托、埃斯瓦蒂尼（斯威士兰）两国新开设高级专员公署；驻乍得的外交办公室升级为大使馆；在吉布提和尼日尔两国开设新的大使馆。（2）拉丁美洲：在巴哈马新开设高级专员公署；在安提瓜和巴布达、格林纳达以及圣文森特和格林纳丁斯三国首次派遣驻地专员。（3）亚太地区：在汤加、萨摩亚和瓦努阿图三个南太平洋岛国新开设高级专员公署；在位于雅加达的东南亚国家联盟总部新派驻一个英国外交使团。②

（二）资源能力建设

英国外交部计划在2020年底之前向海外增派335名外交官，在伦敦的外交部总部增加328名工作人员，并且在世界各地的英国大使馆增加专门与当地人打交道的工作人员329名。这意味着在2020年底，英国外交部将总共增加992名外交人员，英国将在160个国家驻有外交代表，仅次于美国和中国全球外交网络所涵盖的国家数量。③

为了培养贸易谈判人才，英国外交部与国际贸易部于2016年6月脱欧公投后在隶属于外交部的外交学院（Diplomatic Academy）联合成立贸易政策与谈判系。英国外交部原本计划在2019年3月之前培养至少240名贸易谈判专家，以协助英国政府与其他国家进行自由贸易谈判。截至2018年8月，英国外交部已经培养了90名贸易谈判专家。④ 但英国外交部是否实现

① The UK Government, "Final HM Trade Commissioner Appointed", 6 July 2018, https://www.gov.uk/government/news/final-hm-trade-commissioner-appointed.

② The UK Government, "An Invisible Chain: Speech by the Foreign Secretary", 31 October 2018, https://www.gov.uk/government/speeches/an-invisible-chain-speech-by-the-foreign-secretary.

③ The UK Government, "An Invisible Chain: Speech by the Foreign Secretary".

④ Jeremy Hunt, "Written Evidence from the Foreign and Commonwealth Office (SKI0017)", August 2018, http://data.parliament.uk/writtenevidence/committeeevidence.svc/evidencedocument/foreign-affairs-committee/global-britain-fco-skills/written/88909.html.

了到2019年3月培养240名贸易谈判专家的目标，目前尚不得而知。英国下议院外交事务委员会曾对外交部实现此目标的可能性提出严重质疑。①

为了更方便地拓展英国的全球外交网络，英国外交部制定了语言战略，计划在2020年以前使英国全球外交网络80%的发言人对派驻地本土语言的掌握程度达到C1或C2等级（欧洲语言共同参考框架CECRL有6个等级，其中C1和C2为高级水平，C2为最高级的专家水平）。② 但是，截至2018年8月，对优先外国语言（Priority 1 and 2 languages）③ 掌握程度达到C2等级的英国全球外交网络发言人只有106位，其中西班牙语达到C2等级的发言人最多，有36位（见表1）。在英国全球外交网络发言人中，有55%达到了C1或C2等级，与2015年12月相比提高了16%。④ 2018年10月，英国外交大臣亨特宣布，未来五年内将外交部语言中心教授的语言从50种增加到70种，并且在未来十年内将会说派驻地本土语言的英国外交官数量提高一倍，从500人增加到1000人。⑤

① House of Commons Foreign Affairs Committee, "Delivering Global Britain: FCO Skills", *The 14th Report of Session 2017 - 19*, pp. 16 - 17, https://publications.parliament.uk/pa/cm201719/cmselect/cmfaff/1254/1254.pdf.

② The Foreign and Commonwealth Office, "Written Evidence from the Foreign and Commonwealth Office (SKI0004)", July 2018, http://data.parliament.uk/writtenevidence/committeeevidence.svc/evidencedocument/foreign - affairs - committee/global - britain - fco - skills/written/86253.html; Daniel Pruce, "Learning Languages", the Foreign and Commonwealth Office, 1 June 2017, https://blogs.fco.gov.uk/danielpruce/2017/06/01/learning - languages/.

③ 英国外交部的1级优先语言（Priority 1 languages）包括阿拉伯语、法语、汉语、俄语和西班牙语；2级优先语言（Priority 2 languages）包括波斯语、德语、日语、韩语、西班牙语和土耳其语。参见The Foreign and Commonwealth Office, "Written Evidence from the Foreign and Commonwealth Office (SKI0004)", July 2018, http://data.parliament.uk/writtenevidence/committeeevidence.svc/evidencedocument/foreign - affairs - committee/global - britain - fco - skills/written/86253.html。

④ The Foreign and Commonwealth Office, "Written Evidence from the Foreign and Commonwealth Office (SKI0004)", p. 18.

⑤ The UK Government, "An Invisible Chain: Speech by the Foreign Secretary", 31 October 2018, https://www.gov.uk/government/speeches/an - invisible - chain - speech - by - the - foreign - secretary.

表 1　达到各个语言 C2 等级的英国外交部发言人数量统计（截至）2018 年 8 月

单位：人

语言	达到 C2 等级的英国外交部发言人数量	语言	达到 C2 等级的英国外交部发言人数量
西班牙语	36	俄语	6
法语	18	日语	6
德语	15	阿拉伯语	4
汉语	9	土耳其语	3
葡萄牙语	8	韩语	1

资料来源：Jeremy Hunt，"Written Evidence from the Foreign and Commonwealth Office（SKI0017）"，August 2018，http：//data. parliament. uk/writtenevidence/committeeevidence. svc/evidencedocument/foreign－affairs－committee/global－britain－fco－skills/written/88909. html。

四　英国—传统盟友关系与"全球英国"愿景

（一）英国与英语国家关系

英国与美国、加拿大、澳大利亚和新西兰这些英语国家的关系依然最为密切。五国所形成的"五眼联盟"是目前世界上最强大的信号情报联盟，在情报和安全领域继续维系着独一无二的密切合作关系。2018 年 7 月～2019 年 6 月，相比于英国与其他英语国家的关系，英美关系经受的挫折更多。

1. 英美"特殊关系"

2018 年 7 月～2019 年 6 月，英美"特殊关系"仍然面临诸多压力，两国政府在全球治理上依然有不少分歧。但是，相较于 2017 年 7 月～2018 年 6 月，英美关系有所改善，其主基调是合作而非摩擦。在此期间，特朗普两度访英：一次是 2018 年 7 月 12～15 日的工作访问，一次是 2019 年 6 月 3～5 日的国事访问。特朗普的两次访英都充满争议，彰显了英美关系既有合作，又有摩擦，而合作大于摩擦的态势。此外，英美自由贸易协定、英美对华政策以及英美对中东政策也都凸显了英美关系的此种态势，其中最典型的例子是两国政府在自由贸易协定上的合作与摩擦。

梅政府一直寄希望于英国脱欧后尽快与美国达成自由贸易协定，特朗普政府对此也持赞成态度。但是，双方对自由贸易协定涉及的具体事项存在不少分歧。在2018年7月访英期间，特朗普公开宣称梅政府的“软脱欧”方案会阻碍英美自由贸易协定的达成，一度引起轩然大波。① 虽然特朗普此后不久便转而表态支持英美自由贸易协定，但他的游移态度为未来英美自由贸易协定的达成蒙上了阴影。

2019年2月28日，美国贸易代表办公室发布了关于未来英美自由贸易协定的谈判概要，其中包含一些让英国难以接受的苛刻条件：第一，要求英国降低或者豁免关税，并放弃欧盟食品安全标准，以便让美国农产品（包括转基因农作物以及使用生长激素的肉类产品）全面进入英国市场；第二，要求英国不得通过操纵货币汇率在英美贸易中获得不公平竞争优势；第三，更具争议的是通过建立一个所谓“确保透明和采取合理行动”的机制，限制英国与中国这样的“非市场经济”国家达成自由贸易协定的能力，这意味着美国可以对未来的中英自由贸易协定谈判指手画脚。② 特朗普政府的这些苛刻条件让英国意识到脱欧之后的严峻现实，美国并不会在自由贸易协定上给予英国特殊优惠，脱欧派此前的美好期待只是一厢情愿。③

在特朗普2019年6月3日访问英国前夕，美国驻英大使伍迪·约翰逊关于英国国家医疗服务体系（NHS）的言论再次把关于英美自由贸易协定

---

① Jess Shankleman, Tim Ross and Thomas Penny, “Trump Says May's Brexit Plan Likely to Kill U. S. Trade Deal”, *Bloomberg*, 13 June 2018, https://www.bloomberg.com/news/articles/2018-07-12/trump-tells-may-her-brexit-plan-will-kill-off-u-s-trade-deal.

② James Politi, “US Takes Tough Line with UK on Post-Brexit Trade Talks”, *Financial Times*, 1 March 2019, https://www.ft.com/content/09bfe7ca-3bae-11e9-b72b-2c7f526ca5d0.

③ Ivana Kottasová, “Britain's Hopes of a Trade Deal with America Just Suffered a Big Blow”, *CNN*, 1 March 2019, https://www.cnn.com/2019/03/01/business/us-uk-trade-deal-brexit/index.html.

的争论推向风口浪尖：他在一次采访中表示，英国国家医疗服务体系可能被纳入自贸协定谈判之中。英国卫生大臣马特·汉考克当天便对此言论进行反击，强调英国国家医疗服务体系是“非卖品”，并反对任何将英国国家医疗服务体系置于谈判桌之上的自由贸易协定。[①] 特朗普在访英之初也宣称，英国国家医疗服务体系将有可能被纳入未来英美自由贸易协定谈判之中，但鉴于英国官员及民众的强烈反对，不久便公开表示英国国家医疗服务体系不会成为英美自由贸易协定谈判的一部分。而且，在6月4日的联合记者招待会上，特朗普表示强烈支持英美自由贸易协定，宣称美国政府将致力于推动尽快达成英美自由贸易协定，并认为未来英美自由贸易协定将有可能使英美贸易额提高两倍。[②]

2. 英国与加、澳、新关系

相比英美关系的一波三折，英国与加拿大、澳大利亚、新西兰的关系较为平稳，很少有摩擦。在英国脱欧的大背景下，英加均致力于携手维护“自由国际秩序”，进一步密切了各个层面的合作关系。主要表现在：第一，梅政府与特鲁多政府达成行动计划（UK-Canada Action Plan），强化了双方在经贸、安全、国内政策、社会议题等领域的协调与合作。尤其值得一提的是，梅政府与特鲁多政府2017年9月一致同意启动英加部长级战略对话，自2018年起每年会晤一次。[③] 第二，英加双方已经就双边自由贸易协定达成共识，一旦英国顺利脱欧，英加自由贸易协定将很快达成。[④] 但当前英国

① Lizzy Buchan, "Brexit: NHS Could be 'on the Table' as Part of US Trade Deal, Ambassador Says", *Independent*, 2 June 2019, https://www.independent.co.uk/news/uk/politics/donald-trump-nhs-trade-deal-woody-johnson-matt-hancock-a8940861.html.

② Josh Wingrove and Thomas Penny, "Trump Vows Huge U.K. Trade Deal, then Retreats on Health Service", *Bloomberg*, 4 June 2019, https://www.bloomberg.com/news/articles/2019-06-04/trump-says-trade-could-triple-with-u-k-in-deal-following-brexit.

③ The Canadian Government, "Prime Minister of Canada Announces Closer Collaboration with the United Kingdom", 18 September 2017, https://pm.gc.ca/eng/news/2017/09/18/prime-minister-canada-announces-closer-collaboration-united-kingdom.

④ Naomi Powell, "Brexit Vote Ups Pressure on U.K., Canada to Strike Bilateral Trade Deal", *Financial Post*, 16 January 2019, https://business.financialpost.com/news/economy/brexit-vote-ups-pressure-on-u-k-canada-to-strike-trade-deal.

与加拿大的经贸关系在极大程度上是在 2017 年 9 月开始实施的欧盟—加拿大自由贸易协定（CETA）框架下运行的。在该协定运行后的一年中，英国与加拿大的贸易额增长了 13.7%，创历史新高。[①] 2019 年 1 月，英加双方对英国脱欧后的双边贸易关系进行了非正式磋商，一致同意在英国脱欧后，双方将仿照 CETA 模式尽快达成双边自由贸易协定。[②]

英国与澳大利亚、新西兰的关系也比较密切，继续保持着传统友好合作关系。2019 年 1 月 18 日，英国与澳大利亚签署了“相互承认协议”，承袭了欧盟与澳大利亚签署的“相互承认协议”（MRA），继续相互承认双方对进入彼此市场的规定范围内产品的检测报告，这有助于在英国脱欧后英澳双边贸易的正常开展，促进双方贸易和产品市场准入。[③] 2019 年 3 月 12 日，英国与新西兰也签署了类似的“相互承认协议”。[④] 梅政府一直寄希望于与澳大利亚、新西兰尽快就双边自由贸易协定达成共识。自 2016 年 9 月英国与澳大利亚成立联合贸易工作小组以来，双方就未来英澳自由贸易协定已经进行了四轮磋商，一致同意在英国正式脱欧后尽快启动关于自由贸易协定的正式谈判。[⑤] 自 2016 年 10 月英国与新西兰成立贸易政策对话机制以来，双方已经举行了五轮磋商，一致同意在英国正式脱欧后将尽快启动关于自由贸

① The UK Government, “UK Trade with Canada Up 14% Since New Free Trade Agreement Introduced”, 10 December 2018, https: //www. gov. uk/government/news/uk – trade – with – canada – up – 14 – since – new – free – trade – agreement – introduced.

② Katharine Starr, “Canada, U. K. in ‘Informal Talks’ on Trade Ahead of Key Brexit Vote”, *CBC*, 12 January 2019, https: //www. cbc. ca/news/politics/canada – uk – trade – talks – brexit – vote – 1. 4973281.

③ The UK Government, “UK and Australia Agree Continuity of Mutual Recognition Agreement”, 18 January 2019, https: //www. gov. uk/government/news/uk – and – australia – agree – continuity – of – mutual – recognition – agreement.

④ The UK Government, “UK-New Zealand Mutual Recognition Agreement”, 12 March 2019, https: //www. gov. uk/government/collections/uk – new – zealand – mutual – recognition – agreement.

⑤ Australian Department of Foreign Affairs and Trade, “Prospective Australia-United Kingdom Free Trade Agreement”, 3 May 2019, https: //dfat. gov. au/trade/agreements/prospective/aukfta/Pages/australia – uk – fta. aspx.

易协定的正式谈判。[①] 尽管如此，自从 2018 年 6 月欧盟与澳、新两国开展关于自由贸易协定的正式谈判以来，英国承受了不小的压力。英国的市场体量比欧盟小，这可能会导致英国在脱欧后与澳、新两国达成的自由贸易协定很难与未来欧盟与澳、新的自由贸易协定相匹配。[②] 倘若如此，英国脱欧的机会成本可能加大，英国将得不偿失。

（二）英国与欧盟及其成员国关系

相较于与其他国家的关系，英国与欧盟的关系十分“纠结”。2018 年 11 月 13 日，英国与欧盟就脱欧协议内容达成共识；11 月 25 日，欧盟 27 个成员国一致通过英国脱欧协议草案。始料未及的是，2019 年 1 月 15 日 ~3 月 29 日，梅政府的脱欧协议草案先后三次被下议院否决，此后英国脱欧不得不被延期至 2019 年 10 月 31 日。[③] 尽管如此，英国与欧盟的关系还是保持了平稳发展，双方合作关系并未出现明显的削弱。英国与欧盟在伊朗核问题、巴以问题、气候治理等全球议题上立场一致，相互协作。与英美关系相比，英国与欧盟在全球治理上呈现出更多的和谐与合作。在维护“自由国际秩序”上，英国与欧盟同心协力，互为彼此可信赖的合作伙伴。[④] 英国依然积极参与欧洲安全事务，在应对俄罗斯安全挑战以及恐怖主义威胁上扮演着积极角色。[⑤] 由于脱欧进程尚未结束，英国与欧盟未来关系模式依然面临

① New Zealand Department of Foreign Affairs and Trade, “Preparations for a UK-NZ Free Trade Agreement”, https://www.mfat.govt.nz/en/trade/free-trade-agreements/preparations-for-a-uk-nz-free-trade-agreement/.

② Jamie Smyth, “EU Says UK will Struggle to Match Its Free Trade Deals”, *Financial Times*, 18 February 2019, https://www.ft.com/content/1f8cbbf2-334b-11e9-bd3a-8b2a211d90d5.

③ “Brexit: UK and EU Agree Delay to 31 October”, *BBC*, 11 April 2019, https://www.bbc.com/news/uk-politics-47889404.

④ European Commission, “Political Declaration Setting out the Framework for the Future Relationship Between the European Union and the United Kingdom”, 22 November 2018, https://ec.europa.eu/commission/publications/political-declaration-setting-out-framework-future-relationship-between-european-union-and-united-kingdom_en.

⑤ Congressional Research Service, “The European Union: Ongoing Challenges and Future Prospects”, 3 December 2018, pp. 16-19.

着很大的不确定性。但可预期的是，英国与欧盟将来依然会在各个领域保持尽可能密切的合作关系。

英国与德国、法国在过去一年来也强化了合作关系，尤其是安全合作关系。① 在法国总统马克龙的积极推动下，欧盟9国在2018年6月25日一致同意建立欧洲军事干预部队（European Intervention Initiative Force），以便在安全危机爆发后快速派出部队，英国与法德两国都是积极参与者。② 通过欧洲军事干预部队这一新的安全机制，法德两国将强化与英国的安全和防务合作。2018年9月以来，英法两国国防部长的会晤次数从每年一次增加到两次，以此强化双边安全合作关系。③ 英国与德国也在2018年10月5日签订了双边军事合作协定，进一步提升了两国的安全合作关系。通过这一双边军事合作协定，英国与德国将致力于巩固北约的欧洲支柱，增强欧洲应对外来安全威胁的能力。④

五　英国一非盟友国家关系与“全球英国”愿景

在二战结束以来英国历届政府的外交议程中，英语国家与欧洲占据了核心地位，梅政府亦不例外。因而，梅政府的“全球英国”愿景能否实现主要还是取决于英国多大程度上在除了英语国家和欧洲之外的亚非拉地区提高了影响力。2018年7月~2019年6月，英国积极参与亚非拉事务，但其影响力依然比较有限。

---

① The UK Government, “Britain and France: Past, Present and Future”, 8 November 2018, https://www.gov.uk/government/speeches/britain-and-france-past-present-and-future.

② Daniel Boffey, “Nine EU States Sign off on Joint Military Intervention Force”, *The Guardian*, 25 June 2018, https://www.theguardian.com/world/2018/jun/25/nine-eu-states-to-sign-off-on-joint-military-intervention-force.

③ Pierre Tran, “France, UK Strengthen Military Relations-But Future Fighter Jet Cooperation ‘Not Yet There’”, *Defence News*, 7 September 2018, https://www.defensenews.com/global/europe/2018/09/07/france-uk-strengthen-military-relations-but-future-fighter-jet-cooperation-not-yet-there/.

④ Joseph Nasr, “Germany, Britain Sign Defence Cooperation Agreement amid Brexit Talks”, *Reuters*, 5 October 2018, https://uk.reuters.com/article/uk-germany-britain-defence/germany-britain-sign-defence-cooperation-agreement-amid-brexit-talks-idUKKCN1MF1PB.

（一）英国与英联邦国家（非英语国家）关系

过去一年来，梅政府继续积极推进与英联邦国家（非英语国家）的关系，加强与英联邦国家（非英语国家）在国际事务上的协作。2018 年 9 月 25 日，英国外交大臣亨特在联合国大会间隙主持了与 52 个英联邦国家外长的集会，彰显了英国与英联邦国家在维护“自由国际秩序”上的团结合作。[①] 来自非洲的英联邦成员国有 19 个，英国首相和外交大臣在 2018 年 7 月 ~2019 年 6 月访问了其中的 4 个国家：梅在 2018 年 8 月 29 ~30 日访问了南非、尼日利亚和肯尼亚，亨特在 2019 年 4 月 29 日 ~5 月 3 日访问了非洲五国，其中三国（加纳、尼日利亚和肯尼亚）是英联邦国家，足见英国对尼日利亚和肯尼亚的重视。[②] 英国与加勒比海地区的英联邦国家在贸易协定谈判上也取得了新进展。2019 年 3 月 12 日，英国与除了巴哈马之外的其他所有加勒比海地区 11 个英联邦国家签署了经济伙伴协定（EPA），这一协定将在英国正式脱欧后生效。[③]

在印太地区，梅政府看重印度的经济潜力及其在印太地区的战略地位，着重致力于提升与印度的合作关系，但是迄今为止合作进展较慢，合作成果有限。英国与印度已经着手就英国脱欧后的双边自由贸易协定进行非正式磋商，双方都期望未来能够达成双边自由贸易协定。[④] 但是由于印度被梅政府列为自由贸易谈判序列的第三级国家，且签证问题依然是困扰英印关系的一

---

① The UK Government, “Foreign Secretary Celebrates Commonwealth Progress”, 26 September 2018, https://www.gov.uk/government/news/foreign-secretary-celebrates-commonwealth-progress.

② The UK Government, “Foreign Secretary’s Visit to Africa: April to May 2019”, 30 April 2019, https://www.gov.uk/government/news/foreign-secretary-visit-to-africa-april-to-may-2019.

③ The UK Government, “UK Signs Trade Continuity Agreement with Caribbean Countries”, 22 March 2019, https://www.gov.uk/government/news/uk-signs-trade-continuity-agreement-with-caribbean-countries.

④ R. Suryamurthy, “India Push for Free Trade Pact with Britain”, *The Telegraph*, 22 November 2018, https://www.telegraphindia.com/business/india-push-for-free-trade-pact-with-britain/cid/1676116.

大敏感政治问题，英印两国未来的自由贸易协定谈判势必经历一番坎坷。[①] 除了经贸关系，梅政府也试图促进与印度的安全合作，但是合作成果也比较有限，英国与印度的安全合作程度依然比不上法国与印度。[②]

（二）英国与印太国家（非英联邦）关系

过去一年来，梅政府致力于提高英国在印太地区的影响力，加强英国在印太地区的存在感。除了强化与印度的安全合作关系，梅政府过去一年来也致力于提升与日本和东南亚国家的安全合作关系。2018 年 10 月，英日两国军队在日本本土举行了有史以来的首次军事演习。[③] 2018 年 12 月 29 日，英国前国防大臣威廉姆森宣称英国将在新加坡或文莱建造一个永久军事基地，以加强英国在东南亚地区的军事存在。[④]

---

① Sujit S. Nair, "Post Brexit World-Inida's Trade Relations with the EU And UK", *RSA*, 20 June 2018, https://www.thersa.org/discover/publications-and-articles/rsa-blogs/2018/06/post-brexit-world---indias-trade-relations-with-eu-and-uk; House of Lords Select Committee on International Relations, *UK Foreign Policy in a Shifting World Order*, *5th Report of Session 2017-19*, 18 December 2018, p. 26, https://publications.parliament.uk/pa/ld201719/ldselect/ldintrel/250/250.pdf.

② Dipanjan Roy Chaudhury, "UK & India Strengthen Defence Ties Through Renewed Defence MoU", *The Economic Times*, 15 April 2019, https://economictimes.indiatimes.com/news/defence/uk-india-strengthen-defence-ties-through-renewed-defence-mou/articleshow/68892524.cms? from=mdr; Balaji Chandramohan, "India's Expanding Strategic Relations with Russia and France", 7 March 2019, http://www.futuredirections.org.au/publication/indias-expanding-strategic-relations-with-russia-and-france/; Rahul Roy-Chaudhury, "India-UK: Seeking Convergence on International and Regional Security", 23 November 2018, https://www.iiss.org/blogs/analysis/2018/11/india-uk-convergence-security.

③ Christopher Woody, "Japan and the UK are Teaming up for the First Time to Gain an Edge on China", *Business Insider*, 3 October 2018, https://www.businessinsider.com/japan-and-uk-joint-exercises-for-first-time-to-gain-an-edge-on-china-2018-10.

④ Mark J. Valencia, "New British Military Base in Southeast Asia Could have Unintended Consequences-Analysis", *Eurasia Review*, 12 January 2019, https://www.eurasiareview.com/12012019-new-british-military-base-in-southeast-asia-could-have-unintended-consequences-analysis/; Chen Xiangmiao, "Why is the UK Expanding Its Military Presence in the South China Sea?", *China and US Focus*, 15 January 2019, https://www.chinausfocus.com/peace-security/why-is-the-uk-expanding-its-military-presence-in-the-south-china-sea-.

但是，在对华政策上，梅政府仍然采取了“两边下注”策略。2019年1月11~16日，英美海军有史以来首次在南海地区举行了为期6天的联合军事演习。[①] 更有甚者，威廉姆森在同年2月11日公开扬言要把英国将要建成的“伊丽莎白女王”号航空母舰派往南海进行所谓的“自由航行”，引起轩然大波。虽然梅政府第二天就否认将派航母出行南海，但威廉姆森的这番言论仍对中英关系造成了负面影响，中国政府取消了原计划中的中英贸易谈判。[②] 这充分说明，一方面梅政府把中国视为潜力巨大的经济伙伴，继续推进与中国经贸关系的升级，2019年6月16日“沪伦通”的正式启动即是最新例证[③]；另一方面梅政府又把中国视为潜在的战略威胁，跟随美国对华进行战略防范。梅政府对待华为的折中态度也体现出英国对待中国的复杂心态。梅政府虽然没有跟随美国完全封杀华为，但只允许华为有限参与英国5G网络非核心部分的建设，禁止华为参与所有核心部分的建设。[④]

六　全球治理中的英国角色与“全球英国”愿景

维护以规则为基础的国际秩序（或“自由国际秩序”）是梅政府开展“全球英国”外交的重要目标之一。需要指出的是，当今国际社会并不存在一个单一的或大一统的国际秩序。以规则的适用范围为标准，当今以规则为基础的国际秩序有三个相互作用和相互联系的次国际秩序，即国际经济秩

① Jesse Johnson, “U. S. and British Navies Conduct First Joint Military Exercises in Disputed South China Sea”, *The Japan Times*, 16 January 2019, https://www.japantimes.co.jp/news/2019/01/16/asia-pacific/u-s-british-navies-conduct-first-joint-military-exercises-disputed-south-china-sea/#.XQzam7wzaUk.

② The Straits Times, “China Cancels Trade Talks with UK in Protest over Defence Secretary Williamson's Speech”, 14 February 2019, https://www.straitstimes.com/world/europe/china-cancels-trade-talks-with-uk-in-protest-over-defence-secretary-williamsons-speech.

③《中英合作大手笔：贸易战和资本管制阴影下的“沪伦通”》，BBC中文网，2019年6月16日，https://www.bbc.com/zhongwen/simp/world-48655864。

④ Dan Sabbagh, “Huawei ‘Prepared to Sign No-spy Agreement with UK Government’”, *The Guardian*, 14 May 2019, https://www.theguardian.com/technology/2019/may/14/huawei-founder-shut-down-china-eavesdrop.

序、国际安全秩序和西方秩序。① 国际经济秩序的核心规则是自由贸易与投资，与此密切相关的国际机制主要有世界贸易组织（WTO）、国际货币基金组织（IMF）和世界银行。国际安全秩序的核心规则是反对武力侵略别国以及反对核扩散，与此相关的国际机制主要有联合国和国际原子能机构。随着国际社会对气候安全的重视，《联合国气候框架公约》以及《巴黎气候协定》也成为国际安全机制的重要组成部分。与国际经济秩序和国际安全秩序的全球性成员资格不同，西方秩序的成员国仅限于西方发达国家，其核心规则是推广民主与自由，保护人权，促进经济一体化，与此相关的国际机制主要有北约、欧盟、七国集团（G7）、“五眼联盟”、美日同盟与美韩同盟。② 2018 年7 月 ~2019 年6 月，梅政府依然致力于维护这三个以规则为基础的国际秩序，积极参与全球经济治理、全球安全治理与全球气候治理。

（一）全球经济治理

英国60% 的 GDP 来自贸易，这使英国积极支持 WTO 框架下的自由贸易。在过去一年里，梅政府一直为成为 WTO 独立成员而积极努力。英国在2018 年7 月24 日和12 月3 日先后向 WTO 提交了关于英国在 WTO 框架下对货物贸易和服务贸易承诺的议程表草案，在很大程度上承继了此前英国作为欧盟成员国对货物贸易和服务贸易的承诺内容。③

如果 WTO 所有成员在规定期限内（货物贸易议程表草案：90 天；服务贸易议程表草案：45 天）对英国提交的草案没有异议，那么该草案将被 WTO 正式通过。但是由于 WTO 部分成员的反对，英国的这两个草案都没有

---

① Malcolm Chalmers, “Which Rules? Why There is No Single ‘Rule-Based International System’”, *RUSI Occassional Paper*, April 2019, pp. 3 –4, https://rusi.org/sites/default/files/201905_op_which_rules_why_there_is_no_single_rules_based_international_system_web.pdf.

② Malcolm Chalmers, “Which Rules? Why There is No Single ‘Rule-Based International System’”, pp. 15 –16.

③ WTO, “United Kingdom Submits Draft Post-Brexit Services Commitments to WTO”, 3 December 2018, https://www.wto.org/english/news_e/news18_e/mark_03dec18_e.htm.

如期获得批准，英国不得不与提出异议的成员进行一对一谈判。[①] 2019年2月27日，46个成员一致同意英国以独立身份加入WTO的政府采购协议，这对英国具有里程碑意义，意味着它向获得WTO独立成员身份迈出了重要一步。作为政府采购协议的缔约国，即便英国将来无协议脱欧，英国企业也可以在政府采购贸易上获得优先权，同时也有利于其他签约国获得进入英国政府采购市场的公平机会，从而有助于英国继续与其他国家开展自由贸易。[②]

在过去一年里，梅政府致力于为脱欧后的英国达成双边或多边自由贸易协定而开展准备工作。作为欧盟成员国，英国须遵守欧盟与70多个国家达成的40个自由贸易协定。截至2019年6月18日，梅政府已经就这40个协定中的12个与相关国家续签协议，从而有利于英国在脱欧后继续与这些国家开展自由贸易。[③] 此外，梅政府已经与美国、澳大利亚和新西兰三国签署了“相互承认协议”，可以减少脱欧对英国与这些国家的贸易产生的负面影响。[④] 梅政府也在为加入跨太平洋伙伴关系协定（TPP）而积极争取国际支持。2018年10月，日本首相安倍晋三公开表示将支持英国在脱欧后加入TPP。[⑤] 但

---

① Tom Miles, “Taiwan Objects to Britain’s Post-Brexit WTO Services Trade Arrangement”, *Reuters*, 17 January 2019, https://uk.reuters.com/article/uk-britain-eu-wto-taiwan/taiwan-objects-to-britains-post-brexit-wto-services-trade-arrangement-idUKKCN1PA2TP; Adam Sharpe, “UK to Enter into Negotiations with WTO Partners on Goods Schedule after TRQ Objections”, *IEG Policy*, 25 October 2018, https://iegpolicy.agribusinessintelligence.informa.com/PL218118/UK-to-enter-into-negotiations-with-WTO-partners-on-Goods-Schedule-after-TRQ-objections.

② Bryce Baschuk, “U.K. Approved to Rejoin $1.7 Trillion WTO Procurement Deal”, *Bloomberg*, 27 February 2019, https://www.bloomberg.com/news/articles/2019-02-27/u-k-wins-approval-to-rejoin-1-7-trillion-wto-procurement-deal-jsn2yd30.

③ Tom Edgington, “Brexit: What Trade Deals has the UK Done So Far?”, *BBC*, 18 June 2019, https://www.bbc.com/news/uk-47213842; “UK Signs Post-Brexit Free Trade Deal with South Korea”, *BBC*, 10 June 2019, https://www.bbc.com/news/business-48577667.

④ Tom Edgington, “Brexit: What Trade Deals has the UK Done So Far?”, *BBC*, 18 June 2019, https://www.bbc.com/news/uk-47213842.

⑤ Justin McCurry, “UK Welcome to Join Pacific Trade Pact After Brexit, Says Japanese PM”, *The Guardian*, 7 October 2018, https://www.theguardian.com/politics/2018/oct/08/uk-welcome-to-join-pacific-trade-pact-after-brexit-says-japanese-pm.

6个英联邦成员国对此持有异议，它们并非都积极支持英国加入TPP，例如澳大利亚就认为英国不是太平洋国家，不适合加入TPP。[①]

（二）全球安全治理

在过去一年里，英国对全球安全治理的积极参与主要体现在梅政府在防止核扩散上所做的不懈努力。对于伊朗核协议，梅政府一方面反对特朗普政府单边退出伊朗核协议，与其他大国协调立场，继续支持伊朗核协议，另一方面劝告伊朗继续遵守伊朗核协议。

为了促使伊朗继续遵守伊朗核协议，英国与法国、德国在欧盟框架下团结协作，在面临美国经济制裁威胁的境地下想方设法维护与伊朗的贸易。为了规避美国对伊朗的金融制裁，英、法、德三国在2019年1月31日宣布联合设立一个名为“贸易交换支持工具”（INSTEX）的贸易结算机制，该机制在6月28日正式投入使用。[②] 中国、俄罗斯和伊朗都表态支持INSTEX机制。虽然INSTEX机制在成立初期只能协助欧盟国家与伊朗进行医药产品、医疗设备和食品等非制裁贸易，但是它具有深远的影响。INSTEX机制是一个独立于美元的支付系统，有望在欧盟范围内逐渐取代美国主导的国际贸易支付体系SWIFT，从而对美元霸权构成潜在挑战。[③] INSTEX机制的实体机构设在巴黎，由德国银行家皮尔·菲舍尔负责管理，而监事会主席一职则由英国人担任，体现了英、法、德三国的密切合作。[④]

---

① Nick Miller, “Australian Trade Minister Pours Cold Water on Britain’s Post-Brexit TPP Plan”, 22 January 2019, https://www.smh.com.au/world/europe/australian-trade-minister-pours-cold-water-on-britain-s-post-brexit-tpp-plan-20190122-p50sry.html.

② European Union External Action, “Iran Nuclear Deal: INSTEX Now Operational”, 29 June 2019, https://eeas.europa.eu/headquarters/headquarters-homepage/64804/iran-nuclear-deal-instex-now-operational_en.

③ Medea Benjamin, “US Iran Sanctions Make Europeans Challenge Dollar Hegemony”, *The Hill*, 31 January 2019, https://thehill.com/blogs/congress-blog/foreign-policy/427934-us-iran-sanctions-make-europeans-challenge-dollar-hegemony.

④《德法英建立对伊朗贸易结算机制 美元地位或将受到威胁》，《环球时报》2019年2月2日，http://world.huanqiu.com/exclusive/2019-02/14221471.html。

（三）全球气候治理

梅政府继续积极参与全球气候治理，这尤其体现在确立2050年实现温室气体“净零排放”（Net Zero）这一目标。2019年5月1日，英国议会宣布进入气候紧急状态，英国成为世界上首个宣布进入气候紧急状态的国家，体现了英国对应对气候变化的高度重视。[①] 2019年5月2日，英国“气候变化委员会”（CCC）向梅政府递交了针对英国气候目标的修改建议，认为英国应将2050年气候目标从原先的“在1990年基础上减排80%”提高至实现“净零排放”。[②] 2019年6月27日，梅政府新修订的《气候变化法案》正式生效，正式确立英国到2050年实现温室气体“净零排放”的目标。[③] 英国成为七国集团中首个以法律形式设定这一目标的国家，体现出英国在全球气候治理中的引领性作用。

2018年12月以来，梅政府积极申办2020年联合国气候变化大会，力图让英国继续在全球气候治理中扮演积极角色。[④] 2020年联合国气候变化大会将是联合国框架下第26次气候变化会议（COP26），是自2015年《巴黎气候协定》达成以来最大规模的全球气候大会。如果英国获得这次大会的主办权，将有助于提升英国在全球气候治理中的领导力。2019年6月18日，英国与意大利决定联合申办2020年联合国气候变化大会。根据英国与意大利达成的协议，英国将作为主席国主办此次大会，而意大利则将主办大

① “UK Parliament Declares Climate Change Emergency”, *BBC*, 1 May 2019, https://www.bbc.com/news/uk-politics-48126677.

② Committee on Climate Change, “Net Zero—The UK's Contribution to Stopping Global Warming”, 2 May 2019, https://www.theccc.org.uk/publication/net-zero-the-uks-contribution-to-stopping-global-warming/.

③ Peter Walker, Rowena Mason and Damian Carrington, “Theresa May Commits to Net Zero UK Carbon Emissions by 2050”, *The Guardian*, 11 June 2019, https://www.theguardian.com/environment/2019/jun/11/theresa-may-commits-to-net-zero-uk-carbon-emissions-by-2050.

④ Fiona Harvey, “UK Bids to Host 2020 UN Climate Change Summit”, *The Guardian*, 13 December 2018, https://www.theguardian.com/environment/2018/dec/13/uk-bids-to-host-2020-un-climate-change-summit.

会召开前的准备会议。[1] 梅政府确立 2050 年实现温室气体“净零排放”的目标以及英意协议的达成使英国成为 2020 年最有希望主办联合国气候变化大会的国家。

结　语

2018 年 7 月 ~2019 年 6 月，梅政府继续致力于践行“全球英国”理念，但其外交成绩单依然难以与“全球英国”愿景相匹配。总体而言，过去一年来梅政府的外交政策虽然并未因脱欧困境而进行战略收缩，英国外交依然具有全球视野，但是它并未比脱欧公投之前更具全球性，其外交重心仍然在跨大西洋地区。脱欧派对脱欧后英国重振大国雄风的美好畅想已被证明是过于乐观的。过去一年来，从首脑外交来看，特雷莎·梅出访次数最多的国家依然集中在欧洲和北美洲。在外交能力建设上，梅政府正在积极布局，不仅增设外交机构，而且加大对贸易谈判人才和外交官语言能力的培养力度。但是，由于外交能力建设尚在初始阶段，究竟将来能在多大程度上提高英国的全球外交影响力，依然是个未知数。英国与传统盟友的关系并未比脱欧公投之前变得更亲密，反而因脱欧事宜而增加了不确定性，最明显的例子是英美“特殊关系”。英国与非传统盟友的关系有所加强，除了巩固与加勒比海地区和非洲英联邦国家（非英语国家）的关系以外，英国还在印太地区提升了与日本、印度和部分东南亚国家的安全合作关系。梅政府依然积极维护以规则为基础的国际秩序，继续在全球治理中扮演积极角色，在全球经济治理、全球安全治理和全球气候治理上都取得了一定的成绩。

---

① The UK Government, “UK Bids for COP26 Presidency in Partnership with Italy”, 18 June 2019, https://www.gov.uk/government/news/uk-cop26-presidency-bid-in-partnership-with-italy.

英国脱欧篇

Brexit and Its Impacts

B.5 爱尔兰边界问题与英国脱欧困境

曲 兵*

摘 要： 爱尔兰边界问题因英国脱欧而再度浮现并成为脱欧谈判中的“卡脖子”问题。欧盟坚持在《脱欧协议》中加入避免爱尔兰岛出现“硬边界”的“保障条款”，增加了问题的复杂程度。英国前首相特雷莎·梅承诺维系“开放边界”，但同时将“退出单一市场和关税同盟”和“英国整体脱欧”作为底线。她无法同时实现上述三个目标，因此陷入一种“三难困境”。梅因无力解困而下台，英国脱欧变成“拖欧”。她的继任者鲍里斯·约翰逊要求废除“保障条款”，并提出以新技术为基础的“替代安排”。不管英国脱欧走向何方，爱尔兰边界问题将一直是脱欧进程中的中心议题，会持续折磨英国

* 曲兵，博士，中国现代国际关系研究院欧洲所副研究员，主要研究方向为英国政治和外交。

和欧盟。

关键词： 英国脱欧　爱尔兰边界　“保障条款”“替代安排”

北爱尔兰与爱尔兰之间的边界（以下简称“爱尔兰边界”）问题因英国脱欧而起，并逐渐成为英国脱欧进程中的焦点问题。脱欧谈判长期“卡”在这一问题上，而包含“保障条款”（backstop）的脱欧协议草案引发英国议员的强力反弹。特雷莎·梅首相多方努力无果，不得不黯然下台。鲍里斯·约翰逊担任首相后提出强硬的脱欧方案，并期望基于新技术的“替代安排”能取代“保障条款”。

一　问题的由来

在20世纪，爱尔兰边界曾经历了从无到有、由“软”及“硬”的过程，后因欧洲一体化建设和北爱和平进程的启动而隐于无形。[①] 可以说，爱尔兰岛维持“开放边界”的现状符合各方利益，但英国脱欧改变了这一切。

北爱曾经历几十年的暴力冲突，直到20世纪90年代后期才走上和平发展的正轨。北爱和平进程的推进很大程度上在于英国和爱尔兰都是欧盟成员国，而欧盟也为此问题的解决投入大量政治和经济支持。就欧盟的经济援助而言，值得一提的是名为“和平”（“PEACE”）的专项资金。这是一个1995年启动的跨爱尔兰边界的合作项目，旨在促进爱尔兰边界地区受到昔日暴力冲突影响的社区的融合、社会的稳定以及经济的发展。由于效果较好，欧盟后续推出了第二期（2000～2006年）、第三期（2007～2013年）和第四期（2014～2020年），其中前三期共投入13亿欧元，第四期计划投

① 参见曲兵、王朔《英国脱欧进程中的北爱尔兰边界问题》，《现代国际关系》2019年第7期，第37～38页。

入2.7亿欧元。[①] 很多英国人不知道的是，欧盟的脱欧谈判首席代表米歇尔·巴尼耶曾是欧盟负责“和平”项目第二期资金发放的重要人物。[②] 欧盟还是北爱和平的斡旋方与和平协定（《贝尔法斯特协定》）的国际担保方之一。和平外溢到经济领域，促进了北爱经济的快速发展。2006年，美国小布什政府的北爱问题特使米歇尔·雷斯在国会述职时指出：“北爱已经成为英国内部经济发展最快的地区之一，其增长速度是英国平均值的两倍。贝尔法斯特迅速成为一个现代化的欧洲城市。”[③] 欧盟对北爱局势十分关注，毕竟北爱的和平与发展证明了欧洲一体化模式的优势。

在英国全民公投前的造势过程中，脱欧派几乎未提及脱欧对“爱尔兰边界”的影响。他们以乐观的论调表示，“船到桥头自然直”，一切难题都有办法解决，一些代价都值得付出。与之形成对照的是，爱尔兰政府在英国公投前就做了英国脱欧的预测与分析，并很早意识到爱尔兰边界问题将成为大麻烦。[④] 在2016年的公投中，55.8%的北爱民众支持留欧，但就英国整体而言，51.9%的民众支持脱欧。公投后上台的首相特雷莎·梅表示要尊重公投结果，落实脱欧。

脱欧打破了爱尔兰岛的现状。一旦英国脱欧，北爱与爱尔兰之间的边界将成为英欧之间唯一的陆地边界。欧盟认为，爱尔兰边界不能成为欧洲单一市场的“缺口”“断开的链条”，欧盟的外部边界不能存在漏洞，必须加强管控。所谓的边界管控（border control）实际涉及三个领域：与海关和贸易政策相关的，如征收关税、增值税和消费税；与监管相关的，如查验货物是否符合“原产地规则”，进行动植物卫生检疫（SPS）等；与安全相关的，

---

① European Parliament, “Northern Ireland PEACE Programme”, http://www.europarl.europa.eu/factsheets/en/sheet/102/northern-ireland-peace-programme.

② LSE IDEAS, “Ireland-UK Relations and Northern Ireland after Brexit” (second edition), April 2019, https://lseideas.atavist.com/ireland-uk.

③ 丁丽兴、江振鹏：《美国对北爱尔兰和平进程的干预》，《国际资料信息》2009年第4期，第17页。

④ Rory Carroll and Lisa O'Carroll, “How the Irish Backstop Emerged as May's Brexit Nemesis”, 18 April 2019, https://www.theguardian.com/politics/2019/apr/18/how-the-irish-backstop-emerged-as-mays-brexit-nemesis.

如打击走私、贩毒及恐怖主义活动。

问题在于，一旦爱尔兰岛上出现“硬边界”（hard border）[①]，必将带来严重后果（下文详述）。那么，如何在非欧盟区（英国）和欧盟区这两个法定管辖权之间保持开放的边界呢？2017 年 6 月开始的脱欧谈判中，欧盟要求公民权利、“分手费”和爱尔兰边界这三大议题同时取得“充分进展”，双方才能进入关于未来关系的谈判。英国政府随后公布的立场文件表明，脱欧后爱尔兰边界将不设“任何实体的边界基础设施”。同时，英方希望在英欧未来贸易协定中解决爱尔兰边界问题。对此，欧盟认为英欧贸易关系谈判可能要持续多年，爱尔兰边界问题却拖延不得，因此坚持要求英国在脱欧前拿出解决方案，并于 2017 年秋提出了“保障条款”。“保障条款”的目的是确保无论出现何种情况，南北爱尔兰之间都要维持开放的陆地边界。特雷莎·梅急迫地想进入“过渡期”并开始未来贸易协议谈判，不得不接受了这一机制。此后，欧盟坚持将“保障方案”写入《脱欧协议》，称没有“保障方案”就没有《脱欧协议》，也就没有“过渡期”安排。《脱欧协议》原本只解决与英欧“分手”直接相关的问题，不涉及未来关系框架，但在欧盟增加了“保障条款”后，“分手”问题与未来关系直接相关而又一时难以厘清，导致脱欧久拖不决。

二　特雷莎·梅的“三难困境”

特雷莎·梅承诺将维系爱尔兰岛上的“开放边界”状态，但她在“硬脱欧派”的压力下，将“退出欧盟单一市场和关税同盟”和“英国整体脱欧”作为谈判“红线”。随着脱欧谈判的推进，梅发现其诉求无法同时实现，陷入一种“三难困境”。

诉求之一：爱尔兰岛上不能出现“硬边界”。英国、爱尔兰和欧盟三方

① “硬边界”不是严格的法律定义，它主要是指边界上设置海关和边防检查站等有形基础设施并进行相关的查验。

一致认为，要避免爱尔兰岛因英国脱欧而出现“硬边界”。“硬边界”意味着北爱和爱尔兰之间恢复海关查验和安全检查，将影响人员和货物的自由流动，增加贸易成本，对北爱和爱尔兰经济产生负面影响。但爱尔兰边界保持开放不仅是经济和社会问题，更是政治和安全问题。“开放的边界”得到北爱和爱尔兰各界民众的支持，被视为北爱和平进程最显著的成就之一。从政治角度看，恢复“硬边界”将重启和平协定中已经解决的身份认同问题，激发北爱民族主义者与南部爱尔兰共和国统一的动力。① 从安全角度看，边界管控设施（如海关、安全检查站等）会成为爱尔兰岛南北分裂的象征，极易成为不满的民族主义者泄愤的对象，引发更多更大规模的暴力事件。各方对北爱“动乱”时代的血腥冲突还记忆犹新，都不想回到流血冲突的过去。不夸张地说，“硬边界”会危及北爱脆弱的和平，避免“硬边界”就是避免北爱重燃战火。

诉求之二：英国要退出单一市场和关税同盟。2017 年 1 月 17 日，特雷莎·梅在兰开斯特宫的演讲中阐述了英国脱欧的原则，其中明确提出英国要退出单一市场和关税同盟。梅表示：“离开欧盟却保留单一市场的成员国资格，意味着我们仍要遵从欧盟实现货物、资本、服务和人员‘四大自由’的法律法规，而我们对于这些法律法规却毫无发言权……如果完全留在关税同盟中，我们便无法与其他国家就全面的贸易协定进行谈判。我不希望英国被欧盟共同贸易政策所束缚，也不希望被欧盟共同对外关税框架所束缚。”② 在其演讲前，外界曾预期英国将退出单一市场，但会保留关税同盟的成员国资格。关税同盟的优势在于可以减少边界上的各项管控措施，特别是取消了对“原产地规则”的检查。若英国退出关税同盟而与欧盟达成一般意义上的自由贸易协议，英国的出口商想要获得优惠关税，就需要充分证明其所卖

---

① 1998 年的《贝尔法斯特协定》规定，北爱主权的归属取决于北爱多数人的意愿：当前北爱多数选民的意愿是继续留在英国，因此“北爱是英国的一部分”这一宪法地位不得改变。但是，未来若北爱的民意改变，爱尔兰的南北统一也是合法的。

② “The Government's Negotiating Objectives for Exiting the EU：PM Speech”, 17 January 2017, https：//www. gov. uk/government/speeches/the - governments - negotiating - objectives - for - exiting - the - eu - pm - speech.

产品是“本地货”。[①] 梅明确将退出关税同盟作为“红线”有政治上的考虑。“硬脱欧派”的重要诉求就是重新获得独立的贸易自主权，从而在脱欧后与欧洲以外国家签署自由贸易协议。“硬脱欧派”要求首相不惜一切代价带领英国脱离欧盟的单一市场和关税同盟，而梅为了维系党内、国内团结而选择满足他们的诉求。

诉求之三：“联合王国”要整体上脱欧，北爱不能获得“特殊地位”。欧盟最初设想的“保障条款”如下：北爱作为欧盟关税区的一部分；北爱与欧盟货物领域的法律保持完全的“监管趋同”（regulatory alignment）；在贸易政策、共同外部关税、增值税等领域，欧盟对北爱有完全的监督和执行权；是“全天候”的保险措施，不设时间限制。[②] 这种方案可以保证北爱与爱尔兰之间不存在“硬边界”，但北爱与英国其他地区（即大不列颠岛）之间存在“监管性壁垒”。英国政府则明确反对给予北爱“特殊地位”，称欧盟的方案相当于在爱尔兰海上划界，将北爱与英国其他地区“区别对待”，英国不能接受。

前首相布莱尔和梅杰等人出于维系北爱和平的考虑，支持欧盟提出的“保障条款”。保守党内的一些“硬脱欧派”则认为可以放弃在北爱的利益，只要英国能脱欧就行。不遂人愿的是，梅在 2017 年的大选中失去议会多数席位，为了维持执政地位，选择与北爱的民主统一党（DUP）结盟，这就让北爱的地方性政党对英国脱欧事务有了很大的发言权。DUP 要求与英国其他地区一起脱欧，先是反对欧盟提出的“爱尔兰海划界”的设想，后又反对“保障条款”。该党认为，北爱在经济和社会上已经与爱尔兰深度融合，若这种与大不列颠岛“区别对待”的设想被制度化，假以时日，会加速北爱与爱尔兰的统一进程。对于亲英的 DUP 来说，这是涉及北爱地位和

① Sam Lowe, “Inching Our Way Towards Jersey”, 11 July 2018, https://www.cer.eu/insights/inching-our-way-towards-jersey.

② “Slides on UK Technical Note on Temporary Customs Arrangements”, 11 June 2018, https://ec.europa.eu/commission/sites/beta-political/files/slides_on_uk_technical_note_on_temporary_customs_arrangements.pdf.

该党的未来命运问题，绝不能妥协。2018 年 11 月初，DUP 得知英国谈判团队准备接受欧盟提出的“脱欧后北爱要遵守欧盟关税同盟以及部分单一市场的规则”，指责首相违背承诺。DUP 党魁阿琳·福斯特在致特雷莎·梅的信中说：“《脱欧协议》规定北爱在未来任何时候都可能受到关税同盟或部分单一市场规则的约束，而英国其他地区则不必如此。这样的协议是完全不能接受的。”[①] DUP 威胁撤销对保守党的政治支持，并在议会下院就脱欧协议的三次投票中都投下反对票。

综上，特雷莎·梅希望同时实现三个目标：避免爱尔兰岛上出现“硬边界”；坚持退出单一市场和关税同盟；英国整体脱欧，北爱不会被“区别对待”。英国学者迈克尔·伯利形象地指出，特雷莎·梅像一个过分勤勉的蜘蛛，陷入了自己织就的过于繁杂的网中。[②] 爱尔兰副总理兼外长西蒙·考文尼则指出，英国政府只能同时选择三个目标中的任何两个，却无法做到三者兼得。如果英国放弃第一个目标，欧盟不会同意，英国将会在没有达成任何协议的情况下“裸退”；如果放弃第二个目标，就有被保守党中的“硬脱欧派”掀下台的风险；如果放弃第三个目标，就有遭执政伙伴 DUP“拆台”的风险。有学者称之为“考文尼三难困境”（Coveney Trilemma）。[③] 可以说，这些难以兼容的诉求使爱尔兰边界问题的解决几乎变成“不可能的任务”。

特雷莎·梅不愿做出“三选二”的抉择，曾为此设计出多个复杂的“混搭”方案。比如，英国替欧盟征收关税的“关税伙伴关系”方案实际是试图模仿欧盟关税同盟的功能而又避免成为关税同盟的一部分，被欧盟讥讽为“奇思妙想”。在时间压力下，英国和欧盟各有妥协，达成一个折中方案：英国全境与欧盟维持“临时性”的关税同盟。双方将此加入 2018 年 11 月达成的《脱欧协议》草案中。

---

① Oliver Wright and Sam Coates, “Minister Warns DUP that Brexit Will Involve Compromise”, *The Times*, 8 November 2018.

② LSE IDEAS, “Ireland-UK Relations and Northern Ireland after Brexit” (second edition), April 2019, https: //lseideas. atavist. com/ireland – uk.

③ Kevin O’Rourke, *A Short History of Brexit*: *From Brentry to Backstop*, Pelican, 2019, p. 262.

问题并未得到解决。《脱欧协议》草案因包含“保障条款”而得不到英国议会的支持。“硬脱欧派”担心，若迟迟找不到避免“硬边界”的其他方案，“保障条款”就会生效，这意味着英国将长期被“困”在欧盟的关税同盟之中。现任首相鲍里斯·约翰逊曾在《每日电讯》的文章中用了一个形象的比喻：“保障条款”如同一个“巨大的钢制捕兽夹，正紧紧地咬住我们的后腿，阻止我们逃脱”。[①] 2019 年 1 月 15 日，英国议会下院以 432 票反对、202 票支持的投票结果否决了脱欧协议，其中 118 名保守党议员投下反对票。这是有史以来英国首相在议会遭遇的最大规模的失败。

三　寻找新出路

脱欧陷入僵局后，英国国内开始寻找新的解困之道，出现两派观点：一派主张在“保障条款”中加入退出条款。一些“硬脱欧派”认为，可以为“保障条款”设定时间限制（即列明失效日期）或允许英国单方面退出。英国检察总长杰弗里·考克斯就认为最快捷的方式是想办法修改“保障条款”，以确保它只是“临时适用”。问题在于欧盟并不退让。欧盟只愿意做出一些澄清和确认，却坚决反对重新谈判脱欧协议。欧盟委员会主席容克在欧洲议会表示，英国议会下院的投票结果不会改变欧盟的态度，“保障条款”是一项保险措施，必须永久有效，直到被其他避免“硬边界”的方案所替代。

另一派重新将重点转向基于技术的解决方案。2017 年初，爱尔兰政府与欧盟委员会磋商后认为，以技术手段解决边界问题“行不通”，只能选择政治性解决方案。他们特别指出，北爱和欧盟的“监管趋同”可避免出现“硬边界”。英国的“硬脱欧派”则认为，可通过现代科技手段实现“无形

---

① Boris Johnson, “We Need to Hold Our Nerve over Brexit-We can Do So Much Better than This Deal”, *The Telegraph*, 2 December 2018, https://www.telegraph.co.uk/politics/2018/12/02/need-hold-nerve-brexit-can-do-much-better-deal/.

边界”。[1] 他们支持被称为“最大便利化”的设想，即借助技术手段使通关变得更快捷。由于成熟的技术方案无法在短期内上马，英欧双方于 2018 年夏回到“通过关税制度安排来解决爱尔兰边界问题”的轨道上。脱欧协议遭英国议会大比例否决后，保守党议员格雷厄姆·布雷迪提出的修正案获得下院多数票支持，即以“替代安排”取代“保障条款”。随后，保守党议员吉特·马特豪斯提出寻找类似“最大便利化”的技术方案，得到很多议员支持，这被称为“马特豪斯妥协”。[2] 保守党下院议员尼基·摩根和格雷格·汉兹等人牵头寻找“替代安排”，希望以此“稀释”下院对脱欧协议的反对。2019 年 2 月，梅向议会下院表示，英国脱欧后与欧盟磋商未来关系的同时将探索“替代安排”；即使“过渡期”结束时英欧未来关系不能就位，预计届时“替代安排”已经成形，可不必触发“保障条款”。[3]3 月，英国脱欧事务部表示，将设立一个由技术专家组成的顾问团，负责探索避免“硬边界”的先进信息技术系统和“尖端技术”。欧委会谈判团队则发表补充声明，称英国和欧盟将建立“特别谈判轨道”并加快工作进度，以争取在 2020 年 12 月 31 日之前谈成有关“替代安排”的协议，从而确保不必“激活”脱欧协议中的“保障条款”。[4] 6 月 24 日，英国一家名为“Prosperity UK”的机构[5]发布了关于“替代安排”的中期报告，称避免“硬边界”的

---

① Rory Carroll and Lisa O'Carroll, “How the Irish Backstop Emerged as May's Brexit Nemesis”, 18 April 2019.

② “The Brady Amendment and the Malthouse Compromise”, 7 February 2019, https://www.mishcon.com/news/publications/brussels-insider-11/the-brady-amendment-and-the-malthouse-compromise.

③ “PM Statement to the House of Commons: 26 February 2019”, https://www.gov.uk/government/speeches/pm-statement-to-the-house-of-commons-26-february-2019.

④ “Joint Statement Supplementing the Political Declaration Setting out the Framework for the Future Relationship between the European Union and the United Kingdom of Great Britain and Northern Ireland”, 11 March 2019, https://ec.europa.eu/commission/sites/beta-political/files/joint_statement_.pdf.

⑤ 该机构设立了以下院议员尼基·摩根和格雷格·汉兹为联合主席、成员包括 40 多名议员的“替代安排专责委员会”（Alternative Arrangements Commission），并成立了 23 人的“技术委员会”。

技术方案有望在三年内就位。该报告的核心思想是将“硬边界”问题分拆为各个具体问题，再以不同的现有技术一一对应。相关技术包括：以“受信任的贸易商项目”减少出口商提交的报关材料，在边界以外地区进行检查，小型贸易商无须接受检查等。[①]

2019年7月24日，鲍里斯·约翰逊接替特雷莎·梅出任首相。约翰逊指出，梅与欧盟达成的协议已“死”，英国需要与欧盟商谈一份新协议，新协议中要删除“保障条款”。约翰逊的主张遭到欧盟方面的拒绝。欧委会主席容克重申英欧已经达成的协议是“最好和唯一可行的协议”，首席谈判代表巴尼耶表示删除“保障条款”的要求“不可接受”。约翰逊则强硬以对，称无论如何都要在10月31日脱欧，哪怕“无协议脱欧”也在所不惜。

约翰逊还将技术方案作为解决爱尔兰边界问题的突破口，称可用技术方案避免爱尔兰岛上出现“硬边界”。约翰逊在2018年2月就指出，维系“无形边界”不是英国的任务，梅政府要做的只是防止边界变得“更硬”。他以伦敦用电子技术征收跨区拥堵费为例，认为用技术手段解决边界检查问题具有可行性。[②] 竞选保守党党魁期间，他在《每日电讯》撰文表示，“如果（美国人）能用手工编制的计算机代码在1969年实现再次无障碍地进入地球大气层，我们就能解决北爱边界无障碍贸易的问题”。他认为相关技术已经存在，“需要的只是意愿和魄力”。[③] 但是，英国智库经济事务研究所的专家尚克尔·辛厄姆指出，如果英国“无协议脱欧”，那么以技术为基础的“替代安排”无法运作，因为它需要英国、爱尔兰和欧盟之间的密切合作。比如，它需要欧盟同意英国使用其增值税IT系统，但如果英国不愿服从欧

---

① “Arrangements for Irish Border after Brexit Ready Within Three Years-Report”, *Belfast Telegraph*, 24 June 2019, https://www.belfasttelegraph.co.uk/news/brexit/arrangements-for-irish-border-after-brexit-ready-within-three-years-report-38247298.html.

② “Boris Johnson Likens Irish Border Challenge to Congestion Charge”, *BBC*, 27 February 2018, https://www.bbc.com/news/uk-politics-43210156.

③ Gordon Rayner and Peter Foster, “Boris Johnson: Ignore the Pessimists—If We Can Put a Man on the Moon, We Can Solve the Northern Irish Border Problem”, 21 July 2019, https://www.telegraph.co.uk/politics/2019/07/21/boris-johnson-ignore-pessimists-can-put-man-moon-can-solve/.

洲法院就有关争议做出的裁决，欧盟可能不愿做出此种安排。[①] 此外，“无协议脱欧”一旦成真，北爱可能就该其归属问题举行全民公投，南北爱尔兰统一的可能性增大，这将导致“联合王国”的解体。

爱尔兰边界问题的解决不是纯粹的经济和技术问题，更是一个政治问题。欧盟早已表示，即使英国“无协议脱欧”，英欧总有一天还是要坐下来谈判未来关系，那么欧盟提出的优先议题仍包括爱尔兰边界问题。[②] 可以说，不管英国脱欧走向何方，爱尔兰边界问题将一直是脱欧进程中的中心议题，会持续困扰英国和欧盟。

---

① Chris Giles, "Conservative MPs Reveal Latest Plan to Avoid Irish Backstop", *Financial Times*, 25 June 2019.

② Tim Durrant, "The New Prime Minister will Have Their Work Cut Out in Brussels", Institute for Government, 28 May 2019, https: //www. instituteforgovernment. org. uk/blog/new – prime – minister – will – have – their – work – cut – out – brussels.

B.6
苏格兰权力下放与二次独立公投的争论

张　茜*

摘　要： 新工党政府实施权力下放以来，英国政治无法回避的一个问题是如何在英国独特的宪法体制下平衡中央与地方的关系。这一问题在苏格兰尤为突出。2014 年苏格兰独立公投后，该地区的民族主义诉求迫使英国政府进一步下放权力，苏格兰地方自治权力增强，对英国中央集权的单一制政体产生了深刻影响。2016 年英国脱欧公投的结果则带来更多矛盾和不确定性。欧盟成员身份是 2014 年苏格兰独立公投时留英派的一个重要考量因素。脱欧公投中苏格兰人支持留欧的比例在各地区中最高，苏格兰与英格兰地区间分歧加大，在脱欧进程中坚定地扮演英国政府政策反对者的角色。苏格兰民族党认为英国脱欧方案很可能导致苏格兰被迫离开欧盟，达到了该党竞选纲领中启动苏格兰二次独立公投的条件，将脱欧和苏格兰二次独立公投策略性地联系在一起，以实现苏格兰独立的最终目标。鲍里斯·约翰逊担任首相后，英国无协议脱欧可能性加大，苏格兰二次独立公投被提上日程。苏格兰政府和英国中央政府之间的矛盾激化，苏格兰的未来取决于双方博弈的结果。

关键词： 英国脱欧　权力下放　脱欧协议　苏格兰二次独立公投

* 张茜，北京外国语大学英语学院英国研究中心博士生，主要研究领域为英国政治。

英国启动脱欧谈判以来，脱欧进程一波三折，前景仍不明朗。脱欧进程不仅重塑了英欧关系，也对英国的权力下放政策和国家统一带来威胁。苏格兰政府在脱欧问题上与英国政府针锋相对，要求再次举行独立公投。本文从苏格兰权力下放的历史背景入手，通过分析脱欧与权力下放之间存在的宪法问题，梳理苏格兰与英国政府在脱欧进程中的博弈，进而探讨英国脱欧与权力下放的相互作用和苏格兰二次独立公投的前景。

一　苏格兰问题的历史背景

历史上苏格兰是一个独立王国。18 世纪初英格兰和苏格兰签署《联合法案》，正式形成大不列颠联合王国。苏格兰仍保持一定的独立性，拥有相对独立的法律、教育和宗教体系。

20 世纪 70 年代以来，英国走向霸权衰落，苏格兰的矿业、造船和纺织等主要产业受到英国衰退的负面影响，苏格兰民族主义情绪高涨。苏格兰民族党开始逐渐壮大，在大选中得票率上升并获得一定数量的议席。为取得苏格兰民族党对政府的支持、平息苏格兰的民族主义情绪，1978 年工党政府通过《苏格兰法案》，拟向苏格兰地区进行权力下放。但在 1979 年举行的公投中，尽管选民对权力下放的支持率为 52%，但因投票率未达到全体选民的 40% 这一条件，权力下放的方案未得到通过。

苏格兰与英国中央政府的关系在 1979 年保守党上台后进一步恶化。特别是撒切尔夫人推行的人头税、去工业化等一系列政策，以及由如何分配北海油气田收益产生的分歧，引起苏格兰人的“仇视”。新工党赢得 1997 年大选后，作为宪法改革的一部分，开始在苏格兰等地区推行大规模权力下放。同年 9 月举行的全民公投中，74. 3% 的苏格兰民众投票支持建立苏格兰议会（占选民总数的 44. 87%），英国议会随后通过了《1998 年苏格兰法》。1999 年，苏格兰举行第一次地方选举，由此产生了苏格兰地方议会和政府。

根据新工党的权力下放安排，英国中央政府保留外交、国防、货币等权力，地方政府的治理权主要集中在教育、卫生、住房等社会公共服务和经济领域。此外，苏格兰议会还有一定的财政税收权。

然而，新工党政府的权力下放政策并没有完全消除苏格兰的民族主义情绪。苏格兰民族党在2007年苏格兰地方议会选举竞选时承诺将在2010年之前举行独立公投，并在赢得大选后加快了推动独立的进程。2012年10月，英国中央政府与苏格兰政府签署《爱丁堡协议》，苏格兰独立公投被正式提上日程。2013年11月，苏格兰议会通过《苏格兰独立公投法》，以法律形式正式确定了独立公投的时间、问题等各项安排。2014年9月18日，苏格兰400万常住居民进行独立公投，55.3%的苏格兰民众反对独立。在公投开始之前，为避免国家分裂，英国三大党领导人曾签署联合声明，承诺如果苏格兰选择留在英国，将向苏格兰下放更多权力。公投结束后，英国政府委托史密斯委员会对苏格兰进一步权力下放进行评估。2014年11月27日，史密斯委员会发布了《史密斯报告》，同意向苏格兰进一步下放权力，给予苏格兰更多自治权。

在《史密斯报告》的基础上，2016年3月，英国议会通过《2016年苏格兰法》，启动苏格兰新一轮权力下放。主要内容包括：（1）苏格兰议会和政府将成为永久性宪法机构，英国政府在没有得到苏格兰议会同意的情况下，一般不在下放权力领域内立法；（2）苏格兰获得更大的财政税收权力，苏格兰议会可以自行设定所得税税率和等级、航空旅客税，保留部分增值税税收；（3）扩大苏格兰议会在住房补助、就业支持等社会福利政策方面的权力；（4）赋予苏格兰地方政府其他一些权力。① 英国政府前苏格兰事务大臣戴维·蒙代尔（David Mundell）曾表示“苏格兰议会是世界上最强大的自治机构之一”②，不断深化的权力下放使英国呈现出中央集权的单一制政体向半联邦制转变的趋向。

---

① UK Government, “Scotland Act 2016”, http://www.legislation.gov.uk/ukpga/2016/11/contents/enacted.

② “Holyrood Gains New Powers under Scotland Act 2016”, *BBC*, 23 May 2016, https://www.bbc.com/news/uk-scotland-scotland-politics-36353498.

二 脱欧进程与苏格兰权力下放的宪法问题

新工党政府进行宪法改革以来，权力下放成为处理英国中央政府与地方关系的基本原则。但以议会主权为基础的单一制政体并未根本改变，中央和地方之间的矛盾一直存在。英国从欧盟收回权力的脱欧公投及其开启的脱欧进程对英国权力下放的宪法安排产生了挑战。2018 年以来，英国政府和苏格兰政府关于英国脱欧的争论围绕《2018 年欧洲联盟（退出）法》引发的一些宪法问题展开。

（一）《2018年欧洲联盟（退出）法》制定与“休厄尔惯例”

针对苏格兰议会对英国脱欧协议是否具有否决权，苏格兰政府与英国政府持不同立场，英国权力下放实践中一直遵守的“休厄尔惯例”在脱欧进程中一定程度上受到质疑和否定。“休厄尔惯例”（Sewel Convention）在 1998 年由前苏格兰事务大臣休厄尔提出，2001 年被写进英国政府与苏格兰和威尔士地方政府签署的《谅解备忘录》中。该备忘录明确规定除非得到地方议会的同意，英国政府通常不在权力下放领域内立法。① “休厄尔惯例”被《2016 年苏格兰法》以法律形式确定下来。虽然该法案“承认”了休厄尔惯例的“立法同意”原则，但它并没有真正限制英国议会的权力。关于“休厄尔惯例”在脱欧过程中是否适用，2017 年“米勒诉脱欧大臣”一案中，英国最高法院判定，处理欧盟及其他外交事务属于英国政府和议会的“保留权力”，权力下放地区立法机构无权否决英国中央政府的脱欧协议。②

---

① UK Government, “The Memorandum of Understanding and Supplementary Agreements Between the United Kingdom Government, the Scottish Ministers, the Welsh Ministers, and the Northern Ireland Executive Committee”, October 2013, https: //assets. publishing. service. gov. uk/government/uploads/system/uploads/attachment_ data/file/316157/MoU_ between_ the_ UK_ and_ the_ Devolved_ Administrations. pdf.

② The Supreme Court, “R (on the Application of Miller and Another) (Respondents) v Secretary of State for Exiting the European Union”, 24 January 2017, https: //www. supremecourt. uk/cases/docs/uksc – 2016 – 0196 – press – summary. pdf.

2018 年 5 月，苏格兰议会以 93 比 30 的多数票拒绝为英国政府制定的《2018 年欧洲联盟（退出）法》提供“立法同意”。《2018 年欧洲联盟（退出）法》规定，英国政府计划脱欧后将欧盟法转换为国内法，并继续对权力下放地区适用；为稳定英国国内市场和发展国际贸易关系，需建立一个覆盖全英国的法律框架。对于农业等属于“权力下放”范围但由欧盟管辖的政策领域，英国提出脱欧之后欧盟返还的所有权限，都将直接归属于威斯敏斯特，然后由英国政府部长决定哪些权力可以“下放”给地方政府。[①] 苏格兰议会对此表示强烈不满，在威胁可能依据“休厄尔惯例”拒绝授予“立法同意”后，英国政府立场有所软化，缩小了全国性法律框架的范围，主要包括英国内部市场、贸易、国际义务和共同资源等领域，《2018 年欧洲联盟（退出）法》规定立法规范的部分仍需依据“休厄尔惯例”征得地方政府的“立法同意”，其他部分采取非正式的谅解备忘录或协定等形式。苏格兰议会拒绝让步，但英国政府仍将法案提交至议会表决并通过了《2018 年欧洲联盟（退出）法》。[②]

这是英国推行权力下放 20 年来，中央政府第一次在地方议会否决“立法同意”后强行在涉及下放权力的领域内立法，“休厄尔惯例”遭公然否定。这意味着无论地方议会是否同意，英国议会都可在权力下放领域内立法。“休厄尔惯例”只在通常（normally）情况下适用，而“通常”的定义权仍在英国政府和议会。英国脱欧进程改变了权力下放安排的既有轨迹，加剧了由此引发的宪法危机讨论。[③]

（二）“亨利八世条款”与宪法问题

《2018 年欧洲联盟（退出）法》赋予英国政府部长废止和取消现有欧

---

① Michael Keating, “Brexit and Nations”, *The Political Quarterly* 90, 2018, pp. 171 – 172.

② Alistair Smout, “Scottish Parliament Refuses Consent for Britain’s EU Withdrawal Bill”, *Reuters*, 16 May 2018, https://uk.reuters.com/article/uk – britain – eu – scotland/scottish – parliament – refuses – consent – for – britains – eu – withdrawal – bill – idUKKCN1IG2K6.

③ Michael Keating, “Brexit and Nations”, p. 172.

盟立法的权力，却没有清楚阐明脱欧后权力下放地区立法权限的问题。“亨利八世条款”在脱欧法案中的膨胀扩大了英国中央政府的立法权，苏格兰认为地方政府的自治权受到损害，英国政府中央集权加强。

“亨利八世条款”（Henry Ⅷ Clause）是指法案中允许政府部长使用二级立法修改或废除议会法案的条款。[①] 深度参与欧洲一体化 40 多年来，欧盟立法在整个英国法律体系中占据了重要地位。一般的立法程序无法满足在预计的脱欧时间表内完成转换大量法律条规的需求，脱欧无疑对英国立法机构提出了前所未有的挑战。《2018 年欧洲联盟（退出）法》给出的解决方案是为保证法律连贯性，把在英国执行的欧盟法转化为国内法，并通过向英国政府部长授权立法，从而能以更有效的方式完成英国脱欧进程。但是，由于覆盖领域过于广泛，尤其是赋予英国政府部长使用二级立法废止和取消现有欧盟立法的权力，该法案遭到苏格兰等权力下放地区的强烈反对。

2018 年 3 月，在苏格兰与英国就《2018 年欧洲联盟（退出）法》出现严重分歧的背景下，苏格兰议会通过《连续性法案》（Continuity Bill），规定凡属于《1998 年苏格兰法》及之后立法确定的下放权力、目前由欧盟管辖的领域，立法权将在英国脱欧之后归属于苏格兰议会。其中第 17 条拟对《2018 年欧洲联盟（退出）法》“亨利八世条款”施加限制，规定“《连续性法案》颁布后，若英国议会赋予英国政府部长的授权立法权涉及权力下放领域内的欧盟法律，须以征得苏格兰政府的同意为条件”。[②] 英国政府依据《1998 年苏格兰法》第 33 条第 1 款将这一法案提交至英国最高法院审理。2018 年 12 月，英国最高法院做出裁决：《连续性法案》本身没有超出苏格兰议会的立法权限，但第 17 条可能导致在未获得苏格兰政府部长同意的情况下，英国政府无法授权部长制定相关二级法规，进而限制

① UK Parliament, “Henry Ⅷ Clauses”, https://www.parliament.uk/site-information/glossary/henry-viii-clauses/.

② Chris McCorkindale and Aileen McHarg, “Continuity and Confusion: Towards Clarity? —The Supreme Court and the Scottish Continuity Bill”, https://ukconstitutionallaw.org/2018/12/20/chris-mccorkindale-and-aileen-mcharg-continuity-and-confusion-towards-clarity-the-supreme-court-and-the-scottish-continuity-bill/.

英国议会的立法权，所以无效。[①] 最高法院这一判决表明，任何有关权力下放机构宪法地位的话语，最终都建立在议会主权原则之上。在对苏格兰议会的同意没有任何法定要求的情况下，允许英国政府部长在权力下放地区进行二级立法，将原本由权力下放政府和欧盟共享的权力收回英国中央政府，这样的安排将不可避免地影响权力下放地区的自治权，加强英国政府中央集权趋势，损害英国议会、政府与权力下放地区机构的关系。[②]

三　苏格兰对英国脱欧协议的立场

2018 年下半年，英国政府发布脱欧白皮书并与欧盟达成脱欧协议，脱欧谈判取得了突破性进展。然而，英国政府的脱欧协议不仅没有打破一直以来的脱欧僵局，还激化了英国中央政府和苏格兰地区政府的矛盾。苏格兰方面多次指责英国在脱欧谈判过程中没有尊重苏格兰的声音，不考虑苏格兰的利益，苏格兰被排除在脱欧谈判之外。由于在脱欧方式和脱欧之后国内立法权限问题上立场不同，苏格兰政府一直坚定地站在英国政府的对立面，围绕脱欧协议与英国政府展开了激烈的博弈。

在苏格兰民族党的领导下，苏格兰要求在与欧盟的关系中得到区别对待，希望英国政府采取软脱欧模式并排除无协议脱欧的可能。苏格兰地方政府在两份官方文件中阐明了其对脱欧问题的立场。2016 年 11 月公布的《苏格兰：一个欧洲国家》文件，从历史、政治和法律角度解释了脱欧公投后苏格兰参与脱欧谈判的原因，以及苏格兰有明确的宪法和政治权力表达自己的声音。[③] 随后公布的《苏格兰在欧洲的地位》文件提出了三个苏格兰政府

---

① The Supreme Court, "The UK Withdrawal from the European Union (Legal Continuity) (Scotland) Bill", 13 December 2018, https://www.supremecourt.uk/cases/docs/uksc-2018-0080-judgment.pdf.

② Bronwen Maddox, "The Problem with the Great Repeal Bill", 4 May 2017, https://economia.icaew.com/opinion/may-2017/the-problem-with-the-great-repeal-bill.

③ Scottish Government, "Scotland: A European Nation", 21 November 2016, https://www.gov.scot/publications/scotland-european-nation/.

可以接受的脱欧方式：第一，苏格兰以独立国家的身份加入欧盟；第二，英国作为整体，通过加入欧洲经济区（EEA），留在欧洲单一市场以及欧盟关税同盟；第三，如果英国其他地区决定离开欧洲单一市场，苏格兰要求“区别对待”——留在欧洲单一市场并保留欧盟成员国的其他权利。[①] 2018年1月、7月和11月更新的《苏格兰在欧洲的地位》系列文件，全面分析了脱欧给苏格兰经济、安全、司法、教育、科研等方面带来的破坏，强调与欧盟保持紧密关系的重要性。

2018年7月6日，英国内阁经过激烈辩论在契克斯庄园就英国政府的脱欧方案达成一致。这份方案的主要内容包括退出关税同盟，与欧盟建立货物自由贸易区，接受欧盟相关规则约束，继续参加欧盟相关监管机构，设立新的欧盟关税安排，防止爱尔兰与北爱尔兰之间出现硬边界，结束人员自由流动等。在对契克斯计划进一步细化的基础上，2018年7月12日，英国政府正式发表了《英国与欧盟未来的关系》白皮书，就英欧未来贸易和合作关系提出“全面设想”，英国将以“有原则、务实的”方式脱欧。苏格兰政府对这份白皮书并不满意：“这份文件远远没有满足苏格兰的需要，也没有满足我们的经济需要”，再次强调英国和苏格兰都需要欧洲单一市场和欧盟关税同盟成员身份，“苏格兰政府将与英国政府保持密切联系，以确保苏格兰的利益得到保护”。[②] 欧盟方面多次对英国“摘樱桃式”的脱欧方案表达不满，认为契克斯计划中的经济合作框架会破坏欧洲单一市场，在2018年9月一度拒绝了该方案。苏格兰首席部长尼古拉·斯特金2018年8月在与特雷莎·梅的一次会面中称首相的脱欧计划似乎“已死”，要求梅提出替代方案以避免英国无协议脱欧。

特雷莎·梅表示将坚守内阁制订的契克斯计划，不会向欧盟做任何妥协，并排除了进行二次脱欧公投的可能性。2018年10月，苏格兰民族党公

---

① Scottish Government, “Scotland’s Place in Europe”, 20 December 2016, https://www.gov.scot/publications/scotlands-place-europe/.

② “Brexit White Paper Falls Far Short of What Scotland Needs”, *BBC*, 12 July 2018, https://www.bbc.com/news/uk-scotland-scotland-politics-44805939.

开表示，如果不能就脱欧进行二次公投，苏格兰将反对任何不允许苏格兰留在欧洲统一市场和关税同盟的脱欧协议。同月，苏格兰政府公布一份新报告《苏格兰在欧洲的地位：我们前进的道路》，指出当前的首要任务是避免“无协议脱欧”或“盲目的脱欧协议”。根据当前阶段的脱欧谈判结果，该报告提出几点新建议：（1）英国政府应修改关于未来英欧关系的谈判立场，确保整个英国都留在欧洲单一市场和关税联盟；（2）如果英国政府拒绝留在欧洲单一市场和关税同盟，要求英国政府延长脱欧期限以寻求共识，避免匆忙脱欧带来的不利后果；（3）建议脱欧协议将过渡期延长至2020年12月以后。①

2018年11月25日，欧盟正式通过英国脱欧协议草案。英国同意向欧盟支付390亿英镑的“分手费”，保护在英欧盟公民和在欧公民的权利，双方还达成了北爱尔兰边境保障条款，确保北爱和爱尔兰之间不会出现硬边界。② 苏格兰政府再次表示这一草案不可接受，北爱尔兰实际上仍留在单一市场内，而苏格兰却被强迫离开，将给苏格兰的就业和投资带来毁灭性打击，“苏格兰的底线是永久留在欧洲单一市场和关税同盟”。鉴于梅政府的脱欧协议草案在英国议会下议院遭到广泛反对，斯特金再次要求英国政府推迟脱欧时间，以便找到一个“可行的替代方案”，避免因梅的协议被议会否决而出现无协议脱欧。

2019年1~3月，英国议会三次投票否决英国政府与欧盟达成的脱欧协议，无协议脱欧风险上升。在第二次议会表决前，苏格兰民族党英国议会党团领导人伊恩·布莱克福德（Ian Blackford）提出一项在任何情况下排除无协议脱欧可能性的修正案，但被英国议会否决。2019年3月5日，威尔士议会和苏格兰议会通过一项联合请求，反对无协议脱欧，呼吁延迟脱欧期限。这是权力下放20年来首次出现两个地区议会议员同时就同一问题进行

---

① Scottish Government, “Scotland's Place in Europe: Our Way Forward”, 25 October 2018, https://www2.gov.scot/Resource/0054/00541974.pdf.

② “Brexit: What is the Withdrawal Agreement?”, *BBC*, 25 November 2018, https://www.bbc.co.uk/news/uk-46237012.

辩论。[①] 英国议会 2019 年 3 月 12 日第二次否决脱欧协议后，在两天之内相继投票否决了无协议脱欧方案、支持推迟脱欧期限并否决了举行第二次脱欧公投的修正案。针对这一表决结果，苏格兰民族党强调必须由人民决定脱欧结果，“摆脱脱欧困境的最佳方式是举行第二次脱欧公投，把决定权交给人民”。[②] 2019 年 3 月 27 日，苏格兰议会批准撤销依据《里斯本条约》第 50 条启动脱欧进程的动议，允许在没有第二次脱欧公投的情况下取消脱欧。英国议会 2019 年 3 月 29 日第三次投票否决脱欧协议。

至此，特雷莎·梅的脱欧协议名存实亡。苏格兰民族党呼吁英国议员支持撤销脱欧进程、否决无协议脱欧，推动包含留欧选项的第二次脱欧公投。同时，苏格兰政府策略性地将无协议脱欧风险与苏格兰独立联系起来，以保护苏格兰及其人民的利益为口号，威胁英国政府如果不进行第二次脱欧公投或排除无协议脱欧，苏格兰将启动第二次独立公投，以独立国家身份加入欧盟。

四　苏格兰重启二次独立公投

在 2014 年苏格兰独立公投中，苏格兰民众最终以 55.3% 比 44.7% 的投票结果选择留在英国。然而，此次公投的结果并没有彻底消除以苏格兰民族党为代表的苏格兰民族主义的挑战。仅在 8 个月后，苏格兰民族党在 2015 年英国议会下议院选举中获得苏格兰地区 59 个席位中的 56 席。在 2016 年苏格兰地方议会选举中，苏格兰民族党获得 129 个席位中的 63 席，虽然差两席未过半数，但远超排在第二位的保守党的 31 个议席，组成了少数派政府；苏格兰民族党在竞选纲领中明确表示，如果苏格兰发生了重大而实质性的变化，例如，在违背意愿的情况下被迫离开欧盟，苏格兰将举行第二次独

① “Assembly and Scottish Parliament in Joint No-deal Brexit Warning”, *BBC*, 5 March 2019, https://www.bbc.co.uk/news/uk-wales-politics-47440369.

② Olaf Stando, “6 Things You Need to Know about the Latest Brexit Developments”, 14 March 2019, https://www.snp.org/6-things-you-need-to-know-about-the-latest-brexit-developments/.

立公投。

2016 年英国脱欧公投结果显示，52% 的英国人支持脱欧，而 62% 的苏格兰人选择留在欧盟。苏格兰首席部长尼古拉·斯特金随即表示重大的变化已经发生，第二次独立公投的选项“回到了桌面上”。[①] 然而，苏格兰民族党在 2017 年英国议会选举中表现不佳，失去了 21 个席位，于是暂时搁置独立公投的计划。但在接下来的脱欧进程中，第二次独立公投仍是苏格兰民族党最重要的政治议题。尤其是在脱欧协议被议会否决，特雷莎·梅辞职，主张硬脱欧的鲍里斯·约翰逊继任英国首相后，英国无协议脱欧风险上升，苏格兰民族党正式将启动第二次独立公投提上议程。

2019 年 4 月 24 日，苏格兰首席部长斯特金宣布将重新立法启动第二次苏格兰独立公投，她表示如果英国脱离欧盟，苏格兰将在 2021 年 5 月之前举行独立公投。“保护苏格兰的利益刻不容缓，应该在本届议会任期内在脱欧和苏格兰独立之间做出选择。”[②] 如果苏格兰议会得到英国政府的公投授权，新法案将阐明如何进行此次独立公投。英国政府拒绝了苏格兰二次独立公投的提案，首相发言人对此回应，“我们多次明确表示，苏格兰已经在 2014 年举行了独立公投并决定留在英国。这个结果应该得到尊重。我们的立场没有改变”。[③]

2019 年 5 月 29 日，苏格兰政府公布《苏格兰独立公投法案》，为苏格兰第二次独立公投提供了法律框架，预计该法案将在 2019 年底前完成议会程序。该法案规定独立公投的日期、问题设置以及选民要求等将由苏格兰政府制定的二级法规确定。[④] 另外，由于举行独立公投不在苏格兰政府的权力

① “Brexit Vote：Nicola Sturgeon Statement in Full”, *BBC*, 24 June 2016, https：//www. bbc. com/news/uk - scotland - 36620375.

② “Sturgeon Wants Scottish Independence Referendum by 2021”, *BBC*, 24 April 2019, https：//www. bbc. com/news/uk - scotland - scotland - politics - 48026430.

③ “Sturgeon Wants Scottish Independence Referendum by 2021”.

④ Sarah Atherton, Iain McIver and Iain Thom, “Referendums (Scotland) Bill”, 19 June 2019, https：//sp - bpr - en - prod - cdnep. azureedge. net/published/2019/6/19/Referendums - - Scotland - - Bill/SB19 - 41. pdf.

范围内，苏格兰政府计划依据2014年独立公投的先例，向英国政府申请授权允许苏格兰议会自行立法举行公投，使投票合法化。

从民调结果来看，与2014年独立公投（44.7%支持，55.3%反对）相比，在目前脱欧陷入僵局，甚至有可能出现无协议脱欧的情况下，苏格兰独立的支持率略有上升，反对的比例稍有下降。2019年8月5日公布的Lord Ashcroft最新民调显示，支持独立的苏格兰人已经占到52%，高出反对独立的4个百分点，这是两年来首次有过半数苏格兰人在民调中支持独立。①

表1　2019年4～8月WhatScotlandThinks关于苏格兰独立的民调结果

单位：%

立场	2019年4月	2019年5月	2019年6月	2019年8月
支持苏格兰独立	44	45	46	46
反对苏格兰独立	45	49	48	43
不知道	10	6	6	12

注：民调问题为"如果现在举行苏格兰独立公投，你会怎么投票?"

资料来源：WhatScotlandThinks，"How Would You Vote In A Scottish Independence Referendum If Held Now?"，http：//whatscotlandthinks.org/questions/how－would－you－vote－in－the－in－a－scottish－independence－referendum－if－held－now－ask#line。

苏格兰民族党把独立问题与脱欧结果紧密地捆绑到一起，是其认为欧洲一体化不仅可以使苏格兰地区的经济社会发展从中获益，而且为苏格兰民族主义的发展提供了助力。欧盟多层次治理模式和超国家平台为各国家内部地区和民族主义政党参与国家决策创造了条件，地区政党可以通过欧盟地区委员会或参与欧洲议会活动，影响欧盟决策。此外，苏格兰民族党将欧洲一体化描绘成苏格兰独立后的外部保障，依靠欧盟的广阔市场、财政支持和内部协作，苏格兰不仅可以抵御脱欧带来的风险，还可以在欧洲甚至全球有更大的发展空间。与2014年苏格兰独立公投相比，英国脱欧尤其是无协议脱欧

① Lord Ashcroft Polls，"My Scotland Poll：Yes to Independence Takes the Lead"，5 May 2019，https：//lordashcroftpolls.com/2019/08/my－scotland－poll－yes－to－independence－takes－the－lead/.

的前景，给苏格兰民族党政府启动第二次独立公投增加了新的机会。

围绕启动二次独立公投的博弈主要体现在以下几个方面。首先，苏格兰民族党借脱欧问题宣扬在苏格兰存在严重的民主赤字问题。尽管英国政府坚持脱欧是人民授权的结果，“英国人民”的选择必须得到尊重，但苏格兰方面认为，大多数苏格兰人支持留欧，脱欧并没有得到“苏格兰人民”的授权，违背了苏格兰人民的意志，英国脱欧在苏格兰缺乏民意基础，苏格兰在脱欧谈判中的意志也没有得到应有的尊重。脱欧公投结果公布后，苏格兰议会通过决议，反对英国政府启动脱欧进程。2017 年 3 月，英国脱欧程序正式启动后，苏格兰议会通过了一项向英国政府申请在 2018 年秋季至 2019 年春季举行独立公投的动议，斯特金随后给特雷莎・梅首相写信正式要求举行第二次独立公投。但梅拒绝了这一要求。脱欧谈判启动后，苏格兰在脱欧问题上的立场没有得到满足，英国政府也没有出台清晰的规则从制度上保证权力下放地区在脱欧谈判中的地位。虽然英国政府建立了脱欧谈判联合部长理事会［JMC（EN）］与地方政府保持磋商和沟通，但理事会会议议程一直由中央政府控制，权力下放地区的利益和意见难以被纳入英国政府的决策。[①] 斯特金在为启动苏格兰第二次公投法案立法时特别指出，英国政府一直未能尊重苏格兰“寻求妥协和保护苏格兰人利益”的努力。[②]

其次，不断增强的无协议脱欧前景为独立派提供了机遇，是苏格兰二次独立公投的催化剂。苏格兰民族党不断用无协议脱欧的风险强化举行二次独立公投的话语。特雷莎・梅辞职后，主张“硬脱欧”的鲍里斯・约翰逊当选首相，约翰逊一再重申，无论是否达成脱欧协议，他都将在 2019 年 10 月 31 日带领英国脱离欧盟。斯特金在给约翰逊的信中表示，鉴于他关于无协议脱欧的公开表态，“苏格兰现在比以往任何时候都需要另一种选择，苏格

---

① Maria Fletcher and Rebecca Zahn, “Brexit, the UK and Scotland: the Story so Far. A Constitutional Drama in Four Acts”, in Gerry Hassan and Russell Gunson (eds.), *Scotland, the UK and Brexit* (Edinburgh: Luath Press Limited, 2017), p. 107.

② Libby Brooks, “Scottish Government Publishes Independence Referendum Bill”, *The Guardian*, 29 May 2019, https://www.theguardian.com/uk-news/2019/may/29/scotland-publishes-second-independence-referendum-bill.

兰政府将继续议会立法程序以实现第二次独立公投，苏格兰人民决定自己未来的权力是一项必须尊重的民主原则”。①

2019 年 8 月底，苏格兰民族党在官方网站发表文章，称无协议脱欧将给苏格兰带来灾难性的打击。文章从 8 个方面分析了无协议脱欧的影响：（1）无协议脱欧将重创苏格兰经济。苏格兰 GDP 将缩水 7%，实际可支配收入减少近 10%。无协议导致的经济放缓预计将使失业率升至 8%，减少 10 万个苏格兰工作岗位，每人每年损失 2300 英镑。（2）出国度假将变得更加昂贵和复杂。（3）关税、边境检查和监管的混乱将会扰乱药品供应和出口。英国卫生大臣马特·汉考克证实，出于对基本药物短缺的担忧，英国政府已要求制药公司和国民医疗服务体系（NHS）储备相当于6 周用量的医疗用品。（4）在欧盟居住的人可能无法使用英国银行账户。（5）居住在欧盟的英国公民可能无法获得养老金收入。（6）增加企业经营成本。（7）新鲜食品供应有限，食品价格不断上涨。（8）成千上万的苏格兰学生失去出国留学的机会。前苏格兰事务大臣戴维·蒙代尔警告约翰逊“无协议脱欧不仅会破坏经济，还会助长民族主义者对英国不顾苏格兰需求的论调，斯特金的独立计划将会是无协议脱欧的最大受益者”。②

最后，鲍里斯·约翰逊当选首相加剧了苏格兰地方政府和英国中央政府的矛盾。20 世纪 80 年代撒切尔夫人推行的去工业化政策重创了苏格兰的重工业，在苏格兰形成与英国政府对比鲜明的政治议程。保守党政府 2010 年以来实施的财政紧缩政策、疑欧主义以及反移民政策等与苏格兰人重视社会福利、亲欧盟、主张开放的传统不符。虽然在权力下放后苏格兰有了一定的自治权，但其权力仍未得到有效保障。约翰逊当选英国首相后，组建了由多位硬脱欧派人士和右翼成员组成的内阁，主张削减公共开支、为富人减税，

① Libby Brooks, “Nicola Sturgeon Calls for New Scottish Independence Vote”, *The Guardian*, 25 July 2019, https://www.theguardian.com/uk-news/2019/jul/25/nicola-sturgeon-calls-for-new-scotland-independence-vote.

② Micheal Savage and Toby Helm, “Scottish Secretary Warns Johnson: No-deal Brexit Could Split UK”, *The Guardian*, 7 July 2019, https://www.theguardian.com/uk-news/2019/jul/06/top-tory-warns-johnson-no-deal-brexit-would-be-gift-to-snp.

被媒体形容为撒切尔主义的回归。苏格兰民族党议员皮特·维什特（Pete Wishart）称其为“自撒切尔夫人以来最糟糕的政府”。苏格兰民族党认为，英国脱欧陷入僵局，政治领域出现多重危机，再次证明“威斯敏斯特模式”行不通，未经苏格兰民选产生的鲍里斯·约翰逊无权管理苏格兰事务，苏格兰的未来不该由保守党决定。①

脱欧加剧了苏格兰主流政党在二次独立公投问题上的分裂，加大了苏格兰政党政治的不确定性。由于模糊不清的脱欧立场，工党在2019年欧洲议会选举中遭受重创。在苏格兰这一传统票仓，工党仅获得有史以来最低的9%的选票，在苏格兰各政党中排第五位。② 欧洲议会选举结束后，苏格兰工党领导人理查德·伦纳德明确了脱欧立场，宣布苏格兰工党支持就脱欧协议进行确认性投票，增加留欧选项，并将全力争取留在欧盟。在此之前，苏格兰工党一直坚持英国工党的立场，把第二次脱欧公投当作阻止“糟糕的保守党脱欧协议”或无协议脱欧的最后手段。③ 此外，苏格兰工党和英国工党还围绕苏格兰第二次独立公投展开了激烈的争辩。工党影子内阁大臣约翰·麦克唐纳曾表示，工党政府不会拒绝苏格兰议会要求举行独立公投的任何请求。而伦纳德反驳称没有理由进行第二次独立公投，工党的官方政策依然是反对独立。④ 在持续数周的内部争论之后，伦纳德和英国工党领袖科尔宾2019年8月底达成协议，同意在工党组成政府上台执政之前不批准苏格兰进行第二次独立公投。

2019年8月29日，苏格兰保守党领导人露丝·戴维森宣布辞职。戴维

① Scottish National Party, “5 Reasons Why Scotland must Have a Choice about its Future”, 10 June 2019, https://www.snp.org/5-reasons-why-scotland-must-have-a-choice-about-its-future/.

② James Forsyth, “The Labour Meltdown Means Corbyn must Choose Sides on Brexit”, 27 May 2019, https://blogs.spectator.co.uk/2019/05/the-labour-meltdown-shows-corbyn-must-choose-sides-on-brexit/.

③ Richard Leonard, “Scottish Labour: Statement on Brexit Position”, 8 June 2019, http://www.richardleonard.scot/2019/06/09/scottish-labour-statement-on-brexit-position/.

④ “Scottish Labour Leader Hits Back in Indyref2 Row”, *BBC*, 7 August 2019, https://www.bbc.com/news/uk-scotland-scotland-politics-49263525.

森反对英国脱欧，曾多次批评鲍里斯·约翰逊的脱欧政策，并明确表示不会支持无协议脱欧。戴维森将维护英国统一作为首要目标，一直强烈主张苏格兰留在英国，反对苏格兰独立公投，她也因此吸引了苏格兰其他政党中统一派的支持。[①] 在露丝·戴维森的领导下，保守党扭转了在苏格兰的颓势，支持率迅速上升。2016 年苏格兰地方议会选举，苏格兰保守党赢得 31 席，成为仅次于苏格兰民族党的第二大党，在一定程度上对苏格兰民族党形成了牵制；2017 年英国大选中，保守党在苏格兰的议席从 1 个增加至 13 个，特雷莎·梅及其保守党因而得以继续执政。露丝·戴维森的辞职将会削弱苏格兰内部反对独立的力量，如果保守党因无协议脱欧在 2021 年苏格兰地方选举中支持率下跌，则可能减少主要政党对苏格兰民族党的制约，助推苏格兰民族主义的独立诉求，增加第二次独立公投发生的几率。

结　语

英国脱欧给苏格兰权力下放进程带来冲击，助长了苏格兰民族主义的势头。无论脱欧结果如何，英国都将面临调整、重构中央政府与苏格兰地方政府之间关系的压力。

脱欧前景的不明朗及其在英国国内造成的混乱为苏格兰民族主义者创造了机会。苏格兰民族党在脱欧进程中把自己塑造成苏格兰全体人民利益的代言人，就脱欧协议和脱欧之后的地方立法权限与英国中央政府展开博弈，并把获得区别化对待、举行二次脱欧公投、排除无协议脱欧的要求与苏格兰独立联系起来，为苏格兰二次独立公投进行铺垫。

苏格兰政府在 2019 年 5 月将独立公投提上正式议程后，英国政府已明确表示不会同意苏格兰的要求，独立公投面临诸多宪法障碍。另外，现实利益的考虑也会成为苏格兰民众权衡独立利弊的重要标尺。苏格兰与英国其他

① Sarah Smith, "Does Ruth Davidson Going Make Independence More Likely?", *BBC*, 29 August 2019, https: //www. bbc. com/news/uk - scotland - scotland - politics - 49510860.

地区之间已经形成了紧密的历史、文化和政治经济联系，相互之间的贸易往来对苏格兰经济发展至关重要。同时，苏格兰是英国预算的净受益者，脱离英国后将无法享受中央财政补贴，现有的社会福利待遇将被迫降低。然而，英国政府仍有多种手段可以处理苏格兰二次独立公投问题。苏格兰民众在脱欧期间对英国政府的不满是否能转化成支持独立的选票还有待观察，苏格兰的未来仍取决于各方博弈的结果。

B.7
英美“特殊关系”新进展

卢昱林　徐瑞珂*

摘　要：　由于特朗普政府同特雷莎·梅政府在外交理念上的分歧，英美“特殊关系”在当前历史时期面临着新的考验。英美双方在全球治理问题上冲突渐显，使双边政治关系和两国政治精英陷入尴尬境地。英国的相对衰落致使英美“特殊关系”出现失衡，与此同时，脱欧也让英国在很多情况下不得不在美国和欧盟中做出选择，从而加深了双边经贸合作中存在的不确定性。即便如此，英美安全合作依然坚韧，在应对传统及非传统安全问题上同休共戚、一拍即合。

关键词：　英美特殊关系　全球治理　安全合作　贸易协定　英国脱欧

英美特殊关系历经二战、冷战与后冷战时代，虽波折和摩擦不断，但活力犹存，英美合作的主基调从未改变。虽然英美关系的特殊性较以往有所削弱，但仍然可以称得上是“特殊关系”。自特朗普上台以来，英美“特殊关系”进入新的考验期。“特立独行”是特朗普上台以来美国外交政策的真实写照，即便是英国这样的亲密盟友也深受其累。由于特雷莎·梅政府的“全球外交”理念与“特朗普主义”龃龉不合，英美“特殊关系”再度面

---

* 卢昱林，硕士，中国人民公安大学国际警务执法学院助教，主要研究领域为英国政党政治、英国外交；徐瑞珂，博士，北京外国语大学英语学院英国研究中心讲师，主要研究领域为英美特殊关系、英国外交、中国的中东政策。

临新的挑战和考验。本文将聚焦2018年7月以来英美两国在双边政治关系、全球治理、安全合作以及经贸合作等领域的新进展，对当下英美“特殊关系”的发展态势做进一步的梳理与解读。

一 英美双边政治关系

（一）特朗普访英

首脑互访往往能够体现两国在彼此外交战略中的重要性。英国首相特雷莎·梅在特朗普上任后第一时间到访美国。应梅的邀请，2018年7月12～15日特朗普对英国进行了第一次工作访问。访问期间，特朗普同英国女王和首相进行了会晤，并在其名下坐落于苏格兰特恩贝里的高尔夫球场度假村度过周末。2019年6月3～5日，特朗普在家人的陪同下再次抵达英国，正式进行国事访问，并奔赴朴次茅斯参加诺曼底登陆75周年纪念活动。在历史上美国总统共到访英国33次（仅次于对加拿大和法国的访问次数）。特朗普是继乔治·沃克·布什和贝拉克·奥巴马之后第三位以“国事访问”规格到访英国的美国总统。一年内两次访问英国，这在历届美国总统中也十分罕见。2019年12月3日，特朗普预计将第三次前往伦敦，参加第30届北约峰会。

即便如此，从2016年美国大选开始就饱受争议的特朗普并没有像其前任一样受到大多数英国人民的支持和欢迎。两次访问均在尴尬中开始，在尴尬中结束。特朗普此前在“禁穆令”、美墨边境墙修建以及巴黎气候协定等问题上的强硬态度导致许多英国民众对其颇有成见。根据英国民调机构“舆观”（YouGov）在2018年6月到2019年6月的调查，英国民众对特朗普的支持率仅为21%，有2/3的受访者持消极态度，另有11%的受访者表示中立。[①] 相比之下，奥巴马总统在英国民众中的支持率则高达72%，持消

① YouGov, “What do You Think of Donald Trump?”, *YouGov Ratings*, https://yougov.co.uk/topics/politics/explore/public_figure/Donald_Trump.

极态度的受访者仅占11%。[①] 伦敦市长萨迪克·汗也曾在电台专访中表示：“历史上共有两位（美国）总统对英国进行国事访问，而特朗普总统和那两位根本不在一个档次上。”[②]

英国民众对特朗普的消极态度早已有之。特朗普第一次工作访问原定于2018年1月，由于英国国内强烈反对被迫推迟半年。在2018年7月特朗普访英期间，英国多地举行了抗议游行活动，参与活动的民众估计多达25万人。1万名英国民众联名请愿并经伦敦市长萨迪克·汗授权后，20英尺高的“特朗普宝宝”被放飞在伦敦上空。在特朗普的“外婆家”苏格兰，虽然部分抗议活动已经被当地警方阻止，但仍有上万名反特朗普人士汇聚爱丁堡，更有一名示威者乘坐滑翔伞几度闯入特朗普的高尔夫度假村上空，悬挂写有“特朗普真不行”字样的横幅。[③] 在2019年6月特朗普对英国事访问期间，伦敦的抗议依旧激烈，约7.5万名群众聚集在特拉法加广场和议会广场。“特朗普宝宝”不仅再度登场，一个特朗普坐在马桶上浏览推特造型的机器人也相继亮相。而对于这一切，特朗普却选择视而不见，声称伦敦的抗议活动是“假新闻”，仅看到数以千计的欢呼者。[④]

反对特朗普的声音不仅仅来自英国民间，精英阶层对特朗普的批评声也不绝于耳。站在最前线的是英国历史上第一位穆斯林伦敦市长萨迪克·汗。两人的“骂战”始于2015年特朗普针对穆斯林的极端言论，近四年来两人在推特等社交平台以及媒体采访中对彼此不断进行抨击，冲突不断。就在特

---

① Benjamin Fearnow, “How Popular is Donald Trump in the UK? President's Favourability Rating Far Lower than Barack Obama”, *Newsweek*, 3 June 2019, https: //www. newsweek. com/how - popular - donald - trump - uk - presidents - favorability - rating - far - lower - barack - obamas - 1441803.

② Tara John, “London Mayor: Trump isn't in the ‘Same Class’ as Obama and Bush”, *CNN*, 10 May 2019, https: //edition. cnn. com/2019/05/10/uk/sadiq - khan - london - donald - trump - grb - intl/index. html.

③ “Protests Follow President Trump to Scotland”, *CBS News*, 14 July 2018, https: //www. cbsnews. com/live - news/donald - trump - in - uk - scotland - protests - trump - baby - balloon - today - 2018 - 07 - 14 - live - updates/.

④ Madeline Roache, “While Thousands March, President Trump Dismisses London Protests as ‘Fake News’”, *Time*, 4 June 2019, https: //time. com/5600472/protest - trump - state - visit - uk/.

朗普国事访问两天前，萨迪克·汗在《观察家报》上称特朗普为“全球威胁的‘典范’”，以他为代表的极右分子正威胁着70年来人们来之不易的权利和自由。[①] 同样，特朗普在两次访英期间也没有忘了这位“夙敌”。2018年7月，抵达英国的次日，特朗普批判汗在反恐方面工作不力，称“所有可怕的事情都在那儿（伦敦）上演，开门揖盗，引狼入室”。[②] 2019年6月，访英落地前，特朗普在空军一号上发推指责汗“木讷”“无能”，是一个“冷血的失败者”。两周后，特朗普又借几起伦敦袭击事件抨击这位伦敦市长为“灾难人物”和“国家耻辱”。[③]

萨迪克·汗得到了工党领袖杰里米·科尔宾的公开支持。特朗普第二次访英期间，科尔宾公开抨击特朗普是“仇恨的传播者、人民的分裂者”，并以拥有一位穆斯林市长为荣。[④] 自由民主党领袖文斯·凯布尔拒绝参加特朗普的欢迎晚宴，并对其“爱慕虚荣”“急于求成”的性格特点、反全球化的政治倾向以及英国政府过于谄媚的态度表示不满。[⑤] 在其号召下，自由民主党更是扛起了“反特”大旗，在官方网站招兵买马参加抗议集会，声称“不再与特朗普打交道”。与特朗普不和的英国政客还包括苏格兰政府首席部长兼苏格兰民族党党魁尼古拉·斯特金。在特朗普第一次访问英国落脚苏格兰时，她拒绝与特朗普会面。英国驻美大使金·达罗克称特朗普“笨拙、

---

① Toby Helm and Matthew Townsend, “Donald Trump is like a 20th – century Fascist, Says Sadiq Khan”, *The Guardian*, 2 June 2019, https://www.theguardian.com/us – news/2019/jun/01/donald – trump – like – 20th – century – fascist – says – sadiq – khan.

② Matthew Weaver, “Timeline: Donald Trump's Feud with Sadiq Khan”, *The Guardian*, 16 June 2019, https://www.theguardian.com/us – news/2019/jun/03/timeline – donald – trump – feud – with – sadiq – khan.

③ Matthew Robinson, “Donald Trump: London Mayor Sadiq Khan a ‘Disaster’ over Spate of Violence”, *CNN*, 16 June 2019, https://edition.cnn.com/2019/06/16/uk/donald – trump – sadiq – khan – london – stabbings – intl – scli – gbr/index.html.

④ Ben Quinn, Damien Gayle, Poppy Noor and Sian Bahia, “Trump is Spreading Hate and Division, Corbyn Tells Protesters”, *The Guardian*, 5 June 2019, https://www.theguardian.com/politics/2019/jun/04/trump – hate – division – corbyn – protesters – labour.

⑤ Vince Cable, “Vince Cable: There is no Justification for the Trump State Visit”, *Financial Times*, 2 June 2019, https://www.ft.com/content/2dadbbb2 – 83bb – 11e9 – a7f0 – 77d3101896ec.

善变、无能”，其领导的美国政府则“功能失调、严重不和”。[①] 作为英国王室唯一一位美籍成员，苏塞克斯公爵夫人梅根则对特朗普避而不见。梅根曾批判特朗普歧视女性，并称如果他当选美国总统，将考虑前往加拿大生活。特朗普得知后使用了他经常用来描述女性的一个贬义词来形容梅根——“nasty”（下贱），但紧接着又表示支持她嫁入英国王室以缓解尴尬。[②]

对于备受争议的特朗普来说，遭到反对已成常态，民众的喜恶已经难以掀起大的波澜，而英国人也逐渐习惯了这一点。英美“特殊关系”的密切程度往往体现在两国政治精英和公众对彼此的认同感上。英美两国同宗同源，在文化和价值观上具有较高的契合度。特朗普执政后，英美“特殊关系”的“亲密性”受到了一定的影响。英美公众对彼此的好感度出现了失衡，同时政治精英之间也并未形成融洽的合作关系。尽管如此，英美“特殊关系”并不会因为英国民众或一些政治人物的个人喜好而发生实质性的变化。同样，特朗普更不会因为顾虑英国人对他的不满而“反省”自己。特朗普访英未能取得建设性成果以降低未来英美关系发展的不确定性，同时面临“干扰英国内政”的指责，这主要体现在其对英国脱欧、英国国家医疗服务体系（NHS）以及英国首相人选的干预上。

首先，特朗普长期以来对英国脱欧问题指手画脚，并与鲍里斯·约翰逊和奈杰尔·法拉奇等“硬脱欧派”代表联系密切。第一次到访英国时，特朗普在《太阳报》专访中表示他曾提醒过特雷莎·梅如何处理脱欧问题，但是对方“不听劝”。2019 年 3 月 13 日，梅的第二个脱欧协议被英国议会

---

① Isabel Oakeshott, “Britain's Man in the US Says Trump is ‘Inept’: Leaked Secret Cables from Ambassador Say the President is ‘Uniquely Dysfunctional and His Career Could End in Disgrace’”, *Daily Mail*, 6 July 2019, https://www.dailymail.co.uk/news/article-7220335/Britains-man-says-Trump-inept-Cables-ambassador-say-dysfunctional.html; Patrick Wintour, “Kim Darroch: Effectively Sacked by Johnson on the Orders of Trump”, *The Guardian*, 10 July 2019, https://www.theguardian.com/politics/2019/jul/10/kim-darroch-effectively-sacked-by-johnson-on-the-orders-of-trump.

② Maegan Vazquez and Luke McGee, “Trump on Meghan Markle: ‘I don't Know that She was Nasty’”, *CNN*, 2 June 2019, https://edition.cnn.com/2019/05/31/politics/donald-trump-meghan-markle-nasty-boris-johnson-good-prime-minister/index.html.

否决以后，特朗普对梅的脱欧谈判进程表示不满，称正是因为她的“不听劝”才导致议会四分五裂。[①] 2019 年访问前夕，特朗普邀请保守党党魁候选人鲍里斯·约翰逊一对一会谈，而后者称忙于“选举事宜”未能与其见面，取而代之二人进行了长达 20 分钟的电话交谈。据称，这通电话是由特朗普主动连线至唐宁街 10 号的，约翰逊此前似乎并不知情，以至于差点当作恶作剧挂断。[②] 在国事访问期间，特朗普再度插言脱欧事宜，他建议英国政府任命现已成为“脱欧党”党魁的法拉奇为首席脱欧谈判代表，同时如果英国无法同欧盟达成有利于自身的协议就应该尽快放弃谈判，英国也不应该向欧盟支付巨额的“分手费”。[③]

虽然没有证据表明美方直接介入脱欧谈判，但是其偏好很有可能动摇英国谈判的决心和策略走向。而且脱欧已经潜移默化地渗透到英美政治关系的讨论中，反脱欧派同“反特”群体、硬脱欧派同“挺特”群体在一定程度上发生了重合。2019 年 6 月 3 日，反脱欧组织“Led by Donkeys”（由驴领导）将特朗普和奥巴马在英支持率的对比图像投映在伦敦塔上，并在杜莎夫人蜡像馆外墙展示了带有美国海军“约翰·麦凯恩”号驱逐舰标志的红色棒球帽影像，借此来讽刺特朗普。[④]

其次，特朗普希望将 NHS 纳入英美贸易谈判之中。在特朗普对英国进行国事访问的前一天，美国驻英大使伍迪·约翰逊接受 BBC 采访时表示，

---

① David Smith, “Donald Trump Criticizes Theresa May for ‘How Badly’ Brexit Talks have Gone”, *The Guardian*, 14 March 2019, https: //www. theguardian. com/us – news/2019/mar/14/trump – brexit – theresa – may – uk – criticism – talks – latest – news.

② Natasha Clark, “Boris Johnson ‘Hung up on Donald Trump’ Because He Thought It was a Hoax Call”, *The Sun*, 9 June 2019, https: //www. thesun. co. uk/news/9254116/boris – johnson – donald – trump – hung – up – hoax/.

③ Sheena McKenzie, “Trump Tells UK He ‘Wouldn't Pay’ $50 Billion Brexit Divorce Bill”, *CNN*, 2 June 2019, https: //www. cnn. com/2019/06/02/politics/trump – sunday – times – interview – brexit – grb – intl/index. html.

④ 约翰·麦凯恩曾是特朗普在共和党内最大的竞争对手，于 2018 年 8 月 25 日逝世，而特朗普的名字却没有出现在其葬礼邀请名单上。2019 年 5 月，美国海军收到一封电子邮件，邮件中白宫要求海军在特朗普访日期间确保“约翰·麦凯恩”号驱逐舰“不在特朗普的视野范围内”。于是，当日海军用防水布将该驱逐舰的舰名遮挡了起来。

NHS 将成为英美贸易谈判的议题之一。特朗普也在访英第二天的新闻发布会上表示，任何和贸易有关的事项必定都会出现在谈判桌上，包括 NHS。此番言论在英国引起轩然大波，引发强烈不满。自 1948 年启动以来，NHS 已然成为英国的象征和人民的“定心丸”，具有准宗教地位。随着英国老龄化不断加剧，NHS 出现了人力不足、资源短缺等问题。即便承受着巨大的改革压力，NHS 仍然是英国国内政党不敢轻易触碰的领域。英国前脱欧大臣多米尼克·拉布对此评论道：“我希望英国在离开欧盟后能够同美国和许多其他国家达成平等协议，但 NHS 绝不向任何国家出售。”① 斯特金也发布推特表示，绝不允许苏格兰 NHS 出现在同美国或其他任何国家的谈判桌上。② 事后，特朗普辩解称，他并不认为 NHS 是贸易的一部分，所以双边贸易谈判将不会涉及 NHS。

最后，关于英国新首相的人选问题。在脱欧谈判中屡屡受挫、不堪重负的特雷莎·梅于 2019 年 6 月 7 日正式辞去保守党党首一职，保守党随后启动新党魁的选举程序。党内呼声较高的候选人包括前外交大臣鲍里斯·约翰逊和现任外交大臣杰里米·亨特。对于特朗普来说，一名“志同道合”的新首相必将使英国在全球治理上成为美国的左膀右臂。虽然约翰逊在担任伦敦市长时与特朗普有一些过节，但相似的性格特点和执政理念让二人惺惺相惜。③ 特朗普出访英国前接受《太阳报》采访时称赞约翰逊“会做得很好”，能成为一名“杰出的首相”。④ 不久，约翰逊公开回应称特朗普身上

---

① Ivana Kottasová, “Why Britain’s National Health Service Keeps Coming up during Trump’s Visit”, *CNN*, 5 June 2019, https://edition.cnn.com/2019/06/04/uk/nhs-trump-uk-visit-intl/index.html.

② National Newsdesk, “Sturgeon Tells Trump Scotland’s NHS will ‘Never be on the Table’”, *The National*, 5 June 2019, https://www.thenational.scot/news/17684026.sturgeon-tells-trump-scotlands-nhs-will-never-be-on-the-table/.

③ Yasmeen Serhan, “The Time Boris Johnson Thought Trump was ‘Out of His Mind’”, *The Atlantic*, 20 June 2019, https://www.theatlantic.com/international/archive/2019/06/boris-johnson-trump/592192/. 鲍里斯·约翰逊担任伦敦市长时，特朗普曾批判伦敦是一片“禁地”。作为反击，鲍里斯指责特朗普“疯癫”，称“这种无知之人不配成为美国总统”。

④ “Donald Trump Says Boris Johnson would be ‘Excellent’ Tory Leader”, *BBC*, 1 June 2019, https://www.bbc.com/news/uk-48478706.

“有许多优秀的品质”，“言必行，行必果”，并毫不吝惜溢美之词，歌颂其治国理政的成果。[①] 本身特朗普的言辞无可厚非，毕竟那只代表他的个人偏好。然而就在特朗普表明支持约翰逊后不久，《每日电讯》曝光了一段录音。录音中美国国务卿蓬佩奥对犹太领袖表示，虽然科尔宾有可能当选英国首相，但是鉴于工党内的反犹言论，美方会尽量先下手为强，阻止在英犹太人的利益受到损害。对此，英国工党发言人批判道：“特朗普总统和他手下的官僚们企图决定下一任英国首相的人选。这是英国民主制度绝对不可接受的干预行为。”[②]

由于实力和地位的相对衰落，英国对于美国而言的战略重要性进一步下降。而美国一直以来都是英国最大的战略资产，脱离欧盟以后的英国对于美国的依赖性将进一步提升。这便导致了双方在英美“特殊关系”中的失衡，英国相对弱势。无论意识形态和价值观上的认同感达到怎样的高度，最终维持并推动这一特殊关系发展的根本仍然在于国家利益。为实现利益最大化，美国很有可能利用自身优势和英国对其较高的依赖度，对英国国内政治进行干涉。不过即便如此，英美之间的政治互信依然坚韧，令当下任何第三国家难以比肩。

（二）特朗普与特雷莎·梅的关系

大多民众评价英美“特殊关系”是否亲密，往往首先关注两国领导人彼此是否合拍，相处是否融洽。历史上有撒切尔和里根的佳话，布莱尔也同克林顿和布什两位总统建立起了良好的兄弟情谊。反观特朗普和特雷莎·梅这一组合，表面上有礼有节，但实际上比卡梅伦和奥巴马二人更为疏远。两

① Benjamin Kentish, “Boris Johnson Praises Trump, Saying US President Has ‘Many, Many Good Qualities’”, *Independent*, 29 June 2019, https://www.independent.co.uk/news/uk/politics/trump - boris - johnson - conservative - leadership - migration - mexico - border - b - a8980496.html.

② David Millward, “Mike Pompeo Pledges to ‘Push back’ if Life Becomes Difficult for UK Jews under a Corbyn Government”, *The Telegraph*, 9 June 2019, https://www.telegraph.co.uk/news/2019/06/09/mike - pompeo - pledges - push - back - life - becomes - difficult - uk - jews/.

者关系高开低走，貌合神离，甚至有时会产生言语上的摩擦，难掩尴尬和分歧。特朗普不止一次公开批评特雷莎·梅在脱欧问题上软弱妥协的作风，称梅“毁掉了”脱欧大计并预言了她的失利。[①] 2019年7月8日，特朗普发布推特称“特雷莎·梅和她的谈判代表们把脱欧搞得乱七八糟，幸运的是伟大的英国很快将迎来一名新首相”。[②] 此外，他还强调英国之行给他留下最深印象的是女王伊丽莎白二世，而对梅只字不提。

两人的分歧主要源自外交理念的差异。特雷莎·梅主张开放包容的外交政策，积极推动自由贸易。“全球英国”是梅政府外交战略的核心。梅希望通过扩大合作关系、维护自由贸易、捍卫国际秩序、支持多边主义国际机制积极参与全球治理来发挥建设性作用，从而塑造负责任的大国形象，逐步提高英国的国际地位。[③] 这显然与特朗普所主张的现实主义思想背道而驰。特朗普“美国优先”的政治主张则强调美国国家利益。只要有损于美国利益，不惜“大义灭亲”，打破国际秩序。2018年9月，特朗普在联合国大会演讲时不断强调美国主权，并声称美国“拒绝全球主义”，拥抱“爱国主义”。[④]

特朗普对英国进行国事访问期间，特雷莎·梅赠予他一本带有丘吉尔修改标注的《大西洋宪章》复印稿。首相发言人表示这份礼物是经过精心挑

---

① Tom Newton Dunn, “Donald Trump Told Theresa May How to Do Brexit ‘But She Wrecked It’ and Says the US Trade Deal is Off”, *The Sun*, 13 July 2018, https://www.thesun.co.uk/news/6766531/trump-may-brexit-us-deal-off/.

② Rowena Mason, Patrick Wintour and Sabrina Siddiqui, “Donald Trump: We will No Longer Deal with the British Ambassador”, *The Guardian*, 9 July 2019, https://www.theguardian.com/us-news/2019/jul/08/donald-trump-we-will-no-longer-deal-with-the-british-ambassador.

③ Foreign Affairs Committee, *Global Britain: UK-US Relations*, London: House of Commons, March 2018, p. 5；徐瑞珂：《特朗普与英美特殊关系的嬗变》，《国际展望》2019年第3期，第125页。

④ Mythili Sampathkumar, “Trump Rejects ‘Global Governance’ in UN Speech as He Attacks Iran for ‘Sowing Chaos’”, *Independent*, 26 September 2018, https://www.independent.co.uk/news/world/americas/us-politics/donald-trump-laughter-united-nations-general-assembly-claim-iran-patriotism-un-a8554571.html.

选的。1941 年发表的《大西洋宪章》由丘吉尔首相和罗斯福总统共同签署，其中的几项原则被录入《联合国宣言》，为二战后国际秩序的建立奠定了基础，意义非凡。这份礼物无疑在提醒特朗普不要一意孤行、四处树敌，和平合作与国际秩序才是正道。虽然英美都承认中国对它们的经济利益构成了一定的威胁，但是在联合新闻发布会上，梅强调中国的“经济重要性”不容小觑，毫不掩饰二人在贸易问题上的分歧。①

二　英美在全球治理上的冲突

2018 年 7 月访英期间，特朗普称英美“特殊关系”正处在历史上“最特殊”的时刻。② 2019 年再度访英时，特朗普称赞英美两国为“有史以来世界上最亲密的盟友”。③ 然而，无论这些外交辞令多么动听，都难以掩盖两国在全球治理上的冲突。

（一）伊朗核问题协议

2018 年 5 月，特朗普单方面宣布美国退出《联合全面行动计划》（JCPOA），英、法、德三国随后发表联合声明，对美国的退出表示遗憾。自此，英美双方在伊朗核问题上的分歧公开化。

2018 年 8 月 7 日，美国政府对伊朗实施了第一轮经济制裁，包括限制其美元和稀有金属的交易等。11 月 5 日，特朗普决定对伊朗进行第二轮经济制裁，打击目标是伊朗的石油贸易。任何从伊朗购买石油的国家都将受到牵连。2019 年 4 月 8 日，美国政府将伊朗的伊斯兰革命卫队列为“恐怖组

① James Landale, “Donald Trump's UK Visit: The ‘End of an Era’ for Theresa May”, *BBC*, 4 June 2019, https://www.bbc.com/news/uk-48520406.

② “Trump, in Britain, Tells May Ties Are at ‘Highest Level of Special’”, *The New York Times*, 13 July 2018, https://www.nytimes.com/2018/07/13/world/europe/donald-trump-uk-london-visit.html.

③ “Trump Praises ‘Extraordinary’ US-UK Alliance on State Visit”, *BBC*, 4 June 2019, https://www.bbc.com/news/uk-48507244.

织”，引起伊朗方面强烈不满。5 月 8 日，美方再次追加制裁条款，用以打击伊朗的铁、铜、铝等工业金属产业。国务卿蓬佩奥呼吁英国加入美国阵营，一同将伊朗“绳之以法”，并称“如果英国担心同伊朗的贸易问题，美国愿意一起寻找替代方案”。[①] 伊朗总统哈桑·鲁哈尼对此表示愤怒，称如果 P5 +1 集团的其他成员不能在 60 天内提出可行措施从而缓解美国制裁的压力，伊朗将考虑停止履行伊核协议的部分义务。5 月 13 日，四艘邮轮在霍尔木兹海峡遭到袭击。美国国家安全顾问约翰·博尔顿指责伊朗是背后的“元凶”，德黑兰对此表示否认。5 月 24 日，特朗普向中东地区增派 1500 名士兵，意图对抗震慑伊朗。

相比之下，英国政府对伊朗的态度则较为温和。英国对伊朗的制约基本停留在对军事、通信等领域敏感设备的禁运上。2018 年 9 月，特雷莎·梅公开表明不赞同特朗普的观点，称伊朗目前为止并没有违反伊朗核协议的相关规定，因此它依然行之有效。[②] 2018 年 11 月 2 日，时任外交大臣杰里米·亨特和财政大臣菲利普·哈蒙德与法、德两国发表联合声明，强调《联合全面行动计划》（JCPOA）对于防止核扩散的重要意义，并呼吁伊朗能够继续遵守其相关承诺。11 月 9 日，亨特飞抵伊朗，成为美国退出伊朗核协议之后第一个到访的欧洲外长。他向伊朗方面表示，英国是伊朗核协议的坚定执行者，也希望伊朗方面可以信守承诺。当然，面对态度逐渐强硬的伊朗，英国偶尔也会用言辞和行动予以警告。2019 年 7 月 4 日，在得到美国情报后，英国皇家海军陆战队以伊朗违反欧盟对叙利亚制裁禁令为由，在直布罗陀扣押了一艘疑似前往叙利亚的伊朗邮轮。针对伊朗威胁提高

---

① Patrick Wintour and Julian Borger, “Mike Pompeo has Urged the UK to Help Rein in ‘Lawless’ Iran over Nuclear Deal”, *The Guardian*, 9 May 2019, https://www.theguardian.com/world/2019/may/08/mike-pompeo-urges-uk-to-help-rein-in-lawless-iran-over-nuclear-deal.

② William Cummings, “UK Prime Minister Theresa May Says She Disagrees with Trump, Iran is Honoring Nuke Deal”, *USA Today*, 23 September 2018, https://www.usatoday.com/story/news/world/2018/09/23/theresa-may-says-iran-honoring-nuclear-agreement-deal-should-stay/1403532002/.

浓缩铀丰度，外交大臣亨特回应称，如果伊朗继续执迷不悟将面临“严重后果”。①

总体来看，英国正夹在美国、欧盟与伊朗三者之间艰难地维持平衡。英国不满美国退出伊朗核协议，而美国则要求英国加大对伊朗的制裁力度。英国认为伊朗发展弹道导弹对中东地区和欧洲产生一定威胁，但又不想放弃帮助英国企业拓展伊朗市场的大好时机。英国与欧盟的脱欧谈判仍然胶着，若英国在伊核问题上站在美国一边，必将疏离欧洲，增加谈判的难度。

（二）巴以问题

自 2018 年 7 月以来，英国同美国在巴以问题上最大的分歧来自戈兰高地的主权归属问题。戈兰高地本是叙利亚领土，1967 年第三次中东战争期间被以色列占领，1981 年 12 月被以色列单方面宣布“并入”以色列。国际上基本承认该地区为叙利亚领土。2019 年 3 月 21 日，特朗普突然宣布以色列对戈兰高地享有主权。作为“回报”，以色列总理内塔尼亚胡将戈兰高地上的一处犹太人定居点命名为“特朗普高地”。② 此举遭到了国际社会，尤其是阿拉伯国家的强烈批评。对此，梅政府也义正词严地表示反对，英国外交部发言人表示：“英国一直视戈兰高地为被以色列侵占的（叙利亚）领土。包括《联合国宪章》在内的国际法禁止任何武力侵占他国领土行为。我们不会承认以色列 1981 年侵占行为，现在也不打算承认。”③ 3 月 26 日，英国同

---

① Alistair Smout, David Milliken and Andrew MacAskill, “UK Says Iran will Face Consequences if It Breaks Nuclear Deal”, *Reuters*, 8 May 2019, https://www.reuters.com/article/us-usa-iran-britain/uk-says-iran-will-face-consequences-if-it-breaks-nuclear-deal-idUSKCN1SE1HN.

② Oliver Holmes and Quique Kierszenbaum, “ ‘Trump Heights’: Israeli Settlement in Golan Named after US President”, *The Guardian*, 17 June 2019, https://www.theguardian.com/world/2019/jun/17/minefields-and-ruins-israeli-settlement-called-trump-built-on-conquered-land.

③ “Britain Says It Has No Plans to Change Its Stance on Golan Heights”, *Reuters*, 23 March 2019, https://www.reuters.com/article/us-usa-israel-syria-britain/britain-says-it-has-no-plans-to-change-its-stance-on-golan-heights-idUSKCN1R32E6.

法国、德国、比利时、波兰四国共同签署联合声明，谴责美国单方面变更戈兰高地主权的行为。联合国安理会次日召开紧急会议讨论戈兰高地一事，英国常驻联合国代表凯伦·皮尔斯重申英国立场，并强调国际秩序的重要性。[①]

此外，2019年6月22日，美国白宫公布了万众瞩目的《中东和平计划》（又称“世纪协议”）的经济方案——《和平促繁荣：巴勒斯坦人民和泛中东地区的新愿景》。“世纪协议”由特朗普出身于犹太教家庭的女婿贾里德·库什纳亲自操刀。该方案被称为“中东版的马歇尔计划”，计划在今后十年为巴勒斯坦地区筹集500亿美元，发展该地区经济，投资建设项目涵盖能源、水利、电子设备等；改善该地区人民生活，具体包括提高教育质量、改善就业环境、投资医疗服务等；同时还为如何治理该地区提出了相应建议。[②] 然而，这一方案却遭到了多方批判，反对的理由包括不切实际，画饼充饥；本末倒置，忽略政治；偏袒以方，居心叵测等。[③] 梅政府此前表示欢迎美国为中东问题的解决提出和平建议，但目前为止尚未对该方案做出评价。英国工党领袖科尔宾对特朗普政府的“世纪协议”持消极态度，强烈支持巴勒斯坦的独立建国诉求。[④] 有评论指出，鉴于欧洲向来支持“两国方

---

① Foreign & Commonwealth Office, *UK's Position on the Golan Heights has not Changed*, 27 March 2019, https: //www. gov. uk/government/speeches/uks – position – on – the – golan – heights – has – not – changed.

② The White House, *Peace to Prosperity—The Economic Plan: A New Vision for the Palestinian People and the Broader Middle East*, June 2019, https: //www. whitehouse. gov/wp – content/uploads/2019/06/MEP – narrative – document_ FINAL. pdf.

③ Martin Chulov, "Phase One of US Middle East Peace Plan Greeted with Scepticism", *The Guardian*, 26 June 2019, https: //www. theguardian. com/world/2019/jun/25/trumps – middle – east – peace – plan – unveiled – to – anger – and – derision; Martin Chulov, "Kushner Plan Leaves Middle East Deal Seeming Further away than Ever", *The Guardian*, 26 June 2019, https: //www. theguardian. com/us – news/2019/jun/25/kushner – plan – leaves – middle – east – deal – seeming – further – away – than – ever; Samia Nakhoul, "Palestinians Say US ' Deal of the Century' will Finish off Their State", *Reuters*, 1 June 2019, https: //www. reuters. com/article/us – usa – mideast – plan – insight/palestinians – say – u – s – deal – of – the – century – will – finish – off – their – state – idUSKCN1T124F.

④ Albawaba, "Corbyn Would Reject Deal of the Century if It Proved Unfair", 13 May 2019, https: //www. albawaba. com/news/corbyn – would – reject – deal – century – if – it – proved – unfair – 1285569.

案”（two-state solution），而美国过于偏袒以色列，欧盟方面很有可能对此做出消极回应。[①] 倘若如此，英国又将面临“选边站”的困境，可能再次与美国发生摩擦。

（三）贸易保护主义

贸易保护主义可谓“特朗普经济学”的重要组成部分，也是特朗普政府致力于改善美国贸易现状的“药引子”。美国 2019 年第一季度的经济增速达到了出人意料的 3.2%，综合考虑减税等其他措施，这无疑会给予特朗普政府更多自信。商人出身的特朗普坚持利益最大化和“美国优先”，简单粗暴地通过增加关税、打击跨国供应链的方式来解决所谓的“贸易失衡”问题。美方这种贸易保护主义行为自然不会被主张减少贸易壁垒、追求自由竞争的英国所认同。

2018 年以来，美国相继与中国等多个国家因关税问题发生贸易摩擦，加拿大、欧盟、日本、印度等“战略盟友”也未能幸免。2018 年 11 月 30 日，《美墨加协定》在阿根廷布宜诺斯艾利斯签订，而此前美国对加拿大和墨西哥进口的钢铁铝材加征的关税给三边贸易蒙上了阴影。2019 年 3 月 4 日，特朗普宣布将于两个月后取消印度和土耳其的“普惠制”待遇，意味着印度将失去部分商品零关税的资格。2019 年 5 月 17 日，美国政府表示或对来自欧盟和日本的进口汽车征收 25% 的关税，谈判期限为 180 天。不同于特朗普统治下的美国，英国如今依然致力于扮演国际秩序捍卫者的角色，维护基于规则的全球贸易秩序。英国国际贸易大臣利亚姆·福克斯提醒议会同僚：“贸易保护主义从无‘善果’。”[②] 2019 年 5 月 8 日，他在《全球贸易

---

① Martin Konecny, “EU Must Stand Up to Trump's Middle East ‘Peace Plan’”, *EU Observer*, 30 October 2018, https://euobserver.com/opinion/143251.

② Kylie MacLellan and Elizabeth Piper, “UK Trade Minister Fox Warns Trump ‘Protectionism’ has Never Ended Well”, *Reuters*, 13 September, 2018, https://www.reuters.com/article/us-usa-trade-wto-britain/uk-trade-minister-fox-warns-trump-protectionism-has-never-ended-well-idUSKCN1LT1A6.

评论》2019 年大会的致辞中，重申贸易保护主义对世界经济的威胁，并呼吁各国应当维护自由公正的、基于规则的国际贸易。[①] 2019 年 8 月，英国首相约翰逊在参加 G7 峰会前接受媒体采访时表示，那些支持加征关税的人需要承担引发全球经济衰退的责任，而他希望看到开放的全球贸易，希望看到紧张局势的缓和，希望看到关税下降。[②]

除了致力于维护全球贸易秩序，英国政府还积极践行多边主义，已同 12 个国家续签自由贸易协定。[③] 国际贸易大臣福克斯三年间奔走 40 多个国家为英国争取脱欧后开展双边或多边贸易的可能性。2018 年 7 月，他到访日本并表达了英国加入《全面与进步跨太平洋伙伴关系协定》（CPTPP）的意愿，日方对此表示欢迎。[④] 此外，英国也希望能够借助加入 CPTPP 从“欧日经济伙伴关系协定”（EU-Japan EPA）中获得优惠。此外，WTO 是英国脱欧后进行自由贸易的重要平台。2018 年下半年，英国向 WTO 提交了货物贸易和服务贸易承诺相关的议程表草案。虽然这两个草案遭到了 WTO 部分成员的反对而未能获得批准，但并未阻止英国为成为独立成员国而继续努力。英国于 2019 年 2 月获准以独立身份加入 WTO 政府采购协议，英国企业由此在政府采购贸易上获得了优先权。[⑤]

---

① Department for International Trade, *Global Trade Review 2019 Conference Keynote Address*, *Secretary of State for International Trade*, 8 May 2019, https：//www. gov. uk/government/speeches/global – trade – review – 2019 – conference – keynote – address – secretary – of – state – for – international – trade.

② Heather Stewart, “Boris Johnson Calls for Removal of US-China Trade Tariffs”, *The Guardian*, 24 August 2019, https：//www. theguardian. com/politics/2019/aug/24/boris – johnson – calls – for – removal – of – us – china – trade – tariffs.

③ Tom Edgington, “Brexit：What Trade Deals has the UK Done So Far?”, *BBC*, 18 June 2019, https：//www. bbc. com/news/uk – 47213842.

④ “Japan OK with Britain Joining the TPP”, *The Japan Times*, 31 July 2018, https：//www. japantimes. co. jp/news/2018/07/31/business/japan – ok – britain – joining – tpp/. CPTPP 为美国退出 TPP 后，其余 11 成员国继续推进自由贸易协定的成果，于 2017 年 11 月更名。

⑤ Bryce Baschuk, “U. K. Approved to Rejoin $1. 7 Trillion WTO Procurement Deal”, *Bloomberg*, 27 February 2019, https：//www. bloomberg. com/news/articles/2019 – 02 – 27/u – k – wins – approval – to – rejoin – 1 – 7 – trillion – wto – procurement – deal – jsn2yd30.

三　英美安全合作

（一）应对俄罗斯威胁

特朗普执政期间，英美两国在众多领域产生了分歧，但是在英美“特殊关系”中最稳固的一个环节——安全合作上，双方继续保持着密切的合作关系。俄罗斯长期以来一直是西方阵营的一块心病，如何应对俄罗斯带来的威胁亦成为英美安全合作的重点之一。在过去的一年中，针对俄罗斯的安全合作主要体现在涉及两国安全的重大问题上统一立场和举行联合军演两个方面。

在索尔兹伯里事件上，美国始终是英国背后坚定的支持者。2018 年 9 月 5 日，英国检方正式通缉 3 月涉嫌谋杀俄罗斯前情报人员谢尔盖·斯克里帕尔父女的两名俄罗斯公民。特雷莎·梅称可能化名为“亚历山大·彼得罗夫”和“鲁斯兰·博希罗夫”的两个俄罗斯人为“俄军总参谋部情报总局（GRU）的特工”，此言论遭到了俄罗斯的抨击。① 次日，美国与澳大利亚、加拿大、德国、法国发表联合声明，称支持英方的调查结果并决心联合打击境外情报机构的恶意破坏。② 实际上，早在一个月前美国就以索尔兹伯里事件为由对俄罗斯进行了新一轮制裁。

在美国退出《中导条约》一事上，英国“绝对支持”美国。《中导条约》由美国和苏联首脑于 1987 年签订，条约规定两国不再持有、生产或试验射程在 300～3400 英里范围内的陆基巡航导弹和弹道导弹。该条约对于维护欧洲乃至全世界的安全和平具有重要意义。2018 年 10 月，美国以俄罗斯屡次违约为由宣布将退出《中导条约》。对此，时任英国国防大臣加文·威

① Prime Minister's Office, “Prime Minister Theresa May's Statement to Parliament about the Salisbury Incident”, 5 September 2018, https://www.gov.uk/government/speeches/pm-statement-on-the-salisbury-investigation-5-september-2018. 2018 年 10 月，《每日电讯》曝光两名嫌疑人真实姓名分别为亚历山大·米什金和阿纳托利·切皮加。

② House of Commons, *The Salisbury Incident*, 10 September 2018, https://researchbriefings.parliament.uk/ResearchBriefing/Summary/CDP-2018-0204.

廉姆森评论道：“我们长期以来的亲密盟友自然是美国，我们将绝对支持。”[①] 2019 年 2 月 2 日，美俄两国正式停止履行相关承诺，并启动为期 180 天的退约进程。4 月 4 日，英国议会下院的国防委员会发布报告称，虽然英国希望两者能够继续维系《中导条约》，但是鉴于两国去意已决，英国将以独立国家和北约成员国双重身份支持美国的选择，因为俄罗斯才是应该受到指责的一方。[②]

2018 年下半年以来，英美两国共同参与了一系列军事演习，以应对俄罗斯施加的压力。2018 年 10 月 8 日，英美两国以北约成员国身份共同参加了乌克兰“晴空 2018”联合军演。[③] 美军派遣 40 架现役第 4 代和第 5 代战机前往北海与英军进行模拟空战训练（DACT）。美军第 492 战机中队指挥官威廉姆·伍顿表示，此行目的就是模拟参战，并且美方派出多个机型赴欧洲参加训练实属罕见。[④] 10 月下旬，英方又派出 2700 名人员、6 艘皇家海军战舰、480 辆战车以及皇家空军“鹰”喷气式战机，与美军共赴挪威参加“三叉戟接点 2018”联合军演。此次军演为北约近十年来最大规模军事演习，共涉及 150 架战机、4 万余名参战人员以及 1 万辆战车和坦克。[⑤] 2019

---

① Press Association, “UK Backs Trump Withdrawal from Russia Nuclear Treaty”, *The Guardian*, 21 October 2018, https://www.theguardian.com/politics/2018/oct/21/uk-backs-trumps-nuclear-treaty-withdrawal-blames-russia-for-breakdown.

② House of Commons and Defence Committee, *Missile Misdemeanours: Russia and the INF Treaty* (*Fifteenth Report of Session 2017-2019*), 4 April 2019, https://publications.parliament.uk/pa/cm201719/cmselect/cmdfence/1734/1734.pdf.

③ “Ukraine and NATO Kick off Large-scale ‘Clear Sky 2018’ Air Exercises”, *The Defence Post*, 8 October 2018, https://thedefensepost.com/2018/10/08/ukraine-and-nato-kick-off-large-scale-clear-sky-2018-air-exercises/.

④ Stewart Jack, “RAF Lakenhealth Hosts Large-Force Dissimilar Air Combat Training with US Air Force F-22, F-15C, F-15E and Navy F/A-18E/F Jets”, *The Aviationist*, 12 October 2018, https://theaviationist.com/2018/10/12/raf-lakenheath-hosts-large-force-dissimilar-air-combat-training-with-u-s-air-force-f-22-f-15c-f-15e-and-navy-f-a-18e-f-jets/.

⑤ Ministry of Defence, *UK Troops Touch down in Norway Following Epic Road Move*, 19 October 2018, https://www.gov.uk/government/news/uk-troops-touch-down-in-norway-following-epic-road-move.

年3月，英美两国联手有意加入北约的芬兰和瑞典举行的“北风2019”行动，共350名英国海军陆战队员参加。[①] 该行动旨在彰显四国的跨国作战能力，主要假想敌是在波罗的海较为活跃、擅长在极地环境中作战的俄军。

（二）应对中国崛起与“印太战略”

特朗普上台后抛出“印太战略”，继续把美国的战略中心转向印太地区，主要目的是限制中国在该地区的影响力。与此同时，英国政府也在不断寻求参与印太地区事务，从而提高自身的影响力。转向印太是特雷莎·梅“全球英国”战略的一部分，对于脱欧后的英国具有重要的现实意义。

在应对来自中国的传统安全“威胁”方面，英国近一年来打破常规，紧紧跟随美国，对华态度较以往强硬。2019年1月，美国五角大楼发布一项报告称，中国的武器“已经在某些领域达到世界顶级水平”。[②] 第二周，英国便伙同美国在中国南海的争议海域进行了第一次联合军演。2019年3月，美国海军的补给舰“瓜达卢佩”号和英国皇家海军护卫舰“蒙特罗斯”号在南海进行了第二次演习。英国时任国防大臣威廉姆森在英国智库皇家国防联合研究所的演讲中宣称，西方国家必须准备好“使用强硬手段捍卫国家利益”，并扬言要将“伊丽莎白女王”号航母派往西太平洋巡航。[③] 然而，处在当下特殊时期的英国，并不愿意将中国彻底激怒。毕竟除了安全防务，还要考量中国的经济价值。于是，英国财政大臣哈蒙德急忙澄清：“航母还

---

① Petri Makela, “Commandos in the Northern Wind”, *Vantage Point North*, 25 March 2019, http://blog.vantagepointnorth.net/2019/03/commandos-in-northern-wind-2019.html.

② Sophia Yan, “UK and US Conduct First Joint Drills in South China Sea”, *The Telegraph*, 16 January 2019, https://www.telegraph.co.uk/news/2019/01/16/uk-us-conduct-first-joint-drills-south-china-sea/.

③ Liu Zhen, “Britain Urges the West to be Ready to Flex Military Muscle in the Pacific as US Navy Steps up Activities in South China Sea”, *South China Morning Post*, 11 February 2019, https://www.scmp.com/news/china/diplomacy/article/2185746/britain-urges-west-be-ready-flex-military-muscle-pacific.

需要一两年才能下水服役，目前英国政府并没有做出任何派遣决定。”[①]

在网络安全等非传统安全方面，2018 年至今最令人瞩目的是华为参与英国 5G 建设的问题。2019 年 5 月 16 日，美国商务部工业与安全局（BIS）将华为列入“实体清单”，未经政府允许，任何美国企业不得向华为供货。虽然英国对华为网开一面，成为“五眼联盟”中第一个宣布不完全禁止华为参与国内 5G 建设的成员国，但是华为在英形势仍不容乐观。2018 年 7 月，英国政府发布报告称华为在安全问题上存在“缺陷”，其使用的 VxWorks 美国软件在 2020 年将不能获得安全补丁和升级，从而产生潜在的网络安全隐患。显然，英国对华为的信任程度有限，其针对华为的调查仍在继续。[②] 2019 年 4 月，英国国家安全委员会（NSC）讨论有关华为“非核心”设备建设项目的内容遭到泄密。5 月 1 日，特雷莎·梅为此解雇了国防大臣加文·威廉姆森，而威廉姆森冤称“内鬼”另有其人。[③] 英国在华为问题上的考量十分复杂：首先，与俄罗斯问题不同，英国不得不正视中国作为全球第二大经济体的分量，不想放弃同华为和其背后中国企业的合作机会；其次，网络安全的确是当下英国十分严峻的国安问题之一；最后，美国以重新评估英美情报合作为要挟不断向英国施压，而情报合作是英美“特殊关系”中的重要一环。英国政府预计将于 2019 年秋就是否允许华为参与英国 5G 网络建设做出正式决定。英国虽然在该问题上承认与特朗普政府的分歧，但是显然不会因为华为和 5G 进一步挑战冲撞美国，毕竟英美两国的情报合作、核合作以及制度化的军事合作对于英国国防安全具有深远意义。

---

① Laura Zhou, “Chinese-British Relations ‘Complicated’ by South China Sea Military Plans”, *South China Morning Post*, 21 February 2019, https://www.scmp.com/news/china/diplomacy/article/2187118/chinese – british – relations – complicated – south – china – sea – military.

② Jack Stubbs and Joseph Menn, “Huawei in British Spotlight over Use of US Firm's Software”, *Reuters*, 5 August 2018, https://www.reuters.com/article/us – huawei – security – britain – usa/huawei – in – british – spotlight – over – use – of – u – s – firms – software – idUSKBN1KQ001.

③ Rob Merrick, “Gavin Williamson Sacked: Theresa May Fires Defence Secretary over Huawei Leak”, *Independent*, 1 May 2019, https://www.independent.co.uk/news/uk/politics/gavin – williamson – sacked – letter – theresa – may – penny – mordaunt – huawei – leak – defence – secretary – a8895481.html.

四 英美经济关系：双边自贸协定

自启动脱欧程序以来，英国一直致力于同美国达成双边贸易协定以缓解无协议脱欧潜在的经济冲击。特朗普政府对此表示支持，有许多积极表态。然而到目前为止，英美双边自贸协定的达成仍然面临着多重困难。

在10月31日脱欧期限之后，如英国无法顺利脱欧，英美贸易协定仍无法迅速落地实施。[①] 迄今，英国尚未同欧盟在贸易方面达成一致，拿出可行的脱欧方案。这给英美谈判增加了更多不确定因素，加大了谈判难度。

在谈判的具体内容上，英国很有可能被迫牺牲部分利益，对美国做出让步。2018年9月英美两家智库“自由贸易促进会”（IFT）和“卡托研究所”（Cato Institute）共同献计英美自贸协定。这份名为“理想的英美自由贸易协定”的“蓝图”之所以脱颖而出，主要得益于两家智库同英国国际贸易大臣福克斯以及特朗普的密切联系。“蓝图”宣扬高度自由的贸易环境，两国政府放管商业资金和数据流动，摒弃欧盟对于转基因食品、“氯洗鸡”、杀虫剂以及化妆品中化学物质等限制条件。[②] 这些条款显然更有利于美国打开英国市场，而英国则不得不降低进口商品的质量标准。无独有偶，这些“建议”部分出现在美国贸易代表办公室于2019年2月发布的谈判概要中。除了放弃欧盟食品安全标准，美方还要求英国不得以操控汇率的手段在英美贸易中获利，并通过建立透明机制来限制英国同中国等“非市场经

---

① David Maddox, Marco Giannangeli and Macer Hall, “Boris Johnson and Donald Trump Set to Agree September ‘Free Trade Deal’ after Secret Talks”, *Express*, 25 August 2019, https://www.express.co.uk/news/politics/1169831/Boris-Johnson-news-free-trade-deal-Donald-Trump-US-UK-trade-latest.

② Felicity Lawrence, David Pegg and Rob Evans, “Right Wing Thinktanks Unveil Radical Plan for US-UK Brexit Trade Deal”, *The Guardian*, 18 September 2018, https://www.theguardian.com/politics/2018/sep/18/rightwing-thinktanks-unveil-radical-plan-for-us-uk-brexit-trade-deal-nhs.

济”体制国家签订自由贸易协定。① 讽刺的是，在2019年1月29日举行的英美自贸协定听证会上，听证小组大部分是美方商业、农业等领域的专业机构团体，英方在人员专业性上有明显不足。虽然当下约翰逊政府仍然坚守着一些底线，如在双边关税和进口管制上，英国商品应当享有与美国同类商品对等的待遇，以及拒绝将NHS纳入谈判范围等②，但是迫于脱欧的压力，英国政府有可能急于求成，加速谈判，在回应美方的要求上“放水”。

英美自贸协定谈判注定离不开脱欧这个大背景。双方谈判人员普遍带着脱欧情绪，他们的偏好也在一定程度上反映了各自在脱欧问题上的政治主张，支持“硬脱欧”的特朗普绝不会纵容英国脚踏两条船，而剥离英欧对于美国贸易来说更是一石二鸟。2019年8月，美国国家安全顾问博尔顿到访英国，公开表示美国将支持“无协议脱欧”，并主张将贸易问题“碎片化”，以加速双方谈判进程。③ 英国在英美自贸协定谈判上正处在进退两难的境地，若想最终达成协议，英国只能更多倾向于美国一边。就目前形势来看，特朗普对于约翰逊政府在脱欧问题和双边贸易谈判问题上的所作所为较为满意，这有利于进一步推动英美自贸协定的谈判进展。特朗普在G7峰会期间再次称赞约翰逊为首相之位的“合适人选”，不同于特雷莎·梅，约翰逊并不需要他的脱欧建议。此外，特朗普还表示英美贸易谈判进展顺利，英国将摆脱欧盟的“桎梏”，两国将达成前所未有的成功协议。④

---

① James Politi, “US Takes Tough Line with UK on Post-Brexit Trade Talks”, *Financial Times*, 1 March 2019, https://www.ft.com/content/09bfe7ca-3bae-11e9-b72b-2c7f526ca5d0.

② Andrew Woodcock, “Brexit: US Trade Deal will not be ‘Plain Sailing’, Johnson Warns Ahead of Meeting with Trump”, *Independent*, 24 August 2019, https://www.independent.co.uk/news/uk/politics/brexit-boris-johnson-trump-us-uk-trade-deal-g7-meeting-a9077751.html.

③ “UK ‘First in Line’ for US Trade Deal, Says John Bolton”, *BBC*, 13 August 2019, https://www.bbc.com/news/uk-49325620.

④ Amanda Macias, “Trump Hints at a ‘Very Big Trade Deal’ with Britain Post Brexit”, *CNBC*, 25 August 2019, https://www.cnbc.com/2019/08/25/trump-at-g7-hints-at-very-big-trade-deal-with-britain-post-brexit.html.

结 语

2018 年 7 月至今，英美“特殊关系”依然面临着诸多挑战与考验。在双边政治关系上，特朗普两度访英并没有取得有效的政治成果，反而制造了不少矛盾。可以看出，特朗普偏激的执政理念在英国并不能得到大部分民众和政治精英的认可。“美国优先”的政治主张和特雷莎·梅政府的“全球英国”理念大相径庭，导致两国在全球治理方面产生冲突，尤其体现在伊核问题、巴以问题以及贸易保护主义问题上。尽管如此，英美之间的政治互信依然坚韧，令任何第三国家难以比肩。英美两国在安全合作上仍然配合默契，在应对俄罗斯威胁方面尤为如此。

脱欧不仅给英国政治和外交带来了太多不确定性，也给英美“特殊关系”的发展制造了阻碍。在很多情况下，英国需要在美国和欧盟之间做出艰难的选择。特雷莎·梅政府在全球治理上拥抱多边主义和国际秩序，支持欧盟。英国新首相鲍里斯·约翰逊亲美倾向明显，英国政府是否会在全球问题上转变态度仍需时间的检验。可以预见的是，约翰逊执政期间，英美两国的政治分歧将得到控制，英美“特殊关系”将得到修缮。

B.8

脱欧公投以来英国气候政策的演变及影响*

李慧明**

摘　要： 自20世纪七八十年代气候变化问题被纳入国际政治议程以来，英国的气候政策经历了一个从消极向积极转变的过程。2008年英国通过了《气候变化法》，成为世界上第一个把温室气体减排目标通过碳预算以正式立法的形式予以明确规定的国家。2016年脱欧公投以来，英国政府进行了部门整合和调整，把原先的能源与气候变化部解散，组建了新的商业、能源与工业战略部。气候变化问题在英国的政治议程中受到一定影响，但并未对英国的气候政策产生实质性影响，英国继续延续了自2008年开始的五年一期的碳预算。2019年5月英国气候变化委员会又提出了一个到2050年“净零”排放的报告，得到了英国政府以及苏格兰和威尔士等地方政府的积极回应，表明英国仍然希望在全球气候治理中发挥领导作用的雄心。英国脱欧之后是否或以何种方式继续留在欧盟的碳排放交易体系，现在还没有明确，但无论如何，这对英国的碳排放交易体系和碳定价都将产生复杂而深远的影响。与此同时，脱欧进程无疑也对英国的气候政策及其在国际气候谈

* 本文是国家社科基金一般项目“构建人类命运共同体背景下中国推动全球气候治理体系改革和建设的战略研究”（项目编号：18BGJ081）的阶段性成果，特此致谢。

** 李慧明，法学博士，济南大学政法学院副教授，主要研究领域为全球气候治理、欧盟气候政策和环境政治。

判中的作用产生了一定的消极影响，削弱了英国在国际气候政治格局中的地位和影响力。

关键词： 英国脱欧 《气候变化法》 碳预算 气候变化委员会

英国脱欧成为近年来影响深远的一件大事，不但对英国本身，而且对欧盟的各项政策和欧洲一体化进程，甚至对欧洲的未来都产生了深刻影响。同时，对世界发展潮流，比如对全球化进程与逆全球化潮流的兴起等，都产生了重要影响。作为当前全球治理领域的焦点议题，全球气候治理已经成为影响世界未来发展趋势和潮流的重要因素。长期以来，英国对气候变化问题一直高度关注并成为积极推动全球气候治理的重要力量。那么，脱欧会给英国的气候政策到底带来什么影响？对《巴黎协定》下英国减排目标的实现，对英国与欧盟碳排放交易体系的关系以及英国在未来国际气候谈判中的地位和实力（既包括硬实力也包括软实力），已经产生并将继续产生什么样的影响？这都是当前亟须回答的问题。为了系统理解和把握英国在宣布脱欧之后气候政策的变迁，本文首先简要回顾英国在气候变化问题上政策立场的历史演变，然后在此基础上着重考察和分析脱欧对英国气候政策的影响和脱欧以来英国气候政策的调整与变化。

一 英国气候政策的历史演进

（一）英国气候政策从摇摆转向积极

20 世纪 80 年代后期，全球气候变化问题逐渐进入国际政治议程，英国对于气候变化问题有着矛盾、两难和摇摆的立场。一方面，当时的撒切尔政府试图通过主导气候变化问题而赢得良好国际声誉，也试图顺应国内和欧共体要求加强环境保护的强大舆论；但另一方面，又担心减排政策损害英国的经济，而且更重要的是美国一直反对在气候变化问题方面设立更严格的减排目标，英国一直试图与美国保持传统的特殊关系，支持美国的气候政策。20世纪90年代初，为解决气候变化问题，欧盟试图采取的最为重要的一项政策就是征收CO_2/能源税，丹麦、德国和荷兰等国都积极支持和推动在欧盟层面征收CO_2/能源税，法国由于在能源方面的核能占据重要地位而反对征收合并的CO_2/能源税，主张直接征收CO_2税，而英国认为应该由各成员国自己决定，反对以税收的方式解决气候变化问题，最后使该政策不了了之。[①]

与此同时，一方面，英国得益于20世纪80年代以来实施的“煤改气”政策，温室气体排放显著下降，其在气候变化问题上的立场和政策开始趋于积极；另一方面，在欧盟层面，由于德国、丹麦和荷兰等国的积极推动，欧盟对于气候变化问题一直持比较积极的立场，也使英国逐渐趋于积极，成为推动欧盟在国际气候谈判中采取积极立场的重要推动力量。但是在《联合国气候变化框架公约》（以下简称《公约》）谈判过程中，英国仍然为了维持与美国的特殊关系而在欧共体和美国之间采取了一个妥协与折中的立场。1997年《京都议定书》谈判前在欧盟内部达成的“责任共担”协议中，英国因为其排放基数较大实际上也承担了欧盟整体减排目标的较大比重（27%左右）。在推动《京都议定书》达成的谈判中，英国顺应欧盟的立场，发挥了积极的建设性作用，但并没有对《京都议定书》的关键内容发挥决定性作用。英国在京都会议之后的气候政策和立场逐渐趋于积极并开始在欧盟及国际气候谈判中发挥“领导作用”。[②] 在促使《京都议定书》生效的气候谈判中，英国一直发挥较为积极的作用。2001年美国总统小布什退出《京都议定书》之后，英国一直试图发挥跨大西洋的桥梁和纽带作用，弥合美国与欧盟（及其主要成员国）之间的分歧与对立，但收效甚微。

---

① Lasse Ringuis, “European Community and Climate Protection: What's behind the ‘Empty Rhetoric’?”, CICERO Report 1998 - 8, 1999, p. 14.

② Loren R. Cass, “The Indispensable Awkward Partner: the United Kingdom in European Climate Policy,” in Paul G. Harris (ed.), *Europe and Global Climate Change: Politics, Foreign Policy and Regional Cooperation*, Cheltenham: Edward Elgar Publishing Limited, 2007, pp. 63 - 86.

（二）后京都和《巴黎协定》气候谈判时期英国积极的气候政策及其贡献

英国在塑造“低碳经济”概念并在后京都国际气候谈判中发挥了非常积极的作用。2003年英国首相布莱尔发表了题为“我们未来的能源——创建低碳经济”的能源白皮书，率先提出“低碳经济”概念，宣布到2050年英国能源总体发展目标是：从根本上把英国变成一个低碳经济的国家。[①] 其政策目标之一就是到2050年将英国的二氧化碳排放量在1990年基础上削减60%，并于2020年取得实质性进展。2006年英国财政部发布了“气候变化经济学评论”，也就是著名的“斯特恩评论”。[②] 斯特恩气候变化经济学对整个全球气候治理产生了重要的影响，直接推动了后京都时代的国际气候谈判。2007年4月17日，联合国安理会首次将气候环境议题纳入议程，而背后的力推者正是英国。时任英国外交大臣玛格丽特·贝克特（Margaret Beckett）担任当月安理会轮值主席，主打“气候外交”，力图使气候变化安全化。这反过来为英国工党争取了必要的国内政治支持，并在八国集团、欧盟层面尽可能使英国发挥先导作用。

正是在这种情况下，2009年举世瞩目的哥本哈根气候大会前夕，为了对气候谈判产生更加积极和决定性的影响，英国与欧盟相互支撑，提出了非常积极的减排目标。2008年1月，欧盟委员会正式提出了欧盟2020年的气候与能源行动目标，即到2020年，与1990年相比减排20%，可再生能源在能源消费中占20%，能源效率提高20%。为积极回应欧盟的气候能源政策，

① DTI（Department of Trade and Industry），*UK Energy White Paper: Our Energy Future-Creating a Low Carbon Economy*，TSO（The Stationery Office），2003.

② “斯特恩评论”运用经济学知识为欧盟的气候行动提供注脚，强调尽早、强有力应对气候变化的行动所带来的好处将大大超过行动的成本。如果不采取行动，气候变化带来的损失将至少达到每年全球GDP的5%。如果更坏的情况出现，损失量可能达到全球GDP的20%以上，而尽早采取行动的成本大约只相当于全球GDP的1%，拖延得越久，需要付出的代价越大。参见Nicholas Stern，*The Economics of Climate Change*，Cambridge：Cambridge University Press，2006。

2008 年 11 月英国议会顺利通过了《气候变化法》（Climate Change Act），使英国成为世界上第一个以法律形式明确中长期减排目标的国家，即与 1990 年温室气体（GHG）排放水平相比，2020 年减少 34%，2050 年减少 80%。法案赋予英国政府更大的权力制定相应的政策法规，提出了包括要求制定每五年为一时段的碳预算计划、建立公司温室气体排放报告制度等内容。欧盟与英国借此向没有批准《京都议定书》的美国，以及中国、印度等新兴经济体施加压力，促使这些国家也采取相应的行动。[①] 与此相适应，英国建立了能源、气候变化税、公用事业等一系列法律和政策强化英国的气候政策，使英国成为推动和引领全球低碳经济的重要力量。在达成《巴黎协定》的国际气候谈判中，英国发挥了积极的建设性作用。与欧盟一道，英国通过其立法形式的“碳预算”为推动国际气候谈判走向成功发挥了重要作用。

二　脱欧公投以来英国气候政策的调整与演变

英国脱欧公投通过以后，卡梅伦辞去首相职务，特雷莎·梅当选英国新首相。梅政府上台伊始，除了处理棘手的脱欧问题之外，对气候变化政策也进行了调整。

（一）负责气候变化问题的政府部门调整及其影响

梅政府成立之后对政府部门进行了调整和重组，解散了原先的能源与气候变化部（Department of Energy and Climate Change，DECC），并将该部门并入商业、创新与技术部，组建成了新的商业、能源与工业战略部（Department of Business，Energy，and Industrial Strategy，BEIS）。新部门号称“为商业、工业战略、科学、创新、能源和气候变化担负联合责任”，显然这些领域并非按字母顺序排列，因为具体到“气候变化与工业”方面的职

① 李伟：《〈气候变化法〉与英国能源气候政策演变》，《国际展望》2010 年第 2 期，第 42 ~ 57 页。

位设置确实较低，但此举把气候变化与能源问题纳入了英国的整体产业战略之中。这种政府部门的调整在一定程度上削弱了气候变化问题在英国整个政府议事日程中的重要性，但也把气候和能源问题与英国的经济和工业战略融为一体，突出了气候变化问题的经济影响。

（二）2008年以来碳预算持续推进

脱欧以来，英国基本延续了自 2008 年《气候变化法》通过以来的积极气候政策。根据该法案，在英国气候变化委员会的建议下，为了实现 2050 年减排 80% 的目标，英国从 2008 年开始实施五年为一期的碳预算。① 2016 年 7 月英国议会通过了第五个碳预算，覆盖 2028 ~ 2032 年。如表 1 所示，当前正在执行第三个碳预算。根据气候变化委员会 2018 年发布的英国减排进步报告，到 2017 年英国的排放量相对于 1990 年已经降低 43%，取得重要进步。英国的第一个碳预算得到满足，第二个碳预算也表现出色，目前正朝着第三个碳预算表现出色的方向发展。然而，第四个碳预算并没有步入很好的实现轨道，需要英国采取更具有挑战性的政策举措。②

表 1　英国的五期碳预算

预算期	通过时间	温室气体减排量（亿吨 CO_2）	比 1990 年降低
第一个碳预算（2008 ~ 2012 年）	2009 年 5 月	30. 18	25%
第二个碳预算（2013 ~ 2017 年）		27. 82	31%
第三个碳预算（2018 ~ 2022 年）		25. 44	（到 2020 年）37%

① 英国气候变化委员会（The Committee on Climate Change）是根据 2008 年《气候变化法案》设立的一个独立气候机构，由英国政府任命的 1 名主席和 5 ~ 8 名委员组成，其主要职责是根据法案就排放目标向英国政府和有关行政部门提供建议，并向议会报告在温室气体减排和准备应对气候变化方面取得的进展。

② The Committee on Climate Change, "Carbon Budgets: How We Monitor Emissions Targets", https://www.theccc.org.uk/tackling-climate-change/reducing-carbon-emissions/carbon-budgets-and-targets/.

续表

预算期	通过时间	温室气体减排量（亿吨 CO_2）	比 1990 年降低
第四个碳预算（2023～2027 年）	2011 年 6 月	19.50	到 2025 年 51%
第五个碳预算（2028～2032 年）	2016 年 7 月	17.25	到 2030 年 57%

资料来源：The Committee on Climate Change, "Carbon Budgets: How We Monitor Emissions Targets", https://www.theccc.org.uk/tackling-climate-change/reducing-carbon-emissions/carbon-budgets-and-targets/。

（三）气候变化委员会2050年"净零"排放目标的提出及英国政府的回应

2018 年 10 月 15 日，英国政府和苏格兰、威尔士和北爱尔兰地方政府向气候变化委员会提出一项要求，即根据《巴黎协定》的目标，英国应该考虑更新其温室气体年排放量的目标，考虑是否可以到 2050 年实现"净零"排放。[①] 为了响应该项要求，经过充分论证，2019 年 5 月 2 日，英国气候变化委员会根据最新气候科学，包括气候变化专门委员（IPCC）发布的"全球变暖 1.5℃特别报告"，考虑到英国在应对全球气候变化中的责任与角色，提出了《关于英国"净零"排放 2050 报告》（*Net Zero—The UK's Contribution to Stopping Global Warming*）。该报告提出，英国应制定并大力推行一项雄心勃勃的目标，到 2050 年将温室气体排放量降至"净零"，在 30 年内结束英国对全球变暖的贡献。该报告认为，英国现有的政策为实现这一目标奠定了很好的基础，但仍然需要制定更加强有力的政策性措施，才能使这一目标真正实现。随后，梅政府以及苏格兰政府和威尔士政府先后对这一报告做出回应。梅宣布英国政府将提出立法将净零目

① 2018 年 10 月 15 日，英国政府（商业、能源与工业战略部）、苏格兰与威尔士政府给气候变化委员会主席德本勋爵（Lord Deben）写的一封信，参见 https://assets.publishing.service.gov.uk/government/uploads/system/uploads/attachment_data/file/748489/CCC_commission_for_Paris_Advice_-_Scot_UK.pdf。

标转变为法律，英国气候变化委员会主席德本勋爵（Lord Deben）回应说：“我们很高兴政府同意将2050年所有温室气体净零排放目标提交议会投票。我期待看到与2008年《气候变化法》成为法律时同样的跨党派共识。”① 为回应2050年“净零”目标，苏格兰政府提出要对其《气候变化法案》（Climate Change Bill）进行修正，设定了一个具有法律约束力的目标，即最迟在2045年实现温室气体“净零”排放，到2040年苏格兰将实现碳中和。② 而威尔士政府明确表示接受气候变化委员会提出的到2050年温室气体排放减少95%的建议，然后采取进一步措施实现“净零”排放的目标。③

在美国特朗普政府宣布退出《巴黎协定》并采取诸多“去气候化”举措、世界经济依然充满不确定性的时代背景下，英国中央政府和地方政府对2050年“净零”排放目标做出如此快速反应，并明确接受气候变化委员会提出的如此雄心勃勃的气候治理目标，很大程度上反映了英国气候政策仍然保持着其应有的积极性和超前性，并决心引领全球低碳转型的潮流，发挥应对气候变化问题的领导作用，从中获得先行者的巨大好处。正如德本勋爵所说：“这是对未来几十年的重大承诺，但我们突出了行动的重大好处。这一步骤将向其他国家发出一个强有力的信号，让它们紧跟其后，效仿行动，并将有助于推动《巴黎协定》所要求的应对气候变化问题的全球努力。”④

---

① The Committee on Climate Change, “Response to Government Plan to Legislate for Net Zero UK Emissions Target”, 11 June 2019, https://www.theccc.org.uk/2019/06/11/response-to-government-plan-to-legislate-for-net-zero-emissions-target/.

② Scottish Government, “Climate Change Action”, 2 May 2019, https://www.gov.scot/news/climate-change-action-1/.

③ Welsh Government, “Wales Accepts Committee on Climate Change 95% Emissions Reduction Target”, 11 June 2019, https://gov.wales/wales-accepts-committee-climate-change-95-emissions-reduction-target.

④ The Committee on Climate Change, “Response to Government Plan to Legislate for Net Zero UK Emissions Target”.

三　脱欧对英国气候政策的影响

英国是欧盟气候政策的重要推动力量。作为欧盟的重要成员国，英国参与了欧盟层面上大部分应对气候变化的政策行动，包括覆盖整个欧盟的碳排放交易体系。英国也与欧盟的其他成员国在能源、低碳技术等方面有着密切的合作，脱离欧盟势必对英国本身的气候政策产生重要影响。

（一）脱欧对英国碳预算和减排政策的影响

自2008年《气候变化法》确立以来，英国气候变化委员会对英国的气候政策产生了重要影响。作为一个独立的、非政治的机构，该委员会负责监督英国气候政策的实施并向政府提供必要的资讯及建议，在很大程度上确保了英国气候政策和减排行动的连续性和积极性。该委员会已经成为英国气候政策的核心，对英国社会各界在气候变化问题上达成共识、在世界范围内保持引领地位，具有至关重要的作用。有研究表明，英国议会关于前几期碳预算表决进行辩论时，议员们广泛地利用气候变化委员会提供的资讯作为其独立信息的主要来源，并最终采纳了委员会的碳预算建议。但在2016年7月通过第五个碳预算的时候，议会发生了激烈的争论，最后没有采纳委员会把国际海运排放纳入碳预算的建议。这在一定程度上表明脱欧和英国面临的经济压力影响了英国的气候政策，但并没有改变英国通过碳预算的方式按计划实现的减排目标。

2016年10月，英国气候变化委员会就英国脱欧对英国气候变化政策的影响发表了一个专门的评估简报《实现碳预算——脱欧对英国气候政策的影响》。评估报告指出，作为国际应对气候变化问题努力的一部分，英国做出了自己的承诺并将其纳入了国家法律之下。迄今为止，英国实现其通过立法制定的碳预算的道路充满了挑战性。如果英国离开欧盟，先前在欧盟层面达成的政策不再适用于英国，则需要新的针对英国的政策来取代它们。但是，离开欧盟并不能改变减少温室气体排放的必要性、碳预算水平（根据英国法律的规定）或英国政府采取行动应对气候变化的义务。英国政府已表示，打算在退出欧盟时，首先将现有的欧盟法律转化为英国立法。① 也就是说，脱欧并不会从根本上削弱英国的减排承诺或减少其气候行动。根据2008 年的《气候变化法》，到 2050 年英国在 1990 年的基础上至少减排80%。现在，英国议会已经通过的第五个碳预算要求到 2030 年左右减排57%。这表明，无论是否脱离欧盟，英国都要按照其碳预算来实现其减排目标。因此，离开欧盟不会影响英国的碳预算，但可能会影响英国实现碳预算的路径。有研究指出，脱欧可能会对英国的经济产生消极影响，这意味着英国可能会降低能源需求和排放水平。但脱欧对英国经济造成的潜在长期影响取决于最终英国与欧盟达成的协议。除了对英国国内生产总值的影响，脱欧可能会改变英国的经济结构、人口结构（由于不同的移民政策）、利率和汇率等，这些最终都会影响英国的能源需求、制造业和农业生产，会对高碳和低碳生产的成本产生影响，这些因素最终会影响英国实现其减排目标的政策和路径。

作为欧盟的一个成员国，英国在《巴黎协定》下没有单独的减排承诺，被欧盟作为一个整体到 2030 年至少减排 40% 的总体“国家自主贡献”所覆盖。但欧盟与其成员国作为《巴黎协定》的缔约方，都需要批准《巴黎协定》。2016 年 11 月 18 日，英国正式批准了《巴黎协定》，成为《巴黎协定》的缔约方。② 如果英国退出欧盟，英国需要提交其单独的“国家自主贡献”。这个“国家自主贡献”，包括其减排目标、覆盖范围、实现路径和政

---

① The Committee on Climate Change, “Meeting Carbon Budgets—Implications of Brexit for UK Climate Policy (Briefing Note)”, October 2016, https://www.theccc.org.uk/wp-content/uploads/2016/10/Meeting-Carbon-Budgets-Implications-of-Brexit-for-UK-climate-policy-Committee-on-Climate-Change-October-2016.pdf.

② 根据《巴黎协定》的法律程序，加入《巴黎协定》有批准（Ratification）、接受（Acceptance）、核准（Approval）和加入（Accession）几种不同的方式。依照《维也纳条约法公约》，批准是指一个国家在国际上确定其同意受某一条约拘束的国际行为。核准和接受与批准有着同样的法律效力，但依据不同国家的不同宪法规定，有的国家对国际协定是核准或接受，而非批准。加入指的是加入一个其他国家已经协商、签署的国际协定，与前三者法律效力相同，但发生在协定生效以后。

策举措等，都应该建立在英国现在的碳预算基础上，不会发生大的变化，现在的碳预算目标是合理的。利用第五个碳预算通过时气候变化委员会建议的成本有效的路径实现英国的减排目标是可行的。但鉴于近半个世纪以来受欧洲一体化进程的深刻影响，英国的气候承诺和气候政策（包括参加欧盟范围的排放交易体系）已经与欧盟深深地融为一体，脱欧无论如何都会对英国的气候政策及其在全球气候治理中的作用产生直接或间接的影响。如表 2 所示，根据气候变化委员会的评估，英国 2030 年减排目标大约有 55% 被欧盟层面上的气候政策所覆盖。如果退出欧盟，英国需要采取更加严格的政策措施并把欧盟层面的政策转化为英国自身的法律和政策，以最终实现英国的减排目标。当前英国的气候政策距离其碳预算目标的实现仍然存在着政策差距，英国应该抓住脱欧的机会，积极主动地决定哪些欧盟政策不再适用于自己的减排目标水平，并制定英国具体的政策来实现这些目标。在这两种情况下，英国都有机会制定更多的有效解决方案并加快行动。

表 2　欧盟层面的气候政策对英国 2030 年减排目标的潜在影响和英国退出欧盟后气候行动的优先事项

部门	欧盟层面上的关键政策	欧盟政策所覆盖的英国 2030 年减排量		英国退出欧盟后气候行动的优先事项
		百万吨 CO_2	占减排总量(%)	
电力	欧盟排放交易体系(ETS) 能源联盟与单一能源市场 可再生能源指令 工业排放指令	18	23	保持作为欧盟排放交易体系的一部分，或者目标是在英国碳价格总水平上保持不变。如果不能做到这一点，就要增加税收控制框架，以保持该框架能支持低碳发电量 确保通过联网在全国范围内销售电力的公平竞争环境。理想情况下，在各国之间实现碳价格的均衡，以确保英国电力生产不处于不利地位

续表

部门	欧盟层面上的关键政策	欧盟政策所覆盖的英国2030年减排量		英国退出欧盟后气候行动的优先事项
		百万吨 CO_2	占减排总量(%)	
建筑	可再生能源指令 能源效率指令 生产标准和标签指令	11	50	保持欧盟能源效率和标签标准的一部分,或在英国层面复制这些标准 重点关注低碳供热(即热泵或区域供热),到2030年,大约有400万户家庭和一半的非住宅建筑安装低碳供热 到2030年,通过隔离7米的阁楼、空心墙和实心墙提高建筑能效
工业	欧盟排放交易体系 可再生能源指令 能源效率指令	14	82	保持欧盟排放交易体系的一部分,或者制定新的方法,以确保工业有动力提高能源效率并投资于低碳技术 在欧盟排放交易体系之外,但新方法不应损害英国的竞争力 继续支持部署低碳供热和能源效率
交通	新轿车、厢式货车和重型货车排放标准 生物燃料(可再生能源指令) 生态驾驶条例 空气质量:框架指令与国家排放上限	56	87	保持欧盟车辆效率和生态驾驶条例的一部分,或在英国层面复制这些条例,符合成本有效路径(例如,到2030年,新轿车应达到约 $50gCO_2/km$,新厢式货车应达到 $65gCO_2/km$ 的实际测试周期基础) 维持或复制欧盟主导,旨在激励采用更清洁车辆的范围更大的立法带来的碳排放影响(如空气质量框架)
废物管理	垃圾填埋与废物框架指令 循环经济方案	4	11	继续致力于将送往垃圾填埋场的废物减少到非常低的水平,到2025年理想情况下为零,并部署英国杠杆来实现这一目标(例如通过垃圾填埋税和分开收集可生物降解废物的地方刺激政策/要求)

续表

部门	欧盟层面上的关键政策	欧盟政策所覆盖的英国2030年减排量		英国退出欧盟后气候行动的优先事项
		百万吨 CO_2	占减排总量(%)	
氟化气体	氟化气体条例 移动空调指令	12	100	保持氟化气体条例或制定同等或更强的英国法律
农业	共同农业政策(CAP) 硝酸盐和水框架指令	0	0	制定政策,将支持农业的政策与减少排放的行动更紧密联系起来
土地利用与林业	共同农业政策(CAP)	2	76	维持并在必要时加强现有的植树激励措施,以实现英国的造林目标
全经济范围		117	55	继续支持低碳创新和国际协作

资料来源：The Committee on Climate Change,“Meeting Carbon Budgets-Implications of Brexit for UK Climate Policy (Briefing Note)”, October 2016, p. 15, https://www.theccc.org.uk/wp-content/uploads/2016/10/Meeting-Carbon-Budgets-Implications-of-Brexit-for-UK-climate-policy-Committee-on-Climate-Change-October-2016.pdf。

（二）脱欧对英国参与欧盟排放交易体系以及英国碳定价的影响

英国温室气体排放的40%被欧盟的排放交易体系（ETS）覆盖。脱欧之后如何处理与欧盟的排放交易体系的关系将是英国脱欧议程中的重要议题。脱欧之后，由于英国不再是欧盟的成员国，如果英国要把排放交易体系仍然作为自身重要的气候治理工具，那么英国需要正式建立自己的排放交易体系。在这种情况下，英国有两种选择：一种是它可以独立运行其排放交易体系；另一种就是尝试将其排放交易体系与其他排放交易体系联系起来。与欧盟排放交易体系脱离并找到新的合作伙伴对英国及其企业来说都是昂贵的。找到合适的新合作伙伴也很有挑战性。而另一种选择，最好的平衡方法是坚持留在欧盟排放交易体系当中。如果英国完全脱离欧盟的排放交易体系，欧盟的许多指令和规则将不再适用于英国，欧盟需要调整其排放份额的分配和排放交易体系的运行规则，这也会影响英国的碳定价。但与此同时，即便英国选择留在欧盟的排放交易体系当中，由于英国不再是欧盟的成员国，按照第三国对待，也会对英国产生影响。这种情况下，取决于英国与欧盟最终达成的脱欧协议对英国与欧盟排放交易体系关系的重新界定。大多数研究报告和智库的建议都倾向于希望英国在脱欧之后继续以特定的方式留在欧盟的排放交易体系之内，并设法保持对其操作规则的影响力，继续寻求欧盟排放交易体系的改革，以使其在后期更加有效。

英国的碳预算目前以“净”碳排放为基础进行核算，但允许在排放交易体系中进行交易。退出欧盟排放交易体系，将要求英国改变与碳预算有关的计算规则。根据《气候变化法》，排放量由英国净碳账户计量。根据这些规则，欧盟的排放交易体系所涵盖的——电力行业和能源密集型行业——部分预算是根据欧盟排放交易体系上限的英国份额确定的，而不是根据这些行业的实际排放量确定的。如果英国要退出欧盟排放交易体系，碳预算的核算就要改变，减排目标将根据“总”（即实际）排放量的形式来显示。如果英国选择脱离欧盟的排放交易体系，对英国本身的碳定价会有重要影响。

（三）脱欧对英国国际气候谈判实力的影响

英国脱欧可能削弱英国在国际气候谈判中的影响力。长期以来，虽然英国凭借其独特的气候外交资源，能够独立发挥气候影响力，但若欲发挥更大的影响力，基本上还是在欧盟的框架下，依靠欧盟的整体力量影响国际气候谈判的结果。退出欧盟意味着英国不再能够与其他成员国一道作为一个整体进行国际谈判，英国在欧盟以外的国际气候谈判中发挥的影响力无疑会受到削弱。当然，英国可以根据其在减排方面的积极表现，根据《气候变化法》和相关的碳预算，继续作为国内减缓气候变化行动的全球领导者，努力保持其影响力。正如上文分析的那样，英国提出到2050年实现“净零”排放的目标和行动，无疑会增强其在国际气候谈判中的影响力。英国还可以通过国际援助维持并增强其影响力，帮助发展中贫穷国家实现向低碳和气候适应性增长的转型。英国还可以通过维持其“雄心壮志联盟”（High Ambition Coalition）的积极成员身份，发挥其对国际气候谈判的影响力。该联盟在2015年巴黎气候大会上成立，并在其他与气候有关的国际论坛中发挥积极作用，比如清洁能源部长级论坛、政府间气候变化专门委员会（IPCC）和二十国集团绿色金融研究小组等。英国是这一联盟的积极推动者，退出欧盟并不会影响其作为该联盟积极成员的身份，通过维持与该联盟的积极关系，英国可以继续发挥其传统的外交影响，对国际气候谈判产生实质性影响。但无论如何，脱离欧盟，若英国仅凭借自身的力量，想在国际气候谈判乃至在范围更大的全球气候治理中维持并增强其气候影响力，将会面临诸多来自其自身以及外部国际气候政治格局变迁所引发的重大挑战。

四 前景展望

综上所述，英国脱欧公投带来的各种影响至今仍未尘埃落定。脱欧仍然在不确定的状态下进行。2019 年 4 月欧洲理事会再次做出决定，同意英国推迟脱欧的最后时限至 2019 年 10 月 31 日。在最后时限到来之前仍然存在各种可能。就英国的气候政策而言，脱欧无疑对此已经并将继续产生复杂的影响。但总体而言，脱欧公投以来的三年多时间，英国仍然延续了 2008 年《气候变化法》所确立的减排目标。在英国气候变化委员会的积极推动和监督下，以立法的形式通过碳预算的方式确保了英国气候政策的稳定性和连续性。英国的减排目标并没有发生本质变化，反而在某种程度上有趋向更加积极的态势，气候变化委员会提出的到 2050 年实现“净零”排放的目标（《气候变化法》确立的目标是到 2050 年在 1990 年的基础上减排 80%）即是明证。这大概至少有两个方面的原因：一方面，脱欧之后的英国试图继续维持其在全球气候治理中的“领导者”地位，提出并实现更加积极的减排目标无疑是有助于增强英国的气候影响力的；另一方面，许多研究预测脱欧可能使英国经济受到冲击，英国的能源需求将减少，碳排放也将减少，提高英国的碳减排力度是可行的。但脱欧给英国实现其减排目标的政策和路径带来了复杂的影响，将使英国面临更大的挑战。为如期实现甚至实现更高的减排目标（“净零”排放），英国必须调整其气候政策和行动举措。因此，无论最终英国通过何种方式脱欧（或不脱欧），英国的减排目标不会发生重大变化，但其气候政策和行动措施（如碳税或碳交易）将会根据最终与欧盟达成的脱欧协议的内容而进行相应和必要的调整。与此同时，脱欧无疑也给英国实现其减排目标以及在国际气候谈判中发挥更大影响力带来了一定的消极影响，需要英国采取比当下更加积极的政策，采取更加多样的手段来实现其预定目标。

迄今为止，英国脱欧仍然存在诸多的不确定性，最终英国与欧盟将维持一种什么样的关系，仍然充满了变数。但总体而言，无论英国最终会以何种方式脱欧（或不脱欧），在气候变化问题上，英国与欧盟无疑仍将维持某种复杂而特殊的合作关系，正如目前英国与欧盟达成的脱欧协议和未来关系的政治宣言都特别强调了双方维持在气候变化问题上紧密合作的重要性。

经济社会篇

Economic and Social Developments

B.9 英国产业战略

张 蓓*

摘 要： 2017年底英国政府公布了《现代产业战略：构建适应未来的英国》白皮书。产业战略是特雷莎·梅政府的旗帜性政策，被视为其打造后脱欧时代英国的关键计划。英国产业战略出台的背景是英国经济社会对于改革的呼唤，反映了政府在产业政策上意识形态的变迁，更与脱欧的需求密切相关。产业战略由“五大基础”、“巨大挑战”、“行业计划”及具体政策组成，具有共识性、延续性、创新性等特点，政府资源得以保障，得到产业支持。但产业战略未来也面临挑战和不确定性——脱欧的巨大阴影及英国国内对政府干涉限度的激辩。产业战略的未来走向值得关注。

* 张蓓，中国国际问题研究院欧洲研究所助理研究员，中国现代国际关系研究院博士生，主要研究领域为英国政治、英国民族问题。

关键词： 产业战略 生产力 创新 政府干预 英国脱欧

2017年底英国政府公布了《现代产业战略：构建适应未来的英国》白皮书。产业战略是特雷莎·梅政府的旗帜性政策，被视为其打造后脱欧时代英国的关键计划，带有鲜明的梅时代特色。隆重推出后，一年多来产业战略稳步推行，取得初步进展。随着脱欧延宕、政府更迭，英国迎来新的政治格局，有必要对产业战略梳理进展，思考其前景。

一 产业战略的背景

英国产业战略出台的背景是经济社会改革的呼唤，反映了意识形态的变迁，更与脱欧密切相关。

（一）英国经济社会挑战呼唤长期战略

1. “生产力危机”成英国经济顽疾

英国经济的优势和亮点突出，但是脆弱性也在凸显。从产业结构上看，英国是典型的服务业主导的经济体，服务业占比80%，是英国经济的引擎。制造业在英国经济中的比重持续下降，约占10%，低于德国（22.8%）、意大利（15.79%）和法国（11.23%），产业失衡给英国外贸、就业和地区发展带来持续挑战。[①] 从就业上看，英国虽然失业率较低，但就业的稳定性较差。仅从2007年以来，无固定时间的就业人数增加了5倍。此外，高就业率并未带来实际工资水平上升。[②] 从创新能力上看，英国仍然是欧洲创新能

① House of Lords European Union Committee, “Brexit: Trade in Goods”, 14 March 2017, https://publications.parliament.uk/pa/ld201617/ldselect/ldeucom/129/129.pdf.

② Grace Blakeley, “Is UK Economy Really as Strong as the Government Says it is?”, 14 September 2017, https://blogs.lse.ac.uk/politicsandpolicy/how-well-is-the-uk-economy-really-doing/.

力水平最高的国家，但政府和社会的科研投资已经跌落至欧盟平均线水平以下，科研创新成果的商业转化能力较弱。①

这种脆弱性集中体现在“生产力危机”上。生产力增长对居民生活水平和政府可持续的财政状况十分关键。金融危机前的几十年，英国生产力保持每年2%左右的增长。金融危机以来，英国的生产力增长持续下滑，从2008年的2.3%跌落至2018年的0.4%，严重程度超越其他发达经济体，且无扭转迹象。根据英国国家统计局的数据，2016年英国生产力比G7国家平均水平低16%。② 生产力不佳的直接原因包括：计算机、能源、金融、矿业、电讯、制药等领先行业表现失色；英国生产力不佳的公司数量众多，明显多于德国和法国；低技能工作的普遍，OECD的研究发现英格兰地区低技能年轻劳动力占比明显高于其他发达经济体。③

近年来，多家权威机构为英国的“生产力危机”开药方。一些机构提出要加大数字化在英国经济的运用，改革教育体系，提升劳动力中的技能教育。④ 一些机构认为问题的症结在于长期投资不足及英国金融体系未有效支持企业发展。⑤ 另一些机构则主张要对英国经济模式做彻底反思。⑥ 无论哪一种药方，都呼吁政府对英国经济做出长期深入的改革。⑦

---

① Innovate UK, “Strengths and Weaknesses in the UK Innovation System”, 16 July 2018, https://innovateuk.blog.gov.uk/2018/07/16/strengths-and-weaknesses-in-the-uk-innovation-system/.

② Chris Giles, “Britain's Productivity Crisis in Eight Charts”, 13 August 2018, https://www.ft.com/content/6ada0002-9a57-11e8-9702-5946bae86e6d.

③ OECD, “United Kingdom Economic Snapshot”, 17 October 2017, http://www.oecd.org/economy/united-kingdom-economic-snapshot/.

④ Mckinsey Global Institute, “Solving the United Kingdom's Productivity Puzzle in a Digital Age”, September 2018, https://www.mckinsey.com/featured-insights/regions-in-focus/solving-the-united-kingdoms-productivity-puzzle-in-a-digital-age.

⑤ Graham Turner, “The Bank of England Can and Should do More to Encourage Lending”, 8 July 2018, https://www.ft.com/content/d792879e-8046-11e8-af48-190d103e32a4.

⑥ Carys Roberts, Grace Blakeley, Lesley Rankin and Rachel Statham, “The UK in the Global Economy”, 9 May 2019, https://www.ippr.org/research/publications/uk-in-the-global-economy.

⑦ John McDonnell, “John McDonnell Responds to ONS Productivity Figures”, 5 April 2019, https://labour.org.uk/press/john-mcdonnell-responds-ons-productivity-figures/.

2. 地区发展差异造就“不平等国家”

英国的地区发展差异是长期问题，但近年来差距的拉大和固化是不争的事实。根据一项报告，在经合组织 36 个国家中，英国从 28 个指标衡量都是地区发展最不平衡的国家之一。①

从生产力上看，伦敦及英国东南部是英国生产力最高的地区，比国家平均水平高出 50%。从就业率上看，根据英国国家统计局 2019 年 6 月公布的数据，仅有西南部、东南部的就业率高出国家平均水平，这些地区的就业率与最低的东北部地区差距有 10 个百分点。② 在人均经济产出、GDP 增长、周薪资中位数、企业数量上看，也能发现相同现象，东南部、西南部和伦敦在国家平均水平以上，与剩下的其他地区拉开巨大差距。③ 经济的差异与福利及生活水平差异伴随而生。根据英国国家统计局最近一份统计，苏格兰 72% 的地区人均寿命偏低，而仅有 15% 的英格兰地区进入这一档。④ 伦敦的肯辛顿和切尔西男性人均寿命最高，达 83. 3 岁，西北部的布莱克浦最低，仅为 74. 7 岁；东南部的切尔特恩女性人均寿命最高，达 86. 7 岁，东北部的米德尔斯伯勒最低，为 79. 8 岁。⑤

经济和社会发展水平的不平衡也为英国当前政治危机埋下伏笔。脱欧投

① Philip McCann, “Perceptions of Regional Inequality and the Geography of Discontent: Insights from the UK”, January 2019, http: //uk2070. org. uk/wp – content/uploads/2019/01/01 – McCann – UK – Regional – Inequality – Debates. pdf.

② Office for National Statistics, “Regional Labour Market Statistics in the UK”, June 2019, https: //www. ons. gov. uk/employmentandlabourmarket/peopleinwork/employmentandemployeetypes/bulletins/regionallabourmarket/june2019.

③ UK Parliament, “Regional and National Economic Indicators”, 29 May 2019, https: //researchbriefings. parliament. uk/ResearchBriefing/Summary/SN06924#fullreport.

④ Office for National Statistics, “Life Expectancy at Birth and at Age 65 by Local Areas in the United Kingdom”, 16 April 2014, https: //www. ons. gov. uk/peoplepopulationandcommunity/births-deathsandmarriages/lifeexpectancies/bulletins/lifeexpectancyatbirthandatage65bylocalareasintheunit-edkingdom/2014 – 04 – 16.

⑤ Office for National Statistics, “Life Expectancy at Birth and at Age 65 by Local Areas in England and Wales”, 4 November 2015, https: //www. ons. gov. uk/peoplepopulationandcommunity/birthsdeathsandmarriages/lifeexpectancies/bulletins/lifeexpectancyatbirthandatage65bylocalareasine-nglandandwales/2015 – 11 – 04.

票、民粹主义均为其后果。脱欧、民粹政党的重镇都是去工业化后经济凋敝、社会不满严重的地区。有学者指出脱欧是英国社会全面危机的表现，而历届政府对地区发展不平衡问题无所作为是直接原因。[①] 而应对这一问题没有捷径可走，需要经济、社会全方位的复合政策以及政府长期的资源投入。

（二）政府意识形态的转变

产业政策曾是英国战后共识的中心部分，在20世纪60～70年代达到高潮。政府通过主导企业合并、资助科研，明确支持包括航空航天、汽车、计算机和电子等战略性产业在国际市场与美日欧企业竞争。作为扶植"国家冠军"政策的典型，1967年英国最大的14家钢铁公司合并，成立英国钢铁集团，1969年英国利兰汽车公司与英国汽车公司合并成为英国利兰公司。然而除了少数例外，政府的干预均以低效和失败告终。政府主导的科研，如英法共同研制的协和式超音速飞机和国有民用核电产业的高级气冷式反应堆，也因经济效益低而广受批评。这一系列失败使产业政策与政府资助"僵尸企业"、生产低质产品、没有经济效益画等号，产业政策被污名化。[②]

撒切尔执政之后对英国经济进行大刀阔斧的改革，抛弃产业战略，以市场为主导改善营商环境，而非扶植特定产业。除保留对少数军工产业的支持外，主张产业结构由市场主导，欢迎外国资本，包括对英国企业的并购。[③] 在创新政策上，政府放弃了对科技创新的直接资助，转而支持基础科学，认为强大的科研基础会自动转化为经济增长和繁荣。[④] 布莱尔"新工党"政府也大致延续这一思路，基本形成后撒切尔时代的共识。

2008年全球金融危机之后，这一共识的动摇已经清晰可见。一方面，

---

① Bob Jessop, "Neoliberalization, Uneven Development, and Brexit: Further Reflections on the Organic Crisis of the British State and Society", *European Planning Studies* 26 (9), 2018, pp. 1728－1746.

② Richard Jones, "The Second Coming of UK Industrial Strategy", May 2018, http://www.softmachines.org/wordpress/? p＝2222.

③ Richard Jones, "The Second Coming of UK Industrial Strategy".

④ Richard Jones, "The Second Coming of UK Industrial Strategy".

西方发达国家对“去工业化”的忧虑普遍在上升。美国、法国等诸多国家出现了“振兴工业基础”的思想回潮。[①] 在英国，过度依赖金融服务业的风险、经济再平衡的需求被认可，出现了“英国应该少一些金融工程，多一些真正的工程”的反思。[②] 2010～2015 年的联合政府财政大臣奥斯本也提出“march of the makers”（制造业大发展目标）。另一方面，金融危机加剧了欧洲积累的担忧，即在国际分工格局变迁中，欧洲处于不利地位，政府应当在必要时积极作为，在知识密集型产业、高端制造中巩固优势。因此，政策和学术各界都对产业政策有重新认识，认为可以在避免过去失误的基础上，扶植特定产业。[③]

（三）脱欧增加了产业战略的紧迫感

脱欧公投前的几年，不同程度的产业政策和产业战略已经回归英国。2008 年彼得·曼德尔森执掌布朗政府商业、创新和技能部，即提出“新工业、新就业”的产业政策。2010～2015 年联合政府时期，商业、创新和技能部大臣为自由民主党的文斯·坎贝尔，也发布了产业战略。2015～2016 年保守党政府商业、创新和技能大臣萨吉德·贾伟德虽用产业手段（Industrial Approach）代替产业战略，政策上仍然继承了其前任。但脱欧公投之后，无论从经济挑战和政治忧虑来看，都需要一个更清晰、更高调的产业战略。

从经济上看，脱欧将英国经济未来置于不确定中，为英国经贸发展、金融市场制造不确定性，同时也影响其科技创新及产业竞争力。科技创新及竞

① “The Distracting Lure of Manufacturing Fetishism”, *Financial Times*, 10 April 2018, https://www.ft.com/content/85015f50-3bea-11e8-b9f9-de94fa33a81e.

② “Picking Winners and Saving Losers-the Global Revival of Industrial Policy”, *The Economist*, 5 August 2010, https://www.economist.com/briefing/2010/08/05/picking-winners-saving-losers.

③ Geoffrey Owen, “Industrial Policy in Europe Since the Second World War: What has been Learnt?”, 19 January 2012, http://eprints.lse.ac.uk/41902/1/Industrial_policy_in_Europe_since_the__Second_World_War_what_has_been_learnt%28lsero%29.pdf.

争力提升离不开经济要素、效率要素和创新要素的推动，但脱欧打破了英国经济发展长期建立的制度平衡、经贸平衡及国际政治经济平衡。[①] 因此，政府必须加大谋划以适应脱欧给经济发展和产业竞争力带来的挑战。正如白皮书所言，英国脱欧后更需要加大努力。

从政治上看，脱欧公投被解读为巨大的抗议投票、一场“安静的革命”，要求执政者对英国社会的现状进行反思。特雷莎·梅提出英国应当创建为所有人服务的社会，而产业战略就是实现这一目标的重要手段。通过提升生活水平和生产力、推动经济均衡增长，构建“服务所有人的强大、公平的英国”，迎接英国后脱欧时代。

二　主要内容和进展

产业战略由“五大基础”、“巨大挑战”、“行业计划”及具体政策组成。一年多来，其特点不断清晰，也取得一些进展。

（一）战略主要内容

战略目标是提升现代经济体必备的“五大基础”。一是“创新”，即英国的创新能力和创新成果商业转化能力；二是“技能”，包括数学和技术在内的专业技能、技能的培训及劳动力市场；三是交通、数据和住房等“基础设施”；四是鼓励创新、提升生产力的“商业环境”；五是“地区”，即缩小地区间生产力和经济表现的差异。

战略重点是利用英国已有竞争优势，应对所有现代经济体均面临的“巨大挑战”。一是人工智能和数据，提出在数据对经济重要性凸显及人工智能日渐普遍的背景下，英国应致力于成为人工智能和数据革命的领军者；二是流动性，包括改造和提升交通网络及基础设施，推动英国的新能源汽车

① 刘媛媛：《后脱欧时代英国经济形势分析与预测》，王展鹏主编《英国发展报告（2016～2017）》，社会科学文献出版社，2017，第208页。

行业发展；三是在世界绿色转型的过程中，帮助英国企业抓住机遇；四是利用大数据等创新来应对老龄化社会的挑战。

战略的主要支撑是“行业协议”（Sector Deals）。政府对战略性或重要行业做出承诺，行业以投资等形式予以实际支持，通过这种“双向承诺”支持产业发展。首批被列入的行业有生命科学、建筑行业、汽车行业、人工智能、文化创意产业。

英国政府对“五大基础”制定了有针对性的具体政策。在创新领域，针对当前科研经费占GDP比重1.7%、处于经合组织国家中平均线以下水平的情况，承诺在2027年前将全社会科研投资占GDP的比重提高到2.4%，其中在2022年之前公共科研投资增加125亿英镑，将科研减税比例提高11%～12%。针对英国科研创新成果转化不足情况，承诺四年内“产业战略挑战基金”提供7.25亿英镑在相关领域资助创新和创新转化的项目。

在技能领域，承诺加大培训投入，提出建立新的技术教育体系，在数学、数据和技术教育中投入4亿英镑，投入6400万英镑成立国家再培训计划。在基础设施领域，将2016年底成立的“国家生产力投资基金”（National Productivity Investment Fund）从230亿英镑提高到310亿英镑，以发展交通、住房和数字基础设施，对电动车基础设施投资1亿英镑，与私营机构合作成立“充电基础设施投资基金”（Charging Infrastructure Investment Fund），提升5G网络、农村地区宽带等基础设施。

在提升“商业环境”方面，除了通过“行业协议”与重要产业形成良性互动之外，也采取措施支持中小企业。在英国国有经济发展银行英国商业银行下设立企业孵化基金，目标是从私营部门获得75亿英镑的投资，支持高增长的初创企业。此外还承诺用多项政策支持中小企业，鼓励中小企业采用现代的商业模式。在“地区”方面，鼓励各个地方制定本地的产业战略，设立改造城市基金（Transforming Cities Fund）用于发展城市之间的交通联通。

（二）产业战略的特点

产业战略凝聚了一定的社会共识。首先，产业战略本身就是对产学研社会各界广泛咨询后的产物。学术团体、科研机构、行业协会的多份报告均对白皮书最终内容有重要的塑造作用。其次，产业战略的创新为重点也受到广泛认可。创新投入和适应低碳社会是此份产业战略的重点，这符合所有咨询报告的政策建议。事实上，2017 年工党的产业战略也将绿色经济和创新列为主要目标，承诺 2030 年 60% 的英国能源来自可再生能源，2030 年之前科研投资达 GDP 的 3% 。

与前几届政府的产业政策相比，产业战略展现较大延续性。首先，优先产业并未有太大区别。列出的优先产业与曼德尔森和坎贝尔产业战略中的重点产业一致，包括高端制造及相关服务、创意产业、能源和低碳产业。其次，形式上借鉴了已有经验。“行业协议”形式吸取了 2009 年成立的汽车协会的经验，来源于曼德尔森产业政策中倡导的政府与私营部门合作。最后，在机制上，提出要继续利用和发展已有平台和机制，如 2011 年首创的“推进中心”（Catapult Centres）、2014 年成立的英国商业银行等。

产业战略创新之处主要在于其规格。特雷莎·梅政府大大提高了产业战略的能见度，将其作为主要政绩，并给予产业战略机制的高配置。成立专门部门——商业、能源和产业战略部实施产业战略，创立了产业战略内阁委员会，主席是首相，成员包括 11 个部门的大臣，确保全政府的努力。

虽被冠以“战略”之名，产业战略并非面面俱到，而有明显的侧重，核心在于创新和高端制造。资源主要投向数个政府认为决胜未来的关键产业及高端技术，如传统汽车的驱动技术、电动汽车中的电池制造、民用核能中的核聚变技术、人工智能、清洁技术、生命科学等。这显示了英国有意利用已有科研优势，挑选优势产业，为未来做准备。用商业大臣克拉克的话来说，产业战略主要是加固已有优势，抓住未来机遇。[①]

产业战略的指导思路是“集约资源办大事”。产业战略仍然受到政府财政紧张的制约，2018 年 10 月官方虽然宣布“紧缩时代结束”，但各项分析

① UK Government, “Creative Industries Sector Deal launched”, 28 March 2018, https://www.gov.uk/government/news/creative-industries-sector-deal-launched.

均指出政府支出仍然紧张。[1] 在政府预算并非显著提高的情况下，政府只能通过基金引导关键产业和技术的发展，比如人工智能、电动汽车中的电池制造，并通过“行业协议”争取企业投资，弥补政府投入的不足，共同支持产业和技术发展。

（三）初步进展

第一，政府兑现承诺，对产业战略给予预算保障。白皮书中政府投入的承诺在预算中一步步落实。2017 年 11 月公布的秋季预算明显倾向于产业战略中的各部分。如为“国家生产力投资基金”再注资 80 亿英镑，使其总额达到 310 亿英镑，为研发投入再拨款 23 亿英镑，制定了 12% 的研发减税比例，为新一代技术、技术培训项目投入了新的资金支持。[2] 2018 年 11 月公布秋季预算为产业战略提供了新的 16 亿英镑的资金，其中“产业战略挑战基金”将获得 11 亿英镑，用于支持人工智能、核聚变、量子计算机等新兴技术。[3] 2019 年 3 月的春季报告中也包括一些新的支持产业战略的举措，如投入 7900 万英镑在爱丁堡大学建立新的“超级计算机”，投入 4500 万英镑支持剑桥大学的基因研究。[4]

第二，得到产业积极回应。从达成“行业协议”的数量上看，除了白皮书中列出的生命科学、建筑行业、汽车行业、人工智能、文化创意这五个优先产业已先后与政府达成“行业协议”，民用核能、海上风能、航空航天

---

① “Ending Austerity: It Needs to Happen”, *The Guardian*, 8 March 2019, https://www.theguardian.com/commentisfree/2019/mar/08/the-guardian-view-on-ending-austerity-it-needs-to-happen.

② Derek du Preez, “Britain Gets Tech-heavy Budget-Focus on Skills, Productivity and Taxing Internet Giants”, 21 November 2017, https://diginomica.com/britain-gets-tech-heavy-budget-focus-skills-productivity-taxing-internet-giants.

③ Derek du Preez, “Budget 2018 - Chancellor Announces £ 1.6 Billion Additional Funding for Industrial Strategy”, 29 October 2018, https://diginomica.com/budget-2018-chancellor-announces-1-6-billion-additional-funding-for-industrial-strategy.

④ UK Government, “Spring Statement Support for Modern Industrial Strategy”, 15 March 2019, https://www.gov.uk/government/news/spring-statement-support-for-modern-industrial-strategy.

等产业也与政府达成“行业协议”。从“行业协议”的内容上看，梅政府的大部分协议均获得关键企业的投资和背书（见表1）。

表1　与梅政府达成“行业协议”的英国产业一览

行业	达成协议时间	协议内容
建筑行业	2017年12月	建筑企业承诺投资2.5亿英镑,减少建筑耗时和成本,提高环保标准
	2018年7月	政府和行业共同投资4.2亿英镑用于通过数字建筑设计、新制造技术实现建筑行业的“智慧转型”
生命科学行业	2017年12月	默沙东将在英国新建研发基地和总部,新增950个工作岗位,包括150个高技术研发工作岗位
	2018年12月	政府投入7900万英镑用于开发人工智能的早期疾病诊断,获得十家企业投资,其中优时比生物制药公司投资10亿英镑
汽车行业	2018年1月	政府和企业均在“先进驱动中心”、电动车电池研发、联网和自动汽车、提升汽车产业链效率等领域做出投资承诺
文化创意产业	2018年3月	政府与产业承诺共同投资1.5亿英镑,并加强从业技能培训,成立新的伦敦电影学院(London Screen Academy)
民用核能产业	2018年6月	政府和行业共同投资3200万英镑用于小型模块化反应堆等民用核能研发,日立公司再次对新核电站做出承诺
航空航天产业	2018年12月	利用“产业战略挑战基金”投入开发英国在电动飞机、无人机、自动飞行器等面向未来的研发能力,政府增加1500万英镑投资吉凯恩公司的新全球科技中心
铁路行业	2018年12月	政府对高铁2号线等基础设施项目再做保证,并承诺2019~2024年政府480亿英镑的铁路基础设施改造资金中2.45亿用于研发新数字铁路技术
海上风力发电行业	2019年3月	该行业承诺投入2.5亿欧元用于提升产业链

资料来源：作者自制。

第三，基本涵盖英国的人工智能战略。与德国、法国相继发布自己的人工智能战略不一样，英国的人工智能战略基本已涵盖在产业战略白皮书及

2018年4月达成的“行业协议”中。在白皮书中，人工智能和数据被列为“巨大挑战”之一，政府也承诺目标是让英国成为人工智能领域世界的领导者。[①] 英国在人工智能领域有较好基础，拥有Deepmind、Swiftkey、Babylon Health等数个国际知名的人工智能公司。通过白皮书和“行业协议”，政府规划在创新投资、人才储备、数据与数字通信基础设施、机制配备上支持英国人工智能产业发展。

一年多来，各项措施已经逐步铺开。2018年3月，商业、技能和产业战略部与电子、文化、媒体及体育部联合成立“人工智能办公室”，负责执行“行业协议”上做出的承诺。2019年2月，政府宣布了“人工智能人才项目”，提出在未来5年增设1000个博士学位，设立图灵人工智能奖学金。2019年5月成立的“人工智能委员会”，集结了人工智能公司的企业家——CognitionX公司的联合创始人塔比莎·戈德斯陶布（Tabitha Goldstaub）以及领域技术专家。

政府在人工智能领域的努力已展现初步效应。2018年英国人工智能公司获得的投资是法国公司和德国公司的两倍。根据2019年的数据，英国的人工智能生态系统全世界领先，三分之一以上的欧洲人工智能公司都在英国。[②]

第四，地方战略和机制建设有序进行。2018年10月，西米德兰和大曼彻斯特均公布地方产业战略意向和进展。2019年5月，西米德兰和大曼彻斯特均公布了地方产业战略。白皮书上承诺的独立监督机构“产业战略委员会”也于2018年11月成立，主席为英格兰银行首席经济学家安迪·哈尔戴（Andy Haldane），成员为产学研代表，任务是进行产业战略监督和提出建议。这也标志着产业战略的机制建设已全部就位。

---

① UK Government, “Policy Paper: AI Sector Deal”, 21 May 2019, https://www.gov.uk/government/publications/artificial-intelligence-sector-deal/ai-sector-deal.

② UK Government, “Policy Paper: AI Sector Deal—One Year On”, 21 May 2019, https://www.gov.uk/government/publications/artificial-intelligence-sector-deal/ai-sector-deal-one-year-on.

三　展望

第一，英国脱欧增加了实现产业战略目标的难度。产业战略的创新务实虽值得称道，但很难实现宏大目标。从产业战略的具体内容和已有进展可以看出，其重点在于挑选英国有基础、未来有前景的领域深耕细作，强调务实创新、面向未来。这虽广受好评，但对比产业战略声称要解决的长期挑战，如提高工资水平、缩小地区发展差异等，战略的力度和进展明显不够。

从政府资源上看，如前文所述政府支出仍面临很大约束，对比2016～2017年度和2017～2018年度政府开支，在教育、产业、住房等多项与产业战略相关的支出并未显著增加。反对党对于政府打包既有政策“新瓶装旧酒”的指责并非毫无根据。产业战略偏重英国已有优势产业及新兴产业，对低工资产业、传统产业转型并无太多具体政策设计。白皮书虽将地区平衡发展作为战略支撑，但这一领域的政策最为薄弱。产业战略以高端制造和研发中心为优先，意味着资源仍将主要投向高新产业集聚的伦敦周边和英格兰东南部，难以实现缩小地区差异的目标。

而脱欧使实现这些目标更为困难。脱欧使英国产业的风险显露无遗。2019年2月，日本汽车制造商日产宣布取消在英国生产下一款X－Trail SUV的计划，而这一决定被普遍解读为英国脱欧的不确定性使国际汽车制造商对脱欧后英国产业前景产生担忧。英国工商业联合会CBI也持续发布脱欧警告。

产业战略的实施处于浓重的脱欧阴影中。政府宣布的各项鼓励性的基金虽然会对特定行业的公司有激励，但英国未来的贸易安排、监管规则以及稳定劳动力来源对英国产业的影响分量更重。政府增加的投资可能被无协议脱欧造成的损失所抵消。如果英国无协议脱欧，那么产业战略的目标将从根本上被损害。在脱欧延期、脱欧前景仍然不明朗的情况下，产业战略被投下浓重的阴影。

第二，一定程度的产业政策已在英国成共识，但未来政府干预的限度仍存争议。近十年来，对于产业政策必要性的新共识已经产生。政府的职责不仅仅是鼓励竞争，也应系统性地提升生产力发展必备的因素，如技能培训、鼓励创新和基础设施投资。[①] 这种新的政府干预已被广泛接受。但仍存争议的是，以维护“战略性产业”为由，政府干预的程度能有多深。

近年来，几起并购引发了英国舆论和政界的广泛关注。2014 年，美国公司辉瑞意图收购英国制药产业“皇冠上的明珠”阿斯利康。2016 年，软银收购英国芯片设计公司 ARM。2018 年英国投资和收购公司 Melrose 收购英国汽车和军备行业零部件供应商吉凯恩。关注的背后都是英国社会对本土产业“价高者得”的担忧，位于英国政治光谱左右两侧的政党对英国在对外资开放上“过于天真”的做法进行了联合声讨。特蕾莎·梅曾表达过“一个过得去的产业战略”应当对外国公司收购英国企业有更严格的审查。[②] 产业战略中也显露出对英国企业研发倾向“向市场出售”而非长期发展的惋惜。[③]

另一层面涉及传统产业倒闭引发的政治问题。2019 年 5 月英国第二大钢铁企业英国钢铁公司启动破产程序，2018 年多佛 Appledore 造船厂关闭。在这些案例中，由于受困企业在地方经济和就业中占有重要地位，英国政府均展示出干预的冲动和意愿，而背景就是近年来反对党和舆论均在拯救受困传统产业上施加了巨大政治压力。

此份产业战略虽然表达了对竞争性市场为主导的自信，承诺一个开放的英国，承诺让英国拥抱新兴产业带来的机遇，但政治现实远比纸上战略复杂。在欧洲对海外并购展现整体收紧趋势的背景下，英国也不能例外。事实

① UK Government, “Industrial Strategy: Building a Britain Fit for the Future”, 27 November 2017, https: //www. gov. uk/government/publications/industrial – strategy – building – a – britain – fit – for – the – future, P21.

② Nicholas Macpherson, “The UK must Learn from its Interventionist Failures”, *Financial Times*, 9 February 2019, https: //www. ft. com/content/f71acc52 – 4cdb – 11e6 – 88c5 – db83e98a590a.

③ UK Government, “Industrial Strategy: Building a Britain Fit for the Future”, 27 November 2017, https: //www. gov. uk/government/publications/industrial – strategy – building – a – britain – fit – for – the – future, P62.

上，2018 年 7 月英国已经以保护国家安全为名，提出加强政府对国际投资的干预手段。而脱欧之前，政府多以欧盟国家救助及竞争政策为由拒绝大规模受困传统产业施救，脱欧后执政者面对的政治压力更大。

总的来说，产业战略虽已成共识，但政府干预的限度仍在激辩中。英国作为新自由主义的虔诚信徒，产业战略回归主流已是巨大转变。当前版本的产业战略有“现代”作为定语，内容也与传统的政府干预相距甚远。但在国际产业竞争格局变幻、英国内部也存在巨大张力的背景下，英国产业战略的走向值得关注。

B.10 科尔宾经济学与英国社会的未来

宋云峰*

摘　要： 自2016年脱欧公投以来，英国社会陷入了一种混乱状态。在社会层面上，脱欧派与留欧派相互对立，使社会出现了两大阵营的对立和分裂。在政府层面上，保守党因脱欧谈判带来的多重压力和广受诟病的紧缩政策而应接不暇。在这种形势下，不被看好的工党激进派领袖科尔宾及其拥护者逐渐形成了自己解决英国难题的一套思路，被称作“科尔宾经济学”，其主要政策包括将部分关系国计民生的行业重新国有化，提高税率和发行国债以取得社会服务行业所急需的资金，以及将拥有250名以上雇员的英国公司股权的10%转为雇员持股以从结构上改变英国贫富差距的计划。本文讨论了英国社会出现左转思潮的背景，科尔宾经济学的主要内容、来源及本质，以及科尔宾经济学未来实施的前景。

关键词： 脱欧　两极对立　左转思潮　科尔宾经济学　前景

脱欧公投以来，英国全民的注意力，甚至全球的注意力，都在关注英国和欧盟的脱欧谈判，就像在观看一出跌宕起伏的精彩英剧。保守党被脱欧谈

* 宋云峰，硕士，北京外国语大学英语学院英国研究中心副教授，主要研究方向为当代英国社会、英美电影和跨文化交际。

判引起的党内分裂搞得焦头烂额，对英国迫切的社会经济议题则无暇顾及，更不要说对英国的未来进行中长期的战略思考了。不被看好的工党激进派领袖科尔宾经过这几年的历练在党内逐渐站稳了脚跟，经过几年的酝酿，和其副手工党影子财政大臣麦克唐纳联手推出了旨在解决英国难题的工党方案——科尔宾经济学，期望在英国目前的政治乱局中实现突围，赢得选民的支持而重新执政。科尔宾经济学大部分沿袭了老工党的社会经济政策，但也不乏亮点和新意。

一　极端思想：英国国民性的另一面

2016 年脱欧公投以来英国社会出现的极端思想、社会分裂和长期混乱彻底颠覆了全世界对英国和英国国民性所谓“渐进延续”、“中庸平衡”和“实用主义”的“理性”印象。长期以来，英国人似乎更在乎实用主义而不是意识形态，更喜爱中庸之道而不是极端思想，更倾向于延续历史而不是革命。著名法学家、《英国宪法》的作者沃尔特·白芝浩赞扬英国同胞不同时期的中庸之道；英国作家奥威尔认为英国人的本性在于延续历史；英王乔治六世则认为英国人是连接过去和未来的一个有机体。[①] 总之，英国人认为自己比任何别的民族都要理性。延续了千年的君主制、过时贵族体制的保留、二战前的绥靖政策以及带头加入亚投行都可以为这些特质（延续历史、中庸之道和实用主义）做注脚。然而近几年的形势风云变幻，2016 年的脱欧公投和工党选举激进左派的代表科尔宾为领袖等事件彻底颠覆了英国人引以为傲的上述特质。

对此，《经济学人》的社评认为，英国人从来也没有像自己想象的那样理性，主观的感受与复杂的现实之间是有距离的，正如美国人也未必像自己想象的那样独立顽强，法国人也不一定都是思想家。[②] 伦敦国王学院历史学

① “Bagehot: Land of Extremes”, *The Economist*, 11 August 2018, p. 46.

② “Bagehot: Land of Extremes”, *The Economist*, 11 August 2018, p. 46.

家大卫·艾哲顿在其新近出版的著作《20 世纪不列颠民族兴衰史》中指出，20 世纪的英国历史其实是断裂和革命的历史，分为三个阶段。1900 年，英国的社会展现的是放任自流政治（laissez-faire politics）和非凡制造能力的结合：中央政府的财政支出仅占 GDP 的 10%，当今中央政府的大多数工作在当时是由地方政府和志愿组织完成的；英国在当时是世界领先的制成品出口国、战舰与武器的生产国以及主要能源出口国。艾德礼领导的工党政府于 1945 年上台后彻底改变了这一体制：福利制度成为国家计划的一部分，中央政府的触角延伸到各个领域，主要产业如煤炭、铁路、钢铁、天然气和电力均收归国有，政府盖了成千上万所公租房以解决广大工人的住房问题，制造业仍然强劲，制造业工人数量的增长延续到 20 世纪 50 年代，约 80% 的英国人称自己是工人阶级。到了 80 年代，面对英国经济的相对衰落，撒切尔领导的保守党政府大幅变革了工党建立的社会经济体系：在很大程度上恢复了自由放任的传统，但放弃并削弱了制造业的能力，对经济的大部分领域进行了私有化，宣布制造业过时了，将英国的未来押宝在服务业，尤其是金融服务业上。撒切尔政府的政策是革命性的，不仅体现在变革的范围上，也体现在为变革付出的代价上。去工业化的政策使很多地方遭殃并打击了人们引以为傲的工人阶级文化。①

英国 20 世纪的历史中之所以出现了两次较为极端的变革（一次向左转，一次向右转）正是因为英国人其实是意识形态挂帅的，而不是他们自认为的实用主义当道。例如，1925 年丘吉尔顽固坚持回到金本位，不惜以损害英国的实体经济为代价；撒切尔在进行私有化改革时不断引用自由主义经济学家哈耶克和弗里德曼的观点；布莱尔在应对 2004 年东欧国家加入欧盟引发的英国移民潮时因有违其人道主义信念而不肯加以限制，并未仔细考虑移民问题涉及的实际利弊。② 所以说，英国是个温和平衡国度的说法反而有着刻板印象的嫌疑。相反，英国社会充满着矛盾对立的思想和令人匪夷所

① David Edgerton, *The Rise and Fall of the British Nation: A Twentieth-Century History*, Penguin, 2018.

② "Bagehot: Land of Extremes", *The Economist*, 11 August 2018, p. 46.

思的现象：拥有世界上最好的精英教育体制和最糟糕的职业教育制度；伦敦城以资本主义世界的金融中心为傲，而英国的全民保健服务制度则是世界上最能体现社会主义平等思想的载体。回顾历史，面对矛盾和分裂的英国社会，英国许多政治规则所谓基于长期奉行“理性”原则的观点难以令人信服。我们有理由相信英国可能再次出现 20 世纪 40 年代和 80 年代一般影响深远的变革，尽管变革仍然需要一定的时间。

二　智库建设：脱欧乱局中工党的头脑风暴

2016 年的脱欧公投像地震般使英国的主要政党在思想意识方面空前活跃起来，就一系列问题展开了持续的论战。在主要纠结于如何脱欧之外，也有部分政客开始思考英国在脱欧之后究竟走向何方的问题。几十年来各类西方政府奉行的一些基本理念遭到了左翼和右翼的双重质疑，如有政党提出令人信服的解决方案将更有可能赢得民心并长期执政。支持脱欧的选民“夺回控制权”的要求得到众多回应，这一局面不仅仅反映了英国与欧盟的关系，也反映出英国民众对极度中央集权的政治制度的厌倦和不满，在这种体制下，虚弱被动的地方政府事事都得听命于脱离地方现实的伦敦。“夺回控制权”的口号也反映了公众对于政府将公共服务外包给那些服务质量不尽如人意的私人公司日益增长的愤怒，还反映出英国民众面对全球化资本主义体制时无能为力的感觉。在部分民众看来，十年前几千英里之外华尔街银行家们的贪婪行为引发的经济危机使英国和其他国家陷入衰退，民众被迫忍受政府推行的紧缩政策，至今全球仍在为此买单。

2016 年特雷莎·梅在脱欧公投后接替卡梅伦担任英国首相，她表示自己听到了民众的呼声，而且发誓要重新塑造“在整个西方世界占据主导地位的自由主义和全球化的势力”。[①] 然而由于缺乏想象力、忽视大多数民众的实际诉求以及忙于脱欧谈判，她的许诺日益沦为空中楼阁，引发英国民众

① “Britain: The Quest to Remake Politics”, *The Economist*, 29 September 2018, p. 18.

的失望和幻灭感。相比之下，响应民众“夺回控制权”的要求并尝试提供答案的是激进分子科尔宾领导的工党。

在2017年的工党代表大会上，科尔宾坚定地认为英国的政治正在不可阻挡地向左转。全球经济危机严重地冲击了几十年来大行其道的新自由主义信条，英国民众要求政府发挥更加积极的作用，不仅要注重社会公平，也要提高效率。英国的左转趋势可以从一个又一个的民调中看出端倪，英国智库列格坦（Legatum）2017年的民调发现，83%的英国人支持将供水服务国有化，电力和天然气国有化支持率为77%，而主张将铁路国有化的支持率也达到76%。[①]“英国社会态度调查”的报告显示，英国公众对提高税率和增加财政支出的支持率达到了2006年以来的最高点。另外，英国民众也越来越厌倦和反对保守党政府长期奉行的紧缩政策。

在左翼激进分子科尔宾当选工党领袖之始，大多数英国民众认为他的思想过于激进，而且对社会问题除了慷慨激昂地抗议和喊口号之外，似乎也拿不出什么具体务实的思想和政策。然而，随着科尔宾在党内权力的巩固，他逐渐在党内找到了同盟军并且虚心听取不同的意见和建议，逐渐建立起一套较为系统的政策体系。2019年4月25日，工党旨在彻底改造英国经济所有制的新智库“共同财富”（Common Wealth）在伦敦成立。前工党领袖米利班德应邀加入智库董事会，并在成立仪式上对热情的参会者宣称“目前英国政治所有的能量都在左翼了”。[②]“共同财富”只是诸多为满足左翼渴望新思想而涌现的智库中的新成员之一。成立于2017年的智库“自主权”专门研究工作和就业的未来并且出版了相应的报告，主张实行四天工作制。该主张受到工党影子财政大臣麦克唐纳的赞赏。其他的研究机构则从左派的视角审视外交政策和政府运作，很快会推出研究成果。美国智库“民主协作”（Democracy Collaborative）也进入了英国市场，与此同时，一些著名的智库，例如曾经为布莱尔主义提供意识形态支柱的公共政策研究所（IPPR），也转

① “Bagehot: Leftward ho!”, *The Economist*, 25 August 2018, p. 44.

② “The Brains Behind Corbynomics”, *The Economist*, 11 May 2019, p. 46.

向左翼，号召对英国的经济进行全面改造。

左翼智库的涌现和活跃是与英国的选举政治形势分不开的。2015 年的大选中工党表现平平，思想体系无甚新意。在 2017 年的大选中，工党表现强劲，获得了 40% 的选票。左派思想家们开始将注意力转移到如何形成工党自己的社会经济政策，以响应民众的诉求和准备当选后的施政。工党智库的任务有两个：一是使工党经济政策的骨架丰满起来，变得更为具体；二是研究工党当选执政之后用哪些方法来实施这些政策，使政策落地。智库的活跃应被看作英国脱欧和社会经济矛盾严峻形势下英国人乱中求变、走出混乱的渴望。德国哲学家黑格尔说：智慧女神米涅尔瓦的猫头鹰总是在夜晚起飞，阴暗的环境容易生产思想，过度的强光却让人精神崩溃（在罗马神话中，米涅尔瓦是智慧女神，与一头猫头鹰为伴，共同守护社会的平安，因此在西方文化中猫头鹰是智慧的象征）。[①] 有的时候，工党智库的知识分子和大学教授们有时也会显得过于激进，如公开讨论对资本进行管控的想法，尽管麦克唐纳否认了实施这一措施的可能性。这些活跃的思想和智库互动表明，工党正在形成自己新的思想体系和政策体系，以赢得英国公众的支持，在大选中获胜执政，将理想变为现实。这一新社会经济政策体系被部分学者和媒体称为“科尔宾经济学”。

三 科尔宾经济学：内容与来源

自科尔宾 2015 年当选工党领袖以来，保守党和主流媒体通常给他贴上激进和空想的标签，吓唬选民如果让工党上台，科尔宾会将英国重新带回 20 世纪 70 年代的混乱局面（主要经济部门国有化、效率低、工会势力强大、通货膨胀严重、财政入不敷出等）。许多人也认为，激进的政客科尔宾只会喊喊口号和参加组织抗议集会，缺乏具体务实的社会经济政策。然而，与科尔宾一同进入工党核心领导层的还有约翰·麦克唐纳，后者作为科尔宾

---

① “Bagehot: Looking for Light”, *The Economist*, 15 September 2018, p. 62.

的影子财政大臣，为其擘画具体可行的社会经济政策。尽管从理念上，科尔宾和麦克唐纳都是激进左派，麦克唐纳曾主张将英国的银行体系国有化，并曾宣称自己是个马克思主义者，甚至将“酝酿推翻资本主义”列为自己的爱好之一。[①] 科尔宾与麦克唐纳形成了较为明确的分工：外向的科尔宾代表着工党的社会主义理想，更像是君主立宪制下光鲜亮丽的虚位君主，而麦克唐纳则更像该体制下具体的政府首脑，代表着效率和实际运作。

经过近四年的磨炼，以科尔宾和麦克唐纳为代表的工党左派逐渐形成了一套旨在解决英国社会难题（私有企业缺乏管制、社会服务缺乏资金、贫富差距扩大等）较为完整的社会经济政策体系——“科尔宾经济学”。但是，出于选举政治的考虑，工党在 2017 年的大选竞选宣言中对其政策进行了调整，比人们预想的要低调温和。科尔宾认为，这些主张如果放在德国，选民们甚至会觉得过于保守和老套。[②] 当然，其政策主张的原则和目标仍是一致的。

欧美国家的经济政策通常由三个方面构成：货币政策、财政政策以及结构性改革。保守党对科尔宾经济学的攻击基本聚焦于前两项，而忽视了最为重要的结构性改革。现代货币理论的拥护者认为，因为货币具有国家属性，政府在金融政策方面的自由度比人们想象的要大得多，例如，政府可以先花钱后收税，或者借钱而不怕无力偿付。如果工党执政，可以利用这一特性来达到自己的政策效果。科尔宾在当选工党领袖之初也提出过“人民的量化宽松”概念，即多印钞票来资助公共投资。工党也在考虑改变英格兰银行的职能和权限，令其除了具有抑制通货膨胀的功能之外，也可以在平衡就业、防止失业率上涨方面发挥作用，更类似于美国联邦储蓄银行的职能。

科尔宾经济学的财政政策也延续了工党一贯的做法——加税、举债和投入。科尔宾经济学财政政策的首要目标就是结束保守党自 2010 年以来奉行的紧缩政策并消除其负面影响。一旦当选执政，工党计划将年度财政支出提

---

① “Corbynomics: The Great Transformation”, *The Economist*, 19 May 2018, p. 47.

② “Corbynomics: The Great Transformation”, *The Economist*, 19 May 2018, p. 47.

高450亿英镑，并且将公司税由目前的19%调升至26%。工党还计划设立“国家改造基金”（National Transformation Fund），将国家对公共服务领域的投资由占GDP的2%提升至3%，达到40年来的最高点。[①] 这些政策被认为是工党多年以来最具左倾色彩的政策。

其实，科尔宾经济学的新意和亮点不在于货币和财政政策，而在于对英国经济结构和治理体系进行改革的计划。根据该计划，大企业和大公司的工人们将被给予一定的股份和股权。具体做法是，英国所有雇员在250人以上的企业或公司必须将10%的股份划作“包容性所有权基金”（Inclusive Ownership Fund），由工人代表们负责管理。所有雇员都可以享受这些股份的分红。工党宣称，如果该计划得以实施，英国将有超过1000万名工人（雇员）从中受益。[②] 工党在利物浦推行了一系列经济政策，例如，使工人在公司的董事会占据三分之一的比例。上台后，工党政府将鼓励对英国经济不景气地区的投资。此外，工党拟买断英格兰九个地区供水公司的股权（股价将由英国议会评估确定），成立“地区水务管理局”统一管理。[③] 科尔宾经济学在这方面之所以大胆，有几个方面的原因：一是撒切尔新自由主义以及全球化造成的贫富差距的持续扩大使越来越多的民众不满；二是撒切尔主义将国有企业私有化并未解决好效率的问题，反而造成了新问题。例如私有化之后的英国铁路自2010年以来车票的价格上涨了三分之一，而服务质量却不见提高，拥挤的问题长期得不到解决，公众对此颇有意见。私有化之后，这些企业大多成为垄断或半垄断性质，只顾股东的私利，无视公众的利益，英国铁路公司在私有化之后关闭了一些不盈利的路段线路，给民众的生活带来了不便。[④]

关于重新国有化和工人参与经济管理的设想，科尔宾经济学与二战后实行国有化的工党在具体做法上是有差异的。当年由赫伯特·莫里森主导的国

① “Corbynomics：The Great Transformation”，*The Economist*，19 May 2018，p. 48.
② “The Labour Party：Hasta la victoria?” *The Economist*，29 September 2018，p54.
③ “The Labour Party：Hasta la victoria?” *The Economist*，29 September 2018，p54.
④ “Bagehot：Leftward ho!”，*The Economist*，25 August 2018，p. 44.

有化严重依赖专家小组对国有企业和公共服务的管理，导致远离大众、官僚低效以及脱离现实。而由麦克唐纳主导的重新国有化与经济管理民主化意在实行一种“另类所有制模式”，兼顾效率和公平，更加贴合现实并易于操作。麦克唐纳的具体做法是：重新国有化的企业的管理层由地方政府、工会以及工人三方代表联合组成，因为它们都是利益攸关方，比以前的专家组更了解实际情况和民众需求。由工党控制的诺丁汉已经在按照这一思路搞试点，成立了不以营利为目的的区域性天然气和电力供应公司“罗宾汉能源公司”，英格兰西北地区的普雷斯顿也将对科尔宾经济学的其他方面进行试点。①

哈耶克的经典著作《通往奴役之路》对市场经济和个人自由的强调成为撒切尔主义的灵魂，正如当年撒切尔主义对英国经济的结构性改革（从集体主义转向个人主义）是以经济学家哈耶克的自由主义理论为依据的，科尔宾经济学也找到了自己的理论依据。科尔宾经济学的主张与撒切尔主义恰好相反，即由个人主义转向集体主义，由英籍匈牙利经济学家卡尔·波兰尼出版于1944年的经典著作《大转型》对资本主义贪婪弊病的批判成为科尔宾经济学的道德基石与理论来源。

波兰尼的理论在今人看来是典型的社会主义视角对资本主义的批判：资本主义的逐利本性会造成贫困和不平等，也将导致精神的萎靡和道德的衰败。经济自由派认为市场交换和自我利益自然造就有秩序有组织的社会，然而波兰尼则认为，除了经济利益，社会的正常运行还有赖于其他原则，例如，互惠、荣誉以及忠诚等道德要求。自由经济主张让社会付出代价，如果一个社会只关心市场交换和私利，最终会造成贫富分化和道德沦丧。以波兰尼为代表的“道德经济学家”主张缓冲与调和社会矛盾，具体措施包括：在经济管理方面赋予工人们更多协商的权力和影响力，限制金融资本的势力，将社会某些领域（例如涉及公共利益的领域）从市场交换中剔除出来。②

---

① “Corbynomics：The Great Transformation”，*The Economist*，19 May 2018.

② “Corbynomics：The Great Transformation”，*The Economist*，19 May 2018，p.48.

道德经济学家们的思想在工党党内具有悠久的传统。英国经济史学家R. H. 托尼曾是20世纪40年代最受公众欢迎的英国议员之一。托尼的观点和波兰尼相似，即资本主义鼓励贪婪因而腐蚀每一个人。20世纪70年代，工党左派议员托尼·本恩主张的“替代经济策略”（alternative economic strategy）也是道德经济学的翻版，而本恩正是科尔宾的人生导师。根据1981年《今日马克思主义》的解读，“另类经济策略”可以通俗地理解为“对经济实行更大国家控制的纲领”。此外，本恩强调了经济管理和决策过程中民主和大众参与的必要性。这些主张都是科尔宾和麦克唐纳社会经济政策的思想来源，麦克唐纳曾在其著作中写道：“消费资本主义远不能令人民幸福，它强化了个人主义，而以牺牲人们的健康和福祉为代价，只能提供虚幻的自我控制。”科尔宾也承认自己的大多数经济学知识来源于本恩。①

四 从理论到实践：科尔宾经济学的问题和前景

科尔宾经济学提出了医治现今英国病的药方，但是要想实现其目标和计划，涉及英国选民对其是否支持信服而选举工党上台施政的问题。科尔宾经济学需要回答以下两个实际问题：一是科尔宾经济学所设想的改革方案将导致财政支出大幅上涨，英国民众是否愿意为其买单；二是科尔宾经济学是否可以有效应对当今英国社会出现的一系列问题。

首先，工党的一系列改革计划需要大量资金，光是重新将关系国计民生的行业国有化就涉及庞大的开支花费。麦克唐纳计划将私有行业国有化的补偿定价权交由英国议会来确定。但是如果国有化的支付低于市场价值，会引发投资者的赔偿要求，而究竟怎样确定其合理价值是件非常复杂的事情。例如，仅仅将供水行业国有化就涉及从140亿英镑（根据伯恩斯坦研究所使用工党偏爱的方法计算）到900亿英镑（按社会市场基金会受行业委托进

① “Corbynomics: The Great Transformation”, *The Economist*, 19 May 2018, p. 48.

行的估算）之间巨大的估价差距。[①] 对于英国这样一个存在巨大经常项目赤字的国家，无论成本是多少都有很大风险，而且对于政府强制实行国有化的行业，资本极有可能外逃，从而影响整个行业的稳定和发展。

其次，重新国有化能否医治英国病需要长期的实践与观察。无论是从战后工党实行的国有化还是从撒切尔政府推行私有化政策的长期实践来看，没有过硬的证据表明国有化的效率更高还是私有化的效率更高。例如近期私营的东海岸铁路线经营不善而面临破产，英国保守党政府不得不将其转为公有控制。[②] 然而英国铁路在国有化时代也很难称得上是经营完善的。公有还是私有的产权问题比起如何规范和管理一个行业来说并没有那么重要，而工党在后一点上尚未拿出切实可行的办法。

最后，工党将经济管理“民主化”的计划存在更大的疑问，即工党是否真能让普通民众来参与经济的管理和决策。科尔宾宣称旧工党时期对国有企业实行的是少数人的脱离实际的精英式管理，但很难保证替代他们来管理企业的普通人不是脱离实际的公仆和党棍。另外，弱化国有企业的盈利功能可能会导致寻租和腐败，例如将一些业务转包给管理者的政治同盟。不容忽视的是，像工党在普雷斯顿的实验鼓励消费者购买当地公司的产品存在保护主义的色彩，不利于竞争和保持经济活力。

不管怎样，科尔宾经济学必须得到多数选民的支持才能使工党在下次大选中当选执政，使蓝图变为现实。工党之所以提出当下的主张，是因为以科尔宾为首的工党领导层相信厌倦了保守党经济自由主义那一套的英国人现在想要向左转了。民调显示，英国民众对增税和增加政府开支的支持率达到了2002 年以来的最高点。[③] 但由于因脱欧问题约翰逊政府与议会亲欧派已经摊牌，近期提前大选的可能性大幅增加。民调显示，选民对工党在脱欧问题上的模糊立场不满加剧，工党在民调中的支持率已明显落后于保守党。工党能否以科尔宾经济学在下次大选中赢得多数选民的支持仍是个未知数。

---

① “Corbynomics: The Great Transformation”, *The Economist*, 19 May 2018, p. 49.

② “Corbynomics: The Great Transformation”, *The Economist*, 19 May 2018, p. 49.

③ “The Labour Party: Hasta la Victoria?”, *The Economist*, 29 September 2018, p. 55.

B.11
英国高等教育发展现状与中英教育合作新动向

胡 婉*

摘 要： 英国于2017年正式颁布《高等教育和研究法》，自此开启新一轮的高等教育改革。2018~2019年英国在教育教学质量、科研绩效评估和教育国际化等层面推出一系列新举措。中英关系层面，两国关系总体保持发展，教育领域交流合作纵深推进，成果丰硕。

关键词： 高等教育新动向 教学卓越框架 科研卓越框架 教育国际化 中英关系

2018~2019年，英国政府继续推动高等教育领域的改革。第一，“教学卓越框架”稳步推进，同时开启国家层面的教学研究课题，旨在全面提升教学质量，增强学生对教学的满意度。第二，为持续提升科研在全球的竞争力，英国于2019年发布科研卓越框架2021年的评估标准等系列文件，在延续REF 2014评审环节的基础上，对部分内容做了调整，进一步优化科研绩效的评审过程。第三，在脱欧协议未能达成共识、脱欧前景不明朗的局势下，英国政府决心扩招留学生，增加教育产业收入，并出台一系列具体措施。此外，中英两国之间的教育交流与合作范围扩大，前景广阔。

---

* 胡婉，中央财经大学讲师，英国诺丁汉大学哲学博士，主要研究领域为高等教育政策、翻译教育。

一　持续推进的“教学卓越框架”

教学卓越框架（Teaching Excellence Framework，TEF）自2017年第一轮评估结果发布后，取得初步进展。2018～2019年度，另有30所高校或教育机构申请或重新申请参与排名。相较上一年度，本年度TEF的评审指标和排名结果出现一些新变化。从评审指标来看，英国全国学生满意度调查结果的权重减半，并补充了毕业生收入这一新指标。从排名结果来看，四所大学的排名有所提升，斯泰福厦大学和英国创意艺术大学由银级（Silver）升为金级（Gold）；威尔士三一圣大卫大学和罗汉普顿大学则由铜级（Bronze）升至银级。评级结果的提升意味着这些学校教学质量的提升。本年度还有六所大学重新提交了评估数据，但结果维持不变。这些学校包括提赛德大学（银级）、谢菲尔德大学（银级）、中央兰开夏大学（银级）、萨塞克斯大学（银级）、东伦敦大学（铜级）以及索尔福德大学（铜级）。[①] 2019年最新数据显示，一共有288所高等教育机构获得了TEF的评级，其中金级有77所、银级136所、铜级61所、临时评级14所。[②] 从各级的院校分布来看，大多数机构在过去两年中都维持了现有评级。根据评审小组对所有评级指标的汇总测算得知，学生对教学的整体满意度较高，学生的留存率较高，毕业生从事高技能职业的比例也很高。各分项指标的具体数据详见图1。

由于TEF对大学的评级基于一系列与教学质量相关的指标，TEF的结果能够为学生提供各类信息。通过评级结果，他们可以了解到哪些院校在教学领域表现优异，同时可以分析出哪些学校具有较高的毕业生就业率和学生满意度。总体而言，TEF的结果有助于本国和国际学生科学而便捷地择校。

---

① Seeta Bhardwa，“What is the TEF? Results of the Teaching Excellence Framework 2019”，19 June 2019，https：//www. timeshighereducation. com/student/blogs/what – tef – results – teaching – excellence – framework – 2019.

② Office for Students，“2019 TEF Outcomes”，https：//www. officeforstudents. org. uk/advice – and – guidance/teaching/tef – outcomes/#/tefoutcomes/.

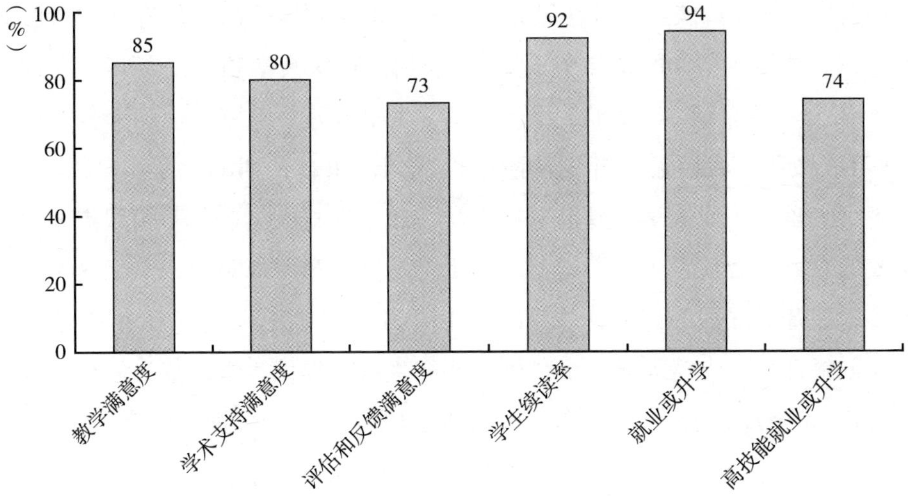

图1　2019 年度 TEF 各项评审指标学生满意度的数据分布

资料来源：*Overview of the TEF 2019*：*A Short Guide to the Awards*, June 2019, https：//www. officeforstudents. org. uk/media/0c6bd23e – 57b8 – 4f22 – a236 – fb27346cde6e/tef_ short_ guide_ – june_ 2019_ final. pdf。

虽然 TEF 是英国提升高等教育教学质量的有益探索，但“各界对其评估目的、评估方法、评估结果及应用，以及带来的其他影响始终争议不断”。①为此，教育部门任命拉夫堡大学前校长达姆·雪莉·皮斯（Dame Shirley Peace）教授为 TEF 独立审查专家，她将领导评级的审查工作，以确保这一世界上首例由政府主导的教学评级系统能为学生提供更加清晰的入学方案，同时保障 TEF 能够最大化地考虑学生的需求和利益。②

另外，为了创新教学方法，提高教学质量，帮助学生实现更好的学习成果，英国学生事务办公室推出两项研究计划。第一，启动“学习成果和学

① 马星、冯磊：《英国提升高等教育教学质量的新探索——“教学卓越框架”实施进展与争议》，《外国教育研究》2018 年第 11 期。

② UK Government, “Higher Education Expert to Review TEF”, 20 November 2018, https：//www. gov. uk/government/news/higher – education – expert – to – review – tef.

习增益”计划。[1] 该计划旨在研究如何衡量学生在接受高等教育期间所收获的知识、技能、工作准备和个人发展。约有70所大学和学院参与了前期的13个研究子项目。[2] 2019年3月，英国学生事务办公室召开全国大会，讨论“学习成果和学习增益”计划的阶段性成果。来自伯明翰大学、伦敦大学、诺丁汉大学、华威大学、曼彻斯特大学、布里斯托大学、伯明翰城市大学等院校的专家学者就学生学习增益、学生参与度、学生体验度、学生学习成果等议题展开了热烈的讨论，并给出了相应的解决方案。[3] 第二，推出学习与教授创新计划，支持大学为本科生和研究生教学提供教学改革与创新。该计划时长18个月，包括67项小规模的教学研究项目。这些项目分布于60所大学或学院，经费最高的项目落户于曼彻斯特城市大学，高达5万英镑。[4] 为确保上述项目能够为教学领域做出实质贡献，产生较大的影响力，这些项目的研究过程和结果将由外审团队对其展开评估，同时提供咨询团队，以保障项目的顺利进行。以上举措体现出英国教育部门提升高等教育教学质量的决心和贡献。

二 “科研卓越”框架新进展

英国大学最全面、最客观的科研评价体系“科研卓越框架”（Research Excellence Framework，REF）于2019年初发布即将启动的REF 2021的一系列重要文件，包括评估指南、学科评估标准及方法、跨学科研究评估标准、

① “学习成果和学习增益”（Student Outcomes and Learning Gain）也是TEF评级时的一大测量维度。其他两大项维度分别是：教学质量（Teaching Quality）和学习环境（Learning Environment）。

② Office for Students，“Learning Gain”，https://www.officeforstudents.org.uk/advice-and-guidance/teaching/learning-gain/.

③ Office for Students，“OfS National Conference on Learning Gain”，https://www.officeforstudents.org.uk/news-blog-and-events/events/ofs-national-conference-on-learning-gain/.

④ Office for Students，“What Are the Projects?”，https://www.officeforstudents.org.uk/advice-and-guidance/teaching/innovation-in-learning-and-teaching/what-are-the-projects/.

评估守则、各阶段工作时间表等。通过解读 REF 2021 的核心内容，新一轮的评估“以提升科研拨款质量和建立数据支持为评估目标”。① 文件明确提出，评估结果将成为 2022～2023 年度高等教育拨款的重要参考，同时也为国家科研战略决策提供数据支撑。②

相较上一轮评估（REF 2014），REF 2021 的评估指标未发生变化，依然是科研成果、科研影响和科研环境。但各指标的权重略有调整，科研成果的比例由 65% 降为 60%；科研影响的权重则由 20% 提升为 25%，增加了科研对教学和学生活动的影响；科研环境的权重维持不变（15%）。科研影响范围的扩大和指标权重的再次提升③，进一步说明英国重视科研成果自身的质量及其对社会经济发展的影响。由于教育教学质量和学生满意度在近年来越来越受到重视，也说明英国希望科研活动在服务社会经济文化发展的同时，能够对教学和学生活动产生积极影响，相互促进。

表 1　REF 2014 和 REF 2021 评审指标权重对比

单位：%

指标内容	REF 2014 权重	REF 2021 权重
科研成果	65	60
科研影响	20	25
科研环境	15	15

资料来源：根据 REF 2014 和 REF 2021 评估指南整理而成。

除评估指标权重的调整外，REF 2021 在参评人员组成、成果提交、评估单元、跨学科研究等细节层面也有相应的变化，具体体现在以下六个方面。

① 胡科、陈武元、段世飞：《英国高校科研评估改革的新动向——基于“科研卓越框架 2021”的分析》，《中国高教研究》2019 年第 8 期。

② “Guidance on Submission（2019/01）”，https：//www. ref. ac. uk/publications/guidance – on – submissions – 201901/。

③ 在 2008 年的科研评估（RAE 2008）中，科研声誉的比重占 10%。在 2014 年的评估中，科研声誉调整为科研影响，比重提升为 20%。2021 年科研影响的比重将再次提升到 25%。

其一，各所大学教学科研岗的所有教职员工都需要提交成果参与 REF 2021 年的评估。大学需要明确这些参评人员的组成，以及他们所属的主评估组和子评估小组。对这些参评人员的普查日期为 2020 年 7 月 31 日。此外，C 类工作人员的科研贡献应在科研环境这一指标中酌情加以记录。C 类工作人员指的是由各类组织机构聘用，而非在高校工作的成员。各类组织机构包括英国国家医疗服务体系（NHS）、研究委员会的部门、慈善机构等。

其二，每位参评人员按照全职人力工时（FTE）的 2.5 倍提交成果，每位参评人员提交的科研成果数不得超过五项，REF 2014 则为四项。REF 2021 还增加了对开放性获取成果的范围规定。成果提交环节的另一变化则是，各个大学可在规定数量内，提交已离职雇员的科研成果。前提条件是这些科研成果必须是该员工在就业期间首次公开提交的。

其三，REF 2021 的评估单元由 2014 年的 36 个精简为 34 个，学科由 53 个变为 48 个。①

其四，REF 2021 已出台新措施（包括指南和行为守则模板）以确保评估过程的公平、平等和透明。

其五，在科研环境这一评估指标中，新增机构层面的科研环境声明。这部分内容将为评估组的测评提供参考，但不会被单独评分。

其六，同 2014 年相比，各评估小组的任命工作发生了变化，由此前的一次任命变为分两个阶段进行。第一阶段于 2018 年组织各专业领域的专家，制定评估标准。第二阶段为 2020 年，将有更多的评审成员加入，以保证各评估小组的专家人数。

除上述细节外，REF 2021 组建了“跨学科研究咨询小组”（Interdisciplinary Research Advisory Panel，IRAP），为 REF 工作小组、各主评估组主席、UK Funding Bodies 建言献策，制定和执行相关措施，以保证跨

① 胡科、陈武元、段世飞：《英国高校科研评估改革的新动向——基于“科研卓越框架 2021”的分析》，《中国高教研究》2019 年第 8 期。

学科研究的评估工作将公平地展开。① IRAP 就实现公平评估提出了若干措施，比方说，将跨学科研究专长纳入各级别评估小组；发展跨学科研究咨询网络以及采纳协作工作模式；为大学和评估组在评估跨学科科研成果提供更多的指导等。此外，一项比较关键的措施则是发布补充指南以阐释如何将现有科研成果的评审标准（原创性、重要性、严谨性）应用于跨学科研究成果的评审中。②

我们可以从上述变化中看出，英国新一轮的科研绩效评估弱化了科研投入的权重，重视科研成果的产出及其社会经济影响力。③ REF 2021 增加跨学科研究评估，说明科研协同创新已成为大学可持续发展的重要趋势，加强各学科之间的交叉融合，推进协同攻关，有助于产出高质量的、对社会发展有益的高水平研究成果。

三　教育国际化与英国全球教育市场布局

英国政府进一步明确了国际教育对于英国的经济增长、巩固英国在全球教育市场上的地位以及应对未来更加激烈和广泛的竞争的重要作用。2018 年 8 月，英国政府制定新出口战略④，为脱欧之后英国加强与其他国家的经济贸易联系提供了政策支撑和行动方案。教育出口则是新出口战略的重要环节。有鉴于此，英国政府于 2019 年 3 月发布《国际教育战略——全球潜力与全球增长》这一重要文件。文件指出，全球教育市场正在飞速发展，带来无

① "REF 2021: Overview of Arrangements for Submission and Assessment of Interdisciplinary Research", March 2019, https://www.ref.ac.uk/media/1114/idr-overview-document.pdf.

② Athene Donald, "Interdisciplinary Research will be Treated Fairly in REF 2021", October 2018, https://www.timeshighereducation.com/blog/interdisciplinary-research-will-be-treated-fairly-ref-2021.

③ 李巍、马闯：《英国卓越框架（REF）对我国高校科研绩效评价的借鉴作用》，《中国军转民》2019 年第 2 期。

④ UK Government, "Export Strategy: Supporting and Connecting Businesses to Grow on the World Stage", 21 August 2018, https://www.gov.uk/government/publications/export-strategy-supporting-and-connecting-businesses-to-grow-on-the-world-stage.

限机遇的同时也面临着更广泛的竞争，英国必须采取措施迎接全方位的挑战：其一，扩大国际教育出口规模，到2030年创造350亿英镑的经济收入；其二，到2030年，英国国际留学生的数量将再提高30%，增加至60万人。[①]

为确保《国际教育战略》的顺利实施、实现上述数据目标，英国政府推出五项核心措施[②]，以支持整个教育领域的工作。第一，任命一位国际教育大使，帮助推广海外活动、发展全球合作伙伴关系。第二，鼓励教育部门参与“挑战基金”项目（GREAT Challenge Fund）。基金经费为500万英镑，以支持教育部门在全球的出口活动，拓展教育服务的广度。第三，继续为国际留学生提供一个温馨的环境，提供具有竞争力的人才吸引方案，包括延长毕业生的签证期限，简化签证流程，为留学生就业提供支持等。第四，设立“全政府部门参与”的方案，贯彻实施教育领域与政府其他部门融合的工作框架，固定跨部门的协作工作模式。第五，发挥数据的作用，提升教育出口活动数据的准确性，建立一套更健全的指标体系来明确数据的来源范围，为教育出口活动提供更清晰的方案。

通过探究与解读英国《国际教育战略》，可以发现英国在提高其国际教育知名度、进一步挖掘国际教育发展潜力、巩固英国高等教育全球竞争力等层面所做的努力。这份战略报告的发布，也说明英国希望最大限度发挥教育产业的潜力，通过教育国际化为本国经济发展做出贡献，以应对脱欧之后面临的挑战。

四　2018～2019年中英教育合作新动向

回顾2018～2019年，中英两国在赴英留学、区域间教育交流与合作、科研创新、低龄教育、孔子学院内涵式发展等层面进展顺利，成果丰硕。本年度的中英教育合作动向可归纳为以下六个趋势。

---

① UK Government, “International Education Strategy: Global Potential, Global Growth”, 16 March 2019, https://www.gov.uk/government/publications/international-education-strategy-global-potential-global-growth.

② UK Government, “International Education Strategy: Global Potential, Global Growth”.

其一，“留英热”持续升温。英国内政部、英国大学（Universities UK）等机构公布的数据显示，中国赴英留学生人数持续增长，截至 2018 年，留学生总数接近 10 万人，增幅达 13%。①

其二，中英两国地区间的教育交流更加频繁，教育合作取得积极进展。以 2018 年 10 月召开的第四届中英地方领导人峰会为例，中英双方代表就高校国际交流与合作、职业教育服务地方发展等议题展开深入探讨。在校际交流层面，大连市多所高校与英方对接院校签署了合作备忘录。具体而言，大连职业技术学院与英国西北地区学院签署合作协议；大连大学美术学院与格拉斯哥美术学院建立了合作项目。大连外国语大学与英国贝尔法斯特女王大学签署合作协议，致力于融合中英两国各具特色的教育体系，未来将在师生互访、科研合作、学术交流、课程对接等方面展开全方位合作。上述合作成果体现了中英两国在地区合作平台的内涵式发展。②

其三，中英两国在科研与创新领域的合作进入新阶段。2018 年是中英两国建立科技联系 40 周年。在中英科技创新合作联委会第 9 次双年会中，中英双方回顾了目前已有的合作成果，并探讨了中国与英国未来科技联系的发展方向。此次年会，双方在 2017 年达成的“中英科技创新合作战略”基础上发起一项“旗舰挑战计划”，在农业科技和健康老龄化等领域进一步落实合作战略，以期应对气候变化、人口增长、环境污染和自然资源减少等全球性问题带来的挑战。③ 同年 11 月，英国国家科研与创新署（UKRI，前身

① 《中国赴英留学生 2018 年增幅达 13% 总数已接近 10 万人》，中国新闻网，2019 年 3 月 4 日，https：//baijiahao. baidu. com/s? id = 1627058252883438158&wfr = spider&for = pc。

② 《第四届中英地方领导人会议在大连召开》，新华网，2018 年 10 月 17 日，http：//www. xinhuanet. com/world/2018 - 10/17/c_ 129973480. htm；《第四届中英地方领导人会议召开签署七项合作协议》，大公网，2018 年 10 月 16 日，http：//www. takungpao. com. hk/mainland/text/2018/1016/190266. html。

③ UK Government，《中英部长同庆两国建立科技联系 40 周年》，2018 年 11 月 29 日，https：//www. gov. uk/government/news/uk - and - chinese - ministers - celebrate - 40th - anniversary - of - scientific - relations. zh；《第十次中英经济财金对话政策成果》，中华人民共和国驻大不列颠及北爱尔兰联合王国大使馆，2019 年 6 月 17 日，https：//www. fmprc. gov. cn/ce/ceuk/chn/zywl/t1674577. htm。

为英国研究理事会，RCUK）成立中国处，进一步扩大中英两国跨学科合作研究，促进两国科学家之间的合作与交流，助推科研成果转化与落地，在促进两国科研人员交流与合作的同时，促进经济增长，推动社会发展。自2018年以来，中英两国促成了五项双边研究计划，涉及能源、气候变化、抗生素耐药性、医疗和康复机器人等多个领域。① 除科研合作计划外，中英两国均表示欢迎留学生和学者在对方国家开展学习研究。

其四，第十次中英经济财金对话助推教育合作落地。第十次中英经济财金对话于2019年6月在伦敦举行。通过此次对话，中英双方除签署多项商业协议外，还在教育、科技、金融服务等重要领域达成合作意向。从签署的合作协议来看，中英双方的教育合作扩展到低龄教育和双语教育领域，引入全人教育理念，呈现出新的发展态势。例如，中英两国将在幼教领域开展合作，计划于未来5年内在中国建立50家托儿所。英国老牌私立学校克雷格学校将与中国康德教育集团在中国共建克雷格双语学校，推动中英教育合作深入发展。② 英国私立寄宿名校莱普顿学校和中国侨鑫教育集团有限公司达成合作协议，拟在粤港澳大湾区合办双语学校，覆盖幼儿园到高中的一站式教育。③ 除组建双语学校，中英两国深化出版合作，业务领域由版权输出和图书推介拓展到个性化的阅读市场。④

---

① 《英国国家科研与创新署中国处成立》，《中国科学报》2018年11月15日，http：//news.sciencenet.cn/sbhtmlnews/2018/11/340901.shtm？id=340901。

② 《康德教育与英国百年名校克雷格公学达成合作 即将来华建校》，康德网，2019年6月7日，http：//www.cogdel.com/infoview.php？d=1261。

③ 《侨鑫教育携手英国莱普顿学校合办双语学校》，搜狐新闻，2019年6月20日，http：//www.sohu.com/a/321763419_119890。

④ 《中英经济财金对话协议》，2019年6月17日，https：//www.gov.uk/government/news/tenth-economic-and-financial-dialogue-held-between-the-uk-and-china.zh；《中国国务院副总理胡春华访问伦敦，英国企业在多领域取得巨大成功》，2019年6月17日，https：//www.gov.uk/government/news/big-wins-for-british-businesses-as-vice-premier-hu-chunhua-visits.zh；《第十次中英经济财金对话政策成果》，中华人民共和国驻大不列颠及北爱尔兰联合王国大使馆，2019年6月17日，https：//www.fmprc.gov.cn/ce/ceuk/chn/zywl/t1674577.htm。

其五，在英孔子学院和孔子课堂进入新的发展阶段，中国文化和理念在英国进一步推广。过去十余年，开设在世界各地的孔子学院积极开展汉语教学，举办各类文化活动，促进文化交融，增进中国与世界人民的友谊，“孔子学院的发展已经进入一个全面升级的新阶段”。[①] 以英国为例，截至目前，英国已有29所孔子学院和3间孔子课堂，是欧洲开设孔子学院最多的国家。2018~2019年，英国德蒙福特孔子学院、英国威根雷学院孔子课堂等在英孔子学院和课堂相继举办系列庆祝活动，为当地市民提供体验中国文化的平台。此外，孔子学院在英国的发展，由文化交流扩展到学术和其他领域，通过组织学术年会、设立研究机构等多种形式促进中英两国在各领域内的交流融通。2018年9月，谢菲尔德大学举办英国及爱尔兰孔子学院年会。年会下设8个分论坛，来自中、英、爱的参会代表围绕孔子学院办学质量评估、中小学教学可持续发展、汉语能力考试与本土教学以及孔子学院未来发展战略等议题展开了充分的探讨。[②] 此外，英国兰卡斯特大学成立“一带一路”研究院（The Lancaster University Belt and Road Research Consortium, LUBRRC），是英国首家“一带一路”研究院，也是英国首家由孔子学院牵头的“一带一路”学术研究机构。[③] 研究院旨在汇集知名学者、政策研究人员、行业专家和政府官员，组建一支跨学科的科研团队，以产出世界领先的关于“一带一路”研究的学术成果。[④] 该研究院的成立“意味着兰卡斯特大学与中国的合作更加深入和丰富”，同时也意味着孔子学院的影响范围由语

① 《孔子学院进入全面升级新阶段》，《人民日报》（海外版）2018年7月20日，http://paper.people.com.cn/rmrbhwb/html/2018-07/20/content_1869174.htm。

② 《2018年英国及爱尔兰孔子学院年会在谢菲尔德大学举行》，汉办官网，2018年9月21日，http://www.hanban.org/article/2018-09/21/content_746460.htm。

③ "Belt & Road Research Consortium Launched at Lancaster University", *Belt and Road News*, June 2019, https://www.beltandroad.news/2019/06/10/belt-road-research-consortium-launched-at-lancaster-university/.

④ "Belt & Road Research Consortium Launched at Lancaster University"; "Belt and Road Initiative Conference and Launch of the Belt and Road Initiative Research Consortium", Lancaster University Confucius Institute, June 2019, https://www.lancaster.ac.uk/confucius-institute/news-and-events/news/2019/bri-conference/.

言和文化传播扩展到中国研究的各个领域。① 综上所述，这些学术和文化活动，是在英孔子学院提升质量、增强效率、实现内涵式创新发展的有力举措。

其六，在已有的文化交流与教育合作领域，中英双方深化交流与合作。例如，“中英数学教师交流项目”已经成为两国促进交流、拓展合作的品牌项目。数据显示，双方已互派 5 批中小学教师 720 多人次。在 2019 年度的交流项目中，有 86 位上海中小学数学教师来英，90 多位英国数学教师到访上海。中英两国的中小学数学教师之间的深入交流，不仅能提高其自身的综合素质，拓宽职业发展路径，亦能惠及中英两国更多学生，产生广泛而积极的影响。②“汉语桥”世界大学生中文比赛也已成为中英教育交流与合作的知名品牌。2019 年 4 月举办的第十八届“汉语桥”世界大学生中文比赛全英大区赛决赛孵化出又一批汉语水平优秀、通晓中国文化的人才。同时，本届赛事推出了一系列创新举措，得到了中资在英企业和中国知名高校的支持，包括提供实习岗位、留学中国的咨询服务等，效果良好。③

总体而言，2018～2019 年，中英两国的教育交流与合作日益广泛，在低龄教育、国际教育、高等教育领域均有涉猎。英国优质的教育资源得以在中国落地，影响更多学生。在英孔子学院对促进中英两国的教育人文交流发挥了重要作用，是提升中华文化国际影响力的重要一环。

---

① 《英国兰卡斯特大学成立“一带一路”研究院 进一步促进中英交流与合作》，国际在线，2019 年 6 月 8 日，http://news.cri.cn/20190608/ba2be655 - 5878 - a1db - fe62 - 2f5cc5a14801.html。

② 《驻英国使馆举办“中英数学教师交流项目”新春招待会》，中华人民共和国驻大不列颠及北爱尔兰联合王国大使馆，2019 年 1 月 28 日，https://www.fmprc.gov.cn/ce/ceuk/chn/dssghd/t1632890.htm；《为中英教育交流合作增光添彩》，中华人民共和国驻大不列颠及北爱尔兰联合王国大使馆，2019 年 1 月 26 日，https://www.fmprc.gov.cn/ce/ceuk/chn/dssghd/t1632656.htm。

③ 《刘晓明大使出席第十八届“汉语桥”世界大学生中文比赛全英大区赛决赛》，中华人民共和国驻大不列颠及北爱尔兰联合王国大使馆，2019 年 4 月 8 日，https://www.fmprc.gov.cn/ce/ceuk/chn/dssghd/t1652013.htm。

B.12

英国传媒的新境况与恒久主题

李丹林　王 悦*

摘　要： 2018～2019年，英国传媒新的图景在不断展现。报刊业的转型有获得成功的更好例证，视听领域的变革在加剧，播客和智能语音交互技术备受关注，视频内容消费成为主流。互联网公司、社交媒体平台在新闻出版领域的功能越来越突出，关于平台的性质和责任的认识和争论成为一个突出的问题。总体上，广告业继续向好，数字广告的比重越来越大，2018年移动端广告投放首次超过PC端。在传媒监管方面，如何维持和提升新闻的公信力、治理虚假信息、保护受众尤其是儿童以及弱势群体的利益、保护个人的数据权利是监管的主要方面。脱欧给人们对新闻的态度、出版业的收益等带来一定的影响。从历史视角看，2018～2019年度是充满不确定时代的一个时期，引发英国人对于新闻业的未来、互联网带来的更多消极内容的担忧。

关键词： 英国传媒　报刊业转型　外部监管　平台责任

在英国，高速的互联网接入、层出不穷的新型视听内容服务类型以及社交媒体颠覆了传统传播介质和模式造就的媒体图景及人们的内容消费和

* 李丹林，博士，中国传媒大学法律系主任、媒体法规政策研究中心主任，教授、博士生导师，研究方向为传媒政策与法规；王悦，中国传媒大学传播学专业2018级博士研究生。

行为习惯。这使英国传媒在整个转型时期面临各种问题：媒体应该如何发展？如何平衡、协调、规范和约束媒体及网民行为？在内容、信息、数据之间能否建构协调统一的监管体制和机制？传媒组织的核心价值和所要保护的群体是什么？本报告基于对 2018 ~ 2019 年英国传媒业发展和监管问题的观察，首先进行基本描述，然后分析和揭示其中的变与不变，并对未来进行展望。

一　2018 ~2019年英国传媒发展状况

（一）平面媒体

1. 报纸和杂志

根据 PAMCo 公布的数据，自 2018 年 4 月至 2019 年 3 月，通过对 140 种印刷报刊和 106 种数字报刊的调查，在超过 15 岁的人口中，每个月英国报刊读者的总人数为 4951. 9 万人，报纸读者为 4816. 3 万人，杂志读者为 4126. 0 万人；每周的情况：总人数为 4734. 2 万人，报纸读者 4501. 6 万人，杂志读者为 3054. 7 万人；每天的情况：总人数为 3581. 1 万人，报纸读者为 3220. 4 万人，杂志读者为 1271. 9 万人。在每月阅读报刊的人中，通过纸质版阅读的总人数为 3217 万人，台式电脑端为 1980 万人，移动端（包括手机和平板电脑）为 4306 万人①。这些数据都比 2017 ~ 2018 年度同比有增加。② 有分析认为，这不仅与英国脱欧进入胶着期，人们更多期望通过专业媒体了解信息有关，也应该与人口增长有关。通过比较 2018 年底英国人口总数

① PAMCo，“PAMCo 3 2019：Jul’ 18-Jun’ 19（June’ 19 Comscore data）”，https：//pamco. co. uk/pamco – data/infographics/.

② 2017 年，在超过 15 岁的人口中，每个月英国报刊读者的总人数为 4723. 1 万人，报纸人数为 4503 万人。在每月阅读报纸的人中，通过纸质版阅读的总人数为 2610 万人，台式电脑端为 1305 万人，移动端为 3105 万人。

（约为6657万人[①]）可以看出，英国人口中阅读报刊者占总人口比例非常高。

在严肃报纸方面，《卫报》及其网站每月的阅读量为2493.9万人次；《泰晤士报》及其网站每月的阅读量则仅有855.8万人次。大众报刊方面，《每日邮报》超越《太阳报》成为受众量最大的英国日报。根据PAMCo最新统计，《每日邮报》（含《星期天邮报》和邮报在线网站）每月受众量高达3111.5万人，反超长期占据报业鳌头的《太阳报》。《每日邮报》在平板电脑端的受众量居全国第一，在PC端的受众量则仅次于《卫报》而位居第二。《太阳报》则继续保持移动端和付费订阅受众量冠军的宝座。

PAMCo的数据还显示，《独立报》关闭纸质版转为纯网络报纸以来，网络读者大幅上升，每月阅读量达到1947.6万人次。[②]

为了保证读者看到最新最全的内容，英国报纸多数是多版本出版的。[③]与此同时，对英国报业来说，尽管大部分新闻都会选择在数字端首发，但对那些能够确保独家的新闻，通常还是会留给报纸首发，以保证报纸读者的权益。这也是在英国报业普遍低迷的情况下阅读纸质版报纸的人数反而增加的原因之一。[④]

为了应对报业低迷的状况，英国传统报业探索出付费、订阅、捆绑式销售等商业模式。大多数对在线新闻的支付都是“持续的”支付。这包括与纸质版订阅或有线、宽带服务捆绑在一起的新闻访问，以及允许人们跨越付费墙的直接订阅。英国传统报业在积极寻求转型之路。例如《金融时报》开创的订阅模式，截至2019年4月1日，付费人数达到100万，创历史新高。面对新一代的消费者和消费习惯的变化，英国出现了诸如“新闻大亨”

---

① 参见《英国人口2019总人数》，预测-排行榜123网，https://www.phb123.com/city/renkou/country_21.html。

② PAMCo，https://pamco.co.uk/pamco-data/latest-results/。

③ 例如《太阳报》第一版通常在22点左右付印，印数约为50万份，主要送往海外及相对偏远地区；在22点以后如有独家、突发或漏发新闻，会及时补充印刷第二版甚至第三版。

④ 董立林：《从追逐流量到抓住用户——浅观英国报业转型过程中的用户思维》，《传媒评论》2018年第10期。

（Mogul News）的新闻聚合网站。客户端内容由《金融时报》、《经济学人》和彭博新闻社三大全球著名财经媒体共同提供，并提出“简捷而可接受”的付费价格：每月 9.99 英镑。该客户端根据三大编辑部的推荐和用户反馈，挑选最佳文稿，包括观点鲜明的优质评论。与目前报纸读者的主要阵容不同，Mogul News 主要读者群是 23 ~ 38 岁的“千禧一代”读者。

另外一个具有代表性的商业模式的创新是英国的《卫报》。《卫报》利用自身的品牌优势推出卫报书城、卫报电子书等销售平台，尝试通过提供中介平台的方式，与出版商、文化创意产业的从业人员合作出版，并收取佣金。卫报的消费者媒体总监亚当·弗里曼（Adam Freeman）表示，这样的做法对于缺乏资源制作大量内容的中小型出版商十分具有吸引力。此外，《卫报》也致力于开发社交平台网站，如因应网络交友文化的流行，《卫报》推出交友网站——卫报心灵伴侣（Guardian Soulmate），鼓励《卫报》读者相互配对，使该网站成为英国排名第三的社交网站。①

《卫报》的创举使其成为内容提供商兼营电子商务的平台，有了收取佣金的可能。但对绝大多数出版商尤其是中小型出版商来说，他们希望利用平台吸引流量，并使平台上的受众能够回到那些可以让他们付钱并建立更加忠诚、可持续的关系的地方，例如内容提供者的网站。② 但这只是一种脆弱的“友谊”。牛津大学最近的研究表明，出版商很清楚，短期内他们需要与平台合作，是因为他们有一种强烈的“害怕错过”的感觉。但从长远来看，这种关系正在创造一种依赖文化。

《泰晤士报》总编辑约翰·威瑟罗认为，“将最尖锐的技术与最优质的内容进行嫁接”，是新闻媒体的“成功秘诀”，其中视频和音频就是扩大受众面的有效工具。“我们的新读者来自 Netflix、Spotify、Amazon Prime Vedio……他们明白，要想获得好的服务，就要为之付费。而我们的挑战就

① 张煜麟：《“开放式新闻”商业模式的兴起与运作特点——以英国〈卫报〉新闻集团为例》，《现代传播》2014 年第 7 期。

② 英国报纸几乎不会在社交平台上直接发布新闻，而只是发布链接，将社交平台作为吸引用户的工具，将这些流量更好地转化为用户。

在于，要把内容服务做得足够好。”[①]

2. 图书

英国图书市场整体保持稳健发展。英国出版商协会公布的2018年度出版产业报告显示，2018年，英国包括纸质书、电子书、有声书等在内的出版物总销售额为60亿英镑，较2017年上升2%。数字销售收入增长了3%，达到26亿英镑，实体销售收入下降了5%，为34亿英镑。出版业出口总额仍保持在35亿英镑的水平，占总销售收入的59%。

值得关注的是，实体书销售量在连续三年增长后首次出现下滑。这一情形的出现既有必然因素，又有偶然因素。必然因素是随着技术的发展，语音技术对图书出版的影响开始变得显著。在移动互联时代，图书已不再是人们的首选活动。电影、游戏、网络社交等可以在智能设备上进行的活动，都在不断与阅读“争夺时间”。在英国，图书出版商将开拓手机领域作为发展的第一目标并且认识到搜索引擎的重要性。2019年，交互和非线性音频故事猛增，语音搜索随处可见，订阅服务已成为图书出版界重要的一部分。[②]2018年有声书表现突出，增幅达43%，销售额达到6900万英镑。偶然因素是脱欧影响。[③]脱欧对很多重要的文学活动造成影响，例如由于脱欧的不确定性，苏格兰的爱丁堡国际图书节难以招募员工，组委会也不得不制订应急计划取消一些活动。[④]

有声书的普及与播客平台的日趋成熟也紧密相连。“播客在带动声音市场的同时也将图书纳入了考虑范围。出版商不吝于斥巨资建造录音室，邀请

① Freddy Mayhew, “Times Editor John Witherow: ‘the Only Thing that will Survive the Revolution will be Quality’”, *Pressgazette*, 11 June 2019, https://www.pressgazette.co.uk/times-editor-john-witherow-the-only-thing-that-will-survive-the-revolution-will-be-quality/.

② Molly Flatt, “Publishing Innovators Identify the Big Disruptions for Books In 2019”, *the Book Seller*, 2 January 2019, https://www.thebookseller.com/futurebook/publishing-innovators-identify-big-disruptions-books-2019-918696.

③ Ruth Howells, “Digital Growth Drives Value of UK Publishing Industry to £6bn”, *the Publishers Association*, 26 June 2019, https://www.publishers.org.uk/news/releases/2019/pa-publishing-yearbook-2018/.

④ 香江波：《数字内容对英国图书馆危机的影响》，《出版参考》2019年第5期。

知名演员录制有声书。”洛丁加说道。

流媒体巨头也纷纷进军有声书市场。2019 年 3 月，音乐流媒体平台 Spotify 宣布在非音乐领域投入 5 亿美元。有声书的普及也悄然改变着新书的发行方式，越来越多的海外书商选择同步发售有声书和纸质书两种版本。[①]

在社交网络和搜索引擎公司蓬勃发展的背景下，英国的出版商受到了不小的冲击，像 Facebook、谷歌、Twitter 和亚马逊这样的公司正在蚕食他们的收入、受众甚至内容创作和分发系统。

（二）广播电视

从媒介使用的情况看，很多人仍在看电视，但看电视的时间在减少。2018 年电视周平均覆盖率为 88.5%，低于前一年的 90.2%。在电视机上看电视的时间下降较快，4 岁以上的英国人每天观看电视 192.4 分钟，各个年龄段观看电视的时间相比 2017 年都有所下降。[②] 英国人每天看电视的平均分钟数下降了 11 分钟，降至 3 小时 12 分钟，公共广播电视及其组合频道占据收视量的 71%。观看直播电视的时间也在减少，在年轻观众中减少得更为明显。16～24 岁的青少年平均每天观看电视 1 小时 25 分钟，比 2017 年少 15 分钟；25～34 岁的青少年平均每天看电视 2 小时 2 分钟，比 2018 年减少 18 分钟。[③]

收听广播的人数仍然很高（89.4%），收听广播的时间也与上年同期持平。2019 年第一季度，每位听众平均每周收听广播 20 小时 54 分钟。15～24 岁的年轻人每周花 12 小时 48 分钟听广播，数字收听的比例从一年前的 51% 上升到 56%。在全国商业电台中，83% 的收听是通过数字平台进行的，较 2015 年上升了 21%，原因是自 2016 年国家数字音响多厅系统推出以来，

① 详情参见网站 https：//www. publishers. org. uk/。

② Ofom，“The Communications Market Report-Interactive Data”，4 July 2019，https：//www. ofcom. org. uk/research－and－data/multi－sector－research/cmr/interactive－data.

③ Ofcom，*Communications Market Report 2019*，4 July 2019，https：//www. ofcom. org. uk/_ _data/assets/pdf_ file/0028/155278/communications－market－report－2019. pdf.

全国可用的数字商业电台数量有所增加。[①]

根据 Rajar 发布的数据，2019 年第一季度每周有 4890 万名成年人（15 岁以上）收听他们选择的电台。第二季度平均每周收听广播的总时间为 10.23 亿小时。[②] 平均每个听众每周收听 20.9 小时的广播直播。就覆盖范围而言，3600 万名成年人每周通过数字平台（DAB、DTV、在线或应用程序）收听广播。据调查，有 41% 的 15 ~ 24 岁社交媒体用户希望收到他们最喜爱的电台和主持人的最新消息，而这一比例在成年社交媒体用户中占 31%。[③]

播客在英国蓬勃发展。根据 Ofcom 在 2018 年 9 月 30 日国际播客日发布的调查结果，每周有近 600 万人收听播客，每周收听人数在五年内几乎翻了一番[④]，在英国收听人口的总体比例，由 7% 上升到了 11%。这一增长遍及所有年龄段，增长最快的是 15 ~ 24 岁的年轻人，大约五分之一的人每周听播客。英国听众可以通过多种渠道收听播客。最常用的是 BBC 网站和应用程序（36% 的播客听众使用）、YouTube（26%）和 iTunes（25%）。其他来源包括 Spotify 等流媒体服务以及报纸网站或应用程序。[⑤]

2018 年，英国商业性广播公司的总收入为 113 亿英镑。付费电视和其他收入（如电视购物和赞助）的增长弥补了净广告收入 4% 的下降。[⑥] 公共广播电视在英国原创节目方面的支出随着时间的推移而下降，从 2004 年的 35 亿英镑的实际峰值下降到 2017 年的 25 亿英镑。2018 年，公共广播电视在新的原创内容制作上花费了 26 亿英镑。其中，事实性内容占支出的五分之一，比例最高，其次是体育和娱乐性内容。[⑦]

---

① Ofcom, *Communications Market Report 2019*.

② RAJAR, "Rajar Data Release, Quarter 1, 2019", 16 May 2019, https://www.rajar.co.uk/docs/news/RAJAR_DataRelease_InfographicQ12019.pdf.

③ RAJAR, "Rajar Data Release, Quarter 1, 2019".

④ 从 2013 年的 320 万增加到 2018 年的 590 万。

⑤ Ofcom, "Podcast Listening Booms in the UK", 30 September 2018, https://www.ofcom.org.uk/about-ofcom/latest/features-and-news/uk-podcast-listening-booms.

⑥ 2016 年和 2017 年的跌幅为 7.5%。

⑦ Ofcom, *Communications Market Report 2019*.

广播电视在很大程度上受到了在线视频服务商的影响。互联网将成为提供电视内容的平台，其优势在于与传统的付费电视不同，在线付费电视服务可以分为不同的产品，一是通过传统的基于机顶盒的模式，一是通过在线分发精简、紧凑的捆绑式服务。在英国，最大的两个在线视频服务商是 Netflix 和 Amazon。它们提供订阅视频点播（SVOD）服务和交易型视频点播（TVOD）服务，并鼓励用户购买和租赁通过 SVOD 服务无法获得的新上映内容。[①]

（三）广告

2018 年英国广告表现整体较好，全年广告总收入达 235.7 亿英镑，相比 2017 年的 221.9 亿英镑，有较大的幅度增长。受脱欧影响，英国广告在 2018 年第四季度较同期有所回落。其中，数字广告收入为 134.4 亿英镑，同比增长 13%，约占英国广告总收入的 57%；电视媒体广告收入为 51 亿英镑，占广告总收入的 22%。[②]

从广告投放具体领域来看，电视广告投放下降，广播广告投放有所提升。报纸和杂志广告自 2012 年起持续下滑，数字广告及户外广告支出上升，影院广告则较为稳定。[③]

根据互动广告局（IAB）与普华永道（PwC）发布的数字广告投放研究报告，2018 年移动广告已占到数字广告总投放的一半以上（51%），为有史以来最高纪录。2018 年，谷歌和 Facebook 的广告收入占据了英国数字广告收入的 61%。它们的网站是英国成年人访问量最大的网站。订阅作为一种商业模式正在快速增长，特别是在娱乐和新闻领域，其订阅收入分别占整体

---

① 《2019 年趋势观察：高级 OTT 视频服务》，《电信工程技术与标准化》2019 年第 6 期。

② Ofcom, *Online Nation Summary*, 30 May 2019, https://www.ofcom.org.uk/__data/assets/pdf_file/0024/149253/online-nation-summary.pdf.

③ Ofcom, "The Communications Market Report-Interactive Data", 4 July 2019, https://www.ofcom.org.uk/research-and-data/multi-sector-research/cmr/interactive-data.

广告收入的64%和39%。①

根据2019年7月30号AA/WARC发布的报告，2019年第一季度，英国广告投放同比增长4.2%，达到61亿英镑，标志着市场连续第23个季度增长，增长突出的领域是搜索、网络展示（online display）、电视点播、在线广播、户外数字（digital out of home）和影院等领域。网络广告投放在多种形式中表现突出，第一季度网络广播投放同比增长26.5%。电视点播广告投放增长17.5%，在线显示广告投放总量增长16.6%。户外数字广告第一季度增长10.9%。由此，英国成为欧洲最大的网络广告市场。2019年第一季度的电影市场份额较2018年第一季度增长了12.3%。②

表1　2018年广告投放量

单位：百万英镑，%

	2018年广告投放金额	2018年对比2017年变化
网络展示	5332	21.4
电视	5111	0.1
电视点播	391	29.4
直接邮寄	1552	-8.7
在线分类	1451	-1.3
户外	1209	5.7
户外数字	603	14.7
全国性新闻	969	-7.1
在线全国性新闻	274	-2.6
地方新闻	804	-9.3
在线地方新闻	228	7.6
杂志	718	-7.5
在线杂志	270	-0.3
广播	714	5.1

① Ofcom, *Online Nation Summary*, 30 May 2019, https://www.ofcom.org.uk/__data/assets/pdf_file/0024/149253/online-nation-summary.pdf.

② 数据来源于WARC, *The Advertising Association/WARC Expenditure Report*, http://expenditurereport.warc.com/。

续表

	2018 年广告投放金额	2018 年对比 2017 年变化
在线广播	45	30.6
电影	254	-2.1
英国广告总投放	23561	6.2

注：视频点播、新闻和杂志品牌的数字广告投放、广播电台网站也包含在网络展示广告和在线分类广告中。

资料来源：WARC, *The Advertising Association/WARC Expenditure Report*, http://expenditurereport.warc.com/。

（四）网络

截至 2018 年底，英国近四分之三（72%）的移动连接是 4G 网络，一年前是 66%。EE 和沃达丰（Vodafone）已经在英国推出了商用 5G 服务，其中包括 3 项 5G 网络计划于 2019 年 8 月上线，O2 网络将于 2019 年晚些时候上线。2018 年，全国固定和移动平均数据消费量快速增长，人均数据使用量达到 59.4%，固定宽带线路每月增长 26%，达到 240GB，移动平均每月使用数据连接增加 25%，达到 2.9GB。虽然数据消耗快速增长，但语音总使用量继续下降，而且还在从固定电话转向移动电话：2018 年，固定电话的总呼出量下降了 17%，而手机通话量则增长了 5%。智能手机的广泛使用意味着消费者可以使用其他形式的智能手机通信，如电子邮件、基于 web 的消息服务（如 WhatsApp 和 Facebook）以及社交网站。这导致短信的使用进一步减少。2018 年，彩信数量减少了 50 亿条（6%），降至 740 亿条。①

2019 年，87% 的英国家庭拥有互联网接入，82% 的人使用家庭宽带，70% 的人使用 4G 移动服务上网。2018 年 9 月，英国成年人平均每天上网时间为 3 小时 15 分钟，比 2017 年同期增加了 11 分钟。这意味着一年中有

① 数据来源于 *Communications Market Report 2019*, *Ofcom*, https://www.ofcom.org.uk/__data/assets/pdf_file/0022/117256/CMR-2018-narrative-report.pdf。

1192 个小时：相当于一年中有大约 50 天。智能手机用户花在智能手机上的时间占总上网时间的 68%。当把花在平板电脑上的时间加进去时，人们上网总时间的 75% 是在移动设备上。超过一半（51%）的人认为，手机是 2018 年访问互联网最重要的设备。

根据 Ofcom2019 年工作计划，2019 年 Ofcom 将继续提供更好的宽带和移动服务，包括鼓励投资并提高全国宽带和移动覆盖率，使每个人都能从其提供的服务中获益。Ofcom 还将与通信公司合作，以确保网络的强大和安全，并能抵御停机或其他网络攻击。在用户方面，Ofcom 将采取措施，确保宽带、电话和电视客户，尤其是其中的弱势群体，受到公平对待；保护在脱欧进程中英国消费者和电信行业的利益。①

在社交媒体使用方面，约 70% 的英国成年人拥有社交媒体账户，而每五分钟就使用一次社交媒体。平均来说，英国网民每天花 39 分钟在 Facebook、Snapchat、WhatsApp、Instagram、Tumblr、Twitter、LinkedIn、Reddit 和 Pinterest 等服务上。Facebook 的使用率由 2016 年的 95% 下降到 2018 年的 88%，但尽管如此，Facebook 在覆盖范围、消费和收入方面仍然是英国最大的社交媒体网站。

视频成为占据英国互联网流量的主要部分。② YouTube 是英国目前流量最大的视频网站和应用程序，92% 的英国网民每月访问一次，平均每天 27 分钟。根据英国 ofcom“成年人媒介素养追踪”报告，在 13 类网络内容消费类型中③，有 62% 的用户听音乐，57% 的人看的是教授知识和如何操作的视频。56% 的人看的是搞笑视频，42% 的人看的是短视频，29% 的人观

---

① 详情参见网站 https：//www. ofcom. org. uk。

② 包括流媒体电视和视频，以及进行视频通话和在线游戏等活动。

③ 音乐视频（music video）、传授示范类视频（“how to” video）、搞笑类视频（funny videos）、短视频影视片段（short entertainment videos）、购物查询（review about things）、新闻时政和纪录片（news，current affairs and documentary）、体育（sports）、完整的电视节目和电影（whole TV programm and film）、游戏（game）、有影响力博主的视频播客（vlog of vloggers）、政治演说或行动（political speeches and campaign）、其他类型的视频（other types videos）、宗教演说和事件（religious speeches and events）。

看新闻、时政和纪录片，29% 的人观看体育节目，25% 的人观看完整的电视剧和电影，13% 的人玩游戏或观看游戏，10% 的人观看那些具有影响力的博主的视频播客，9% 的人观看政治演说等等。[①] YouTube 也越来越被用作搜索工具，2019 年 40% 的英国成年人直接通过 YouTube 网站或应用程序进行搜索。

二 2018 ~2019年英国传媒监管的主要方面

（一）平面媒体

作为报业监管机构的 IPSO 和 IMPRESS 在 2019 年继续促进和维护提高编辑标准。IPSO 支持公众和坚持高标准的新闻是其重要工作。2019 年 6 月，IPSO 发布了新的关于报道重大事件的指南。根据《编辑实务守则》，该指南涵盖了三个关键领域：对突发新闻的报道、事件的直接后果和周年纪念日的报道，并概述了记者和编辑需要考虑的关键问题和重要事例。该指南还向公众提供了新的信息，帮助他们了解媒体在报道重大事件时的期望、媒体向何处寻求帮助以及 IPSO 会如何支持他们。守则主管夏洛特·厄温（Charlotte Urwin）说："媒体报道重大事件是出于公众利益的考虑，但这可能具有挑战性——有时要求编辑和记者做出困难的决定。"

IPSO 扩大了工作范围，提升了对重大事故情况下如何支持受害者、家庭和机构的认识，以回应克斯莱克（Kerslake）审查中提出的建议。[②] IPSO 还特别为家长、监护人和其他公众发布了《编辑实务守则》中保护儿童的具体规则的解释，包括采访儿童、发布儿童照片、保护儿童隐私以及对参与

---

① 数据来源于 Ofcom，*Adult's Media Literacy Tracker 2018*，https：//www. ofcom. org. uk/research - and - data/media - literacy - research/adults。

② IPSO，"Reporting Major Incidents"，https：//www. ipso. co. uk/member - publishers/guidance - for - journalists - and - editors/reporting - major - incidents/.

刑事审判过程的儿童的具体保护。新的解释遵循先前关于法院报道、死亡报道和社交媒体信息使用的指导原则，所有这些指导原则旨在帮助人们理解新闻界必须遵守的规则，并在需要时知道从哪里寻求帮助。①

另一报刊自律机构 IMPRESS 也有新发展。IMPRESS 是经批准的独立报刊监管机构，目前监管着英国 121 家新闻出版物。2019 年 3 月，英国的报业审查委员会（PRP）确认 IMPRESS 继续满足皇家宪章中规定的标准并得到认可，这实质上意味着 IMPRESS“独立于其监管的印刷品和在线出版商，得到了适当的资金支持，并建立了保护公众的系统”。② IMPRESS 还参与了记者无国界组织发起的“新闻信任倡议”行动，致力于为记者制定专业标准。该组织致力于创建一个官方标准文件，为值得信赖的新闻确定清晰的指标。

2019 年 7 月，所有受 IMPRESS 监管的出版商都提交了年度合规报告，这是确定出版商是否很好地履行相关义务的核心监管工作。③

2019 年 7 月，IMPRESS 提交了对政府关于互联网危害的公开咨询白皮书的回应报告。IMPRESS 认为，新闻出版商和平台之间的区别在白皮书中还不够清晰，在我们日益融合的媒体生态系统中也并不明晰。但新闻出版商和平台之间的区别需要更清楚，以保护新闻自由和媒体的多元化和多样性。在报告中，IMPRESS 鼓励政府确保未来的互联网监管框架，注重平台责任；但也要使平台在运作上独立于政府和议会；未来的互联网监管机构仅适用于主要提供社交媒体平台的公司，而不适用于新闻发布商。

---

① IPSO, “Press Regulator Issues New Information for the Public on Children”, https://www.ipso.co.uk/news-press-releases/press-releases/press-regulator-issues-new-information-for-the-public-on-children/.

② IMPRESS, “IMPRESS Confirmed as Approved Independent Press Regulator”, 26 March 2019, https://www.impress.press/news/impress-confirmed-as-approved-independent-press-regulator.html.

③ 数据来源于 IMPRESS, *IMPRESS Members Complete 2019 Annual Compliance Returns*, https://www.impress.press/news/impress-members-complete-2019-annual-returns.html。

IMPRESS 首席执行官乔纳森·希伍德表示：“一个未能区分出版商和平台的监管框架将损害媒体的多元化和多样性，并限制言论自由。”[①]

（二）广播电视

2018 年 4 月 1 日至 2019 年 3 月 31 日，英国通信办公室 Ofcom 共收到 55981 起投诉，这些投诉经过评估有 6386 起立案。Ofcom 对其中的 6206 起案件进行了评估，仅有 132 起案件存在实质性问题，需要进一步调查；6074 起案件不需要进一步调查或超出了 Ofcom 的权限。

英国广播公司（BBC）面临着来自 Netflix、Amazon、Prime Vedio 和 YouTube 等全球点播和互联网服务前所未有的竞争。为此，Ofcom 制定了相关措施，以确保公共广播公司继续为英国观众和听众提供高质量的内容。

1. 确保传统公共广播电视频道保持其显著性

Ofcom 更新了相关规则，确保传统的公共广播电视频道在节目指南中突出且容易找到，这就保障了 BBC 一台、BBC 二台、ITV、STV、第四频道、S4C 和第五频道的显著位置。还在为其他 BBC 频道设置了最低标准的显著性，比如 CBeebies 和 BBC News，以及地方电视服务。

2. 确保公共广播公司为儿童和青少年提供高质量原创节目

2018 年，独立电视台、第四频道和第五频道致力于创造和投资更多为儿童和青少年设计的英国原创节目，包括真人秀、娱乐节目和新闻，例如独立电视台将增加近 10% 的预算，为 6 ~ 12 岁儿童提供更多原创节目，并为 12 ~ 15 岁儿童开发新的在线新闻和时事节目；第四频道将为 13 ~ 16 岁的儿童开发新的数字服务。

2017 年的《数字经济法》赋予 Ofcom 一项权力，为儿童节目制定标准规则，如果适当的话，要将其纳入对商业公共服务频道（频道三、四、五）颁发许可证的条件之中。针对视听习惯的变化与儿童观看视频点播和在线节

---

① IMPRESS, *Online Harms White Paper*, https://www.impress.press/downloads/file/online-harms-white-paper-impress-response-190701.pdf.

目日益增多的情形，Ofcom 2018 年启动了对于商业公共服务频道提供的儿童内容的调查。调查结果认为，在儿童节目中有三个主要令人担忧的领域。对此，要求被调查的机构就存在的问题如何整改做出回应。①

在过去的一年里，Ofcom 继续通过执行《广播守则》来保护观众和听众并对严重违反《守则》的行为进行了制裁。例如，2018 年 12 月，Ofcom 对 Ikhlas 电台有限公司②处以 1 万英镑的罚款，因为 Ofcom 发现该电台播放了对艾哈迈迪亚社区的仇恨言论。③

3. 小屏幕：大辩论

Ofcom 正在发起一个全国性论坛，叫作“小屏幕：大辩论”。这是一个有关公共广播公司未来的全国性讨论，广播公司、制片公司、政府、议会、行业机构、观众团体以及国家和地区代表将就公共广播公司未来的问题进行讨论。Ofcom 还将通过焦点小组听取全国电视观众的意见。

考虑到电视观看习惯、技术和竞争环境的变化，辩论需要解决以下问题：在未来，公共广播公司的内容应在何处提供，由谁提供；以及如何保证优质的在线内容。④

（三）广告

2018 年，英国的广告监管机构广告标准局（ASA）共处理投诉 33727 起，创历史新高，这其中有 25259 件是自我发布的广告。在自我发布的广告案件中，72% 的案件和误导有关。在全部的投诉中，98% 的投诉来自公众。ASA 和英国广告实践委员会（CAP）对 10850 件广告做出撤销或修订的决

---

① 数据来源于 Ofcom，“Children’s Content Review：Our Response to ITV，Channel 4 and Channel 5’s Plans”，3 July 2019，https：//www. ofcom. org. uk/_ _ data/assets/pdf_ file/0017/155015/childrens – content – review – response – to – plans. pdf.

② 一家面向亚洲（主要是巴基斯坦）社区和德比诺曼顿地区民族社区的社区广播电台。

③ Ofcom，*Annual Report & Account*，https：//www. ofcom. org. uk/_ _ data/assets/pdf_ file/0024/156156/annual – report – 18 – 19. pdf.

④ Ofcom，“New Future for Public Service Broadcasting”，https：//www. ofcom. org. uk/about – ofcom/latest/features – and – news/new – future – for – public – service – broadcasting.

定，比2017年多了53%。撤销或修订的广告数量在五年内增长了221%。2018年CAP共向企业提供了535478条建议和培训，比2017年多了38%。①

2018年英国广告监管机构工作重点包括以下几个方面。

1. 继续秉持保护儿童和弱势群体的原则

新的食品广告规则正在实施。2017年7月，ASA出台了更严格的广告规则，禁止儿童非广播媒体播放高脂肪、高盐或高糖食品和饮料的广告。2018年，ASA根据这些新规则进行了首次调查。此次共调查了11起案件，对5家广告商进行了裁决，并对这一严格标准进行解读，确立了明确的先例。2018年2月，ASA发布了涉及赌博广告的“保护18岁以下人群的指南”。② 这一文件可以使广告商更清楚地了解广告主需要做些什么来对其广告负责任，其目的是保护18岁以下儿童免受可能会特别吸引他们的内容的侵害，包括动画和卡通人物，并特别关注对网络空间的保护。对赌博产品（和所有产品一样）的广告限制同样适用于在线和离线。CAP将继续监控该行业以确保其合规性。③

2. 防止有害的性别刻板印象

2018年12月，ASA宣布广告将不允许带有描绘有害的性别刻板印象的内容。这项新规定是经过长时间的公众咨询后制定的，适用于广播媒体和非广播媒体。CAP还发布了详细的场景指南，帮助广告商了解新规则将禁止哪些内容，新规则于2019年6月14日起正式实施。苏格兰第一部长尼古拉·斯特金在全国妇女委员会的活动上称，这是“媒体利用自律来回应公众关注的一个好例子”。④

---

① ASA and CAP, *More Impact Online: Annual Report 2018*, https://www.asa.org.uk/uploads/assets/uploaded/563b3e3c-1013-4bc7-9c325d95c05eeeb7.pdf.

② 数据来源于 ASA, *Regulatory Statement: Gambling Advertising Guidance*, https://www.asa.org.uk/uploads/assets/uploaded/43072c78-8a0e-4345-ab21b8cbb8af7432.pdf。

③ 数据来源于 ASA, “New Standards Protecting Children from Irresponsible Gambling Ads”, https://www.asa.org.uk/news/new-standards-protecting-children-from-irresponsible-gambling-ads.html。

④ ASA and CAP, *More Impact Online: Annual Report 2018*, https://www.asa.org.uk/uploads/assets/uploaded/563b3e3c-1013-4bc7-9c325d95c05eeeb7.pdf.

（四）互联网

随着媒介融合的加深，传统媒体日渐开拓基于网络的业务，与网络原生的媒体业务共同构成了新的传媒图景。既有的监管机制和规则也都随之不断调整，同时新的也不断出台，这些在前述监管当中都已阐述。但是这些针对专业机构的监管规制和规则，并不能够适应针对普通网民行为的规范，并不属于内容的数据保护。

根据 Ofcom 和信息专员办公室的联合调查，大多数互联网用户（59%）都认为互联网让他们的生活变得更好，但仍有越来越多的网民对互联网使用表示担忧，并且这个比例已经从 2018 年的 59% 上升到 2019 年的 78%。在过去一年中，61% 的成年人有潜在的有害在线体验。[①] 这个数字在 12 ~ 15 岁的儿童中上升到 79%。此外，调查显示，人们高度关注网络对儿童的潜在伤害，83% 的成年人担忧网络对儿童的伤害。最令人担忧的是欺凌、虐待或威胁（55%），对儿童接触不当内容的关注程度也很高，主要包括色情（49%）、暴力和骚扰内容（46%）以及引发自我伤害的内容（42%）。接近四成的成年人（39%）担心儿童花太多的时间上网。社交媒体网站尤其是 Facebook 是大多数潜在有害体验的最常见来源。在涉及人们最近的潜在有害经历时，28% 的成年用户提到了 Facebook，其次是 Instagram（16%）和 Twitter（12%）。

在对互联网监管的态度上，人们对加强在线监管的支持也有所增加。大多数成年人表示，他们将支持对社交媒体网站（70%）、视频共享网站（64%）和即时通信服务（61%）进行更多的监管。然而，近半数（47%）的成人互联网用户认识到，网站和社交媒体平台在支持言论自由方面发挥着重要作用，即使有些人可能觉得内容具有攻击性和潜在危险性。[②]

英国在这一年针对规范社交媒体的内容传播与个人数据的保护有较为突出的举措。2019 年 4 月，根据《2017 年数字经济法》第 103 节的规定，英

① 这里的潜在的有害在线体验是广义的，包括从轻度困扰到严重有害的体验。

② Ofcom, *Online Nation Summary*, https://www.ofcom.org.uk/__data/assets/pdf_file/0024/149253/online-nation-summary.pdf.

国数字、文化、媒体和体育部发布了《在线社交媒体实践守则》。[①] 该守则为在线社交媒体平台提供了行为指导，它规定社交媒体平台应该采取行动，以防止在其网站上出现欺凌、侮辱、恐吓和羞辱行为。具体而言，社交媒体平台应提出一个清晰易懂的报告流程，使个人能够将在线危害性行为及时通知平台。此外，它们应向公众提供针对有害行为采取行动的明确信息。在设计新的安全政策时，应咨询专业人员、利益相关者，包括残疾用户。[②]

2018 年，欧盟《通用数据保护条例》和英国《2018 年数据保护》同时生效。信息专员办公室（Information Commissioner Office，ICO）作为英国个人数据和信息权利保护的独立监管机构在 2018 年经历了“前所未有”的一年。[③] 英国信息专员办公室共收到 41661 起投诉，比 2017 年收到的投诉数量（21019 起）几乎增加了一倍。ICO 的求助热线、聊天和书面建议服务在 2018 年共帮助了 471224 人，较 2017 年增长了 66%。ICO 正是通过这种面向公众的服务（如帮助热线和实时服务）来支持公众保护个人数据权利。除此之外，ICO 还积极致力于帮助小型和大型企业遵守 GDPR 和 DPA2018。2018 年 ICO 表明其监管目标：迅速有效地应对违规行为，重点关注如何解决高度敏感的信息、有不利影响的团体和对弱势群体造成不利影响的信息。为了达到这一目标，ICO 表示要利用法律所赋予的各种监管手段，针对重要的权力机构和严重涉嫌重复或故意不当行为的个人采取适当措施，并将有效和始终如一地实施制裁行为。

结语：变化的图景与不变的价值

（一）变化与忧虑

2017 ~2018 年，英国传媒业各方面都在回顾过去十年的变化，总结并

① 该守则面向社交媒体平台，但也与承载用户生成内容和评论的任何网站相关，包括评论网站、游戏平台、在线市场等。政府希望广告商和投资者也会支持该准则的目标和规定。

② 详情参见 https：//www. gov. uk/government/organisations/department – for – digital – culture – media – sport。

③ 自 2018 年 3 月 1 日至 2019 年 3 月 1 日。

行反思。英国传媒也呈现出与十年前非常不同的全新图景。虽然数字网络技术使传统媒体的内容触达更多人，传播更为广泛，但难以再现往日的辉煌[①]，即便英国政府也在努力通过各种措施对于传统传媒领域进行保护，但依然难以扭转传统媒体的颓势。[②]

传媒业的发展更进一步显示出新的时代的来临。在 Ofcom 的年度报告中，以往的“电视”领域变成了“电视与视频”，“广播”领域变成了“广播与音频”。电视机的利用率越来越低，2018 年前 9 个月有超过 67 万户不再续交电视牌照费[③]，人们更喜欢 Netflix、Amazon、Prime Video 或者 Now TV 这样的媒体，自己选择喜爱的电视剧或电影观看。人们越来越多地通过社交媒体平台获取新闻。互联网搜索、内容提供、社交媒体平台相互进行功能融合。在英国，原本的视频内容服务提供商 YouTube 越来越多地被用来搜索，社交媒体网站也越来越多地成为新闻来源并进行内容分发。在此情形下，人们对于全国性的通讯社，如路透社这样的机构是否还必然是新闻体系的组成部分，提出了疑问。传统出版商与平台之间的关系也在重构人们对于新闻的认知。有一种观点认为，新闻不再仅仅是内容和信息，新闻实际上是一种关系，等等。2018 年 4G 的普及和 5G 的开始利用、人工智能技术的运用、一些不确定性因素，加剧了人们的忧虑。

1. 对于新闻的可信赖性和虚假新闻的担忧

牛津大学路透新闻研究院发布的《2019 年数字新闻报告》[④] 指出：大多数人更愿意将有限的预算用于娱乐（Netflix/Spotify）而不是新闻。与此同时，也有人担心付费模式的持续增长会创造一个不平等的新闻环境，愿意为

---

① 李丹林：《十年变迁，英国传媒的新图景》，王展鹏主编《英国传媒发展报告（2017～2018)》，社会科学文献出版社，2018，第 241 页。

② 英国对于平面媒体出版物免收增值税，对于电子出版物则征收 20% 的增值税。

③ 这里应该还有伴随着新的 BBC 皇家宪章的适用，BBC 提高了年度电视牌照费等因素。

④ 牛津大学路透新闻研究院对外发布了《2019 年数字新闻报告》（Digital News Report 2019），该报告是基于对欧洲、美洲、亚太以及非洲的 38 个国家和地区的 7.5 万名新闻用户的调查。这也是该报告首次将非洲（本次为南非）纳入调查视野。数据来源于 Reuters Institute for the Study of Journalism, *Digital News Report 2019*, https://reutersinstitute.politics.ox.ac.uk/sites/default/files/2019-06/DNR_2019_FINAL_1.pdf。

新闻付费的人会得到高质量的信息，而不愿意付费的人则会得到那些旨在吸引人们注意力的新闻。社交媒体和聊天软件成为新闻发布的平台①的同时，加剧了虚假新闻的传播。英国有 70% 的公众关注错误信息和虚假信息的问题，新闻业的平均信任度也因此降低。2019 年，英国公众对新闻业的平均信任度较 2015 年减低了 11 个百分点，跌至 40% 。只有少于一半的被调查者相信自己使用的新闻媒体是可信的，而搜索引擎和社交媒体作为新闻源的可信度依然不高。在一个越来越不确定和两极分化的世界里，假新闻和低信任不是新闻业唯一面临的问题，还有很多人选择了逃避新闻。2018 年英国的新闻回避率较上一年上升了 11 个百分点，这主要是因为人们对英国脱欧的棘手和两极分化感到失望。超过半数（58%）的受访者表示，这类新闻对他们的情绪产生了负面影响，40% 的受访者表示，他们对脱欧感到无能为力。那些投票决定留在欧盟的人，包括年轻人和伦敦人，更倾向于回避这个消息，更倾向于说新闻对他们的情绪有负面影响。②

2. 对于网络环境下内容暴力和数据安全的担忧

英国人越来越担心互联网带来的风险，在有关个人数据被盗和网络暴力行为的头条新闻曝光后，人们更加支持对该领域加强监管。Ofcom 的最新研究发现，78% 的英国人对潜在的有害网络体验表现出了自发的担忧，这一比例较前一年大幅上升。

但是无论如何，人们对于互联网的积极方面还是给予更高的评价。正如工业革命带来的机器时代虽然也引发很多问题，但是总体上比农业时代进步。

（二）不变与核心价值

时代在快速变化，但是我们发现在英国传媒领域，始终坚持的一些原则没有变化：对于新闻的真实性的强调；对于未成年人或弱势群体的保护；对

---

① 43% 的英国人表示，他们会直接访问新闻机构的网站或应用程序，而 35 岁以下的英国成年人里，有 44% 的人是从社交媒体来获取新闻的。数据来源于 *Digital News Report 2019*。

② 数据来源于 *Digital News Report 2019*。

于强调媒体的公共利益的责任和对于表达自由的保护的平衡，等等。这些实际上也都是英国社会长久以来重要的社会核心价值的体现。

（三）未来展望

英国会增强对网络和社交媒体领域的规范。建构某种外部的监管机构可能会是一个选择。政府部门、监管机构以及媒体行业还会继续探索符合公共利益要求、确保媒体的可信赖性的、高质量的内容的举措①；英国依然不会放弃对媒体尤其是公共广播电视机构的公共服务职责要求；在内容规范与表达自由之间的平衡仍会是一个时刻被关注的问题。在英国观众通过电视机观看的直播节目中，占相当比重的是来自议会频道的辩论。比如新首相约翰逊甫任在下议院与反对党领袖科尔宾的辩论，精彩程度极高。这些内容通过BBC的议会频道（传统电视）播出，通过新兴媒体如视频网站、社交媒体、微信公众号、社交聊天软件传播，这不仅显现出英国传播格局的现状，也展示了英式民主，是信息透明、自由表达的充分体现。

① 2019年7月，英国数字、文化、媒体与体育部宣布，将设立200万英镑的基金来推动地方公共利益新闻业的发展。参见UK Government，"£ 2 Million Future News Fund to Boost Local Public Interest Journalism"，21 July 2019，https：//www. gov. uk/government/news/2 – million – future – news – fund – to – boost – local – public – interest – journalism。

B.13
英国电影产业

石同云*

摘　要： 2018～2019年，英国电影产业令人振奋。2018年，英国市场总票房、观影人次和英国电影所占市场份额（46.1%）都创下21世纪最高纪录。英国电影的全球票房份额仅次于2015年，美国片和英美合拍片继续垄断票房排行榜。有222部影片在英国开机拍摄。独立电影票房份额回升至2018年的13.2%和2019上半年的14.6%，在英国的总制片花销居21世纪第二高位。电影及电影人揽得14%的国际奖项。《复仇者联盟4：终局之战》《妈妈咪呀2：再次出发》《波西米亚狂想曲》票房突出；《至暗时刻》《波西米亚狂想曲》《宠儿》狂揽重要大奖。

关键词： 英国电影产业　票房　英伦形象

英国电影产业在21世纪稳步发展，缓慢增长，亮点频现。《女王》（2006年）、《贫民窟的百万富翁》（2008年）、《国王的演讲》（2011年）、《万物理论》（2014年）、《至暗时刻》（2018年）、《波西米亚狂想曲》（2018年）、《宠儿》（2019年）连获奥斯卡大奖。英美合拍片《复仇者联盟4：终局之战》（2019年）在全球史上票房榜高居第一位。充满英伦气息

* 石同云，博士，北京外国语大学英语学院英国研究中心教授，研究方向为英国社会与文化、英国电影。

的独立电影《帕丁顿熊》（2014 年、2017 年）也广受全球观众青睐。英国电影在传播英国文化、展示英伦软实力方面功劳巨大。

2018～2019 年，英国影业表现令人欣喜和振奋。英国的票房收入和观影人次双双创下 20 世纪 70 年代初以来的最佳纪录。英国电影的市场份额达 21 世纪最高点，在英国的总制片花销位居 21 世纪第二，英国电影的全球票房份额仅次于 2015 年。奥利维亚·科尔曼因在《宠儿》中出色地扮演了安妮女王在奥斯卡奖、英国电影学院奖和威尼斯电影节均获得了最佳女主角的桂冠。本文将从英国影业现状、年度表现（票房、市场份额、票房榜、电影生产）、电影艺术成就、佳片银幕形象等方面全面梳理 2018 年及 2019 年上半年的英国电影产业发展概况，并通过对比分析 2001～2017 年的影业表现来评估其业绩和走势。

一　英国电影的界定和影业现状

电影获得英国国籍须满足以下三个条款之一的要求：通过官方“文化测试”的检测；符合《电影合作制片欧洲公约》的规定条款；符合英国官方签署的双边合作制片条约的规定条款。一部电影如果没有申请国籍认证，但从内容、制片人、资金和人才方面明显归属英国，也被认可为英国电影。[①] 大部分英国电影（包括英美合拍片）是通过“文化测试”得到正式认证的。2007 年开始实施、2014 年修订的“文化测试”从文化内容、文化贡献、文化中心、文化从业者四个方面来检测一部电影是否可以归属“英国”国籍并因此有资格享受税收减免和公共资金资助。测试采用积分制。一部电影必须至少取得总共 35 分中的 18 分才能获得英国片待遇。

英国电影学会的《影业统计年鉴》基本按以下三个类别来分析英国影片业绩：一是由英国制片公司（没有美国大电影公司或其英国子公司的投

---

① British Film Institute, *Statistical Yearbook 2018*, p. 232, https://www.bfi.org.uk/sites/bfi.org.uk/files/downloads/bfi-statistical-yearbook-2018.pdf.

资）全部或部分在英国生产的纯国产片；二是外来投资片，由英国之外的资方主要投资和操控，根据剧本要求并受英国制片基础设施或税收减免政策的吸引在英国拍片，因符合“文化测试”的要求而被注册为英国电影——包含一些好莱坞大公司完全或部分投资的英美合拍片；三是官方合拍片，符合英国官方签署的双边合作制片条约或《电影合作制片欧洲公约》规定款项的英国和他国合作拍摄的影片——不包括英美合拍片。英国影片也常按美国大电影公司投资片和独立电影两个类别来评估。独立电影是指一家或几家独立制片公司拍摄、没有美国大电影公司投资或创意的电影（有非美国大公司美资参与的低预算合拍片也被视为独立电影）。美国大公司指的是福克斯、环球、派拉蒙、索尼、华特·迪士尼和华纳兄弟六家。美国大制片公司投资的影片一般由母公司在多数地域统一发行，独立电影通常在不同的地域由不同的发行公司发行。[①]

2016 年，英国电影业总营业额达 129.4 亿英镑，为当年国内生产总值直接贡献了 61 亿英镑。[②] 英国影业自 20 世纪 20 年代以来一直笼罩在好莱坞垄断的阴影之下，缺乏集生产、发行和放映于一体纵向联营的大公司，多为营业额低于 25 万英镑的小公司。21 世纪，影业公司数量增加迅速。公司集中在制片和后期制作领域，2017 年分别有 8115 家和 2965 家，但其中仅 421 家制片公司有实际拍片活动（378 家只拍摄了一部影片）。[③] 拍片数量最多的制片公司是金翅雀公司（Goldfinch Studios，2015 ~ 2017 年共拍摄了 15 部影片），其次是苏格兰自由制片公司（Scott Free Productions，11 部）、沙龙公司（Salon Pictures，10 部）和“工作名称”公司（Working Title Films，9 部）。若按总预算额计算，苏格兰自由制片公司居首位（3.12 亿英镑），“工作名称”公司排第二（2.99 亿英镑）。[④]

2017 年电影发行公司有 395 家（127 家有发行活动）。发行业被隶属于

---

① *Statistical Yearbook 2018*, pp. 227 – 230.

② *Statistical Yearbook 2018*, pp. 211, 212.

③ *Statistical Yearbook 2018*, p. 220, 170.

④ *Statistical Yearbook 2018*, p. 226.

好莱坞六大电影集团的英国子公司严重垄断。前十大发行商分别是华特·迪士尼、华纳兄弟、环球、福克斯、索尼、狮门、欧映嘉纳（Studio Canal）、派拉蒙、娱乐壹号（eOne Films）和影视娱乐（Entertainment）（第六、七、九、十为归属关系复杂的独立发行商）。它们发行了30%的影片，却赚得了96%的市场票房份额。①

2017年，英国拥有255家电影放映公司、774家影院（45%是多厅影院）、4264块银幕（78%是多厅银幕）。银幕自2014年已全部实现了数字化，其中约47%是3D银幕。至2018年初，英国境内最大的五家放映院线（按银幕数量计算）是影院世界、欧点、视图、全国娱乐和帝国影院，它们跨国权属关系复杂，拥有73%的银幕、77%的票房。2018年商业影院的电影票平均价格是7.24英镑，比2017年的7.49英镑有所下降。②

电影的播映和收益呈现出多元化和长效化特征。在2017年英国电影市场33.70亿英镑的总收入中，影院票房为12.8亿英镑（占38%）、音像制品零售5.03亿英镑、音像制品租赁3700万英镑、数字音像6.81亿英镑、电视播映8.69亿英镑。2017年影院票房居创收链之首，电视平台则播放了7000多部影片。在这33.70亿英镑的总收入中，英国电影自身的总收入约为9.98亿英镑。③

有鉴于电影的经济和文化价值，英国政府通过多种渠道为英国电影提供财政支持。2016~2017财政年度，英国政府对电影业的公共资金总投入约为5.82亿英镑。公共资金的最大单项来源是对电影生产实施的税费减免，达4.15亿英镑，占总金额的71%；第二大来源是国家彩票资金，5960万英镑，占10.3%；电视台的资金排第三位，3610万英镑，占6.2%；其后是英格兰、苏格兰、威尔士和北爱尔兰政府的拨款（3160万英镑）以及文化、

① *Statistical Yearbook 2018*, pp. 220, 67.

② *Statistical Yearbook 2018*, pp. 220, 77-78, 85-86, 80.

③ *Statistical Yearbook 2018*, pp. 120, 107. 值得说明的是，此段所列英国电影市场33.70亿英镑的总收入比《2017年影业统计年鉴》给出的2016年英国电影市场41.26亿英镑的总收入要少许多。但这主要是源于电视收入因统计方式变化而锐减，实际总收入并没有下降。

媒体、体育部下发的财政拨款（2850 万英镑，主要下拨给英国电影学会、国家电影电视学院）。在接受资助方面，电影制作受惠最多，达 4.9 亿英镑，占 77.4%，主要通过电影税收减免实现。其次是发行和放映，5330 万英镑，占 8.4%。①

二　2018 ~2019年英国电影市场：票房、观影人次、英国片份额齐创新纪录②

21 世纪英国电影市场票房总体呈小幅增长态势。2018 年，英国和爱尔兰市场总票房为 13.05 亿英镑；英国一地的票房是 12.82 亿英镑，仅微多于 2017 年的 12.79 亿英镑，却创下 1971 年以来的最高纪录，比 2001 年翻了近一番。

21 世纪英国观影人次变幅不大，但 2018 年涨幅喜人，达 1.77 亿，比 2017 年增长 3.7%，是 1970 年（1.93 亿）以来的最高位。观影人次的增速超过了票房，反击了认为放映技术和观影环境的改善带动了票价上涨而使票房冲高的推测，打折优惠促销已带来年平均票价在 21 世纪的首次实际下降。

2019 年上半年，英国和爱尔兰电影市场票房收入（截至 7 月 18 日）达 5.843 亿英镑。英国市场观影人次为 8380 万。21 世纪以来英国票房收入和观影人次详见表 1。

反观观影人次在法国、西班牙的适度下降，德国和意大利的惊人暴跌，英国的表现实属不易。事实上英国电影业还面临着脱欧协议难产的政治动荡、英格兰队冲进世界杯四强争抢观众以及 Netflix 等流媒体巨头的扩张带

① *Statistical Yearbook 2018*, pp. 178, 180.

② 参见 British Film Institute, "Film at the Cinema", *Statistical Yearbook 2019*, pp. 4, 10 - 18; "The UK Box Office, First Half Year (H1) 2019", pp. 1 - 3。不同年份的 *Statistical Yearbook* 下载自 https://www.bfi.org.uk/education - research/film - industry - statistics - research/statistical - yearbook。有关影业表现的各分项报告下载自 http://www.bfi.org.uk/education - research/film - industry - statistics - research/official - statistics - release - calendar。

来的挑战。有观点认为政治动荡反而使更多人为逃避现实而涌入影院。英国影院协会首席执行官菲尔·克拉普指出，去电影院成为“振奋心情、避免看夜间新闻中国家自我撕裂”的一种选择。①

表 1　英国票房收入和观影人次：2001～2019 年

年份	票房			观影人次（百万）
	票房总收入（百万英镑）	增减幅度（%）	累计百分比（%）	
2001	645	—	—	155.9
2002	755	17.1	17.1	175.9
2003	742	-1.7	15.0	167.3
2004	770	3.8	19.4	171.3
2005	770	0.0	19.4	164.7
2006	762	-1.0	18.1	156.6
2007	821	7.7	27.3	162.4
2008	850	3.5	31.8	164.2
2009	944	11.1	46.4	173.5
2010	988	4.7	53.2	169.2
2011	1040	5.3	61.2	171.6
2012	1099	5.7	70.4	172.5
2013	1083	-1.5	67.9	165.5
2014	1058	-2.3	64.0	157.5
2015	1242	17.4	92.6	171.9
2016	1228	-1.1	90.4	168.3
2017	1279	4.2	98.3	170.6
2018	1282	0.2	98.8	177.0
2019 上半年	584.3（含爱尔兰）			83.8

资料来源：British Film Institute，“The Box Office 2014”，*Statistical Yearbook 2015*，p.7；“Film at the Cinema”，*Statistical Yearbook 2019*，p.4；“The UK Box Office，First Half Year（H1）2019”，p.1。

21 世纪，美国影片始终在英国票房中占据绝对垄断地位，最低 51.1%（2015 年），最高 81.1%（2003 年）。美国片加上美国大公司投资的英美合拍片的份额在 2001～2010 年平均高达 90%，但 2011～2018 年降至平均

① Charles Gant，“UK Box Office 2018 Verdict：A Remarkable Year for the Cinema Industry”，*Screendaily*，21 December 2018.

84%，在2014年曾最低至76.5%。英国影片（含英美合拍片）的年度票房份额高低起伏，总体好于20世纪，2015年创下44.7%的佳绩；2018年更达46.1%，是21世纪最高点。英国独立电影份额在2011～2019年上升趋势明显，2001～2010年票房年平均占有率为5.53%，2011～2018年跃至10%，2014年比例最高——16.1%，首次超过了英美合拍大片10.7%的份额，但随后回落；2018年和2019上半年又分别回升至13.2%和14.6%。2009年以来英国电影市场具体票房份额详见表2。

表2　英国、美国和欧洲电影在英国和爱尔兰电影市场票房份额：2009～2019年

单位：%

年份	英国国籍电影		美国电影	其他欧洲电影
	美国大电影公司投资的合拍片	独立电影		
2009	8.5	8.2	81.0	1.2
2010	18.6	5.4	71.8	2.1
2011	22.6	13.1	60.6	1.7
2012	22.8	9.3	61.3	4.8
2013	15.5	6.6	72.7	3.0
2014	10.7	16.1	65.8	4.9
2015	34.2	10.5	51.1	2.4
2016	28.5	7.4	58.9	3.2
2017	27.8	9.6	57.7	1.5
2018	32.9	13.2	51.3	1.1
2019上半年	30.9	14.6		

资料来源：British Film Institute, "Film at the Cinema", *Statistical Yearbook 2019*, p. 16; "The UK Box Office, First Half Year (H1) 2019", p. 3。

2018年，英国和爱尔兰①共发行了787部影片（放映一周或以上），比2017年少27部；共取得了13.05亿英镑的票房。212部美国片（不包括英美合拍大片）占发行量的27%和总票房的51.3%。197部英国电影（含英美合拍大片）取得了25%的发行份额和46.1%的票房份额。在46.1%的票

① 英国和爱尔兰因电影发行目的作为一个统一"区域"计算数据。

房份额中，美国大公司投资的 15 部英美合拍片占 32.9%；英美合拍大片在 2015～2018 年的高市场份额，主要归功于广受欢迎的国际特许权影片在英国拍摄，如《复仇者联盟》和《星球大战》系列，反映出好莱坞投资对英国影业的重要性以及英国影业资源对好莱坞的持续吸引力。独立电影票房占 23% 的发行份额和 13.2% 的票房份额，票房份额比 2017 年增长 3.6%。世界其他地区的影片占发行量的 48%，但票房收入甚微，仅占 3%。

2019 年上半年，在英国和爱尔兰共有 381 部影片得到发行，票房收入截至 7 月 18 日达 5.843 亿英镑。英国电影取得了 2.655 亿英镑的票房，市场份额达 45.5%；其中，英美合拍片占 30.9%；独立电影占 14.6%。

英国市场的票房高度集中于少数吸金大片。2018 年，近半的票房（54.8%，7.15 亿英镑）被排行榜前 20 名的影片收入囊中，前 50 名影片揽得 79.5%（10.37 亿英镑），前 100 名斩获 92.9%（12.12 亿英镑），其余 687 部影片只获得 7.1%（9310 万英镑）。尽管自 2008 年以来票房前 100 名影片的总票房呈上升趋势，但每年发行的其余影片的总票房变化不大。由此可见，独立发行商竞争市场份额愈加艰辛。低收益是英国电影的痼疾，2018 年在英国和爱尔兰市场，77.7% 的英国影片票房低于百万英镑，53.3% 低于 10 万英镑。

三　2018～2019年英国电影市场：票房榜[①]

2018 年英国票房市场前 20 名排行榜（详见表 3）影片被美国片和好莱坞投资的英美合拍大片绝对垄断；有 10 部英国片（9 部为英美合拍大片）入榜，3 部高居榜单第一、二、四位，仅《至暗时刻》一部是独立电影。特许权系列片和续集片仍然是票房的重要保证，在榜单中多达 15 部。2018 年票房最高的三部影片分别是《复仇者联盟 3：无限战争》（7080 万英镑）、《妈妈咪呀 2：再次出发》和《超人总动员 2》。有 8 部电影票房超过 4000 万英镑。

① 参见 British Film Institute, "Film at the Cinema," *Statistical Yearbook 2019*, pp. 19－23, 26－27; "The UK Box Office, First Half Year (H1) 2019", pp. 4－6。

表3　英国和爱尔兰2018年票房前20名影片

单位：百万英镑

序号	影片名	出产国	票房	发行商(影业公司)
1	复仇者联盟3:无限战争	英国/美国	70.8	华特·迪士尼
2	妈妈咪呀2:再次出发	英国/美国	65.5	环球
3	超人总动员2*	美国	56.2	华特·迪士尼
4	波西米亚狂想曲*	英国/美国	53.3	福克斯
5	黑豹	美国	50.6	华特·迪士尼
6	欢乐满人间2*	英国/美国	43.4	华特·迪士尼
7	侏罗纪世界2	英国/美国	41.6	环球
8	比得兔	澳大利亚/美国	41.1	索尼
9	神奇动物:格林德沃之罪*	英国/美国	34.0	华纳兄弟
10	死侍2	美国	32.7	福克斯
11	一个明星的诞生	美国	30.0	华纳兄弟
12	绿毛怪格林奇*	美国	27.9	环球
13	碟中谍6:全面瓦解	英国/美国	24.4	派拉蒙
14	至暗时刻	英国/美国#	24.1	环球
15	海王*	美国	22.5	华纳兄弟
16	毒液:致命守护者	英国/美国	20.2	索尼
17	精灵旅社3:疯狂假期	美国	20.1	索尼
18	游侠索罗:星球大战外传	英国/美国	19.4	华特·迪士尼
19	寻梦环游记	美国	18.9	华特·迪士尼
20	无敌破坏王2:大闹互联网*	美国	18.1	华特·迪士尼

注：英国和爱尔兰因电影发行目的作为一个统一“区域”计算数据。票房统计截至2019年2月21日。标*号的影片至2月21日仍在放映。标#号的是有美国非大电影公司或大电影公司的独立分支支持的独立电影。表4、表5同此。

资料来源：British Film Institute，“Film at the Cinema”，*Statistical Yearbook 2019*，p. 19。

2018年票房前20名英国影片榜（详见表4）大多被英美合拍大片占据。前三名分别是《复仇者联盟3：无限战争》《妈妈咪呀2：再次出发》《波西米亚狂想曲》。第四名《欢乐满人间2》则是1964年同名歌舞片的续集。有9部影片票房超过2000万英镑。榜单票房收入为5.08亿英镑（占总票房的39%），有7部独立电影入榜。

表 4　英国和爱尔兰 2018 年票房前 20 名英国影片

序号	影片名	出产国	票房（百万英镑）	发行商（影业公司）
1	复仇者联盟 3：无限战争	英国/美国	70.8	华特・迪士尼
2	妈妈咪呀 2：再次出发	英国/美国	65.5	环球
3	波西米亚狂想曲*	英国/美国	53.3	福克斯
4	欢乐满人间 2*	英国/美国	43.4	华特・迪士尼
5	侏罗纪世界 2	英国/美国	41.6	环球
6	神奇动物：格林德沃之罪*	英国/美国	34.0	华纳兄弟
7	碟中谍 6：全面瓦解	英国/美国	24.4	派拉蒙
8	至暗时刻	英国/美国#	24.1	环球
9	毒液：致命守护者	英国/美国	20.2	索尼
10	游侠索罗：星球大战外传	英国/美国	19.4	华特・迪士尼
11	憨豆特工 3	英国/法国	17.7	环球
12	头号玩家	英国/美国	16.1	华纳兄弟
13	三块广告牌	英国/美国#	15.3	福克斯
14	克里斯托弗・罗宾	英国/美国	14.9	华特・迪士尼
15	早期人类	英国/法国	11.2	欧映嘉纳
16	淘气大侦探	英国/美国	9.5	派拉蒙
17	古墓丽影：源起之战	英国/美国	7.7	华纳兄弟
18	寡妇特工	英国/美国#	6.4	福克斯
19	红雀	英国/美国/匈牙利#	6.4	福克斯
20	贼王	英国/法国	6.1	欧映嘉纳

资料来源：British Film Institute，“Film at the Cinema”，*Statistical Yearbook 2019*，p. 20。

从历史的纵向来比较，2018 年票房前 20 名英国影片的前两名《复仇者联盟 3：无限战争》和《妈妈咪呀 2：再次出发》进入了 1975 ~ 2018 年英国票房前 20 部最卖座英国影片榜（计入通货膨胀因素），分别列第 11 和 14 位。该榜单完全被英美合拍大片所垄断。榜单除两部 2018 年影片外，还包括 8 部《哈利・波特》中的 7 部（《哈利・波特与魔法石》列第四位），4 部由丹尼尔・克雷格主演的 007 邦德片《大破天幕杀机》（列第二）、《幽灵党》（列第三）、《大破量子危机》和《大战皇家赌场》，3 部星球大战片《星球大战：原力觉醒》（排第一）、《星球大战外传：侠盗一号》和《星球大战：最后的绝地武士》，以及《妈妈咪呀!》（2008 年）、《一脱到底》（1997 年，年代最老）、《美女与野兽》（2017 年）和《蝙蝠侠：黑暗骑士崛起》（2012 年）。

2018 年，英国独立电影票房榜前 20 名（详见表 5）票房收入为 1.323 亿英镑（占总票房 10%）。票房最高的是《至暗时刻》（2410 万英镑）、《憨豆特工 3》（1770 万美元）和《三块广告牌》（1530 万美元），有 4 部影片票房超过了 1000 万英镑。

表 5　英国和爱尔兰 2018 年票房前 20 名英国独立电影

单位：百万英镑

序号	影片名	出产国	票房	发行商（影业公司）
1	至暗时刻	英国/美国#	24.1	环球
2	憨豆特工 3*	英国/法国	17.7	环球
3	三块广告牌	英国/美国#	15.3	福克斯
4	早期人类	英国/法国	11.2	欧映嘉纳
5	寡妇特工	英国/美国#	6.4	福克斯
6	红雀	英国/美国/匈牙利#	6.4	福克斯
7	贼王	英国/法国	6.1	欧映嘉纳
8	犬之岛	英国/德国/美国#	6.0	福克斯
9	根西岛文学与土豆皮馅饼俱乐部	英国/法国/美国#	5.9	欧映嘉纳
10	追随你脚步	英国	5.9	娱乐壹号
11	通勤营救	英国/法国/美国#	4.0	欧映嘉纳
12	汪星卧底	英国/美国#	3.5	娱乐壹号
13	节假日	英国	3.4	影视娱乐
14	圣诞石(Nativity Rocks!)	英国	3.1	娱乐壹号
15	儿童法案*	英国/美国#	2.9	娱乐壹号
16	罗宾汉	英国/美国/中国香港/匈牙利#	2.8	狮门
17	魅影缝匠	英国/美国#	2.8	环球
18	贤妻	英国/瑞典/美国#	1.7	影屋
19	鬼故事	英国	1.6	狮门
20	惊涛飓浪	英国/美国/中国香港/冰岛#	1.5	STX 影视娱乐

资料来源：British Film Institute，“Film at the Cinema”，*Statistical Yearbook 2019*，p. 22。

《至暗时刻》和《憨豆特工3》挤入了1975～2018年英国票房前20部最卖座英国独立电影榜（计入通货膨胀因素），分别列第九和第十八位。该榜单排名依次如下：《国王的演讲》（2011年）、《中间人》（2011年）、《四个婚礼和一个葬礼》（1994年）、《帕丁顿熊2》（2017年）、《帕丁顿熊》（2014年）、《贫民窟的百万富翁》（2009年）、《中间人2》（2014年）、《一条叫旺达的鱼》（1988年）、《至暗时刻》（2018年）、《万世魔星》（1979年）、《黑衣女人》（2012年）、《第二春》（1989年）、《涉外大酒店》（2012年）、《甘地传》（1982年）、《飞侠哥顿》（1980年）、《黑帮传奇》（2015年）、《猜火车》（1996年）、《憨豆特工3》（2018年）、《模仿游戏》（2014年）和《猜火车2》（2017年）。

2019年上半年，英国和爱尔兰票房前20名榜中有7部英国影片入榜，其中3部是独立电影。该榜单以《复仇者联盟4：终局之战》*（英国/美国，8860万英镑）领衔，其后依次是《玩具总动员4》*（美国，4460万英镑）、《惊奇队长》*（美国，3950万英镑）、《阿拉丁》*（英国/美国，3540万英镑）、《小飞象》*（英国/美国，2510万英镑）、《火箭人》*（英国/美国，2290万英镑）、《驯龙高手3：隐秘的世界》*（美国，1980万英镑）、《乐高大电影2》*（丹麦/挪威/澳大利亚/美国，1870万英镑）、《爱宠大机密2》*（美国，1860万英镑）、《宠儿》（英国/美国/爱尔兰，1700万英镑）、《名侦探皮卡丘》*（美国/日本，1350万英镑）、《雷霆沙赞!》（美国，1340万英镑）、《玻璃先生》（美国，1100万英镑）、《速成家庭》（美国，1060万英镑）、《斯坦和奥利》（英国/美国，1050万英镑）、《急速追杀3》*（美国，1040万英镑）、《绿皮书》（美国，1010万英镑）、《我们》（美国，990万英镑）、《艾莉塔：战斗天使》（美国/加拿大/阿根廷，930万英镑）以及《玛丽女王》（英国/美国，920万英镑）。

2019年上半年，英国和爱尔兰票房前20名英国电影榜票房最高的是《复仇者联盟4：终局之战》*，其后依次是《阿拉丁》*、《小飞象》*、《火箭人》*、《宠儿》☆、《斯坦和奥利》☆、《玛丽女王》☆、《昨日》*☆（英国，910 万英镑）、《渔民的朋友》☆（英国，740 万英镑）、《黑衣人：全球追缉》*（英国/美国，660 万英镑）、《为家而战》☆（英国/美国，590 万英镑）、《王者少年》*☆（英国/美国，370 万英镑）、《红琼》*☆（英国，270 万英镑）、《小猪佩奇：欢乐节》☆（英国，270 万英镑）、《柯莱特》☆（英国/美国，250 万英镑）、《野玫瑰》☆（英国，240 万英镑）、《余波》☆（英国/德国，200 万英镑）、《地狱男爵》☆（英国/美国，190 万英镑）、《托尔金传》*☆（英国/美国，180 万英镑）、《白乌鸦》☆（英国/法国，120 万英镑）。可喜的是此榜单中大多数为独立电影，带☆号标记的它们构成了英国独立电影票房前 15 强。[①] 但独立电影前两名《宠儿》和《斯坦和奥利》的票房远不如 2018 年前半年的前两名《至暗时刻》和《三块广告牌》。

21 世纪 3D 电影的发行呈稳步增长趋势，2009～2014 年分别为 14 部、28 部、47 部、43 部、46 部和 57 部，但 2015 年下滑至 34 部，此后呈起伏态势，2016 年 46 部，2017 年 37 部。2018 年发行了 39 部 3D 片（全都兼有 3D 和 2D 放映形式），3D 票房达 4300 万英镑，占总票房的 3%。虽然 2018 年比 2017 年多发行了两部，但 4300 万英镑的票房仅是 2017 年 8800 万英镑的约一半。3D 票房前三名是《复仇者联盟 3：无限战争》（890 万英镑）、《侏罗纪世界 2》（580 万英镑）和《黑豹》（400 万英镑）。第四至第十依次为《神奇动物：格林德沃之罪》*（290 万英镑）、《头号玩家》（240 万英镑）、《巨齿鲨》（230 万英镑）、《超人总动员 2》*（200 万英镑）、《海王》*（160 万英镑）、《毒液：致命守护者》（160 万英镑）和《游侠索罗：星球大战外传》（150 万英镑）。[②] 观众对 3D 电影的热情从 2010 年的高位呈下降趋势，电影的 3D 放映票房收入占其所有放映形式票房收入百分比的中位数从 2010 年的最高点 71% 降至 2016 年的 16% 和 2018 年的 8%（不计 3D 为唯一放映形式的影片）。

---

① 以上两段两个榜单票房统计截至 2019 年 7 月 18 日，加 * 号的电影至 7 月 18 日仍在放映。英国和爱尔兰因电影发行目的作为一个统一“区域”计算数据。

② 3D 票房统计截至 2019 年 2 月 21 日，标 * 号的影片至 2 月 21 日仍在放映。

四　2018年英国电影全球市场票房[①]

2018 年，在全球电影创纪录的 414 亿美元总票房中，英国电影取得了 94 亿美元，占全球市场份额的 22.7%；票房平了 2015 年的 21 世纪纪录，但份额略低于 2015 年的 24.6%。其中，英美合拍大片占 19.6%（81 亿美元），以《复仇者联盟 3：无限战争》领衔；英国独立电影占 3.1%（13 亿美元）；独立电影票房刷新 21 世纪纪录，份额平了 2014 年纪录。英国片票房份额自 2015 以后涨幅远高于之前的年份。英国影片在中国大陆市场取得了 16.52 亿美元的票房，占其海外票房的 18%。2009 年以来的英国电影全球市场票房及份额详见表 6。

表 6　英国电影全球市场票房及份额：2009～2018 年

年份	全球市场总票房(10亿美元)	英国电影全球票房（10 亿美元）	英国独立电影全球票房（10 亿美元）	英国片份额（%）	英美合拍大片份额（%）	英国独立电影份额（%）
2009	29.5	2.0	0.7	6.8	4.4	2.4
2010	31.7	4.5	0.5	14.2	12.6	1.6
2011	33.3	5.6	0.9	16.8	14.1	2.8
2012	34.9	5.3	0.6	15.2	13.3	1.8
2013	35.5	4.1	0.6	11.5	9.8	1.6
2014	36.1	4.7	1.2	13.0	9.7	3.2
2015	38.2	9.4	1.1	24.6	21.8	2.8
2016	37.6	6.5	0.5	17.3	16.0	1.3
2017	39.4	8.1	0.8	20.6	18.6	2.0
2018	41.4	9.4	1.3	22.8	19.5	3.2

资料来源：British Film Institute，“UK Films and British Talent Worldwide”，*Statistical Yearbook 2019*，p. 4。

英国电影的全球市场份额主要随少数好莱坞大电影公司投资的英美合拍片的表现好坏而呈现出较大幅度波动。2015 年的英美合拍片最高比例

① 本节数据出自 British Film Institute，“UK Films and British Talent Worldwide”，*Statistical Yearbook 2019*，pp. 4－6，13。

(21.8%)得益于《星球大战：原力觉醒》(19 亿美元)和《复仇者联盟2：奥创纪元》(14 亿美元)的火爆。英国独立电影每年的全球市场份额则差距不大，因为总量小，基本在1.3%(2016 年)~3.2%(2014 年和2018年)之间，有时受极少数票房热片的影响明显。

2018 年全球票房最高的英国电影是《复仇者联盟 3：无限战争》，达17.05 亿美元；第二、第三名是《侏罗纪世界 2》(11.24 亿美元)和《毒液：致命守护者》(7.585 亿美元)；第四至第十名依次为《波西米亚狂想曲》《碟中谍6：全面瓦解》《神奇动物：格林德沃之罪》《头号玩家》《游侠索罗：星球大战外传》《 妈妈咪呀 2：再次出发》《欢乐满人间 2》。前十名共赢得 70.45 亿美元票房，占英国电影全球票房的 75%，都是英美合拍大片，连续第四年没有独立电影进前十。

2018 年全球票房最高的英国独立电影是《红雀》(1.155 亿美元)，其后是《憨豆特工 3》(1.123 亿美元)、《通勤营救》(9000 万美元)、《三块广告牌》、《寡妇特工》、《至暗时刻》、《罗宾汉》、《犬之岛》、《帕丁顿熊2》和《帆船航海》。前十名总票房为 7.74 亿美元，只有前两部单片票房超过 1 亿美元。

根据 Box Office Mojo 的最新数据，2018 ~2019 年发行的英美合拍片有三部在全球史上票房榜前二十之列：《复仇者联盟 4：终局之战》(2019 年)排第一，《复仇者联盟 3：无限战争》(2018 年)排第五，《侏罗纪世界 2》(2018 年)排第十三。

五　2018 ~2019年电影的生产：英国制片花销持续保持高位①

受英国政府 2014 年加大电影减税力度政策的激励，英国的总制片开销

① 本节数据出自 British Film Institute，“Screen Sector Certification and Production”，*Statistical Yearbook 2019*，pp. 14 – 18，21 – 23；2019 年 7 月 25 日发布的分项报告“Film and Other Screen Sector Production in the UK, January-June (H1, Half Year) 2019”，pp. 1，2。

连续五年强势高涨。英国已成为世界的制片中心之一。好莱坞各大制片厂和英国长期合作，如《星球大战》系列或漫威《复仇者联盟》系列。松林和谢泼顿影棚都满负荷运转，正在建造新的设施以提高能力。英国的视觉效果团队世界领先。此外，像 Netflix 和 Amazon Prime① 这样的流媒体巨头的诞生增加了对英国技能和服务的需求。

尽管受英国脱欧带来的不确定性的困扰，2018 年在英国的电影制片花销继续强劲增长，达 19.56 亿英镑，是 1994 年有统计数据以来的第二高纪录，仅低于 2017 年 21.54 亿英镑的纪录。这一突出的表现主要归功于外来投资片花销的飞速增长，2009 ~2019 年在英国的制片花销见表 7。

表 7　在英国生产的影片的英国花销：2009 ~2019 年

单位：百万英镑

年份	2009	2010	2011	2012	2013	2014	2015	2016	2017	2018	2019 上半年
外来投资片	973	874	1071	669	882	1294	1249	1493	1856	1620	752
纯国产片	244	200	205	266	222	228	274	317	267	313	112
合拍片	39	81	52	75	63	55	47	45	31	23	17
总计	1256	1154	1328	1010	1166	1575	1570	1855	2154	1956	881

资料来源：British Film Institute，“Screen Sector Certification and Production”，*Statistical Yearbook 2019*，p. 15；“Film and Other Screen Sector Production in the UK，January-June（H1，Half Year）2019”，p. 1。

2018 年，共有 222 部电影全部或部分在英国开机拍摄，低于 2006 年以来的年度数量（2010 年和 2012 年曾高达 374 部，2017 年 325 部）。其中，绝大多数（150 部）是纯国产片，53 部为外来投资片，19 部为合拍片。外来投资片的花销居首位，53 部外来投资片给英国共带来了 16.20 亿英镑的花销（占 83%），主要包括《阿特米斯奇幻历险》《速度与激情外传：霍伯斯与肖》《星球大战 9：天行者崛起》；在全年总共 21 部预算大于/等于 3000 万英镑的影片中有 20 部是外来投资片。150 部纯国产片贡献了 3.13 亿

① Netflix 和 Amazon Prime 都是美国在线流媒体，是视频供应巨头。

英镑（占 16%），主要包括《看清真相》《放射性物质》《SAS：红色通缉令》；其中预算大于/等于 50 万英镑的有 90 部，预算不足 50 万英镑的有 60 部，反映出纯国产片的资金压力依然巨大，预算低于 50 万英镑的影片通常很难得到影院放映。19 部合拍片预算都比较小，贡献了 2300 万英镑（占 1%），主要包括《谜巢》、《下流音乐》和根据《中英合作制片条约》制作的第一部中英合拍故事片《合法伴侣》。若按美国大电影公司投资片和独立电影两个类别区分，2018 年约 19 部英美合拍大片（多预算大）贡献了 13.04 亿英镑的制片花销，占 67%，对英国经济的贡献突出；203 部独立电影的制片花销为 6.52 亿英镑，占 33%。2018 年纯国产片的英国制片花销占其总制片预算的比例最高，达 87%；外来投资片次之，占 64%；合拍片最低，占 36%。

2019 年上半年，在英国开机拍摄了 65 部电影。其中 32 部是纯国产片，22 部为外来投资片，11 部为合拍片。在英国的总制片花销是 8.81 亿英镑。外来投资片贡献大，达 7.52 亿英镑，占 85%；纯国产片是 1.12 亿英镑，占 13%（其中 20 部预算大于/等于 50 万英镑）；合拍片的花销为 1700 万英镑，占不到 2%。拍摄的影片包括《信条》（克里斯托弗·诺兰）、《人人都在谈论杰米》、“一战”片《1917》、《梦马》、《纪念品 2》、《Soho 区惊魂夜》、《她自己》以及《占有者》。

六　电影艺术成就突出，国际奖项平稳①

21 世纪英国电影及电影人成就可圈可点。在 2001 ~ 2018 年全球票房总排行前 200 名影片榜中，36 部是根据英国作家创作的故事和人物拍摄的（2018 年贡献了 J. K. 罗琳的《神奇动物：格林德沃之罪》），数量只逊色于美国故事素材；25 部由英国导演执导；139 部由英国演员担任主角（53 部）

① 本节数据出自 British Film Institute，“UK Films and British Talent Worldwide”，*Statistical Yearbook 2019*，pp. 15 - 20。

或重要配角（86 部），英国演员在顶级影片中的出镜率高达 70%。英国电影人才和技术优势在向全世界展示英国的国家形象和创造力方面发挥着重要作用。

36 部根据英国作家创作的故事和人物拍摄的电影基本上是根据英国新老作家的文学作品改编的，涉及的主要作家有罗琳（《哈利·波特》《神奇动物》）、弗莱明（邦德片）、托尔金（《指环王》《霍比特人》）、刘易斯（《纳尼亚传奇》）和吉卜林（《奇幻森林》）；有 4 部是基于原创剧本，例如诺兰的《盗梦空间》《星际穿越》《敦刻尔克》。

在 25 部英国导演执导的影片中，大卫·叶慈因执导 4 部《哈利·波特》以及其衍生作品 2 部《神奇动物》（共 56 亿美元票房）依然是 21 世纪取得最大商业成功的英国导演。克里斯托弗·诺兰执导了两部《蝙蝠侠》、《盗梦空间》、《星际穿越》和《敦刻尔克》，票房达 41 亿美元，排第二。萨姆·门德斯排第三（20 亿美元），执导了 007《大破天幕杀机》和《幽灵党》。

英国电影及演艺人才频繁赢得国际大奖。2001～2018 年，英国影业共收获了 473 项奖项，约占全球比例的 14%（奖项包括奥斯卡奖，英国电影学院奖，圣丹斯、柏林、戛纳、威尼斯和多伦多国际电影节奖）。2018 年，英国电影和电影人赢得了 28 个奖项，占全球比例 14%，高于 2017 年的 22 项。2019 年的奥斯卡奖和英国电影学院奖两大奖项也表现稳定。《宠儿》是最大赢家，《波西米亚狂想曲》得奖次之。

在 2018 年五大电影节中，威尼斯电影节的成绩令人瞩目：范尼莎·雷德格雷夫被授予终身成就金狮奖，《宠儿》（欧格斯·兰斯莫斯）获评审团大奖，奥利维娅·科尔曼（《宠儿》）获最佳女主角奖。其余奖项一般，戛纳电影节 2 项，例如乔·阿尔文被授予旨在奖励富有才华的年轻演员的肖邦杯。另外还包括圣丹斯电影节 2 项小奖。

2018 年英国电影学院奖有 15 项颁给了英国电影及电影人；奥斯卡奖 6 项，同 2015 年和 2016 年，远超 2017 年的惨淡 1 项，且奖项厚重。

2019 年的两大奖项高度集中于少量影片。英国电影学院奖有 13 项归属英国。《宠儿》独揽7项：最佳英国电影、最佳原创剧本、最佳女主角（奥利维娅·科尔曼）、最佳女配角（蕾切尔·薇姿）、最佳服装设计、最佳化妆与发型、最佳艺术指导。此外，制片人斯蒂芬·伍利和伊丽莎白·卡尔森被授予英国电影杰出贡献奖，英国本土杰出处女作颁给了《野兽》，最佳音响效果颁给了《波西米亚狂想曲》，最佳英国动画短片颁给了《骚乱》，最佳英国短片颁给了《73头牛》，因在高票房的《黑豹》和《复仇者联盟3：无限战争》中扮演角色而引起全球关注的利蒂希娅·赖特拿到了EE新星奖。

2019年奥斯卡奖有5项归属英国，比2018年少一项，包括最佳女主角（奥利维娅·科尔曼）、最佳视觉效果（保罗·兰博特和特里斯坦·迈尔斯，《登月第一人》）、最佳音响编辑（《波西米亚狂想曲》）、最佳混音（《波西米亚狂想曲》），出自《一个明星的诞生》的《浅滩》获最佳原创歌曲。英国人连续几届得到奥斯卡最佳视觉效果奖。

2019年，在柏林电影节上，曾因《45周年》的出色表现而斩获2015年柏林电影节最佳女主角银熊奖的夏洛特·兰普林获终身成就奖。艾米丽·比查姆获戛纳电影节主竞赛单元——最佳女主角奖（《小小乔》）。

七 电影类别和英伦形象

过去的百年间，英国纪录片、战争片、喜剧片、历史/文学古装片、工人阶级社会现实主义影片等类别在世界影坛树立了优势地位。2017～2018年英国电影人再次回归自己熟悉的历史片和战争史诗领域，以“二战”题材片《敦刻尔克》《至暗时刻》等续写了辉煌。

英国电影人能用多种类型讲述故事，2018年成功电影的类别多样性尤其突出，英国片在市场全部787部影片总共18个类别中的12个类别拔得票房头筹，主要包括动作片（《复仇者联盟3：无限战争》）、喜剧片（《憨豆特工3》）、传记片（《波西米亚狂想曲》）、音乐片（《妈妈咪呀2：再次出发》）、家庭片（《欢乐满人间2》）、奇幻片（《神奇动物：格林德沃之罪》)、冒险片(《头号玩家》)、科幻片(《游侠索罗：星球大战外传》)、犯罪片(《寡妇特工》)等。[①] 远远好于2017年仅在16个类别中的5个类别挂帅。

2018～2019年，超级英雄影片彰显霸气，《复仇者联盟3：无限战争》和《复仇者联盟4：终局之战》都雄踞各自年份排行榜之首。音乐剧和具有丰富音乐成分的电影也喜迎黄金时期，以《妈妈咪呀2》和《波西米亚狂想曲》为代表。尼克·詹姆斯指出，政治动荡使观众更青睐“更轻松、更奇妙的娱乐形式，如音乐剧或当下流行的超级英雄电影”。[②] 此外，英国动画发展势头也持续强劲，此前《帕丁顿熊2》打破《玩具总动员2》保持的“连续收获163个好评且无差评”的纪录，成为烂番茄“当前最鲜”电影。2018年春季档，三部英国动画《比得兔》《早期人类》《淘气大侦探》登陆全球影市，虽然画风各异，但都是带有英国元素的喜剧片，把欢笑和英伦本土文化传播到世界各地。营销上女性角色更加突出，如《宠儿》《妈妈咪呀2》《魅影缝匠》。

聚焦英伦形象展示，当主推《宠儿》《波西米亚狂想曲》《魅影缝匠》。

历史古装剧情片《宠儿》依据大致史实，以18世纪早期安妮女王的统治时代为背景，讲述了女王(奥利维亚·科尔曼饰)和她的知己公爵夫人莎拉(蕾切尔·薇姿饰)，以及莎拉的亲戚女仆阿比盖尔(艾玛·斯通饰)为得到安妮女王信任和恩宠而上演的一段情欲与权力倾轧的故事，堪称英国宫廷版的《甄嬛传》。

安妮女王丧夫，年老色衰，体态肥胖，受痛风折磨多年。她曾经怀孕17次，但孩子不是胎死腹中就是不幸早逝，因此她养了17只兔子以怀念他们。病痛缠身的安妮经常无心国事，其儿时的玩伴公爵夫人莎拉成为她身边最亲近的人，并实际掌控了军政大权。她控制朝臣，逼迫女王增加地税来为当时与法国的战争筹款。舞会上看到莎拉灵活地和上校跳舞，行动不便的安

① British Film Institute, “Film at the Cinema”, *Statistical Yearbook 2019*, p. 29.

② Nick James, “Feast Your Eyes”, *Sight and Sound*, January/February 2019, p. 5.

妮从开始的欣赏迅速过渡到嫉妒地大声叫停。痛风发作时，安妮需要莎拉的陪伴；寂静的夜晚，她们伴着烛火拥吻缠绵。阿比盖尔落难前来投奔，成为女仆，为生存动用心机。当她发现女王有腿伤，便偷采草药私自给女王涂上，药见效后被提拔为侍女。当她在暗中吃惊地看到安妮和莎拉的情欲关系后，便乘莎拉忙于国事之机，通过铤而走险裸睡于女王床上而在当晚得到宠幸。莎拉发现后想要赶走她，但阿比盖尔以自残苦肉计躲过，并通过下药的狠招使莎拉骑马摔伤，最终被女王驱逐出境。女王在心理上幼稚、孤独、脆弱、任性，难免被人摆布。她受莎拉怂恿欲增加地税，但就要宣布时，又听了大臣“不改地税，陛下英明”的巧言相劝，头顶王冠的安妮竟像小姑娘一样手足无措。大量变形的鱼眼镜头（广角镜头）凸显偌大的房间和角色的孤立无援。影片围绕三个生动鲜活的女性角色，借情与欲去探讨政治和权力，关注点是“女性冲突、女性野心和能动性以及女性欲望”①，这在一定程度上代表着对父权社会的挑战甚至羞辱。

传记片《波西米亚狂想曲》以英国20世纪70年代的皇后乐队成名曲为片名，讲述了该乐队从成立到横扫欧美的传奇经历，以及主唱佛莱迪·摩克瑞（拉米·马雷克饰）跌宕起伏的人生故事，是对皇后乐队及其音乐的致敬盛宴。佛莱迪1991年因艾滋病去世于英国伦敦，年仅45岁。

佛莱迪成名前是机场行李搬运工，但对音乐满腔热血。有一天，龅牙的佛莱迪毛遂自荐，用横跨四个八度的超广音域得以加入一乐队，后乐队更名为“皇后”，出唱片，巡演美国。在打响名声后，唱片公司希望他们保持风格保守前行，但佛莱迪不肯屈服，拿起小石子扔向了老板的窗户。他自己找到广播电台和电视台播放了《波西米亚狂想曲》——一首长达六分钟（正常歌曲时长多为三分钟），融合古典音乐、歌剧、艺术摇滚等多种元素的新歌。这首歌被评论家称为“摇滚歌剧”，迅速霸占了各种流行音乐榜。佛莱迪成功后迅速膨胀，选择了单飞，之后创作陷入停滞状态，只能在酒精和滥交的放纵中沉沦，直到前女友前来劝其参加“拯救生命”援助非洲义演，

① Jonathan Romney, “Disgrace and Favour”, *Sight and Sound*, January/February 2019, p. 66.

才幡然醒悟。他公开了自己的同性恋身份和身患艾滋病的事实①，选择了回归“皇后”。全片的高潮是最后15分钟震撼再现的1985年“拯救生命”大型摇滚演唱会。② 剧组重构了舞台，拍摄几乎是对照着原版影像资料逐帧逐秒还原，镜头、动作、钢琴上的水杯都是1∶1复原的。佛莱迪以高亢的嗓音和极具感染力的台风，几乎是一人带动着几万人一起激情嗨爆全场。《波西米亚狂想曲》是佛莱迪对生活的忏悔和对世界的分手告白。传唱度更高的《摇滚万岁》和《我们是冠军》令观众血脉偾张。虽然影片在深入挖掘人物方面力度不够，但成功地把观众带回到了皇后乐队的那个时代，把电影院变成演唱会的舞台，加以电影蒙太奇的艺术，呈现了摇滚乐最为纯粹的愉悦和疯狂。

《魅影缝匠》是唯一一位三获奥斯卡影帝的英国传奇演员丹尼尔·戴－刘易斯的息影之作。他贡献了史诗级的表演，可以说是一场完美的谢幕。

20世纪50年代的伦敦，知名时装设计师雷诺兹·伍德科克（丹尼尔·戴－刘易斯饰）是英国时尚界的标杆。皇室名流、新晋权贵都以穿上他设计的裙子为荣。雷诺兹的一个个女神模特，则像他生命中的“魅影”般来了又走，成为过眼云烟，曾给过他源源不绝的灵感与陪伴，但无一人可以改变他病态式的孤僻，直到他在乡下小酒馆遇见了年轻女招待阿尔玛。阿尔玛迅速沦陷于他的魅力之中，成了他又一个情人兼模特。雷诺兹带着艺术家的雅致、傲慢和苛刻，生活在自己固有的秩序与规则之中，抱定独身主义。虽然他喜爱阿尔玛的纯情与炽热，但难掩对侵犯的厌恶。早餐时阿尔玛咀嚼的声音、刀叉的碰撞，让他的眉头不断皱起；阿尔玛对他的关心被他视为不合时机的打扰。不断的“侵犯”严重干扰了他专注的思考和转瞬即逝的灵感。然而这世间能懂雷诺兹的也只有阿尔玛，当她看见他设计的绝美衣装被穿在不懂珍惜的富婆身上时，她心痛、愤怒，拉着雷诺兹一起抢回了裙子。阿尔

---

① 佛莱迪·摩克瑞1987年查出患有艾滋病，电影为剧情需要将年份提前至1985年。

② 1985年7月13日，“拯救生命”（Live Aid）演唱会在美国费城和英国伦敦两地同时开始，为发生在埃塞俄比亚的饥荒筹集资金。持续16个小时的演出约吸引了超过10亿的电视观众。在伦敦温布利体育场有多达7.2万名现场观众，巨星云集，皇后乐队演出时间最长。

玛想要的是多数女人向往的温暖无间的相处，而她只能在雷诺兹生病脆弱的时刻才能完全拥有他，为此她不惜把不致命但让人饱受折磨的毒蘑菇给他食用。强悍的巨人倒下了，向悉心照顾他的阿尔玛求婚，两人结为夫妻。但雷诺兹病好后，心思被分散在爱情中，他再也设计不出完美的华服，开始对人抱怨，后悔娶了阿尔玛。于是便有了阿尔玛的第二次下毒。突然间，雷诺兹明白了一切，可他却含笑吃下阿尔玛准备的食物，微笑着说：吻我吧，在我发病之前。

结　语

2018～2019 年，面对种种挑战，英国电影产业表现给力。英国市场总票房、观影人次以及英国电影所占市场份额都创下 21 世纪最佳纪录。英国电影的全球票房也表现出色。独立电影票房份额大幅回升。在英国的总制片花销居 21 世纪第二高位。电影及电影人揽得 14% 的当代国际大奖。但需要指出的是，英国影业的票房和排行榜始终受制于美国影片及英美合拍大片的垄断，制片花销业绩在很大程度上也是倚仗好莱坞投资的英美合拍大片的贡献。英美合拍片的辉煌给影业带来了国内国际票房光鲜亮丽的数据，但这是基于英国统计方法将其全部票房笼统计入英国电影名下，实际上许多利润都回流给了美国，它们也被全球观众更视为美国电影。虽然能成功地吸引《星球大战》《复仇者联盟》等系列在英国连续拍摄是英国创意产业的骄傲，但提升纯国产片的质量和魅力仍是重中之重。此外，英国目前还亟须应对脱欧给影业可能带来的不利影响，比如电影人和设备能否继续“自由移动”和欧盟资金能否得到保留。

中英关系篇

Sino-British Relations

B.14

英国对华政策发展与中英关系展望*

王　鹏**

摘　要： 自2015年中国国家主席习近平访问英国以来，中英关系进入快速稳步发展的“黄金时代”。然而，2018～2019年，脱欧、首相更迭等英国国内政治事务，英国对香港、南海等中国国内事务的干涉，以及中英关系中的第三方因素（如美国）这三个层面的变量共同导致中英双边关系在本年度出现一定波折，并在未来一年中还将大概率表现出不确定性。

关键词： 中英关系　脱欧　“全球英国”　香港　南海

---

* 本文受到国家社科基金重大项目“不结盟运动文献资料的整理、翻译与研究（1961～2021）”资助，项目批准号：18ZDA205。

** 王鹏，博士，中国人民大学重阳金融研究院副研究员，主要从事中国外交政策、中欧关系研究。

本报告将在回溯 2018 ~2019 年中英双边关系发展的基础上，剖析英国对华政策的深层逻辑，探讨中国的应对之策，展望中英关系的未来。

一　中英关系的新进展

2018 年上半年，中英关系“高开高走”，在较为友好的水平运行。两国在亚洲基础设施投资银行（以下简称“亚投行”）的合作在持续推进，“一带一路”合作也有新的亮点[①]，因而被认为正在延续“黄金时代”[②]；《人民日报》社论指出，中英两国正在打造“黄金时代增强版”。[③]

在首脑外交层面，2018 年 2 月 1 日，中国国家主席习近平会见来华进行正式访问的英国首相特雷莎·梅。[④] 习近平认为，两国自建交以来在各领域合作硕果累累。2015 年的高层互访推动双方共同揭开了中英关系“黄金序章”。在如何共同打造“黄金时代增强版”的问题上，习近平提出四点具体措施：一要提升中英关系“黄金时代”战略性，从战略高度和全局角度看待和规划双边关系未来发展。二要增强中英关系“黄金时代”务实性，推动两国经贸合作再上新台阶。中英双方可以在“一带一路”框架内开展更大范围、更高水平、更深层次的互利合作。三要拓展中英关系“黄金时代”全球性，深化在联合国、二十国集团、世界贸易组织等多边机构内交流合作，推动解决气候变化等全球性挑战，共同促进世界和平与稳定。四要促进中英关系“黄金时代”包容性，发扬两国文明兼收并蓄、博采众长的传统理念，加强人文交流，增进两国交往和友谊，夯实两国关系民意基础，为促进东西方文明交流互鉴、不同文明国家“和合共生”树立典范。[⑤]

① 王义桅：《中英共建“一带一路”将再现“亚投行效应”》，《北京日报》2018 年 2 月 2 日，第 8 版。

② 张蓓：《中英再续“黄金时代”》，《中国国防报》2018 年 2 月 2 日，第 4 版。

③ 《打造中英“黄金时代”增强版》，《人民日报》2018 年 2 月 2 日，第 3 版。

④ “Theresa May's Visit to China—In Pictures”, *Financial Times*, 31 January 2018, https://www.ft.com/content/7abc14d8-0687-11e8-9650-9c0ad2d7c5b5.

⑤ 《外交动态》，《世界知识》2018 年第 4 期，第 6 ~7 页。

特雷莎·梅赞同习近平主席对英中关系的评价，认为英方在许多全球性问题上同中方看法相近，重视中方在国际事务中的重要作用，希望英中开展“一带一路”合作，促进全球和区域经济增长。英国主张自由贸易，愿同中方加强贸易、投资、科技、环境、人文、互联网等领域务实合作，密切在重大国际和地区问题上沟通协调，共同致力于推进英中面向21世纪全球全面战略伙伴关系。①

对梅的这次访华，英国皇家三军联合研究所（RUSI）的潘睿凡（Raffaello Pantucci）研究员认为：“梅首相对北京进行期待已久的访问，给伦敦提供了一个定义和塑造其与中国关系的机会，使其超越了幕后的中伤以及浮夸的公开辞令。”②

中英合作不仅存在于两国中央政府之间，也在中英两国政党交往以及地方友好互动中不断深化。在政党交往层面，2018年4月10日，第十届中英政党对话在中共中央对外联络部举行。来自两国的50余位政治家、学者及企业代表齐聚一堂，围绕“共同打造新时期中英关系‘黄金时代’”的对话主题，进行坦诚、友好的交流。③中共中央对外联络部部长宋涛在开幕式主旨讲话中用四个“伙伴”概括了中英关系的现状与发展趋势：中英日益成为共同实现各自发展愿景、务实合作潜力无限、共担更多全球责任、促进东西方文明和合共生的伙伴。④

在地方交往层面，2018年7月23~24日，英国外交部亚太事务国务大

---

① 《习近平会见英国首相特雷莎·梅》，新华网，2018年2月1日，http：//www.xinhuanet.com//2018-02/01/c_ 1122355932.htm。

② Raffaello Pantucci，“Theresa May in China：The Essence of a Working Relationship”，*Commentary*，30 January 2018，https：//rusi.org/commentary/theresa-may-china-essence-working-relationship.

③ 李冠群：《增进互信、凝聚共识，共同打造中英关系“黄金时代”——第十届中英政党对话侧记》，《当代世界》2018年第5期，第9~12页；叶伟、辛宇舟：《英中关系从未像今天这样重要——专访英国工党下院议员、影阁数字经济事务国务大臣，财政部前首席大臣利亚姆·伯恩》，《当代世界》2018年第6期，第50~51页。

④ 《加强政治引领，共创美好未来——中共中央对外联络部部长宋涛在第十届中英政党对话开幕式上的主旨讲话》，《当代世界》2018年第5期，第5~6页。

臣马克·菲尔德首次访问重庆，称赞2018年来英国与重庆市在科技创新、贸易投资、制造业、房地产等多个领域取得丰硕的合作成果。[①]

在不同的细分领域，两国合作也取得了瞩目成果。2018年是中英两国科技合作的40周年，这一始于政府间的科技合作协定，为两国迈向构建创新伙伴关系时代奠定了基础。[②] 2018年中英双边贸易额达804.5亿美元。中英围绕"一带一路"的合作全面推进，在金融科技、绿色金融、第三方市场、环境及气候变化等领域的合作日益密切。[③] 中英在知识产权行政执法、标准化、认证认可、药品监管等领域的深入合作推动两国经贸合作持续稳定发展。[④] 在教育领域，两国的实质性合作也在打开新局面。[⑤]

有学者认为，在由"首脑外交"推动的中英关系"黄金时代"开启和升级进程中，经贸合作是原动力，金融合作是突出特色，核合作则是新的增长点。两国首脑通过频繁互访和"点穴式"外交、多边外交，推进伙伴关系建设和"一带一路"建设，为中英关系的突破性发展起到了导向和开路的作用。[⑥]

二　制约中英关系进一步发展的因素

然而，相较于2018年上半年中英关系的平稳发展，自2018年下半年，两国关系先后受英舰"南海巡航"事件、英国对中国香港事务的干涉、中

---

① He Jing：《英国外交部亚太事务国务大臣访渝巩固中英关系黄金时代》，《重庆与世界》2019年第1期，第28页；刘丁睿：《英国驻华大使吴百纳访问重庆：在"黄金时代"打造更多"黄金成果"》，《重庆与世界》2018年第13期，第58~60页。

② 张敏：《"黄金时代"增强版：中英科技创新合作亮点纷呈》，《世界知识》2018年第4期，第56~57页。

③ 赵俊杰：《英国到底怎么了》，《环球时报》2019年7月12日，第15版。

④ 《巩固中英关系"黄金时代"成果 深入推动经贸合作发展共赢》，《中国质量与标准导报》2018年第8期，第6页。

⑤ 周小舟：《教育合作打开中英关系新局面》，《文汇报》2018年2月4日，第5版。

⑥ 张颖：《首脑外交与中英关系的"黄金时代"》，《现代国际关系》2018年第3期，第49~55页。

美贸易战与美国对英施压，以及久拖不决的英国脱欧等事务的影响，开始产生一定波动。进入 2019 年后，香港问题进一步发酵。同时，随着中美贸易战向科技战、金融战的升级转化，中英科技合作、金融合作也面临挑战。[①]

（一）英国加强介入南海事务

早在 2017 年英国就表态或派航母巡航南海。[②] 2018 年下半年开始，英国加强了对南海事务的干预。

2018 年 6 月，英国和法国先后宣布将派舰船参与南海“航行自由行动”。英国插手南海的法理依据是《五国联防协议》（Five Power Defence Arrangements，FPDA）。根据这份由英国、澳大利亚、新西兰、马来西亚、新加坡于 1971 年冷战高峰期签署的协议，五国将在太平洋领域加强军事协作，维护区域安全。冷战结束后，该条约似乎失去了存在的假想敌与意义；但在五国炒作南海事务的背景下，又开始利用该条约。[③]

2018 年 8 月 31 日，英国皇家海军阿尔比恩级两栖船坞攻击舰“海神之子”号在由日本驶往越南途中，未经中国政府允许，擅自进入中国西沙群岛领海。中国海军依法对英舰实施查证识别，并予以警告驱离。对此，中国国防部和外交部指出，“西沙群岛是中国固有领土”；“英方派军舰擅自进入中国领海挑衅，违反中国法律及相关国际法，侵犯中国主权，损害中国安全利益，极易引发海空意外事件，中方对此表示强烈不满和坚决反对，向英方提出严正交涉”。英国军方则表示，英舰是在“完全遵守国际法与国际规范”的情况下行使“自由航行权”。[④]

---

① 王文、王鹏：《G20 机制 20 年：演进、困境与中国应对》，《现代国际关系》2019 年第 5 期，第 1 ~9 页。

② 慕小明：《英国扬言或派航母巡航南海的背后玄机》，《中国青年报》2017 年 8 月 10 日，第 12 版。

③ “Five Power Defence Arrangements（FPDA）”, *Global Security*, https：//www. globalsecurity. org/military/world/int/fpda. htm.

④ Alex Hollings, “British Join the Party by Agitating Chinese Military in South China Sea”, *NEWSREP*, 7 September 2018, https：//thenewsrep. com/107947/growing – list – of – navies – ruffling – chinese – feathers – in – south – china – sea – british – join – the – party/.

几乎与英舰进入中国西沙群岛海域的同一时刻，美国海军“里根”号航母战斗群和日本海上自卫队也在南海海域举行了联合演习。有分析认为，英国此举是有意为之，旨在配合美国在南海开展所谓的“航行自由行动”，表明英美共同立场。对此，有学者认为，英舰此次进入西沙领海除宣示立场外，也不排除怀有更深层次的战略意图：一是实现在南海地区的长期性、常态化军事存在①；二是借助不断扩大的军事存在来提升英国介入“印太”地区政治、经济、外交事务的影响力，以实现其“全球英国”的战略愿景。②

2018 年 10 月 2 日起，英国、澳大利亚、新西兰、马来西亚、新加坡五国在南海海域实施了为期三周的代号为“五国团结—2018”（Bersama Lima 2018）的国际安全演习。依据《五国联防协议》的规定，五国联防机构将在五年的周期内总共实施五次演习，并声称将“坚决支持各国在南海存在争议地区执行‘航行自由行动’”。③

FPDA 五国的行动，也吸引了更多域外海上强国介入南海事务。2018 年 10 月，法国宣布其“戴高乐”号航母将于 2019 年前往印度洋与南海海域，并与印度、澳大利亚等国在上述海域开展联合军演。④ 然而，2019 年 2 月 21 日，法国国防部却宣布，因为南海地区的“紧张局势”，“戴高乐”号航母并不会进入该海域，而是在 2019 年 3 月到 4 月执行“战略前置”任务；4 月到 5 月前往地中海地区与埃及进行联合演练；随后在 7 月进入印度洋地区进行部署并与印度海军进行联合演练。

此外，英国的“巡航”行为给台湾当局释放了错误信号。2019 年 1 月 5 日，蔡英文在被英国媒体问及“是否支持英国在南海建立军事基地”一事

---

① 叶强：《英国军舰“试水”南海，寓意并不简单》，《世界知识》2018 年第 20 期，第 30 ~ 31 页。

② 王鹏：《“对冲”与“楔子”：美国“印太”战略的内生逻辑——新古典现实主义的视角》，《当代亚太》2018 年第 3 期，第 4 ~ 52 页。

③ “India and France Hold Biggest Naval Exercises-With One Eye on China”, *India Abroad*, 10 May 2019, https://www.indiaabroad.com/diplomacy/india-and-france-hold-biggest-naval-exercises-with-one-eye/article_70bc4f24-732e-11e9-9d2c-4f49a9510795.html.

④ 朱锋：《2018 年南海大国博弈新动向》，《世界知识》2018 年第 24 期，第 47 ~ 49 页。

时明确表示“欢迎任何维护南海和平与通行自由的行动”。她还强调，“如果有助于实现这些终极目标，那么我们会抱持开放态度，也希望所有国家能在与南海相关议题上全面合作，并尊重彼此的立场”。[①]

（二）中美贸易战背景下的英国选择

英国皇家国际问题研究所亚洲项目高级研究员蒂姆·萨默斯指出，“英国面临的一个重要挑战是：如何在对华政策上与自己的传统伙伴保持一致。特别是现在英国一直很头疼与特朗普领导下的美国打交道，英国最终脱欧后与其他主要西方国家的关系又悬而未决”。[②] 萨默斯所说的“与自己的传统伙伴保持一致”是指，与美国始终保持“特殊关系”的英国，在当下中美贸易战久拖未决、大国战略竞争加剧的背景下，如何在捍卫跨大西洋传统纽带的同时，处理好与中国这个最具发展潜力的东方大国之间的关系。[③]

鉴于中美竞争持续加剧的现状，以及“英美特殊关系”的这一长期事实，中方对于美国等第三方势力介入中英关系的担忧并非多余。英国对中国的吸引力不仅在于它在全球金融市场中的独特地位，也在于其所拥有的总体经济实力（英国目前仍是全球第六大经济体），尤其是英国所拥有的众多高科技专利，其中有的中国短期内既无法自行研发又难以从美国等其他国家获取。而对于当前正加大力度对华发动经贸战、科技战、金融战的美国特朗普政府而言，中英在高科技领域的双赢合作，显然是不可接受的。因此，华盛顿将不可避免地利用美英特殊关系、跨大西洋政治经济安全纽带（如北约、“五眼”国家情报协同等）、脱欧效应等，强化其离间中英关系的举动。

考虑到此前美国在《美加墨贸易协定》中插入专门针对中国的“毒丸条款”这一事实，英国学者罗思义（John Ross）等认为，美国可能会利用

① 穆亮龙：《蔡英文欢迎英国在南海设军事基地，疯狂尽头是毁灭》，《台声》2019 年第 3 期，第 48 页。

② 〔英〕蒂姆·萨默斯：《英国需要更具战略性的对华政策》，《中国经济报告》2018 年第 3 期，第 6 页。

③ 徐瑞珂：《特朗普与英美特殊关系的嬗变》，《国际展望》2019 年第 3 期，第 118 ~ 137 页。

英国处于脱欧瓶颈期的脆弱性，强迫英国在新的美英贸易协议中插入类似的“毒丸条款”——譬如，进一步干预英国在5G电信基础设施建设等高科技领域的合作与招标工作；或迫使英国签署协议，以使美国变相拥有对英国与其他第三方国家贸易协议的否决权等。①

（三）英国对香港事务的干预

1997年香港回归后，英国的政治影响力并未完全从香港撤离。恰恰相反，出于维护英国在港利益、英国大国声望、对东亚—东南亚国际事务影响力，以及保有对华外交的政治筹码等多方面考量，英国始终在香港事务中奉行所谓“支持民主化进程”的原则，并采取一系列手段干预香港事务，在人权、普选、“占中”等问题上都采取较为强硬的、与《中英联合声明》精神相违背的言论和行为，如每年所发表的两份《香港问题半年报告》等。②

在过去的数十年中，尽管英国始终对香港所谓“民主势力”及其“民主运动”保持支持，但在“港独”问题上与中国政府保持大体一致的立场。然而，在2018~2019年度香港愈演愈烈的“反送中”运动中，尤其在部分极端分子公开打出“港独”口号后，英国政府的态度较过去变得更加具有倾向性，甚至公然对“港独”表态，发出错误信号，遭到香港特区政府的严正驳斥。③

对此，一些早期的研究认为，“在英国的香港政策中，功利主义目标是决定性的，这限制了它的道德主义目标，从而限制了英国干预香港事务的决心、能力，以及干预的程度，使中英两国在香港问题上的矛盾不至于发展为战略冲突。虽然英国会继续干预香港事务，从而继续给中英关系造成消极影

① 〔英〕罗思义：《警惕英美贸易协议背后的阴影》，《环球时报》2019年7月29日，第15版。

② “The Sino-British Joint Declaration on the Question of Hong Kong”, *Constitutional and Mainland Affairs Bureau*, https://www.cmab.gov.hk/en/issues/joint2.htm#1.

③ 《英国公然对“港独”表态港府驳斥：言论自由非绝对》，海外网，2018年9月7日，http://news.haiwainet.cn/n/2018/0907/c3541093-31392785.html。

响，但不至于对双边关系造成重大损害”。[①] 然而，最近一年的事态发展与上述研判似乎并不完全相符。英国政府介入中国香港事务，并屡屡发出错误信号，激化港内矛盾。[②]

三　英国对华政策的深层逻辑

（一）脱欧背景下的英国内政与外交

外交是内政的延续。在历史上，除了极少数主权匮乏、无力自保的小国弱国，大多数国家在制定对外政策时，通常都要切合、服从、服务于其内政需求——英国同样如此。而当前最困扰英国政治精英的脱欧问题，显然已经远远超出了英国内政的范畴，而是作为较长一个时期英国最核心、最紧迫的国家重大问题而深刻影响英国其他内政与外交政策，塑造着英美、英中等重要双边关系。[③]

2016 年 6 月 23 日，英国举行了脱欧全民公投，脱欧派以 51.9% 的微弱优势取得胜利，从此开启了英国的脱欧进程。[④] 然而，此后的英国脱欧却是一波三折，政府两度更迭。[⑤] 2019 年 9 月 4 日，英国议会下院通过了阻止英国无协议脱欧的法案。首相约翰逊“硬脱欧”之路再次受挫。脱欧限期将可能再次被延期。

---

① 陈寒溪、刘诗琦：《英国对香港事务的干预及其对中英关系的影响》，《战略决策研究》2018 年第 1 期，第 25 ~ 39 页。

② 《外交部发言人就英外交大臣与香港特别行政区行政长官通话事答问》，中华人民共和国驻大不列颠及北爱尔兰联合王国大使馆，2019 年 8 月 10 日，https：//www. mfa. gov. cn/ce/ceuk/chn/zywl/t1687852. htm。

③ Gareth Iacobucci，“NHS Plays Second Fiddle to Brexit as Prime Minister Struggles to Find Voice”，*The British Medical Journal* 359，2017.

④ “EU Referendum Results”，*BBC*，23 June 2016，https：//www. bbc. com/news/politics/eu_referendum/results.

⑤ 赵媛：《英新首相难破脱欧僵局》，《中国社会科学报》2019 年 7 月 26 日，第 3 版；杨芳：《从梅首相下台看英国的脱欧之困》，《世界知识》2019 年第 12 期，第 11 页。

有研究者对“英国脱欧对英中关系将产生何种影响”的问题持较为乐观的看法。他们认为，英国脱欧的焦点是社会民生问题。该问题不仅直接导致了英国脱欧，而且给英国内政外交带来很大压力，并将深刻、持久地影响其发展方向。而亚洲恰恰是英国未来重点布局的核心区域之一，英国政府宣称要做“中国在西方世界最强支持者”，并积极建立和维护与印度、日本以及东南亚国家的合作伙伴关系。因此，在上述背景下，中英双边关系发展趋势总体平稳向好是可以期待的。① 同时，也不应忽视脱欧给英国的全球政策以及对华政策所带来的复杂效应。

在卡梅伦时期，尚无脱欧之累的英国顶住美国的压力而与中国签署协议，成为第一个加入亚投行的 G7 国家。这一理性决断从长远来看显然是符合英国国家利益的，因为它赋予英国作为连通中国与欧洲/欧盟的“门户”“桥梁”的地位，从而促进英国的繁荣。尤其是伦敦金融城——欧洲最重要的金融中心、世界上最大的外汇交易中心，更有望成为人民币最大的境外交易市场。②

然而，时过境迁，今天已经走在脱欧道路上的英国还能否如此前签署协议时那样为中国企业出海、人民币国际化的大战略提供有效平台，是值得关注的问题。脱欧毫无疑问地削弱了伦敦金融城作为国际金融中心的强势地位；尤其是在当前英国最终走向无协议脱欧方案的概率不断上升的情形下，这一趋势愈加明显。③ 中国人民银行法兰克福代表处课题组的一项评估表明：在英国下院 2019 年 1 月 15 日以压倒优势否决脱欧协议后，英国脱欧进程再次陷入僵局，英国无协议脱欧的概率随之增大。如果英国无协议脱欧，双方经贸关系将回退至 WTO 基本贸易框架。届时，英国将无法进入欧盟单一市场，欧盟 27 国也将无法享受在英金融机构的金融服务，这将给双方金

① 孙盛囡、高健：《英国脱欧与中英关系的发展趋势》，《当代世界》2018 年第 4 期，第 18 ~ 21 页。

② 蒋先明：《脱欧与欧洲金融市场》，《中国金融》2016 年第 15 期，第 78 ~ 79 页。

③ 《近 50 家金融机构拟脱欧搬迁》，《时代金融》2017 年第 34 期，第 60 页。

融机构带来巨大挑战。[①]

作为欧元计价金融产品第一大交易结算中心的伦敦，其地位有可能被巴黎、法兰克福、卢森堡所取代。[②] 这也将不可避免地造成金融市场的动荡，到2019年8月，已有24家银行计划从伦敦搬迁至欧元区，其中7家银行将由欧洲央行直接监管，预计将有1.3万亿欧元资产转移出英国。[③] 这些都促使中国重估伦敦作为人民币国际化“跳板”的价值。

值得注意的是，在2019年9月中旬相继发生了两件事关英国与中国（香港）金融合作的事件。其一是2019年9月11日，香港交易所向伦敦证券交易所集团发出合并声明，并提出超300亿英镑的报价。[④] 香港交易所当前共有2392家上市公司，总市值为30万亿港元，而伦敦交易所有2090家上市公司，总市值约3.93万亿英镑。[⑤] 因此，国际舆论和全球金融市场普遍认为，这场“世纪联姻”对于伦敦对冲巨大的脱欧成本有着重要的历史意义。然而，在不少西方观察者看来，这一天价收购案却带有某种强烈的“敌意”。[⑥] 两天后，伦交所明确拒绝了港交所的这次并购提议，并公开提出：“我们认识到中国机遇的规模，并重视我们在那里的关系。然而，我们不相信香港交易所为我们提供亚洲最佳长期定位或中国最佳上市/交易平台。我们重视与上海证券交易所的互利合作伙伴关系，这是我们与中国接触的众

---

① 中国人民银行法兰克福代表处课题组：《英国若无协议脱欧对金融机构的影响分析》，《国际金融》2019年第2期，第14~18页。

② 张燕生：《英国脱欧一波三折，欧洲金融格局重塑》，《国际金融研究》2019年第1期，第9页。

③ 《欧洲央行：24家银行将从伦敦迁至欧元区》，新华网，2019年8月29日，http://www.xinhuanet.com//world/2019-08/29/c_1124936909.htm。

④ “Hong Kong Exchanges Proposes Merger With London Stock Exchange”, *Bloomberg*, 11 September 2019, https://www.bloomberg.com/news/articles/2019-09-11/hong-kong-exchanges-proposes-merger-with-london-stock-exchange.

⑤ 《从价值投资的角度看“伦港的世纪联姻”》，新浪财经，2019年9月15日，http://finance.sina.com.cn/stock/relnews/hk/2019-09-15/doc-iicezueu5873062.shtml。

⑥ Steve Goldstein, “Hong Kong Pursuit of London Stock Exchange Goes Hostile”, *Market Watch*, 13 September 2019, https://www.marketwatch.com/story/london-stock-exchange-swats-away-37-billion-hong-kong-offer-2019-09-13.

多机会的首选和直接渠道。”① 伦交所的上述表态值得关注；它对两国三地的金融关系将产生何种中长期影响，尚有待于进一步观察。其二是中国工商银行伦敦分行 2019 年 9 月 16 日在伦敦证券交易所发行 6 亿英镑债券。这是中资银行发行的首笔英镑债券。② 该事件是否标志着中英金融战略合作，尤其是人民币“走出去”的战略协作达到新的实质性合作水平，尚待进一步观察、确认。

（二）功利主义主导下的对华政策，难以避免机会主义的阴影

对华战略博弈的政治需求、提升英国在亚太影响力的安全需求、彰显全球性大国地位的心理需求，不仅共同构成了英国干涉中国在南海维权的主要动机，也可以在相当程度上解释英国在香港事务上的言论与行为。

特雷莎·梅于 2016 年 7 月 13 日就任英国第 76 任首相，此时正值中国南海问题对抗白热化的阶段。作为美国的盟友和北约重要成员国，英国加强了在南海的军事行动。分析通常认为，英国的南海行动，除了受盟友美国、部分南海周边国家引入等影响外，也受其自身国内政治议程和国际声望诉求的影响，即通过巡航南海来增加英国在东南亚乃至亚太地区的影响力，提高国际声望，实现“全球英国”的目标。③ 具体来说，英国政府以“基于规则的国际秩序”为话语切入口，试图介入南海议程。此举不仅损害了中英关系，而且使南海问题成为中英关系之间继人权、香港之后一个新议题，持久困扰两国关系的可持续健康发展。④

英国对南海的介入，不仅对其他域外国家的介入行为产生示范效应，而

---

① “LSEG in Letter TO HKEX Says— ‘We Value Our Mutually Beneficial Partnership With Shanghai Stock Exchange’”, *CNBC*, 13 September 2019, https：//www. cnbc. com/2019/09/13/reuters - america - lseg - in - letter - to - hkex - says - - we - value - our - mutually - beneficial - partnership - with - shanghai - stock - exchange. html.

② 《中资银行首次在伦敦发行英镑债券》，《人民日报》2019 年 9 月 17 日，第 3 版。

③ 李靖堃：《“全球英国”理念下英国对非洲政策的调整》，《西亚非洲》2019 年第 2 期，第 111 ~ 138 页。

④ 张飚：《英国南海政策的变化、动因及走向》，《现代国际关系》2019 年第 7 期，第 29 ~ 36 页。

且在英日防务合作中得到实质性增强。两国在政治上开展高层防务对话、相互提供政治和外交支持，在实操层面则举行联合训练、军演与交流互访，合作研发装备与军品贸易等。其结果是扩大了英国在南海、亚太地区军事事务的话语权，同时在事实上巩固了日本解禁集体自卫权的成果，强化了日本在日中海权博弈中所获得的西方大国支持。[①]

有学者认为，“英国通过中英战略对话对中方立场进行外交试探，利用香格里拉对话会了解各方政策走向和南海问题的发展趋势，并可能借助同盟友的合作既实现在南海的军事存在又避免过分刺激中国。此外，五国联防组织的存在构成了英国驻军亚太的法理基础，七国集团则为英国在南海搅局提供了机制保障”。[②] 而以英国近年来推动的“全球英国”愿景为视角，将英国在香港、南海（乃至整个“印太”地区）等诸多涉华事务上的言行联系起来，则似乎可以看出一些端倪。

2019 年 2 月 11 日，英国国防部长威廉姆森在皇家三军联合研究所发表题为“全球英国的防务”的演讲，全面阐述了脱欧之后英国的国防战略。[③] 他宣称，英国将派遣“伊丽莎白”号航母，携 F－35B 战机前往亚太，以便通过展示“硬实力”来建立“全球军事存在”。威廉姆森认为，英国必须抓住当前这个“50 年未有之大机遇”，着手恢复旧联盟、建立新联盟，做出新的战略定位。在大国竞争的时代，英国不应仅仅满足于保护好自己的后院，而应该作为一个全球大国去拥有并捍卫全球利益。而英国在南海周边建立军事基地的举措，在他看来，将标志着英国自 20 世纪 60 年代中期执行的从苏伊士运河以东地区撤离战略的终结——从此，英国将成为“真正的全球角色”。在罗列了英国在欧洲（尤其是波罗的海、地中海、乌克兰、巴尔干等

① 胡杰：《英日防务与安全合作——路径、动因与影响》，《国际观察》2017 年第 6 期，第 78 ~ 90 页。

② 胡杰：《英国干涉中国在南海维权：前瞻与预防》，《太平洋学报》2019 年第 3 期，第 61 ~ 74 页。

③ The UK Government, “Defence Secretary Gavin Williamson Gave a Speech at RUSI Outlining the Future Direction of the UK Armed Forces”, 11 February 2019, https://www.gov.uk/government/speeches/defence-in-global-britain.

地区）所发挥的军事领导作用之后，威廉姆森强调英国必须强化与美国等"五眼联盟"间的亲密合作，同时密切与东盟、日本、韩国和印度的关系，从而实现英国军力的全球投送和影响力最大化。①

四 总结与展望

正如习近平主席所说，"放眼世界，我们面对的是百年未有之大变局"。当前，中英两国都面临一系列全球性共同挑战，从保护主义、民粹主义，到分离主义、恐怖主义，全球的稳定遭受重大威胁，二战以来维系七十余年的世界秩序正不断遭受挑战。②

在共同的威胁面前，中英双方有着共同的利益和诉求——那就是双方都期盼和平，并在此基础上致力于实现可持续发展。在和平与发展的大框架下，中英之间一系列务实合作正在各个领域蓬勃开展。

当下，全球技术革命方兴未艾。从人工智能到纳米技术，从生物科技到能源革命，它们在深刻改变人类社会、为各国人民的日常生活带来前所未有的便利的同时，也给世界秩序的维系、各国政府与社会的治理带来了新的挑战。从这个意义上讲，中英两国之间存在巨大的合作空间，双方可以且已经在技术发展以及相关法律法规的革新等多个层面开展务实合作，并取得了初步成效。③

自 2015 年习近平主席访英以来，两国在"一带一路"框架内的建设性合作已经在政策沟通、设施联通、贸易畅通、资金融通、民心相通等层面取得了丰硕的成果，而未来的合作空间更为广大。

---

① 吴正龙：《英国缘何频频在南海寻衅滋事》，《北京日报》2019 年 2 月 17 日，第 3 版。

② 王鹏：《欧盟抛出〈欧中战略前景〉意图何在?》，FT 中文网，2019 年 3 月 19 日，http://www.ftchinese.com/story/001081921? adchannelID = &full = y。

③ 王文：《中欧之间存在巨大合作空间》，环球网，2019 年 4 月 10 日，https://opinion.huanqiu.com/article/9CaKrnKjEAX。

中国与英国互为“天然合作伙伴”。[①] 这不仅仅在于两国间存在巨大的共同利益和共同目标，也由于中英之间本来并不存在任何战略性或结构性的矛盾——如果中英双方都不持有任何机会主义心态的话。这一特征可以有效地将中英交往过程中的摩擦、冲突降至最低。而有共同利益、无战略矛盾的特质也为中英进一步跨越意识形态的樊篱，拓宽、拓深务实合作奠定了坚实的基础。

毫不夸张地说，如果英国能够打破意识形态的条条框框，正视中国发展的成就与两国经贸合作的效益，承认中国的市场经济国家地位，在香港等问题上正视中国的原则和立场，不做那些无谓的举动；同时，中国也加大对英国的投资以及增加从英国的商品和服务进口，那么中英之间的经济与战略联系就必然在现有基础上迈上新台阶。[②]

如果英国的各界也能用同样的眼光和智慧观察中国、了解中国，携起手来，一同打破少数国际媒体渲染的“妖魔化的中国”与“（脱欧后）必然衰落的英国”这类刻板印象，当欧亚大陆两端两个同样伟大且历史悠久的国度联合起来，必将有力地推动世界的和平与发展。

① 《专访：中英是“一带一路”建设的天然合作伙伴——访英中贸易协会总裁卢墨雪》，新华网，2017 年 10 月 31 日，http：//www. xinhuanet. com/world/2017 -10/31/c_ 1121882566. htm。

② 王鹏：《“欧盟对华战略大转变”？不必说风就是雨》，新京报网，2019 年 3 月 21 日，http：//www. bjnews. com. cn/opinion/2019/03/21/558428. html。

B.15

中国企业在英国的并购投资*

胡　丹**

摘　要： 英国一直是中国企业在欧洲进行并购投资的重要目的地国，且多年来秉持自由和开放的经济政策。在特雷莎·梅执政期间，欲实质建立外资审查制度的长期措施迟迟未得以推进，其主要原因有两点，一是过去一年内脱欧的巨大压力几乎占用了英国政府所有政治资源，二是中企在英投资出现了收缩和调整，使2018年上半年一度箭在弦上的“收紧”的必要性降低。多方数据显示，自脱欧公投以来，英国对外资的吸引力反而持续上升。在上一年度中企境外投资大幅调低的背景下，2018年中企在英投资额仍位列欧洲第一、世界第二，2019年继续保持活跃。除房地产外，工程建设、科技与制造、金融与金融科技、教育等英国优势行业也吸引了大量中资，且未来预期将平稳走强。

关键词： 中英关系　并购　脱欧　外资审查

英国一直是中国企业在欧洲进行并购投资①的重要目的地国。本文将着

---

* 本报告受北京外国语大学2019年度基本科研业务费——一流学科建设青年项目“全球投资保护主义兴起的比较与对策研究”资助。

** 胡丹，硕士，北京外国语大学英语学院讲师，研究方向为澳大利亚研究。

① 对外直接投资（FDI）包括新建企业的“绿地”投资和并购投资两种，本报告将着重讨论并购投资，兼谈绿地投资。文中的“投资”应理解为包括两种投资形式的FDI，兼并收购形式的投资将明示为“并购投资”。

重对政府、企业、法律咨询等专业机构、行业组织等各方的意见进行整理和分析，并结合短期措施的执行情况，对2018～2019年度中企在英投资的变化、中英关系的发展态势进行探讨。

一　外资政策和监管机制的新动向

（一）扩大外资审查权的短期措施生效，并入修订后的《2002年企业法》

梅在任首相的三年内，延续了此前作为内政大臣所秉持的对包括中资在内的外资相对谨慎的态度，尤其是中资向英国的基础设施和科技领域的投资。任内政大臣时，梅曾提出“对寻求兼并英国产业的中国公司进行新的、严格的国家安全审查”，“意图效仿美国的做法，对损害安全的外资并购进行禁止”。[①] 在全球保护主义风潮的裹挟和发达国家纷纷对高科技、关键基础设施投资加大管控的大背景下，梅在上任伊始便对欣克利角C核电站项目开启重审，英商务、能源与产业战略部（以下简称商务部）也于三个月后宣布：政府计划对关键基础设施被持有和控制的方式进行改革，确保对外资持有或产生的影响进行监管。在2017年6月提前大选时，保守党在竞选宣言中表示，一旦当选将对“电信、国防、能源”等领域加强审查和控制，以确保外资持有那些控制重要基础设施的英企时不会损害英国国家安全或必需的服务。[②]

英国商务部在2017年10月发布《国家安全和基础设施投资审查绿皮书》（以下简称绿皮书），并于2017年10月17日至2018年1月9日公开征求意见。绿皮书提出短期和长期措施以扩大政府对或向外国投资者提供机会

① Tim Ross, “Hinkley Point Nuclear Deal: Theresa May Demanded National Security Checks on Chinese Investors, Says Vince Cable”, *The Telegraph*, 30 July 2016, www. telegraph. co. uk/news/2016/07/30/theresa - may - oppose - chinese - investment - in - britain - vince - cable - sa/.

② The Conservative Party, “Forward Together: the Conservative Manifesto”, 18 May 2017, https://www. conservatives. com/manifesto.

“进行间谍、破坏或施加不当影响的”关键企业和基础设施投资的审查权。①

绿皮书中短期措施经修订后已获通过，自2018年6月11日起生效，并已纳入修订后的《2002年企业法》，核心内容是将两大重点领域——军用和军民两用行业②与部分先进科技行业③里的审查门槛大幅降低，使政府有权对目前难达门槛的并购进行审查和干预。④ 以上领域的审查门槛做出如下大幅调低。

- 目标企业在英营收达100万英镑，而非此前的7000万英镑；
- 满足现有的供应份额，或目标企业占英国相关商品或服务供应⑤的25%或以上……⑥

同时，在以下两种情况下，政府可不受门槛要求的限制进行审查和干预。

- 目标企业系政府的承包商，握有或接收与防务相关的机密信息；
- 交易虽属欧盟委员会管辖范围，但在英境内有公共利益之忧。⑦

（二）长期措施公开征求意见完毕，各方意见不一，迟迟无结果

2018年7月24日，商务部开始就反映长期措施的《国家安全与投资白

① Department for Business, Energy & Industrial Strategy, "National Security and Investment: A Consultation on Proposed Legislative Reforms", July 2018, https://www.gov.uk/government/consultations/national-security-and-investment-proposed-reforms.

② 包括军事物品（如武器、军事和准军事设备）与军民两用物品的设计及制造，尤其是设计或制造《英国战略出口控制清单》中列明的物品或持有相关软件和技术的企业。

③ 包括“多功能计算硬件”和“量子技术”。

④ CMA, "Guidance on Changes to the Jurisdictional Thresholds for UK Merger Control", 11 June 2018, https://assets.publishing.service.gov.uk/government/uploads/system/uploads/attachment_data/file/715167/guidance_on_changes_to_the_jurisdictional_thresholds_for_uk_merger_control.pdf.

⑤ “……即与在上述三个规定领域中［企业］活动相关的商品或服务……”。Department for Business, Energy & Industrial Strategy, "Enterprise Act 2002: Changes to the Turnover and Share of Supply Tests for Mergers—Guidance 2018", June 2018, https://www.gov.uk/government/news/new-merger-and-takeover-rules-come-into-force。

⑥ Department for Business, Energy & Industrial Strategy, "Enterprise Act 2002: Changes to the Turnover and Share of Supply Tests for Mergers—Guidance 2018".

⑦ Department for Business, Energy & Industrial Strategy, "Enterprise Act 2002: Changes to the Turnover and Share of Supply Tests for Mergers—Guidance 2018".

皮书》（以下简称白皮书）公开征求意见。意见征求程序于2018年10月16日截止，计划根据征得的意见对白皮书中的建议措施进行“微调”，下一步需要通过一级立法将其固定下来。然而，截至2019年6月30日，仍无进一步程序或结果出台。

除了脱欧举步维艰使梅政府无暇推进一级立法，长期措施迟迟无果也反映出各方对该议题的意见分歧。由于白皮书尚未公开各方提交的意见，本报告试图通过已公布的各方对绿皮书的意见以及白皮书中基于此所进行的修订，来解读各利益相关方对政府拟施行的长期措施的不同意见。

1. 提交意见各方的组成

在为期近三个月的征询期内，共有51家机构和组织提交意见，主要构成如下：英国本国和外国/跨国企业①、投资公司②和会计③、法律、咨询类④的专业服务机构达到了32家，占比近三分之二。除了英国国内的行业管理机构⑤、行业协会、产业集团⑥，欧洲委员会等外国政府机构⑦作为利益相关方也提交了意见。⑧ 其中，英国本国企业主要由机场、公共设施（水、电、气）、通信和高科技公司组成，大部分都已有外国投资人。

① 包括森特里克（天然气、电力）、丹尼克斯（半导体）、西北电力公司、希思罗机场、麦克塞勒技术公司（提供金融行业的数据流计算方案）、国家电网、北方电力公司、苏格兰电力、沃达丰等英国公司，波音、法国电力集团、华为（英国）、胜科（能源、水务、海事工程）、西班牙电话公司、瓦莱罗能源、西屋（英国）等外国或跨国公司。

② 包括全球基础设施投资者协会、海思丁斯基金管理公司、法通资管、投资协会、USS投资管理有限责任公司。

③ 英格兰与威尔士注册会计师协会。

④ 法律、咨询类公司共包括10家律所、咨询公司和法律协会。

⑤ 包括民航局、竞争与市场局、通信管理局、电气市场管理局。

⑥ 行业协会与产业集团包括英国风险资本家协会、工程雇主联合会、油气行业组织、竞争性通信协会、主要港口集团、石油行业协会、水务协会。

⑦ 澳大利亚国库部、欧洲委员会、日本驻英大使馆和经济产业省、北爱尔兰行政当局、苏格兰政府、威尔士政府。

⑧ Department for Business, Energy & Industrial Strategy, “National Security and Infrastructure Investment Review: Summary of Responses to the Government’s Consultation on Long-Term Reform Proposals”, July 2018, https://www.gov.uk/government/consultations/national - security - and - infrastructure - investment - review.

2. 绿皮书所提出的三个政策选项与各方回应

绿皮书对长期改革提出了三个粗略的政策选项：选项一是在《2002年企业法》现有规定的框架内扩大审查权（call-in power）；选项二是在国内经济的关键行业施行外资的强制申报制度；选项三是将两者同时推行。[①]

（1）对三个政策选项的总体意见

回应方主要支持前两个政策选项，第三个政策选项几乎无人支持。[②] 所有回应方均强调，“无论申报机制是不是强制性的，其施行都应是透明、可预见性的”。[③]

（2）对申报制度是否强制性的意见

具体到在特定行业实施外资申报制度（选项二），支持自愿申报的回应方略多于强制申报制度的支持者。[④] 值得注意的是，包括企业在内的部分回应方对强制申报制度还是支持的，理由是长期措施针对的行业（“国家安全风险最为集中的经济领域”）和交易类型（“高于特定审查门槛的，与投票权、股权或其他影响、控制企业的方式相关的交易”）是明确限定的。[⑤] 而反对强制申报的回应方主要提出的理由是“无谓损失，即（企业和政府）

---

① Department for Business, Energy & Industrial Strategy, “National Security and Infrastructure Investment Review: Summary of Responses to the Government's Consultation on Long-Term Reform Proposals”.

② Department for Business, Energy & Industrial Strategy, “National Security and Infrastructure Investment Review: Summary of Responses to the Government's Consultation on Long-Term Reform Proposals”.

③ Department for Business, Energy & Industrial Strategy, “National Security and Infrastructure Investment Review: Summary of Responses to the Government's Consultation on Long-Term Reform Proposals”.

④ Department for Business, Energy & Industrial Strategy, “National Security and Infrastructure Investment Review: Summary of Responses to the Government's Consultation on Long-Term Reform Proposals”.

⑤ Department for Business, Energy & Industrial Strategy, “National Security and Infrastructure Investment Review: Summary of Responses to the Government's Consultation on Long-Term Reform Proposals”.

花在无国家安全利益之忧的申报和审查上的时间和费用”。[①] 另一主要反对理由是“强制申报制度会破坏英国作为开放的经济体的良好声誉”。[②]

（3）对扩大审查权的意见

超过半数的回应方赞成第一个政策选项（选项一），认为该选项是尽量减少企业、投资公司和政府的行政负担最为有效的措施。[③]

3. 从绿皮书到白皮书：各方意见的反映

对比2017年10月发布的绿皮书和根据绿皮书所征得意见修改而成的2018年白皮书，主要在以下方面做出了调整。

（1）申报制度

尽管绿皮书的回应方中赞成自愿申报制度的并非大幅多于强制申报制度的支持者，白皮书仍然坚决摒弃了强制申报的想法，表示“政府无意引入强制申报制度。相反，政府欲凭借新制度将目标锁定在有国家安全风险的少数案例上。政府提议维持（根据《2002年企业法》现行规定）自愿申报的制度，但同时鼓励那些认为其交易或其他事项可能产生国家安全忧虑的交易方进行申报”。[④]

（2）扩大审查权

绿皮书征求意见时，回应方曾对在短期措施的基础上进一步扩大政府的审查权提出两大反对意见：反对扩大到“新项目和/或资产的售卖”；认为

① Department for Business, Energy & Industrial Strategy, "National Security and Infrastructure Investment Review: Summary of Responses to the Government's Consultation on Long-Term Reform Proposals".

② Department for Business, Energy & Industrial Strategy, "National Security and Infrastructure Investment Review: Summary of Responses to the Government's Consultation on Long-Term Reform Proposals".

③ Department for Business, Energy & Industrial Strategy, "National Security and Infrastructure Investment Review: Summary of Responses to the Government's Consultation on Long-Term Reform Proposals".

④ Department for Business, Energy & Industrial Strategy, "National Security and Infrastructure Investment Review: Summary of Responses to the Government's Consultation on Long-Term Reform Proposals".

绿皮书中提出的扩权“太宽泛，如果没有明确的指引，或引致不确定性”。①政府在白皮书中坚持要扩大审查权，并试图对“引发事件”进行以下界定，即需要具备下列条件之一。

- 收购某实体股份或投票权 25% 以上；
- 获得对某实体的重大影响或控制；
- 对某实体扩大重大影响或控制并超以上门槛的；
- 收购 50% 以上的资产；
- 对资产构成重大影响或控制。②

综合来看，在发达国家外资法规纷纷收紧之风的裹挟之下，英国在迅速推行短期措施后，围绕长期措施和是否改变英国开放态势的争论在 2018 ~ 2019 年度开始走低。

其一，梅在 2016 ~ 2018 年强势提出改革，一方面与其长期以来的政策倾向有关，另一方面与当时几宗中资收购所造成的争议也直接相关。梅一向反对欣克利角 C 项目；而在 2017 年 9 月和 11 月，两家中企私募基金凯桥（Canyon Bridge）和清华紫光集团在美国（欲收购莱迪思半导体，Lattice Semiconductor Corp）和德国（爱思强，Aixtron SE）收购受阻后，先后在英成功并购想象科技（Imagination Technologies）和戴乐格半导体有限公司（Dialog Semiconductor Plc）。同美、德相比之下，英政府开始担忧本国是否存在机制的缺位。这种导火索式事件的作用从上一年度仅有的两起“国家安全”审查均为中企收购上也能看出来：在短期措施出台、围绕长期措施展开讨论的大背景下，陕西炼石有色收购北方航空和海能达收购赛普乐公司均受到审查，且为仅有的两起。然而，2018 ~ 2019 年度，中企在英投资的金额和领域也发生变化，中资引发的

① Department for Business, Energy & Industrial Strategy, “National Security and Infrastructure Investment Review: Summary of Responses to the Government's Consultation on Long-Term Reform Proposals”.

② Department for Business, Energy & Industrial Strategy, “National Security and Infrastructure Investment Review: Summary of Responses to the Government's Consultation on Long-Term Reform Proposals”.

争议大大减少。

其二，脱欧悬而未决，近年来几乎完全挤占了英国国内的政治资源，在迫切性降低的情况下，很难指望长期措施能迅速推进。

其三，长期措施中将改革目标陈述为“使英国的机制同其他国家看齐”，但这一定会在政府行政资源所允许的范围内。① 美澳 40 年前就建立了外国投资委员会（CFIUS）、外资审查委员会（FIRB）这样专事外资审查的机构，且已运行多年。与美澳不同的是，英传统上对外资不做区别对待，长期坚持自由主义、新自由主义的经济政策和开放的经济格局。英国现有的经济形势和行政机构无法应对强制申报所带来的对价值观的冲击和巨大的行政负担。《2002 年企业法》赋予英国政府否决并购的权力至今已有 17 年，但仅有不到 10 宗因“国家安全”被干预。② 提出改革措施时政府的估计也比较保守，“初步分析认为，每年会有约 200 宗申报”，“其中约一半涉及国家安全问题”，政府将进行全面评估。③ 政府推行短期措施时，对审查任务和数量的预期更为克制：“据政府分析，每年将会有 5 ~ 29 宗并购因该修订而被纳入管辖范围。根据近年的数据和趋势，政府认为其中只有一小部分（每年 1 ~ 6 宗）会有国家安全问题，须商务部长签发‘公共利益干预通知’。”④

尽管短期措施的施行标志着英国外资管制的收紧，但与传统上对外资更为谨慎的国家相比，英国对传统价值观和规制路径的修正仍相对有限。深陷脱欧泥潭、经济前景不明、脱欧后经济增长急需新动力的英国对开放的传统价值和政策倾向进行完全摒弃是不现实的。与美、加、澳等传统上对外资比较谨慎的国家相比，英国在长期措施中表现出相当程度上的克制。

---

① Department for Business, Energy & Industrial Strategy, “National Security and Infrastructure Investment Review: Summary of Responses to the Government's Consultation on Long-Term Reform Proposals”.

② Department for Business, Energy & Industrial Strategy, “National Security and Infrastructure Investment Review: Summary of Responses to the Government's Consultation on Long-Term Reform Proposals”.

③ 即第一阶段调查。

④ Department for Business, Energy & Industrial Strategy, “Enterprise Act 2002: Changes to the Turnover and Share of Supply Tests for Mergers—Guidance 2018”.

二　中企在英并购新动向：2018 ~2019年[①]

专业服务机构等多方面[②]的统计均显示，经过 2017 年的峰值后，2018 年起中企在英投资同中企境外投资整体趋势一致，均出现较大降幅，但 2018 年英国仍是中企在欧投资的第一目的地国。2018 ~ 2019 年度，中企在英并购出现“两头高、中间低”的趋势：2018 年秋季开始走低，2019 年春季后呈复苏之势。中企在英投资仍保持活跃，尤其是私营企业的投资热情较高。在英各行业的投资也呈现出新变化。

全球顶尖律所贝克·麦坚时（Baker McKenzie）关于中企境外投资的年度报告显示：在中国国内和投资目的地国管控均趋紧的大背景下，中企 2018 年境外投资同比大降。2018 年中国在欧洲的交易数量与前四年持平，然而，由于缺乏 2017 年中化收购先正达这样的巨型交易，中企全年在欧投资大幅下降至 225 亿美元。即使剔除先正达的因素，降幅也高达 40%。中企 2018 年在英投资也是相同的趋势，仅为 49 亿美元，同比降幅达 76%。[③]

德国墨卡托中国研究院（MERICS）和美国研究机构荣鼎咨询（Rhodium Group）对 2018 年的交易总额统计略有不同，但中企在欧投资的同比降幅也均在 40% 上。[④] 具体到英国，该机构统计的中企在全球 173 亿欧元的直接投资中，英国以 42 亿欧元在欧洲国家中拔得头筹，德国和法国分

---

① 跨国并购交易比较复杂，从提出到交割通常时间跨度较长；再则，近年来中企在英投资包括能源、基础设施等牵涉甚广、耗时甚长的领域，本报告所涵盖案例均为交易阶段发生于 2018 ~ 2019 年的并购案。

② 由于本文截稿时的《2018 年度中国对外直接投资统计公报》尚未发布，2018 年底发布的《中国对外投资发展报告》仅统计至 2017 年底，2018 年全年数据及其与前述自然年的比较尚不可得。

③ Baker McKenzie, “A New Reality: Chinese FDI into Europe and North America During a Time of Tightening Regulation”, 2 April 2019, https://www.bakermckenzie.com/en/insight/publications/2019/04/a-new-reality-china-fdi.

④ “Chinese FDI in Europe Drops, Investment Screening will Cut It More—Survey”, *Reuters*, 7 March 2019, https://www.reuters.com/article/us-eu-china-fdi/chinese-fdi-in-europe-drops-investment-screening-will-cut-it-more-survey-idUSKCN1QN1T6.

别接收了21亿欧元和16亿欧元，这三国在中企境外投资中的比例从2017年的71%下降到45%。[①]

国内咨询机构的数据基本一致，晨哨并购研究部的数据监测显示，2018年中资发起的海外并购交易宗数同比下降13.9%，披露交易金额同比下降52.05%。英国位于美国之后成为2018年中资出海第二大热门目的地。[②]

2019年上半年，据贝克·麦坚时2019年7月公布的数据，在中企境外并购进一步萎缩、交易金额大降60%的背景下，英国尽管出现投资额下降，但投资交易仍然活跃；相比之下，在法国和德国则出现大幅下降。据统计，2019年上半年中企在英投资约为2018年上半年的三分之一。[③]

（一）房地产

房地产一直是近十年来中企投资英国的重要产业。[④] 目前有四大因素促进了中企在英国房地产领域的投资：脱欧局势不明，英镑走弱；英国房地产市场价格被低估且长期看好；2019年房价下跌趋势开始放缓；企业对资产保值的迫切需求和英国相对其他成熟市场的稳定。值得一提的是，欧洲药品管理局提起的脱欧引发"租约无效"的诉讼被英国高等法院驳回。在脱欧给租赁市场带来短期不确定性的背景下，该案判决无疑将有利于稳定该市场的预期。据彭博社报道，2018年英国住宅投资"增长了150%，达到68亿欧元"，"伦敦的住宅投资达到了20亿英镑，比2017年几乎翻了一番"。[⑤]

---

① "Chinese FDI in Europe Drops, Investment Screening will Cut It More—Survey".

② 陈璐：《〈2018～2019中资海外并购年报〉：中东欧地区投资价值将显现》，《中国贸易报》2019年3月13日，http://www.ccpit.org/Contents/Channel_4126/2019/0314/1139509/content_1139509.htm。

③ Baker McKenzie, "Chinese FDI into Europe Slumps to Four-Year Low, North America Sees Modest Increase in H1 2019", 11 July 2019, https://www.bakermckenzie.com/en/newsroom/2019/07/chinese-fdi-into-europe-new-low.

④ 本年度报告兼论企业和个人的房地产投资。

⑤ Tom Metcalf, "Investment in U.K. Residential Property Up 150% Despite Brexit", *Bloomberg*, 29 July 2019, https://www.bnnbloomberg.ca/investment-in-u-k-residential-property-up-150-despite-brexit-1.1293612.

除了来自中国内地的企业与个人投资者，2018～2019 年度涌入英国购买房地产的香港公司的数量也相当可观。

尽管 2018～2019 年度中国企业在英投资有所减少，但是有关房地产投资的指向依然非常清晰：除了酒店和写字楼，中企对英国房地产的投资在未来或进一步集中于学生公寓、长租公寓等项目。2018 年 11 月，光大集团以 275 万英镑收购了乔治酒店，这是该集团在英国收购的第四家酒店。① 该集团还于 2019 年 6 月通过旗下地产物业公司——光大永年以 8200 万英镑收购伦敦市中心一处房地产物业。② 2018 年 10 月，复星以 4500 万英镑收购伦敦金融城地标——皇家交易所写字楼。③ 2019 年 6 月，中渝置地拟收购位于西伦敦已关门的大型商场 Whiteleys，并改建为以酒店、豪华住宅为主的新项目。④

另一关注点是，此前进入英国市场的不少中国房地产开发商因多种原因均遇到延迟和困难。2019 年 1 月，绿地在西伦敦开发的兰姆公馆第一期正式交房，据称这是中国开发商在英国第一个建成交房的项目，前期选址时也充分考虑了中国买家的具体需求。⑤

（二）工程建设

2018～2019 年度，工程建设成为中企在英投资的一大亮点：已在英拿下多个项目的北京建工于 2018 年 8 月宣布参与大曼彻斯特的博尔顿城镇中心重建计划，该项目总价值 10 亿英镑，开发周期超过 10 年，分五期开发，新建

---

① Matthew Ord, "Penrith Hotel Bought by Everbright Group", 11 December 2018, https://www.insidermedia.com/news/north-west/deal-struck-for-penrith-hotel1.

② 《7.2 亿！光大再出手海外，这次要买伦敦艺术大学 LCF 校区》，新浪财经，2019 年 6 月 24 日，https://finance.sina.com.cn/stock/relnews/hk/2019-07-02/doc-ihytcitk9250329.shtml。

③ Angus McNeice, "China's Fosun Expected to Bid for UK Travel Firm", *China Daily*, 23 April 2019, http://www.chinadaily.com.cn/a/201904/23/WS5cbf3599a3104842260b7de7.html.

④ 《10 亿英镑！张松桥买伦敦第三大商场改建豪宅》，东方财富网，2019 年 7 月 2 日，http://finance.eastmoney.com/a/201907021167197581.html。

⑤ Greenland UK, "Greenland announces Ram Quarter Phase One Completion", 21 January 2019, https://www.greenlanduk.com/news-and-insights/greenland-announces-ram-quarter-phase-one-completion/.

1800 套住房。北京建工和 Midia 集团公司共同成立的公司（Bolton Regeneration Limited）将开发第一期商圈，并已和机构投资者达成一致，共同成立财团投资该项目。[①] 三个月后，北京建工确认中标利物浦超高层地标莱克星顿（The Lexington），项目总价值 8200 万英镑，北京建工担任主承包商，这是该公司在英国承建的第五个大型地产项目。[②] 此前，2018 年 9 月，浙江省建设投资集团被开发商远东集团选中作为项目承包商之一，参与英国曼彻斯特房地产开发项目 Meadowside 第一期，项目总值 2 亿英镑。[③]

（三）科技与制造业

由于中企在英收购的很多制造业企业均涉及高科技，飞机和汽车制造是该年度的热点：2018 年 7 月，座椅制造商浙江天成自控以 4.8 亿元人民币收购英国飞机座椅制造商 Acro Aircraft Seating Limited 100% 的股权。[④] 同月 24 日，陕西炼石有色的全资孙公司加德纳航天（Gardner Aerospace Holdings Ltd.）以 4400 万英镑收购英飞机零部件供应商北方航空。[⑤]

2018 年 7 月，启迪国际以 1.05 亿美元收购汽车物联网公司——泰利特（Telit）的车载通信业务，后者主要为一级供货商及国际顶级汽车设备制造

---

① Mary Naylor, "Beijing Investors Sign Up to 1.2bn Pounds Bolton Town Centre Masterplan", *The Bolton News*, 26 March 2019, https://www.thisislancashire.co.uk/news/17526116.beijing-investors-sign-up-to-12bn-bolton-town-centre-masterplan/.

② "BCEGI Appointed to Build the Tallest Residential Tower at Liverpool Waters", *BCEGI*, 6 November 2018, https://bcegi.co.uk/2018/11/06/bcegi-appointed-to-build-the-tallest-residential-tower-at-liverpool-waters/.

③ "Chinese Builder Lands Role on Manchester's Meadow side Development", *Global Construction Review*, 11 September 2018, http://cn.globalconstructionreview.com/news/chinese-builder-lands-role-manchesters-meadowside-/#googtrans（en | zh-CN）.

④ Tang Shihua, "Zhejiang Tiancheng Tech-Investment to Acquire 100% Stake of British Acro Aircraft Seating", *Yicai Global*, 21 September 2017, https://www.yicaiglobal.com/news/zhejiang-tiancheng-tech-investment-to-acquire-100-stake-of-british-acro-aircraft-seating.

⑤ Department for Business, Energy & Industrial Strategy, "Proposed Acquisition of Northern Aerospace Limited by Gardner Aerospace Holdings Limited: Decision Notice", 19 July 2019, https://assets.publishing.service.gov.uk/government/uploads/system/uploads/attachment_data/file/727394/northern-gardner-s56-notice.pdf.

商提供通信模块。[1] 秦利特公司拥有成熟的3G、4G/LTE及LTE-A通信模块产品，且在新一代车载通信终端V2X、5G方面有所突破。[2] 2019年5月，中国恒大全资收购英国汽车技术公司Protean，该公司成立于2008年，是全世界唯一可实现量产的乘用车轮毂电机企业。[3]

除此以外，中企在2018～2019年度还在英国的数据运营、人工智能、游戏和医美等技术领域进行了投资。2018年7月，由中国投资者组成的Strategic IDC Limited以21亿英镑收购该公司24.99%的股份。[4] 2019年5月，中国腾讯、英国培生牵头的财团向英国人工智能公司Prowler.io投资2400万美元，并认购部分股权。[5] 这家成立于2016年的公司拥有的人工智能决策平台VUKU广泛应用于金融、物流和教育领域。2019年7月，抖音母公司字节跳动宣布收购英国音乐AI初创公司JukeDeck。[6] 2018年7月，网易向英国游戏公司Improbable投资5000万美元，并收购5000万美元的股份。[7] 2018年8月，华东医药以1.69亿英镑现金收购伦敦AIM上市的英国

① "China's TUS Completes Acquisition of Telit's Automotive Unit", *Calcalistech*, 4 March 2019, https://www.calcalistech.com/ctech/articles/0, 7340, L-3757570, 00.html.

② 《清华校办企业启迪国际7亿收购英国Telit车载通讯业务》，晨哨并购，2018年7月19日，http://www.morningwhistle.com/info/44541.html。

③ "NEVS Takes over UK Company Protean Electric", *Electrive*, 3 June 2019, https://www.electrive.com/2019/06/03/nevs-takes-over-protean-electric/.

④ "Asian Investor Consortium Acquires 24.99% Stake in Global Switch in Preparation for Listing on a Leading International Stock Exchange", *Global Switch*, 3 July 2018, https://www.globalswitch.com/about-us/news/030718-asian-investor-consortium-acquires-2499-stake-in-global-switch-in-preparation-for-listing-on-a-leading-international-stock-exchange/.

⑤ Adria Calatayud, "Tencent, Pearson Back UK AI Startup Prowler.io in $24 Million Funding Round", *Market Screener*, 20 May 2019, https://www.marketscreener.com/TENCENT-HOLDINGS-LTD-3045861/news/Tencent-Pearson-Back-UK-AI-Startup-Prowler-io-in-24-Million-Funding-Round-28624421/.

⑥ Daniel Sanchez, "As TikTok's Music Licensing Reportedly Expires, Owner ByteDance Purchases AI Music Creation Startup JukeDeck", *Digital Music News*, 23 July 2019, https://www.digitalmusicnews.com/2019/07/23/tiktok-bytedance-acquires-jukedeck/.

⑦ James Batchelor, "$50m Netease Investment will Help Improbable Realise Dream of 'Trillion Dollar Games Industry'", 27 July 2018, https://www.gamesindustry.biz/articles/2018-07-26-usd50m-netease-investment-will-help-improbable-realise-dream-of-trillion-dollar-industry.

医美公司 Sinclair Pharma 全部股份。该公司成立于 1971 年，核心产品为玻尿酸、美容线、长效微球等。①

（四）金融与金融科技

金融和金融科技是英国引以为豪且一直力推的优势行业。2018 ~ 2019 年度，除了 2018 年 9 月中国再保险集团从美国汉诺威保险集团处购得擅长全球特种险直保和再保险业务的英国桥社（Chaucer）保险公司之外，还有两宗涉及金融科技的并购引人注目。② 2019 年 2 月，蚂蚁金服正式完成收购英国跨境支付公司万里汇（WorldFirst）。据《金融时报》报道，此次交易价可能在 7 亿美元左右。③ 被收购方成立于 2004 年，业务包括国际汇款、外汇期权交易、国际电商平台收款及结汇，在美、加、澳、新、中国香港等多地获金融牌照，从 2008 年起为"走出去"的中国企业提供支持。④ 为了避免此前蚂蚁金服收购速汇金（MoneyGram）时被美国监管机构审查并否决的事情再次发生，收购谈判的过程中迅速决定"终止美国业务"，即刻（2019 年 2 月 20 日）生效。

2019 年 6 月，腾讯领投并同淡马锡公司等一起向英国金融科技公司 TrueLayer 投资 3500 万美元。被收购公司成立于 2016 年，是一家银行应用程序接口服务提供商（API 开发平台）。⑤

---

① "Britain's Sinclair Pharma Gets Takeover Interest from Chinese Firms, Shares Soar", *Yahoo Finance*, July 2018, https://uk.reuters.com/article/uk-sinclair-pharma-m-a-huadong-med/britains-sinclair-pharma-gets-takeover-interest-from-chinese-firms-shares-soar-idUKKBN1JV1UB.

② "China Reinsurance: RE Completes Acquisition of Chaucer Holdings Ltd.", *Market Screener*, 31 December 2018, https://www.insurancejournal.com/news/international/2018/12/31/513188.htm.

③ Oliver Ralph & Don Weinland, "China's Ant Financial in Talks to Buy WorldFirst for $700m", *Financial Times*, 25 December 2018, https://www.ft.com/content/31b05cfa-303d-11e9-ba00-0251022932c8.

④ Lulu Yilun Chen, "Jack Ma's Ant Buys U.K.'s WorldFirst in a Giant Step Abroad", *Bloomberg*, 14 Feburary 2019, https://news.bloomberglaw.com/banking-law/jack-mas-ant-buys-u-k-s-worldfirst-in-a-giant-step-abroad-1.

⑤ Jeremy Kahn & William Canny, "Tencent, Temasek Invest $35 Million in U.K. Open-Banking Startup", *Bloomberg*, 4 June 2019, https://www.businesstimes.com.sg/banking-finance/tencent-temasek-invest-us35m-in-uk-open-banking-startup.

中英两国企业还探索联合成立基金的模式。2018 年 7 月，招商局集团、基金公司 SPF Group 宣布将同英国投资公司 Centricus 一道成立一只规模达 1000 亿元人民币的科技投资基金，投资将主要流向中国。[①]

（五）教育

同创意、金融业一样，教育也是英国近年来力推的产业。2019 年 3 月 16 日，英教育部和国际贸易部联合发布名为“国际教育战略：全球潜力，全球增长”的政策报告，提出力争到 2030 年每年将在英高等教育机构入学的国际留学生总人数增加到 60 万人，在现在的基础上再提高 30%，年教育服务出口额增加到 350 亿英镑。[②] 同期，中国学生赴英留学人数达新高。

近年来，英国私校在中国广开分校，中国企业也加大对英各级教育机构的兼并。2019 年 5 月，杭州开发商众安房产旗下的众安教育以 9080 万港币收购英国早教学校麦琪·萝丝（Maggie & Rose）。此前，众安房产下的新城市集团于 2018 年已收购 19.95% 的股权并实际持有 14.96% 的已发行股本，此次收购后新城市集团将实际持有 46.52% 的已发行股本。被收购方成立于 2007 年，在英主要经营托儿所、学前班，目前在英国、中国香港、新加坡、中国内地（杭州）都开有分校。[③] 2019 年 7 月，碧桂园旗下的博实乐教育集团以 1.5 亿英镑全资收购英国教育集团剑桥文理学院（CATS Colleges Holdings Limited）。被收购方为成立于 1952 年、专业提供大学学前课程及英语语言教学的教育集团。博实乐教育集团在此之前已连买三所：2018 年 10 月买下私立名校伯恩茅斯学院（Bournemouth Collegiate School），2019 年 6 月以 3800 万英镑全资

---

① “UK's Centricus Teams up with Chinese Firms to Set up $15 bln Tech Fund”, *Business Insider*, July 2018, https://www.businessinsider.com/r-uks-centricus-teams-up-with-chinese-firms-to-set-up-15-bln-tech-fund-2018-7?r=UK.

② Department for Education & Department for International Trade, *International Education Strategy: Global Potential, Global Growth*, 16 March 2019, https://assets.publishing.service.gov.uk/government/uploads/system/uploads/attachment_data/file/799349/International_Education_Strategy_Accessible.pdf.

③ 《众安房产：拟增持英国一家早教公司股权至 46.5%》，新浪财经，2019 年 5 月 28 日，http://finance.sina.com.cn/stock/relnews/hk/2019-05-28/doc-ihvhiqay1924239.shtml。

收购两家私立学校——位于威尔士的圣迈克尔学校（St. Michael's School）和位于英格兰北安普顿的博斯沃斯独立学院（Bosworth Independent College）。①

除了以上几大领域，2018～2019年度中企在英能源、服装、旅游等领域也有广受瞩目的交易。2018年7月9日，泰康人寿保险有限责任公司与中国广核集团有限公司及相关投资方正式签署投资合同，以不超过10.75亿英镑的投资入股由中广核和法国电力集团共同开发的英国欣克利角C核电项目。② 2019年4月，英国服装和鞋履品牌L.K. Bennett被其中国特许经营合伙人冯康洁（Rebecca Feng）收购，收购价据估算低于8000万～1亿英镑。③ 2019年6月，复星洽谈收购英国第一大旅行集团Thomas Cook的事宜。后者拟通过分拆，向复星出售全部旅行社业务。④

同交易达到峰值的2017年相比，2018～2019年度中企在英投资横向比较仍属强劲，尤其是教育、科技制造业、金融科技等形成亮点，企业并购时指向清晰、互补性强。不少在英投资多年的国企继续稳扎稳打，私企的并购意愿也进一步攀升，撑起了该年度的大部分交易。中企在基础设施领域的投资趋于平静，但能源领域大型项目稳步推进。总体而言，由于两国经济优势互补，中英未来经济合作的潜力仍很大。

三　英外资管理机制与中企在英并购的前景

2019年7月，熟稔金融行业的脱欧派利德索姆被任命为新的商务大臣，

---

① "Bright Scholar Accelerates Expansion of Overseas School Portfolio", *Yahoo Finance*, 9 July 2019, https://finance.yahoo.com/news/bright-scholar-accelerates-expansion-overseas-210100629.html.

② 《泰康集团：拟10亿英镑入股英国欣克利角C核电项目》，新浪财经，2018年7月9日，http://finance.sina.com.cn/chanjing/gsnews/2018-07-09/doc-ihezpzwu0051390.shtml。

③ Sarah Butler, "LK Bennett Sold to Chinese Partner but 15 Stores will Close", *The Guardian*, 12 April 2019, https://www.theguardian.com/business/2019/apr/12/lk-bennett-sold-to-chinese-partner-but-15-stores-will-close.

④ Angus McNeice, "China's Fosun Expected to Bid for UK Travel Firm", *China Daily*, 23 April 2019, http://www.chinadaily.com.cn/a/201904/23/WS5cbf3599a3104842260b7de7.html.

她和新任首相约翰逊是否会给外资法规带来变数有待观察。未来一年中企在英并购投资以及英国外资管理机制会如何变化将取决于英国国内政治、脱欧进程、经济形势、中英关系以及中国国内政治等多方面因素。

从英国国内政治来看，下一年度脱欧将进入关键期，保守党执政联盟的微弱优势更给国内政局带来了很大的不确定性。在无争议性收购的前提下，长期措施恐在较长时期内仍会被搁置，即使得到通过，改革内容仍会相当克制。自启动改革程序以来，共有两宗涉及外企并购的审查案例，均为中企。2017 年中企海能达收购赛普乐对讲机公司，由于后者同时为伦敦警察生产对讲机而引发国家安全方面的担忧，最终在双方做出承诺后通过。[①②] 2018 年，陕西炼石有色（通过全资孙公司加德纳航天）收购北方航空时，英国政府根据修改后的《2002 年企业法》提起审查，最终无条件通过审查。[③]

英国国内的经济形势、经济政策和经济前景的基本面目前仍是开放性的，未来无论脱欧如何演进，恐怕都存在不得不开放的压力。从长期来看，英国仍是具有相当吸引力的投资目的地。其中，房地产、工程建设、科技、制造、金融与金融科技、教育等行业的投资潜力很大。

其一，英国国内维持经济增长、持续拉动就业、改善基础设施都需要大量的资本参与。在脱欧的巨大压力下，英国各地纷纷出台了产业战略，谋求充分发挥优势，推动经济发展。2019 年上半年，西米德兰兹郡、大曼彻斯特郡、西英格兰和牛津—剑桥科技弧纷纷推出本郡或区域的产业战略，国家层面的产业战略则于 2017 年推出，并于 2018 年 12 月完成一年期的评估。

其二，尽管脱欧带来近期的不确定性和不稳定性，但是企业、投资人和

---

① 承诺主要包括：不得终止修理服务且该部分应由英国公司直接控制；严格遵守对“敏感材料和加强级别设备”的安全控制；董事会中应有一名成员为通过安全检查的英国公民等。

② “Enterprise Act 2002 Undertakings: Anticipated Acquisition by Hytera Communications Corporation Ltd. of Sepura Plc”, 19 July 2019, https://assets.publishing.service.gov.uk/government/uploads/system/uploads/attachment_data/file/612951/sepura-hytera-draft-undertakings.pdf.

③ Department for Business, Energy & Industrial Strategy, “Proposed Acquisition of Northern Aerospace Limited by Gardner Aerospace Holdings Limited: Decision Notice”, 19 July 2019, https://www.gov.uk/government/publications/proposed-acquisition-of-northern-aerospace-limited-by-gardner-aerospace-holdings-limited-decision-notice.

分析机构并未对英国较长时期内的稳定和价值产生动摇。如全球最大的主权基金挪威主权基金在2019年2月27日的年报发布会上就宣布“将继续作为英国的重大投资人”，看好英国的投资前景。[①] 2018年底，福布斯杂志发布2019年《最适合经商的国家和地区》排行榜时，英国连续第二年蝉联榜首。[②]

其三，脱欧前景不定所带来的英镑波动和走弱成为双刃剑，吸引了不少投资者进场。如安永2019年的报告显示，英镑下跌使英国取代美国成为全球最热门的投资目的地，首次打破了美国自2014年以来的垄断，成为对机构投资者最具吸引力的国家。[③]

其四，英国不少领域的发展受脱欧进程影响较小，甚至有观点认为，脱欧所产生的压力加快了英国的产业转型和升级。英国在科技、教育、金融（科技）、制造业上的优势非常显著，而且政府也将这些行业作为发展重点，未来的资本合作令人期待。根据英国招聘咨询公司华德士（Robert Walters）和市场分析公司Vacany Soft在2019年4月发布的金融科技报告，“全球29家金融科技独角兽中9家在硅谷，7家在伦敦”，并预言“伦敦很快就会超越硅谷，成为世界上拥有金融科技独角兽最多的城市”。[④]

由于首相约翰逊刚上台不久，未来中英关系的发展态势依然面临不确定性。尽管如此，合作仍将是中英经贸关系的主基调。2018～2019年度，中英双边经贸关系依然稳定向好。2018年10月，第四届中英地方领导人峰会

---

① Gwladys Fouche & Alister Doyle, “Norway Wealth Fund Shrugs off Brexit, Plans Rise in UK Investments”, *Reuters*, 28 February 2019, https://www.reuters.com/article/uk-norway-swf/norway-wealth-fund-shrugs-off-brexit-plans-rise-in-uk-investments-idUSKCN1QG1RO.

② Kurt Badenhausen, “The Best Countries for Business 2019: U.K. On Top, U.S. Down”, *Forbes*, 19 December 2018, https://www.forbes.com/sites/kurtbadenhausen/2018/12/19/the-best-countries-for-business-2019-u-s-down-u-k-on-top/#62d6860652d5.

③ La Toya Harding, “UK Tops Global Ranking as the Best Investment Destination Despite Brexit Uncertainty”, *The Telegraph*, 15 April 2019, https://www.telegraph.co.uk/business/2019/04/15/uk-tops-global-ranking-best-investment-destination-despite-brexit/.

④ Charlotte Diffey, “London Set to Take Fintech Unicorn Crown from San Francisco”, *Techround*, 10 April 2019, https://techround.co.uk/news/london-startups-take-fintech-unicorn-crown/.

在大连召开；2018 年 11 月，英国派出安德鲁王子、国际贸易大臣等皇室人员和政府高官以及 50 多家知名企业负责人组成的官方代表团参加上海进博会；2019 年 4 月英国国家安全委员会做出决定，批准华为向英国供应核心网之外的 5G 技术部件；5 月，亚投行将全球融资的第一步放在了伦敦，成功发行 25 亿美元 5 年期全球债券，年利率为 2. 25%，吸引 27 个国家认购，金额超过 44 亿美元，远超过计划发行规模。更引人瞩目的是，2019 年 6 月 17 日，第十次中英经济财金对话举行。从此次经济财金对话的成果来看，短期内中英两国在能源、铁路、建筑工程、金融等领域的资本合作和进展仍然值得期待。

B.16

中英能源关系的新发展*

张 飚　李 倩**

摘　要：　在过去一年中，中英能源关系出现了几个方面的主要变化。一是中英双方在第十次中英财金对话中重申了双方继续保持能源合作、维护“清洁能源伙伴关系”的地位；二是中英能源关系开始受到美国的负面影响；三是中国核电企业稳固推进欣克利角C项目及其相关协定，包括开展有关塞兹韦尔C项目的谈判、完成华龙一号的通用设计审查（GDA）第二阶段并进入第三阶段；四是中国核电企业还获得了一些新的扩张机会。此外，中英之间风电合作几乎在维持现状，没有更多突破性进展。展望未来，中英能源合作的大方向不会变，但会受到美国压力、英国内部疑虑情绪的影响。

关键词：　中英关系　能源　核电　中广核

在过去一年中，中英能源关系主要发生了以下几个方面的发展、变化。一是在2019年6月举办的第十次中英经济财金对话中，中英双方重申了有关继续推进能源合作、维持两国“清洁能源伙伴关系”的意愿，表达了加强在民用核能领域合作的原则性立场，并且开始关注核电技术的出口

---

* 本文受到北京市社科基金项目“英国脱欧后的中英关系研究”（项目编号：18ZGC013）的资助。

** 张飚，博士，中国政法大学政治与公共管理学院国际政治系讲师，主要研究方向为英国对外关系、国际政治；李倩，博士，中国政法大学政治与公共管理学院行政管理系讲师，研究方向为行政管理。

管理问题。[①] 二是中美关系的走低逐渐波及中英能源关系。2018 年 10 月美国能源部宣布将对中广核采取出口管制、“推定拒绝”原则，以及 2019 年 8 月美国商务部将中国核电企业列入“实体清单”，都严重影响了英国对中国核电企业的认知，助长了英国公众对中国核电企业的怀疑情绪。三是中国核电企业稳固推进在英国的工作，并未受到各种外部负面因素的影响。这主要包括继续推进在欣克利角 C 核电站项目、开展有关塞兹韦尔 C 项目的谈判，以及推进华龙一号技术审查（通用设计审查）进入第三阶段。四是在持续推进原有项目的同时，中国核电企业还获得了一些新的扩张机会，例如英国森特里克决定出售自己 8 座核电站中 20% 的股份、东芝宣布放弃原有的地平线项目。这些都使中国核电企业获得扩大在英国存在的机会。此外，中英能源关系中风电的比重相对下降。展望未来，中英能源关系仍然是两国之间一个“核心支柱性”议题。但是随着外部环境的变化，中英能源关系会受到越来越多的考验。

一　第十次中英经济财金对话达成诸多共识

2019 年 6 月，中英举行第十次经济财金对话。[②] 此次财金对话本应在 2018 年底举行（一般而言，中英经济财金对话应在每年秋冬季举行），并对能源议题做出重要的政策决定，但因英国在南海问题上的一些做法，双方推迟了财金对话。[③] 在此次迟来的会谈中，中英双方之间达成了很多共识。这些共识主要包括以下几个方面。

---

① 张飚：《中英能源关系述评》，王展鹏主编《英国发展报告 2016～2017》，社会科学文献出版社，2017，第 90 页。

② UK Government，“UK-China 10th Economic and Financial Dialogue：Policy Outcomes”，https：//www. gov. uk/government/publications/uk – china – 10th – economic – and – financial – dialogue – policy – outcomes.

③ 2018 年 8～9 月，中英关系因南海争端陷入低谷，导致 2017 年 12 月第九次财金对话举办后，暂停财金对话。参见张飚《英国南海政策的变化、动因与走向》，《现代国际关系》2019 年第 7 期，第 26 页。

第一，重申有关能源合作的意愿。中英双方表示会继续支持双方“在清洁能源技术、清洁能源转型路径、系统改革及国际治理和合作等领域开展互利务实合作”；双方会努力深化2016年开始的“清洁能源伙伴关系”，主要包括推动能源结构化转型、降低煤炭消费比重、提高非化石能源消费比重；双方将“采取措施支持天然气和电力市场在设计和运行方面保持的竞争性、透明度和有效监管；加快海上风电等可再生能源的部署和并网，尽快减少高碳的能源结构；加强国际合作，包括第三方市场合作，支持全球能源转型”。[①] 这些表述意味着中英在能源关系上会继续保持原有的能源合作。

第二，在核能领域，两国希望稳固推进欣克利角C“一揽子协定”，与此同时加强在核技术管理方面的合作。[②] 首先是双方重申对民用核能领域合作（特别是欣克利角C“一揽子协定”）的重视，继续维持并深化在此方面的合作：双方“愿意确保中英民用核能合作工作组是有意义并互利的，力求深化现有合作，包括欣克利角C、塞兹韦尔C和布拉德韦尔B项目有关合作”。在民用核能的商业合作层面，双方“认可中方为支持此项目贡献的投资和既有经验”，并且“认识到中英双方进一步发展互利商业伙伴关系的潜力，将寻求在核能供应链、核环境保护等新领域和新项目上的合作”。[③] 在核能研究层面，双方表达了“愿在符合两国政府的资助规定，符合两国政府在民用核能领域的研究重点，并相互接受知识产权处理安排的前提下，支

① UK Government, “UK-China 10th Economic and Financial Dialogue: Policy Outcomes”, 17 June 2019, pp. 24 -25, https: //assets. publishing. service. gov. uk/government/uploads/system/uploads/attachment_ data/file/809569/190617_ FINAL_ POP_ v2_ _ 002_ . pdf.

② 中方用的表述是“一揽子协定”。但是从法律的角度来看，欣克利角C核电站是有法律约束力的合同（contract），而塞兹韦尔C和布拉德维尔B则是不具备法律约束力的协定（head of terms），需要进一步谈判才能转变为具有约束力的合同。这个谈判过程非常复杂，而且会有诸多干扰。

③ UK Government, “UK-China 10th Economic and Financial Dialogue: Policy Outcomes”, 17 June 2019, pp. 24 -25.

持民用核能领域的联合研究”。[①] 这些表述意味着中英双方仍然坚守对欣克利角 C 项目及其相关协定的承诺。

其次是中英双方首次表达了对核技术管理的合作兴趣。中英双方在表示欢迎“华龙一号”通用设计审查（GDA）取得进展的同时，首次提出“欢迎双方基于《中英政府间和平利用核能合作协定》和《核供应国集团准则》签署的政府间核不扩散承诺，继续开展 GDA 技术交流”。强调中英之间“同意将有效、及时处理所有与核燃料、核设备及核技术出口相关的出口管制申请”。[②]

总体而言，中英第十次经济财金对话延续了过去能源合作，特别是核能方面合作的大方向。除核技术合作属于新的合作增长点之外，中英能源合作仍在原有的大体框架内发展。

二　中美关系对中英能源关系的影响

2018 年至今，中英能源关系明显开始受到中美关系走低（或美国因素）的影响。诚然，美国因素一直是中英能源合作中不可忽视的一个因素[③]，但随着中美贸易战的持续，美国对中英能源关系施加的负面影响越来越明显。这种影响主要表现在两个方面。

第一，2018 年 10 月，美国能源部表示，将会加强对中国核电企业的出口管制，防止民用核能科技被用于军事目的。[④] 美国能源部特别针对中广核提出了要求，称对“中广核、中广核相关企业”采取“推定拒绝”原则

① UK Government, “UK-China 10th Economic and Financial Dialogue: Policy Outcomes”, 17 June 2019, pp. 24 - 25.

② UK Government, “UK-China 10th Economic and Financial Dialogue: Policy Outcomes”, 17 June 2019, pp. 24 - 25.

③ 这主要包括美国指控受雇于中广核的工程师窃取机密等问题。

④ US Department of Energy, “DOE Announces Measures to Prevent China's Illegal Diversion of U. S. Civil Nuclear Technology for Military or Other Unauthorized Purposes”, *Energy. Gov*, 11 October 2018, https://www.energy.gov/articles/doe - announces - measures - prevent - china - s - illegal - diversion - us - civil - nuclear - technology.

（即默认为不予出口许可，除非获得反证）。此表态一出，英国媒体开始质疑中国核电企业，认为中国核电企业多少会受到影响。中广核的回应则是，在英国的三个项目都不采用美国技术，因此不受任何影响（在欣克利角 C 和塞兹韦尔 C 将会采用法电的 EPR 技术，在布拉德韦尔 B 拟采用华龙一号）。[1]

第二，2019 年 8 月，美国把中国核电企业加入“实体清单”。美国商务部称，中国核电企业“参与或促成获取先进的美国核技术和材料，用于在中国转用于军事用途”。这种指控遭到了中广核、中核等企业的否定。但是，在英国媒体看来，将中国核电企业加入“实体清单”再次影响了中国核电企业在英国的活动。例如，《每日电讯》就以“美国贸易黑名单之后英国在欣克利介入的问题”为题，质疑中国核电企业能否在英国继续下去。[2]

从目前来看，美国对中国核电企业的指控或者制裁，都在相当程度上削弱了中国核电企业在英国的公信力和声誉。这些因素虽然不会在近期对中国核电企业施加影响，但是从长远来看不能轻视其消极作用。

三 核能：欣克利角 C 核电站及相关协定

尽管中美关系走低开始波及中英能源关系，但是中国核电企业仍在按照相关协议稳固推进在英国的项目。此相关协定是指中方负担欣克利角 C 核电站 33.5% 的投资和塞兹韦尔 C 核电站 20% 的投资，以换取法电帮助中方完成通用设计审查，并在布拉德韦尔 B 核电站（拟使用华龙一号）负担 66.5% 的投资。

第一，欣克利角 C 项目推进有序。在项目施工方面，2018 年 12 月，欣

① “China’s CGN Says British Cooperation to Continue”, *Reuters*, 13 October 2018, https://www.reuters.com/article/us-china-nuclear-usa-idUSKCN1MN059.

② James Cook, “Questions Raised over China’s Involvement in Hinkley Point after US Trade Blacklist”, *The Telegraph*, 15 August 2019, https://www.telegraph.co.uk/technology/2019/08/15/questions-raised-chinas-involvement-hinkley-point-us-trade-blacklist/.

克利角 C 项目开始建设核电站核岛筏基（即浇筑第一灌混凝土），并于 2019 年 7 月顺利完成了核岛筏基的建设。① 在项目分包方面，欣克利角 C 项目已经有序分包给劳斯莱斯等英国大型企业。例如，劳斯莱斯公司确定将负责向欣克利角 C 项目负责提供控制系统。② 在人员调度方面，中广核目前已经向欣克利角 C 项目派驻 29 名员工，分布在设计、土建、安装、调试、运行、人资、财务等多个部门。按照中广核的声明，这些员工对欣克利角 C 项目的贡献主要是软性的经验："中广核英国外派团队利用在中广核我国核电站建设过程中积累的经验，特别是台山经验，结合 HPC（即欣克利角 C 项目——作者注）的特点，将经验运用到 HPC 项目中，提出合理化建议，供 HPC 决策参考。团队根据台山核电建设经验比对 HPC 施工逻辑，梳理出 HR 建造关键路径，罗列关键因素和风险点，提出项目优化机会，为土建项目管理策略提供了新思路，为（项目）建造关键路径节省 3 周时间。"③

第二，塞兹韦尔 C 核电站项目的前期启动工作良好。这主要包括法电、中广核正在展开有关塞兹韦尔 C 核电站项目更深入细节的谈判④；法电已经启动了塞兹韦尔 C 核电站项目的咨询工作，顺利结束第三阶段并进入第四阶段（有关交通和生态的咨询工作）⑤；英国企业阿特金斯等公司已经按照合同开始了前期的建设核电站的准备工作。⑥

---

① 《英国欣克利角 C 项目按期完成 1 号核岛筏基混凝土施工》，2019 年 6 月 28 日，http：//www. cgnpc. com. cn/cgn/c100944/2019 - 06/28/content _ 4f444cf71d3244148ea9e02288cf1ccc. shtml。

② Theo Leggett，"Rolls-Royce Vies for UK Nuclear Role"，*BBC*，21 January 2019，https：//www. bbc. com/news/business - 46950292.

③ 《英国欣克利角 C 项目按期完成 1 号核岛筏基混凝土施工》，2019 年 6 月 28 日。

④ "Hitachi Debacle Strengthens Franco-Chinese Hand in UK Nuclear"，*Reuters*，17 January 2019，https：//www. reuters. com/article/us - hitachi - nuclear - edf - analysis - idUSKCN1PB2II.

⑤ UK Government "Sizewell C：Response to EDF Energy Stage 3 Consultation"，14 April 2019，https：//www. gov. uk/government/publications/sizewell - c - response - to - edf - energy - stage - 3 - consultation.

⑥ "Atkins Contracted for Sizewell C Preparatory Work-World Nuclear News"，25 July 2019，https：//world - nuclear - news. org/Articles/Atkins - contracted - for - Sizewell - C - preparatory - work.

第三，有关华龙一号的评审工作顺利完成了第二阶段，正式进入了第三阶段。[①] 华龙一号于2017年1月正式开启第一阶段审查。当年11月顺利完成后，华龙一号迅速进入第二阶段的评审期（2017年11月～2018年11月）。第二阶段评审的内容主要关于安全、环境、安保，并于2018年11月顺利结束。在完成了第二阶段的审查后，华龙一号现已经正式进入评审第三阶段（2018年11月～2019年12月），主要涉及针对技术方案的进一步论证，包括对建设前安全报告（Pre-Construction Safety Report，PCSR）和环境报告（Pre-Construction Environmental Report，PCER）进行审查。[②] 目前，负责华龙一号的中法合资企业已经提交了报告。按照英国监管机构的说法，英国管理机构没有发现任何安全或环境上的重大缺陷。虽然英国监管机构"辨识出了一些潜在的监管缺陷，并提出了监管观察以解决这些问题"，但是整体上肯定了华龙一号的设计方案。

第四，布拉德韦尔B核电站的建设受到广泛关注。2018年9月，《金融时报》援引中广核副总郑东山的表态，称"我们理解（核电站）政治敏感性和地方敏感性"，并认为中广核"承认政治敏感性可能会导致中广核放弃在英国运行新核电站的机会"。[③] 随后，《中国日报》刊登了一则报道，对此报道进行了回应。新闻澄清说，中广核"不想做主要运行者"（majority operator），即不主要负责布拉德韦尔的日常运行管理工作，但是与此同时，中广核仍然拥有该核电站财政上的控制权。[④]

总之，中国核电企业在英国的进展基本稳定，没有出现其他的阻力或意外情况。

---

① 有关华龙一号准备通用设计审查的进展，可参见网站 http：//www.ukhpr1000.co.uk/。

② 张飚：《中英能源关系述评》，王展鹏主编《英国发展报告（2016～2017）》，社会科学文献出版社，2017，第94～95页。

③ "Chinese Willing to Hand over Control of UK Nuclear Plant", *Financial Times*, 18 September 2018, https：//www.ft.com/content/1a44e152－b762－11e8－b3ef－799c8613f4a1.

④ Cecily Liu, "CGN Commits to UK Nuclear Power Station", *China Daily*, 18 September 2018, http：//www.chinadaily.com.cn/a/201809/18/WS5ba11d46a31033b4f4656cb7.html.

四 核能发展的新机会

在稳固推进原有欣克利角 C 项目相关协定的同时，中国核电企业也在尝试抓住一些新的发展机会，获得更多的发展。第一，2018 年 7 月，英国电力巨头森特理克（Centrica）决定出售自己所持有的英国 8 座核电站中 20% 的股份。这些股份所涉及的核电站包括塞兹韦尔 B、邓杰内斯 B 等多座核电站。随后，英国媒体广泛报道了中广核对森特理克出售股份表现出极大的兴趣。[①] 据《泰晤士报》的报道，中广核不仅希望获得 8 座核电站 20% 的股份，而且“被认为已经采取方法，在 8 个发电站中获得高达 49% 的份额”[②]，而这些核电站“控制了英国全国近五分之一的电力生产”。[③]

第二，2018 年 11 月，东芝公司宣布暂停并退出摩尔赛德（Moorside）项目。[④] 摩尔赛德项目是由东芝主导、计划建立三台西屋 AP1000 机组的项目。由于中广核在 2017 年曾经试图参与摩尔赛德项目但最终失败，因此在东芝放弃摩尔赛德项目后，英国核工业人士认为，中广核有可能接盘，或者对参与该项目仍有强烈兴趣。

第三，2019 年 1 月，日立公司退出威尔法（Wylfa）项目。虽然英国政府尝试通过注资的方式挽回该项目，但是日立公司仍然决定暂停。中国的核电企业虽然没有表示将会接盘该项目，但是表示，由于日立核电项目暂停会使英国预期的核电发展停滞，因此会加速发展自己参与或主导的项目，以便使英国核电复兴仍在预定轨道上前进。中广核在英国的代表说，“我们将明

① “Centrica Aims to Sell UK Nuclear Stake by End of 2020”, *Reuters*, 14 June 2018, https://uk.reuters.com/article/uk-britain-centrica-idUKKBN1JA19C.

② 这里是指使这些核电站的共同所有者法电集团出让部分股权的方式。

③ John Collingridge, “China's CGN Eyes Stake in UK Nuclear Stations”, *The Sunday Times*, 8 July 2018, https://www.thetimes.co.uk/article/chinas-cgn-eyes-stake-in-uk-nuclear-stations-rll8f0lp9.

④ “Toshiba Decides to Scrap Moorside Project-World Nuclear News”, 8 November 2018, https://www.world-nuclear-news.org/Articles/Toshiba-decides-to-scrap-NuGens-Moorside-project.

显提前我们预计第一台英国 HPR1000 进入商业运营的日期。我们有信心通过让布拉德韦尔更早地投入运营来弥补这一差距。（中广核会）重新安排日程，提前商业运营日期，提前进行最终投资决策并关注大约 2030 年的目标”。[①]

第四，为了扩大在英国的影响力，中广核于 2019 年 3 月成立了一个顾问委员会。[②] 据中广核的报道，该委员会的成员包括一些“经验丰富的基建人士”、“一些政府高层官员”及“核能行业专业人士”。这些人员包括曾任伦敦地铁有限公司首席执行官、在基础设施建设工程方面经验丰富的特里·摩根，先后担任过英国农业、渔业和食品部常务秘书长和贸易及工业部部长的布莱恩·本德，以及英国能源专家约翰·费夫。中广核强调，这些委员会成员“将为中广核的高层管理团队在向英国新核电项目和可再生能源行业投资时，提供宝贵的意见”。[③] 从阵容上看，这个顾问委员会不仅可以向中广核提供咨询服务，而且可以利用自身的优势帮助中广核进行游说。

总体来看，中国的核电企业在过去一年遇到了多个发展的新机会。森特理克出售股份、日立和东芝暂停自己的核电项目，都给中国核电企业进一步拓展自己的存在、收购更多项目创造了机会。此外，英国和日本核电企业的退出，也凸显出中国核电企业在英国能源市场中的重要地位。日本企业的退出严重打击了英国的能源计划（即 6 座核电站建成后能弥补电力缺口）；而 3 座预期可建成的核电站，中国核电企业在 3 座核电站中都有 20% ~66.5% 的参与。这使英国开始关注中国核电企业对英国能源的重要作用。例如，《每日电讯》就以“英国核工业正在不可避免地落入中国手中”为题表达了对中国核电企业在英国核电市场地位日益重要的不安。[④]

---

① “China General Nuclear Ready to Ramp up UK Ambitions-World Nuclear News,” *WNN*, 6 December 2018, http://world - nuclear - news. org/Articles/CGN - ready - to - ramp - up - UK - ambitions.

② 《中广核英国公司成立顾问委员会》，2019 年 3 月 11 日，http://www. cgnpc. com. cn/cgn/c100944/2019 - 03/11/content_ dfaab7f9f79c4d68a0215f810dfcaa43. shtml。

③ 《中广核英国公司成立顾问委员会》。

④ Robin Pagnamenta, “Britain's Nuclear Industry is Falling Inexorably into Chinese Hands”, *The Telegraph*, 24 January 2019, https://www. telegraph. co. uk/technology/2019/01/24/britains - nuclear - industry - falling - inexorably - chincse - hands/.

五 结论：未来走向

展望未来，中英能源关系可能表现出以下几个特征。第一，中英维持能源合作方面的大方向不会改变。在过去十年间，中英在能源政策方面表现出了高度的一致性（如发展核电而非弃核）和互补性（中国核电企业注资英国核电项目，以换取参与英国项目和核电技术的机会）。这些特点导致中英在核电方面的合作能够长期保持下去。与核电合作的稳步推进相比，过去一年来中英两国在风电上的合作基本保持原有水平，未出现突破性的进展。一个亮点是启迪控股与英国海上可再生能源孵化器公司 ORE Catapult 共同投资 200 万英镑建设的“启迪中英海洋科技研究院”在山东烟台成立，旨在联合中英企业开展合作研究计划、支持英国企业进入中国市场，并为中国海上风电开发商提供服务。

第二，中英能源关系可能会受到美国因素的严重影响。尽管中英能源关系有一定潜力可以发掘，但来自美国的压力，如实体清单等制裁措施，会导致中国的核能企业受到严重影响。此外，中国核电企业业务拓展到英国之后，英国国内也出现了质疑的声音。这些因素会导致未来中英能源关系面临更多的挑战。

第三，要化解英国公众对中国核电企业的担心，还有很长的路要走。正如梅政府时期的环境部长表示，“向英国公众保证中国的核技术不会引起任何安全问题，这有很长的路要走”；“虽然我一直认为这些担忧是完全没有根据的，但获得公众的信任也很重要”。[①] 对中国的核电企业而言，进入英国基础设施的“硬”目标已经实现，但受到信任的“软”目标尚需努力。

① Cecily Liu, “How CGN Could Fuel Britain’s Nuclear Future”, *China Daily*, 22 January 2019, http://www.chinadaily.com.cn/a/201901/22/WS5c4603d9a3106c65c34e5aff.html.

B.17

英国对华为参与5G建设的立场及其走势

刘　晋*

摘　要： 在美国强力封杀华为的背景下，梅政府试图寻找中间路径，以监督华为运行、限制其进入5G核心网络等技术手段缓解对使用华为设备的政治与安全关切。该路径依据的是英国政府对华为的长期监督经验，以及对使用/禁止华为可能造成的经济、技术收益/损失的评估。英国国内反对使用华为的理由则集中于其“中国身份”，强调华为与中国政府关系密切，使用其设备将赋予中国政府操控英国关键基础设施的能力，进而严重威胁英国国家安全，还将破坏“五眼联盟”情报合作与政治互信。约翰逊政府大概率会继续采取这种技术路径，但不排除在美国对华为执行交易禁令的情况下改变立场。

关键词： 华为　5G　中英关系　英美关系　中美贸易战

2019年5月，梅政府在华为参与英国5G建设上的分歧以一种戏剧性的方式展现在世人面前。先是《每日电讯》于2019年4月23日披露了英国国家安全委员会前日会谈的内容，透露英国政府已在内部做出决定，允许华为为英5G移动电话网络提供诸如天线一类的非核心组件，但包括外交大臣、

---

* 刘晋，法学博士，中国国际问题研究院欧洲研究所助理研究员，研究方向为英国外交与战略、海洋战略与安全。

国防大臣在内的五位重量级阁员在此事上有异议。[①] 随后特雷莎·梅迅速指派内阁秘书展开调查，短短七天后就将涉嫌泄密的前任国防大臣加文·威廉姆森革职。[②] 威廉姆森因此成为英国政坛 30 年来首位因此去职的政治家。

此事在英国国内迅速引发巨大争论。有趣的是，除了主导此次调查的内阁秘书兼国家安全顾问马克·西德维尔与威廉姆森的恩怨外[③]，英国媒体和智库争论的焦点并不是威廉姆森“是否泄密”，而是允许华为参与英国 5G 建设可能产生的后果。对它们而言，国安委会议内容是否外泄似乎不如华为是否会介入英国 5G 建设来得紧要。该决策亦招来美方的强大压力。特朗普政府 2018 年以来不断要求其盟友联合封杀华为，已得到澳大利亚和新西兰配合。英国决策外泄后，美国国务卿蓬佩奥再次施压，威胁英国该决策如付诸实施，将威胁英美情报合作。[④]

华为问题为什么会在英国政府内造成如此巨大的分歧，以至于一位重量级阁员拿自己的政治前途做赌注？在脱欧以及美国政府大力施压的背景下，梅政府为何不惜冒着损害英美特殊关系的可能也要允许华为参与其 5G 建设？英国国内支持和反对华为参与 5G 建设的论据和逻辑分别是什么？约翰逊政府会不会推翻梅政府决策？作为“五眼”情报同盟成员以及美国的紧密盟友，英国在华为问题上不同于美方的态度很可能产生广泛的示范效应，影响目前正在犹豫不决的欧洲各国及加拿大政府，因此值得关注和研究。本

---

① Steven Swinford, “Theresa May Defies Security Warnings of Ministers and US to Allow Huawei to Help Build Britain's 5G Network”, *The Telegraph*, 23 April 2019, https://www.telegraph.co.uk/politics/2019/04/23/theresa-may-defies-security-warnings-ministers-us-allow-huawei/.

② “Defence Secretary Gavin Williamson Sacked over Huawei Leak”, *BBC*, 1 May 2019, https://www.bbc.com/news/uk-politics-48126974; “Exchange of Letters Between Theresa May and Gavin Williamson”, *BBC*, 1 May 2019, https://www.bbc.com/news/uk-48126671.

③ Heather Stewart, “Mark Sedwill: PM's Trusted Adviser with Key Role in Gavin Williamson Sacking”, *The Guardian*, 2 May 2019, https://www.theguardian.com/politics/2019/may/02/mark-sedwill-the-pm-theresa-may-trusted-adviser-with-key-role-in-gavin-williamson-sacking.

④ “Mike Pompeo Warns UK over Huawei ‘Security Risks’”, *BBC*, 8 May 2019, https://www.bbc.com/news/uk-politics-48198932.

文试图在梳理、分析过去一年事态发展的基础上对上述关键问题进行解答，并就英国政府立场的可能变化做一些预测。

一 泄密、华为与英国国家利益

泄密在英国政治中并不罕见。英国政客有时会将讨论中或尚未正式公布的政府决策透露给媒体，希望借此对政府最终决策施加压力或使其胎死腹中。由于涉事政客与媒体通常深有默契，不会留下明显把柄，只要不是过分重要的内容，当局似乎并不会也很难进行严肃的追究。在首相权威以及对内阁控制力不足的情况下，泄密成了家常便饭。[①] 受脱欧造成的巨大分裂以及脱欧协议屡次被议会否决影响，梅正是这样一位“跛脚”首相。自 2018 年底以来，泄密事件时有发生且未受追究。其中最严重的是，2018 年 12 月 11 日，英国媒体先于议会知道了梅要推迟脱欧协议表决的事，这引发了议会的强烈不满。

在华为一事上，泄密者的行为大概基于两大判断。首先自然是认为华为参与英国 5G 建设事关重大，政府现有决策不符合英国国家利益，以至于其不惜赌上政治前途，也要将国安委决议公之于众，借助外力倒逼政府改弦更张。其次，泄密者大概认为，在推动议会批准脱欧协议是最优先事项、梅对内阁和政府掌控力严重不足的情况下，首相不会过分追究此事。然而事后来看，泄密者在第二个问题上做出了严重误判。梅显然将泄露国安委决议内容视为严重挑战，以至于即便身处风雨飘摇之际，也要捍卫英国国家安全与政府威信，为此不惜开除重要阁员。[②]

泄密者的第一个目的，即借助外力倒逼政府改变决策能否达成，目前还

---

① 英国政治讽刺剧 *Yes, Minister*！系列对此进行了经典刻画。

② 梅的举动代价不菲。开除威廉姆森这样一位重要阁员之后，梅已无法领导保守党政府。她不久后就在保守党 1922 委员会的压力下宣布辞职，见“End of May: Prime Minister Finally Prepares to Quit as Her Brexit is Left in Tatters”, *Express*, 24 May 2019, https://www.express.co.uk/news/politics/1131311/theresa-may-resign-today-latest-brexit-conservative-leader-defeat-1922-committee。

无法知晓。尽管如此，泄密事件还是给英国政府的现有决策带来巨大压力。这种压力主要来自两个方面。首先是泄密事件在英国国内引发大讨论，讨论的焦点如前所述并不在国安委内容是否外泄以及威廉姆森是不是泄密者，而在于华为参与英国 5G 建设的后果。对比泄密前后的英国舆论倾向还能发现，这种讨论已从此前相对客观地同时讨论华为参与其 5G 建设的利与弊，转移到一味强调甚至放大弊端的趋势。其次，美国政府立即加大了对英国政府施加的压力。美国国务卿蓬佩奥一再强调，英国若在其 5G 网络中使用华为设备，英美情报合作将受到威胁。这是自英国宣布加入亚洲基础设施投资银行以来，美国政府对其发出的最严厉、最直接的威胁，非常罕见，足见兹事体大。[①]

二 在技术与政治之间

梅政府基于什么理由做出现行决策？以泄密者为代表的一派反对华为的具体理由是什么？由于本文撰写时（2019 年 9 月初）梅已辞职，约翰逊已出任保守党党首暨英国首相，梅已不可能代表英国政府公开陈述具体理由，约翰逊政府亦表明短期内不会就此公布正式决策。[②] 但我们仍可以对比泄密前后的英国舆论，包括英国政府官员演讲、重要智库报告、新闻评论等内容，从中找到我们需要的内容。

英国国安委 4 月 22 日做出内部决定，允许华为参与英国 5G 网络建设，但仅限于提供非核心组件。该决定表明，英国政府试图在美、澳完全禁止华为参与及完全允许其参与之间寻找平衡，最大限度地以技术手段缓解对华为的政治与安全关切。在美国政府一再指控华为构成“国家安全威胁”的情

① “Pompeo Raises Pressure Over Huawei Before May Meets Trump”, *The Guardian*, 3 June 2019, https://www.theguardian.com/technology/2019/jun/03/pompeo-raises-pressure-over-huawei-before-may-meets-trump.

② “UK to Make Huawei 5G Decision by Autumn”, *MSN*, 27 August 2019, https://www.msn.com/en-us/autos/news/uk-to-make-huawei-5g-decision-by-autumn/ar-AAGoKJW.

况下，英国政府做出这种折中决定并不是因为更信任华为，而是经过了政治、经济及技术方面利弊的权衡。尽管英国政府尚未公布其对华为参与其5G 建设的评估，但该决策背后的经济和技术逻辑显而易见，政治的关切相对而言退居其次。

（一）完全禁止华为经济代价高昂

第一，禁止华为可能削弱其在英发展信心。自 2001 年在英国设立第一个办事处以来，华为已经在英国运行 18 年，对英国经济发展做出了重要贡献。根据英国咨询公司牛津经济（Oxford Economics）的计算，包括华为本身及其在英经济活动造成的刺激，仅 2018 年，华为就为英国 GDP 贡献了近 17 亿英镑、2.62 万个工作岗位以及 4.7 亿英镑税收。[①] 在美国封杀的背景下，华为试图加强对英投资和采购力度，其对英国经济的贡献也将随之增加。完全禁止华为可能严重打击其在英活动信心，进而对英国经济造成一定损害。

第二，禁止华为将迟滞英国 5G 建设，打乱其为成为 5G 及数字经济领域世界领导者而进行的战略部署，并造成不菲经济损失。早在 2016 年，英国就决心在 5G 领域成为世界领导者，以便获取掌握 5G 发展先机带来的红利。英国政府在 2017 年以来发布的《数字战略》《下一代移动技术：英国 5G 战略》《产业战略》等战略文件中反复明确了这个目标并制订了详细的部署计划。[②] 华为与英国电信（BT）、EE、沃达丰等英国主流电信运营商合

① *The Economic Impact of Huawei in the UK*, Oxford Economics, May 2019, pp. 4 – 7, https://www.oxfordeconomics.com/recent – releases/51856cd0 – 46d6 – 409c – bcab – 218875f6b510.

② 见 HM Department for Digital, Culture, Media & Sport (DCMS), *UK Digital Strategy 2017*, 1 March 2017, https://www.gov.uk/government/publications/uk – digital – strategy/uk – digital – strategy; HM Department for Digital, Culture, Media & Sport (DCMS), *Next Generation Mobile Technologies: a 5G Strategy for the UK*, 8 March 2017, https://www.gov.uk/government/publications/next – generation – mobile – technologies – a – 5g – strategy – for – the – uk; Department for Business, Energy & Industrial Strategy, *Industrial Strategy: Building a Britain Fit for the Future*, 27 November 2017, https://www.gov.uk/government/publications/industrial – strategy – building – a – britain – fit – for – the – future。

作多年，参与了英国4G网络的建设，目前还是5G网络基础设施建设领域公认的领军者。[①] 5G技术尽管将给人类生活带来改变，但相对于4G技术并不是革命性和颠覆性的，其初期部署将有赖于4G时代的数字基础设施。如果英国在其5G建设中限制或禁止华为参与，那么由此导致的4G设备更替、应用落后于华为的电信供应商产品等不仅将对英国经济造成45亿~68亿英镑损失，还将延迟其5G部署18~24个月。根据英国数字、文化、媒体及运动部2017年的估计，如果丧失5G发展先机，英国将丧失在2020~2030年创造1730亿英镑GDP增量的机遇。[②]

第三，禁止华为可能损害中英经贸关系。在脱欧的背景下，英国非常希望与欧洲以外的经济体加深经贸投资联系，缓解脱欧带来的冲击。中国是英国希望深化此类关系的重要经济体之一。事实上中国也对此积极回应。2018年8月，两国正式宣布了“积极探讨”脱欧后签署高水平自贸协定的意向。[③] 2019年6月，两国在英举行了第十次中英经济财金对话，取得包括开通“沪伦通”在内的一系列重要成果。[④] 此外，禁止华为很可能对已经或希望与英国企业深化合作的中企产生非常负面的影响，进一步影响两国经贸投资关系。

（二）英国政府自信有能力在技术上缓解对华为的安全关切

英国政府允许华为参与5G建设，并不是其相对于美国政府更信任华为，而是因为英国已对华为进行了长期监督，总体而言有信心控制使用华为设备带来的潜在“风险”。此外，针对华为在其电信设备和系统中“安装后

① *The Economic Impact of Huawei in the UK*, Oxford Economics, May 2019, p. 8.

② *The Impact on the UK of a Restriction on Huawei in the Telecoms Supply Chain*, Mobile UK, 5 April 2019, pp. 3, 8, 15, http: //www. mobileuk. org/The%20impact%20on%20the%20UK%20of%20a%20restriction%20on%20Huawei%20in%20the%20telecoms%20supply%20chain. pdf.

③ 《中英经贸联委会第13次会议在京召开》，中华人民共和国商务部，2018年8月25日，http: //www. mofcom. gov. cn/article/ae/ai/201808/20180802779125. shtml。

④ 《第十次中英经济财金对话政策成果》，中华人民共和国财政部，2019年6月19日，http: //www. mof. gov. cn/mofhome/waijingban/pindaoliebiao/gongzuodongtai/201906/t20190617_3279622. html。

门从事间谍活动”的指控从未有切实证据支撑。

第一，英国政府已对华为进行了多年的监督。早在 2010 年，为缓解“华为介入英国关键国民基础设施引起的对英国国家安全的认知风险”，英国政府、英国电信和华为在英国成立了华为网络安全评估中心（HCSEC），对在英国市场使用的华为设备和系统进行安全评估。2014 年，在英国国家安全顾问的建议下，成立了以英国政府通信总部负责网络安全的高级官员为主席的 HCSEC 监督委员会，监督华为网络安全评估中心的运行，并从 2015 年起每年就华为网络安全评估中心运行状况向英国国家安全顾问呈递报告。[①] 迄今该委员会已连续发布 5 份报告，除 2018 年和 2019 年的两份年报因为在华为工程体系中发现一些技术风险因而信心有所下降外，前 3 份年报都高度肯定了华为网络安全评估中心工作的质量和独立性。

第二，可通过坚持若干技术手段控制潜在风险。英国国家网络安全中心（NCSC）的技术主管伊恩·利维于 2019 年 2 月在该中心网站上发布了一篇产生广泛影响的长篇评论。他在该评论中强调，英国政府从来不曾信任华为，早在 2003 评估并同意英国电信与华为合作时就假定中国“可以迫使任何在中国的人做任何事”以及“可能在某个时刻对英国发起网络进攻”。保障英国网络安全的关键在于强化网络日常运行管理、在网络所有部分坚持供应商的多样化、将风险供应商排除在核心功能与敏感部分以外、加强监管等技术手段，而不在于拒绝使用特定公司的设备。英国电信与华为合作的经验以及华为网络安全评估中心的长期监督有助于控制使用华为组件带来的风险。[②] 在另一次评论中，利维还明确表示，华为的风险问题主要来自其“粗糙的”技术，与中国政府无关。他还对英国的网络安全能力充满信心，认为即便英国通信数据被拦截，也无法被破解，因为政府、国防等敏感信息都

---

① HM Cabinet Office, *Huawei Cyber Security Evaluation Centre Oversight Board 1st Annual Report*, 25 March 2015, https://assets.publishing.service.gov.uk/government/uploads/system/uploads/attachment_data/file/416878/HCSEC_Report.pdf.

② Ian Levy, "Security, Complexity and Huawei: Protecting the UK's Telecoms Networks", UK National Cyber Security Centre, 22 February 2019, https://www.ncsc.gov.uk/blog-post/blog-post-security-complexity-and-huawei-protecting-uks-telecoms-networks.

是独立编码保密的。[①]

第三，对华为从事间谍活动的指控从未有切实证据支撑。华为有时面临“有意安装后门从事间谍活动”的指控，这类指控从未有切实证据予以支持。最新的指控发生在2019年5月。《荷兰人民报》根据匿名信息宣称，华为在荷兰一家电信公司安装秘密“后门”，荷兰国家安全情报局（AIVD）“正在调查此事是否会赋予中国政府进行间谍活动的能力”。然而，该报道语焉不详，没有给出任何证据和细节。[②] 为应对5G技术带来的风险与机遇，英国政府从2018年11月开始对其电信供应链进行全面评估，当时预计2019年春完成。[③] 尽管英国政府目前尚未公布这份评估报告，但从其目前立场来看，这份报告应该不会认为华为参与了间谍活动且对梅政府决策产生了重要影响。梅政府内阁办公室大臣戴维·利丁顿在2019年4月的“网络英国：2019”会议上谈到5G问题时强调，相关评估“基于证据和专长，而不是猜测和想象”，英国政府在5G问题上不会针对“某个企业甚至某个国家”，言下之意关于华为间谍指控的证据不足。[④]

三　中国企业的“安全威胁”

2018年以来，尤其是美国政府加大对华为的打压力度以来，英国国内对华为参与其5G建设表示担忧的声音日益增多，包括HCSEC监督委员会、海军前第一海务大臣、军情六处首脑、政府通信总部首脑在内的技术和情报机

① “Huawei's ‘Shoddy’ Work Prompts Talk of a Westminster Ban”, *BBC*, 8 April 2019, https://www.bbc.com/news/technology-47830056.

② “Huawei Has Secret ‘Backdoor’ into Major European Telecoms Firm, Spy Agency Reportedly Says”, *Independent*, 16 May 2019, https://www.independent.co.uk/news/world/europe/huawei-china-spying-netherlands-telecoms-cyber-security-a8917006.html.

③ UK Government, “Telecoms Supply Chain Review Terms of Reference”, 8 November 2018, https://www.gov.uk/government/publications/telecoms-supply-chain-review-terms-of-reference.

④ HM Cabinet Office, “Chancellor of the Duchy of Lancaster Speech to CYBERUK 2019 Conference”, 25 April 2019, https://www.gov.uk/government/speeches/chancellor-of-the-duchy-of-lancaster-speech-to-cyberuk-2019-conference.

构官员都对使用华为设备表达了不同程度的担忧。上文提到的 HCSEC 监督委员会 2018 年和 2019 年的年报对管控华为安全风险的信心有所下降。曾在布朗政府担任安全大臣的前第一海务大臣韦斯特警告，在英国 5G 网络中使用中企（华为）设备将“给北京提供控制英国所有通信基础设施的后门”，“引发混乱”。[①] 军情六处处长杨格在他极为罕见的公开讲话中认为，5G 时代监控华为设备将变得更加困难，中国“不同的法律和伦理结构赋予其大规模利用和操纵数据的能力”，他还对英国采取与其盟友不同的路径表示了担忧。[②] 政府通信总部主任弗莱明则认为英国应同时理解“中国科技带来的机遇和威胁”。[③]

然而，无论是 HCSEC 监督委员会还是情报界人士皆未要求政府完全禁止华为参与 5G 建设。监督委员会信心的下降主要源于在华为工程和软件系统中发现的技术缺陷，以及对华为应对这些缺陷意愿和能力的怀疑，并非担心其从事间谍活动。[④] 情报界几位人士提出的要求大多和利维的主张类似，主要是加强监管和限制、保持电信设备供应商多样化。例如，韦斯特没有要求禁止华为，而是希望政府创建专门的部门监控中国企业的风险并直接向首相汇报。[⑤] 杨格 2018 年 12 月的讲话亦未要求禁止华为，到 2019 年 2 月，他更明确表示，英国不应完全禁止华为，而应坚持关键基础设施供应商多样化及以质量为首要内容的原则。[⑥]

---

① Ellie Zolfagharifard, “China could Cause ‘Chaos’ in the UK by Using 5G to Hack Key Services”, *The Telegraph*, 14 October 2018, https://www.telegraph.co.uk/technology/2018/10/14/china-could-cause-chaos-uk-using-5g-hack-key-services/.

② David Bond, “Head of MI6 Warns of Huawei Security Concerns”, *Financial Times*, 3 December 2018, https://www.ft.com/content/40b35b84-f6ff-11e8-af46-2022a0b02a6c.

③ Owen Bowcott, “GCHQ Head: ‘UK must be Alert to Threat from Chinese Tech Firms’”, *The Guardian*, 25 February 2019, https://www.theguardian.com/uk-news/2019/feb/25/gchq-head-uk-must-be-alert-to-threat-from-chinese-tech-firms.

④ Leo Kelion, “Huawei's ‘Shoddy’ Work Prompts Talk of a Westminster Ban”, *BBC*, 8 April 2019, https://www.bbc.com/news/technology-47830056.

⑤ Ellie Zolfagharifard, “China could Cause ‘Chaos’ in the UK by Using 5G to Hack Key Services”.

⑥ Kitty Donaldson, “Spy Chief Says Outright Huawei Ban might not be Right for U. K.”, *Bloomberg*, 15 February 2019, https://www.bloomberg.com/news/articles/2019-02-15/spy-chief-says-outright-huawei-ban-might-not-be-right-for-u-k.

很明显，英国政府事实上认为使用华为5G设备是有风险的，只不过这种风险是可控的，再考虑到潜在的经济代价，完全禁止华为就不是一个吸引人的选项。[①] 然而，从包括外交大臣、国防大臣、内政大臣在内的五位重量级阁员对国安委允许华为参与5G建设的决策有所异议来看，梅政府内部在华为议题上具有重大分歧。那么，使用华为5G设备究竟会带来什么样的重大安全风险，以至于发生了本文一开始提到的泄密和革职事件呢？英国政府目前尚未公布正式评估和决策，受限于其政府官员身份以及发表讲话的场合和方式，上述情报界人士也不太可能就此进行详细阐述。

相比之下，英国媒体和智库在这方面的顾虑及受到的限制则要小得多。事实上，英国智库亨利·杰克逊协会早有准备，泄密事件发生不久就发布了一份名为“捍卫我们的数据：华为、5G与五眼联盟”的报告，批评英国政府现行立场忽视了长远的国家安全，也无力控制使用华为设备带来的风险，应在其5G网络中全面禁止华为设备。[②]

该报告批评英国政府基于经济和“纯技术”角度评估的“短视”和“狭隘”。首先，报告承认禁止华为确实会造成经济损失，但英国应“牺牲眼前的经济利益”以确保“长远的国家安全”。其次，英国缓解华为安全风险的技术能力也不充分。不同于4G网络，5G网络各部分将是高度融通的，不再存在“核心”和“非核心”部分的区别，即便像天线这样在4G时代被视为边缘设备的组件也可以对5G网络的安全产生决定性影响。最后，英国技术专家和供应商无力在预先安装的“硬件木马”激活前发现并移除相关组件。因此，英国政府将华为设备限制在“非核心”部位的做法行不通。

该报告认为，华为的威胁主要源于它的“中国身份”。一切中国企业都要受到中国政府政策和中国法律的约束，仅凭华为的“中国身份”就拒绝

---

① Demetri Sevastopulo, “UK Says Huawei is Manageable Risk to 5G”, *Financial Times*, 18 February 2019, https://www.ft.com/content/619f9df4-32c2-11e9-bd3a-8b2a211d90d5.

② Bob Seely, Peter Varnish and John Hemmings, *Defending Our Data: Huawei, 5G and The Five Eyes*, Henry Jackson Society, May 2019；该报告集中呈现了英国国内反对华为的理由与逻辑，值得注意。下文将对该报告观点进行总结，不再一一列出页码。

其产品显然没有说服力。因为从逻辑上讲，这就要求拒绝所有中国企业。在中国经济已经深度融入世界经济、中英经贸来往愈益全面和紧密的情况下，这显然是不现实的。报告之所以认为华为的“中国身份”将给英国造成威胁，主要在于它提出的两点判断：一是认定“中国政府对外发动网络攻击”，二是在中美竞争愈益激烈的地缘政治背景下，作为美国的盟友，英国恐怕会与中国产生越来越多的分歧甚至冲突。① 如此中国政府利用华为监控英国、发动网络进攻的可能性也就越来越高。

具体而言，报告认为在5G网络中使用华为设备将给英国带来三大风险。第一，赋予中国政府收集英国各界数据，进而监视甚至干涉英国的能力。例如，英国公务员在私人生活中使用商业网络，一旦关于他们行为和偏好的数据被中国政府掌握和分析，就可被用来影响其行为甚至英国政府决策。第二，赋予中国政府控制英国关键基础设施的能力。5G技术将大幅提升网络连通效率，推动物联网的快速发展，人们的生活将越来越依赖于网络。中国政府利用华为设备控制甚至切断英国网络的潜在风险“过于巨大，不能冒险”。② 第三，由于盟友美国和澳大利亚已经决定在5G网络中禁止华为设备，英国坚持现行立场将打击“五眼”同盟情报合作及政治互信。

根据以上判断，报告呼吁英国政府在5G网络中全面禁止华为设备，和西方盟友一起寻找替代企业，并和“五眼联盟”一起创立新的风险评估机制，将电信服务商的法律、政治“出身”、管理与所有权模式考虑进去。

---

① 事实上，英国政府也认为“中国政府对外发动网络攻击”。2018年12月，英美等国就此指责了中国政府，见“UK and Allies Reveal Global Scale of Chinese Cyber Campaign”, UK Foreign & Commonwealth Office and National Cyber Security Centre, 20 December 2018, https://www.gov.uk/government/news/uk-and-allies-reveal-global-scale-of-chinese-cyber-campaign。中国外交部迅速做出回应，阐述了中国在网络安全问题上的基本立场，见《外交部发言人华春莹就美在网络安全问题上的错误言行发表谈话》，http://www.gov.cn/xinwen/2018-12/21/content_5350736.html，2018年12月21日。

② 尽管该报告认为中国政府这么做的可能性很小。

四　约翰逊政府会不会改变前任立场?

在本文撰写时，约翰逊已接替梅出任保守党党首和英国首相。新政府会继续坚持梅政府在华为问题上的判断吗？由于当前华为问题高度复杂，既涉及中美关系走向、中英关系、脱欧形势等多种政治因素，又牵扯到经济、技术与安全问题。即便是约翰逊政府本身，估计不到最后关头也不会知道它自己会在这个问题上做出什么样的决定。因此这是一个很难回答的问题。尽管如此，本文倾向于认为，即便约翰逊政府不采用前任决策，也不会彻底禁止华为，而会进一步在技术领域寻求缓解对华为安全关切的方法。

首先，同梅政府一样，约翰逊政府亦需在综合考虑其技术、情报、经济等部门评估的基础上做出决策。就目前来看，这些部门都倾向于监督、限制，而不是完全禁止使用华为设备。华为对英国经济的贡献、对其5G建设即将发挥的重要作用都是真实存在的。英国已对华为在英国的运行进行了长期监督，从未发现中国政府通过华为进行恶意网络活动的证据。在这种情况下禁止华为产生的代价也将是真实存在的。① 为了从未得到证明的“国家安全威胁”而牺牲真实存在的巨大经济利益并非易事。事实上，华为问题也不是英国政府在与中国的交往中遇到的第一起此类事件。梅政府上台之初对中广核投资其欣克利角C核电项目进行了重审，但不久后就批准了该项目，就是一个很好的案例。② 尽管约翰逊曾表示“华为一事不应损害与盟友的情报合作”，但他上任后并未重估华为“风险”，也未做出任何具体表态。③ 对约翰逊而言，当务之急是处理脱欧事宜、保住保守党执政地位及其相位，而不是去开罪一个重要的经济伙伴。

---

① Demetri Sevastopulo，“UK Says Huawei is Manageable Risk to 5G”，*Financial Times*，18 February 2019，https：//www. ft. com/content/619f9df4 －32c2 －11e9 －bd3a －8b2a211d90d5.

② 关于此案，可见张飚《中英能源关系述评》，王展鹏主编《英国发展报告（2016～2017）》，社会科学文献出版社，2017，第93～97页。

③ “UK's Boris Johnson Suggests Blocking Huawei”，*Huawei Central*，29 June 2019，https：//www. huaweicentral. com/uks －boris －johnson －suggests －blocking －huawei/.

其次，英国政府实际上已经找到应对国内和美国安全关切的折中路径，即对华为设备和系统进行监督和限制，而不是完全禁止。即便是上文提到的那份报告，也不是在不设任何前提条件的情况要求禁止华为的。它在给英国政府提到的建议中曾暗示，如果华为在英国运行的子公司可以证明其运行高度独立于母公司，就可以考虑使用其设备。① 本文认为，约翰逊政府可能会考虑更多技术方面的应对，例如要求存储英国数据的华为服务器设在英国，由英国政府技术部门监管，等等。简而言之，就是将中国政府及华为母公司对其英国子公司运行的“影响”降到最低。这种路径能否缓解特朗普政府的安全关切还是未知数，但就公开报道的信息来看，特朗普 2019 年 6 月初访英时并未如舆论普遍预期的那样继续施加压力，而是在与梅交流华为问题过后表示，英美之间“有着非常好的情报关系，可以解决任何分歧”。② 相信梅已经亲自向特朗普详细解释了英国决策的现实理由。

最后，特朗普政府对华为的封杀并非完全没有转圜余地，一旦美国政府转变态度，英国面临的外部压力就将大幅缓解。是否允许华为参与 5G 建设已不是单纯的英国内政，而是牵扯到英美关系和“五眼联盟”的国际问题。尽管英国的决策最优先考虑的自然是本国的经济利益与国家安全，但盟友（尤其是美国）的关切确是英国决策的重要影响因素。这并不是英国没有自主决策，而是与盟友（尤其与美国）的特殊关系早已成为英国国家利益支柱，回应盟友关切就是保卫英国国家利益。③ 特朗普政府虽然在 2019 年 5

① Bob Seely, Peter Varnish and John Hemmings, *Defending Our Data: Huawei, 5G and The Five Eyes*, p. 52.

② Steve Holland and William James, “Effusive Trump Promises Britain a ‘Phenomenal’ Post-Brexit Trade Deal”, *Reuters*, 4 June 2019, https://www.reuters.com/article/uk-usa-trump-britain-protests/effusive-trump-promises-britain-a-phenomenal-post-brexit-trade-deal-idUSKCN1T42VQ.

③ 关于英美特殊关系对英国的重要性，见 UK Government, *National Security Strategy and Strategy Defence and Security Review 2015: a Secure and Prosperous United Kindom*, Cm 9161, November 2015, p. 51；关于英美特殊关系及两国的情报合作，还可见徐瑞珂《后脱欧时代的英美特殊关系》，王展鹏主编《英国发展报告（2016～2017)》，社会科学文献出版社，2017，第 147～151 页。

月将华为列入“实体名单”，但又随即给予90天“临时许可”，6月又明确表示，华为问题“可以成为贸易谈判的一部分”并得到解决。[①] 虽然中美贸易谈判目前出现波折、前景极不明朗，但一旦出现转圜，华为问题就有随之缓解的希望。在特朗普政府两次延长华为禁令宽限期的情况下，约翰逊政府显然希望在中美之间寻找平衡，将决定时间推迟到了2019年底。[②] 这个时间可能随特朗普政府再次延长宽限期而进一步推迟。当然，反过来说，如果特朗普政府最终结束宽限期，强力封杀华为，鉴于全球电子、通信、计算机、网络产业链对美国企业技术的依赖，英国政府大概会重新评估华为5G建设的能力，以及使用其设备的得失。

① “Trump Says Huawei Dispute could be Solved ‘as Part of Trade Talks’ with China Despite National Security”, *Independent*, 10 June 2019, https：//www. independent. co. uk/news/business/news/trump – huawei – dispute – us – china – trade – talks – security – threat – a8952436. html.

② “UK to Make Huawei 5G Decision by Autumn”.

B.18

工商界利益集团对当前英国对华政策讨论的影响作用分析*

忻　华**

摘　要： 脱欧谈判的拖延、美欧关系的恶化、民粹主义力量的崛起使英国陷入内外多重困境。从2017年底2018年初开始，英国官方不得不展开对华政策的讨论，打算在2020年底之前出台新的对华战略文件。作为英国政治决策体系的重要行为体，工商界利益集团影响着英国政治领导层对华决策的观念建构、战略认知与议程设置。对英国工商界最具代表性的三家利益集团2017年初以来公布的书面材料和英国官方2017年底以来出台的政策文件进行对比，可以评估工商界利益集团影响英国领导层对华决策的节奏与效果，并分析出前者对中英关系和英国对华政策的关注焦点与认知特点，进而厘清工商界在当前英国对华决策体系中的确切位置与作用。

关键词： 工商界　利益集团　英国对华决策

---

* 本文为教育部哲学社科规划项目（项目登记号：13YJCGJW013）、上海市哲社规划中青班专项课题（项目登记号：2012FGJ001）、上海市教委“阳光计划”项目（项目编号：102YG06）的阶段性研究成果。

** 忻华，上海外国语大学欧盟研究中心副主任，上海欧洲学会学术研究部主任，上海交通大学国家战略研究中心特约研究员，国际关系学博士，区域国别研究博士后，主要研究方向为欧洲智库、利益集团与游说政治、欧美关系、欧盟对华经济政策等。

从2018年初特雷莎·梅访问中国以来的一年半时间里，英国与欧盟的脱欧谈判久议不决，屡次爆发激烈争吵，脱欧的进程起伏不定，致使英国的外部环境不断出现新的变数。动荡的形势将英国政治领导层拖入内外多重危机和困境，也使中英关系变得更加微妙。在英国内部，脱欧问题引发的矛盾更加尖锐，社会出现撕裂，梅也由于无法平息内部争斗而辞职。而另一方面，在英国脱欧谈判陷入僵局的同时，美国与欧盟之间的裂痕越来越深，跨大西洋联盟内部出现了前所未有的分歧乃至对立，这使英国在美国和欧盟之间的位置更加尴尬。面对更趋碎片化的内外形势，英国政治领导层和战略研究界不得不重新审视中英关系，重新思考双方在2015年10月提出的建设“中英关系黄金时代”的目标。从2018年初开始，由英国国会下院外事委员会牵头，英国政治决策层和战略研究界围绕中英关系的变化和未来的英国对华政策的相关议题展开了讨论，在此基础上英国政府将在2020年之前出台新的对华战略。①

在英国政治决策体系中，利益集团是具有突出影响力的重要行为体，而在涉及英国对外政策尤其是对外经济政策的领域，英国工商界的利益集团的影响力相当显著。在英国独特的代议民主和多层治理的政治体系中，工商界已发展出一套历史悠久、手段完善的运作体系，用以开展针对政治决策者的游说活动（Political Lobbying）。在决策进程的初始阶段，特别是在形势研判和议程设置的环节，工商界利益集团往往能影响乃至塑造政治领导层的战略认知和观念建构，进而制约英国政治决策进程的节奏与速度。从中英双方领导人提出“中英关系黄金时代”的概念以来，工商界利益集团不仅在中英双边贸易与投资的领域非常活跃，而且也深度参与了英国国会和内阁关于对华政策的讨论与决策进程。观察和分析2018年初以来英国工商界利益集团在英国政治领导层关于对华政策讨论中的位置与作用，有助于厘清英国对华决策的运作机制与影响因素，

① Foreign Affairs Committee of the House of Commons of UK Parliament, *China and the Rules-Based International System: Sixteenth Report of Session 2017 - 19*, 4 April 2019, p. 3.

进而有助于我们更深刻地理解英国对华政策的本质特征及其赖以形成的深层根源。

一　当前英国工商界利益集团的类型特征

利益集团是具有相近的经济地位的特定社会群体为了在国家的政治生活中表达自身的诉求、维护自身的利益而结成的制度化和组织化的活动团体。这些团体通过各种方式接触国家的政治领导层，影响政治决策者在特定政策议题上的观念建构、问题辨认、形势评估和方案制定，进而制约乃至改变有关这些议题的政治决策进程的方向、节奏与速度。工商界利益集团由企业的拥有者和管理层组建和运作，旨在为保护企业的发展而营造良好的政治与政策环境，因而通常也被称为“雇主的利益集团”（Employer’s Group），以区别于由受雇于企业的职工组成的工会组织（通常也被称为Employee’s Group）和由独立开业的医生和律师等专业技术人员组成的团体。

英国的市场经济体系可谓结构繁复，变化迅速，从这一体系中产生的工商界利益集团数量繁多，特征各异。不过总体而言，根据组织架构和运作机制的差异，可以将英国所有的工商界利益集团划分为三类：首先是“网络型”组织，一般指涵盖了多个经济领域、行业与部门的大型商会，其会员是一些规模更小和代表性更狭窄的小型商会与行业协会。此类组织的结构较为松散，一般没有常设的代表与议事机构，其中有些利益集团虽有全职的行政运作的团队和机构，但不能以任何形式直接支配其会员单位，没有实质性的由上至下的行政权力，其会员单位彼此间也没有明显的层级区分，关系较为平等。其次是“尖峰型”组织。此类组织包含明确的层级架构，一般按照从全国到地区的地理层级，分别建立不同的运作机构，彼此间有隶属与管辖的关系，同时不同层级的会员单位之间也有某种程度的支配与被支配的关系，或按照严格的顺序逐层开展资源的汇集与信息的交换。最后是“平台型”组织，致力于在英国与别国之间发挥双边交流的“平台”的作用，促进英国对外的双边贸易与投资，为英国企业提供向海外拓展业务的信息与资源。此类组织的结构也较为松散，对其会员单位不存在自上而下的支配或制约，但与“网络型”组织不同的是，此类组织的行政运作和具体执行的能力较强，且在海外设有多处办公室，形成一个跨境的运作体系。

自 2015 年 10 月“中英关系黄金时代”的概念提出之后，英国工商界的对华贸易与投资活动更趋频繁。尤其是自 2017 年 7 月以来，随着英国脱欧谈判日益胶着，美欧关系逐渐恶化，英国的政治领导层、战略研究界和工商界愈加重视中国，将中国视为可以帮助英国抗衡对美和对欧关系的风险与不确定性的战略力量。① 上述三种类型的利益集团都参与了英国对华政策尤其是对华经济政策的讨论。笔者在上述三种类型中分别找出一家最具典型性且参与讨论最活跃的利益集团，即英国商会（BCC）、英国工业联合会（CBI）和英中贸易协会（CBBC），通过对比分析其在英国对华经济决策进程中的影响作用，可在总体上了解参与英国对华决策进程的工商界利益集团的全貌。表 1 比较了这三家利益集团的组织架构和运作方式的异同。

表 1　参与英国对华决策进程的三种类型的工商界利益集团的组织架构与运作方式

利益集团类型 / 运作特点	“网络型”组织(以英国商会为例)	“尖峰型”组织(以英国工业联合会为例)	“平台型”组织(以英中贸易协会为例)
Ⅰ. 会员结构	其会员为 53 家具备较高资质的英国地方商会,代表数千家英国企业,企业员工总数大约为 600 万	其会员为英国各地的约 19 万家企业,企业员工总数约 700 万,其中有较多的制造业企业	其会员为 1000 余家中国与英国的企业,涵盖中英双边贸易与投资所涉及的所有行业部门

① 英国工业联合会尤其强调需要借助中国的力量抗衡美国与欧盟，早在 2018 年 2 月，该组织就发表声明，认为英国在脱欧的同时应尽力发展对华贸易关系。详见 CBI,“Successful Brexit Means Deeper Trade Ties with China”, 22 February 2018, https://www.cbi.org.uk/media－centre/articles/successful－brexit－means－deeper－trade－ties－with－china－cbi－director－general/。

续表

利益集团类型 / 运作特点	"网络型"组织(以英国商会为例)	"尖峰型"组织(以英国工业联合会为例)	"平台型"组织(以英中贸易协会为例)
Ⅱ. 组织体系	组织结构较为松散,没有常设的代表议事机构与机制 最高决策团队由一名总裁、两名首席执行官和三名非执行主任组成,一般由主要会员单位的高管轮流担任 行政运作团队的领导层由一名总干事、三名执行主任组成,管辖政策与沟通、商业发展、国际贸易、公司服务等几个运作团队	最高议事和决定机构:由各地区分支理事会和常设政策委员会的主席组成的联合主席委员会 具体决策、执行与运作机构:董事会 决策咨询机构:CBI 主席委员会 自上而下的地方机构:12 个地区分支理事会 针对特定领域的政策议题开展分析与讨论的机构:16 个常设政策委员会	最高议事机构为董事会,由一名主席、三名副主席和十名一般成员组成,董事会成员都是开展对华贸易与投资的英国知名企业高管 最高决策与具体执行的机构为总裁率领的150 余人的行政团队,由若干执行主任分头运作
Ⅲ. 对英国对华政策的关注程度	英国对华经济政策是其关注的众多领域与议题中的一部分,有一些关注和议论	2017 年以来对英国对华经济政策越来越关注,在这一领域的政策讨论中表现活跃	高度关注英国对华经济政策的走向与最新动态,为影响英国对华经济决策投入大量资源,开展频繁的活动
Ⅳ. 与英国政府对外经济决策机构的人事与组织联系	在英国政府授权之下向进出口产品和相关企业发放欧盟原产地证明书 在英国海关税务总署授权之下发放一些进出口认证文件,如 EUR1 证书	在 2018 年 2 月中英联合组建的"中英企业家委员会"中占据重要位置 在 2019 年 4 月英国政府国际贸易部(DIT)组建的"战略性贸易顾问组"中占据重要位置	英国政府国际贸易部的总干事 Richard Burn 为该组织的指定观察员 英国政府外交部的中国处处长 Alex Pinfield 是该组织的指定观察员

资料来源:作者自行制作。

从表 1 可见,在三种类型的利益集团中,"网络型"的英国商会的架构最为松散,没有常设的制度化的最高代表与议事机构,而"尖峰型"的英国工业联合会的架构最为严密和复杂，既有自上而下的存在行政隶属关系的地方分支委员会，又有针对特定政策领域与议题的常设政策委员会，而“平台型”的英中贸易协会的架构介于两者之间，但其行政运作团队的规模较大。从工商界利益集团的发展历史来看，就影响决策的行动能力而言，像英国工业联合会这样的“尖峰型”组织的组织与行动能力最强，能够整合特定经济领域与部门的工商界力量，借助各种游说的形式向政治领导层施加强大的压力，属于典型的“压力集团”，而“网络型”组织和“平台型”组织的行动能力次之；但就代表性而言，“网络型”和“平台型”组织能够最广泛地代表经济体系的各领域与各部门，而“尖峰型”组织的代表性不及前两者广泛，甚至往往集中于某些特定领域与部门，如英国商会和英中贸易协会的会员涵盖传统实体经济和新兴的金融与信息技术产业的各部门与行业，但英国工业联合会的会员单位很多都从事制造业和相关的物流、航运、航空等产业，而且少数几家传统产业的大公司在实际控制着该利益集团的战略方向。①

二　工商界利益集团影响当前英国对华决策的主要方式

利益集团影响决策的活动一般被称为“政治游说”。美国的研究文献将利益集团借以影响乃至塑造决策的各种方式与手段划分为“内部游说”和“外部游说”两类。前者指利益集团借助政治领导层内部的组织体系与运作架构，与决策者进行直接的沟通；而后者则是通过媒体发声、传播出版物和街头运动等方式影响社会大众，塑造公共舆论，进而借助大众诉求和舆论观点形成决策者能够感受到的压力，从而间接地影响决策。在英国的利益集团政治中，“内部游说”包括向国会议员和内阁行政官员开展面对面的会谈、在国会和内阁的听证会上发表证词、影响国

① Bill Coxall, *Pressure Groups in British Politics*, Harlow, Essex: Pearson Education Limited, 2001, pp. 141 - 144.

会党团政治、举办有政治决策者参加的高层论坛、参加国会面向社会大众的咨询机制、吸纳卸任的议员和内阁官员加入利益集团的领导层等形式，而“外部游说”则包括定期发布研究报告和分析材料、定期传播自己编纂的出版物、举办业界会议、发表媒体声明、组织集会、游行、示威、请愿等活动。

企业的运行能够影响宏观层面的经济走势和就业情况，对社会稳定具有重要意义，因而政治领导层有较强的意愿以面对面会谈等形式与工商界的代表展开直接的沟通。所以一般而言，工商界利益集团比较偏好采用“内部游说”的方式影响决策，尤其是较为隐蔽的与决策者开展直接会谈的游说形式，而在“外部游说”上投入的资源和精力少一些，更不会采用街头运动这一激烈的“外部游说”形式表达自身的诉求。2018 年初以来，表 1 所列的三家英国工商界利益集团都大量采用“内部游说”的方式，参与英国对华政策讨论，其主要形式有：（1）主办有英国政治领导层的决策者参加的高层论坛。（2）参加英国国会和内阁组织的听证会，或向其征询的问题提交书面证词。（3）在形势变化的重要节点和英国官方做出重大决策的前后，向国会和内阁提交立场意见书。（4）参加中英之间的双边官方对话沟通机制。自从 2018 年梅访华以来，上述三家利益集团参与英国官方运作的中英双边对话沟通机制的积极性很高。2018 年 1 月英国工业联合会不仅派出总干事费尔贝恩（Carolyn Fairbairn）跟随梅访问中国，协助其建立“中英企业家委员会”（China – UK CEO Council）[①]，而且推动该委员会将秘书处设在自己的总部。2019 年 6 月，英国工业联合会和英中贸易协会都参加了第十次中英经济财金对话。（5）参加国会和内阁面向社会公众的咨询机制。例如英国工业联合会加入了英国内阁国际贸易部在 2019 年 4 月新组建的“战略性贸易咨询组”。

当然，这三家利益集团同时也在运行与英国对华政策相关的“外部游

① CBI, “The CBI’s Director-General is Visiting China This Week, on a Trade Visit with the Prime Minister”, 30 January 2018, https: //www. cbi. org. uk/media – centre/articles/cbi – makes – the – case – for – british – business – in – china/.

说”，其主要方式有：（1）定期发布反映宏观经济走势和微观行业动态的形势评述、统计材料和信息综述；（2）编纂出版意在为业界提供合作机会和表达自身立场的通讯、杂志等出版物；（3）不定期地发布各类研究报告、商务手册、行业指南、白皮书等重要文件，旨在分析和研判英国对外经济关系，为业界的对外合作提供信息；（4）举办一些演讲会、项目招商推介会和小型讨论会等政治决策者较少参加的会议。这三家利益集团对“外部游说”方式的使用频率明显低于“内部游说”方式。这三家利益集团在英国工商界属于规模最大、代表性最为广泛的组织，能够准确详尽地掌握英国经济各主要领域和部门的运行动态，以及中英双边贸易与投资等经济合作关系的具体实情。因而其定期发布的研判形势的书面分析材料，尤其是经过整理的关键性的数据与信息对英国决策者具有重要的参考价值。这些书面材料虽不能像“内部游说”的各种方式那样产生立竿见影的直接影响，但对英国决策层依然具有较强的影响。

三　当前工商界利益集团影响英国对华决策的节奏与效果：对2017年初以来三家利益集团的书面材料和英国官方政策文件的对比分析

英国工商界利益集团偏好使用较为隐蔽的“内部游说”方式影响政治决策，注重保密，保持低调，因而在 2018 年初至今的英国对华政策讨论中，有关英国工商界向决策层开展直接沟通的确凿材料很难找到。但同时，上述三家具有代表性的英国工商界利益集团跟随形势变化的节奏，不断推出各类有关对华政策的书面分析与建言材料，包括定期推出的各类通讯、杂志和不定期公开的各类研究报告、商务手册、媒体评论与声明和立场意见书等材料。将这些书面建言材料与英国决策层在其政策文件里陆续公布的对华政策进行比较，分析两者在内容上的关联性和时间上的先后顺序，可以看出上述三家利益集团对英国政治领导层关于对华政策的讨论施加影响的节奏与效果。

从2017年底2018年初开始，由于脱欧谈判迁延不定，欧盟对英国的负面态度愈加强硬，而特朗普的经济民族主义立场也使美欧和美英关系出现相当多的变数。在此形势下，英国政治领导层更加关注中英关系，意图在美国、欧盟和中国之间周旋，借助中国来平衡和制约欧盟和美国。2017年11月底，英国下院外事委员会启动了关于中国形势和中英关系的一系列调查与咨询工作，意在重新审视对华关系、酝酿新的对华战略，英国国内关于重新思考对华政策的讨论由此拉开序幕，一直持续至今。在一年半的时间里，英国政治领导层通过与战略研究界、工商界和社会各界的讨论与交流，逐渐调整对长远全局的形势研判，完善对中英关系与中国情况的战略认知，进而修订和确立对华政策的新目标。英国下院外事委员会在2019年3月26日提出，英国要在2020年底之前出台新的系统的对华战略文件，目前这一文件虽未出台，但在已经公开的诸多政策文件里，英国新的对华政策，尤其是对华经济政策的体系已渐露端倪。① 笔者根据已经公开的文件，将英国对华经济政策的新内容归纳为6个领域的22项要点，如表2所示。

① Written Evidence from Parliament. uk, "The Foreign and Commonwealth Office (CIR0018)", January 2018; UK Department of International Trade, *Export Strategy: Supporting and Connecting Businesses to Grow on the World Stage*, August 2018; UK Foreign Secretary Jeremy Hunt, "An Invisible Chain", the UK Foreign and Commonwealth Office, 31 October 2018; UK Secretary of State on Trade Liam Fox, "Trends and Challenges in Rebalancing the World Economy", UK Department for International Trade, 19 November 2018; Foreign Affairs Committee of the House of Commons of the UK Parliament, "Oral Evidence: China and the International Rules-Based System", HC 612, 8 January 2019; Written Evidence from the Department for International Trade (CIR0032), 13 February 2019; UK Ambassador to China Ms. Dame B. Woodward, "UK-China in 2019: How can Diplomacy Rise to the Challenges of the 21st Century", 25 February 2019; Foreign Affairs Committee of the House of Commons of UK Parliament, *China and the Rules-Based International System: Sixteenth Report of Session 2017 – 19*, 26 March 2019; House of Commons Hansard, "China: UK Policy, Records of Parliamentary Debate", Volume 659, 5 May 2019; UK Department for International Trade, *Policy Outcomes of the 10th UK-China Economic and Financial Dialogue.*

表 2　2018 年初至今英国政治领导层确立的对华政策新要点

领域要点	1. 总则	2. 细则
Ⅰ. 战略评估	Ⅰ－1－a. 世界经济的力量分布格局已经变化，中国正崛起为世界最重要的经济体，英国必须认真应对这一变化 Ⅰ－1－b. 脱欧使英国经济面临极大的不确定性，需要推动对华经济关系以抗衡这种不确定性。英国朝野对这一点已形成共识	Ⅰ－2－a. 认为中国已放弃“韬光养晦”的外交姿态，在外交和对外经济关系的各领域都变得更为强势 Ⅰ－2－b. 目前中国的对外经济政策动向对英国有利有弊，英国有可能在一些领域遇到对华合作的较大空间，但在另一些领域与中国存在对立乃至冲突
Ⅱ. 总体架构	Ⅱ－1. 目前的国际形势和中英双边关系与 2015 年 10 月提出“中英关系黄金时代”时相比已有很大变化，中英依然存在大量共同利益，同时应清醒应对现实的困难	Ⅱ－2. 以两手应对中国，在双方利益和立场重合之处，最大限度地开展合作以获益，但双方仍存在矛盾，可能损害英国利益，需要进行抵制
Ⅲ. 在国际多边规则体系和全球治理议题上的对华政策	Ⅲ－1. 认为中国对现有的国际多边规则体系，尤其是国际多边贸易体系，总体上持积极和肯定的态度，但其制度体系、内部治理和对外政策的本质特性与这一体系存在深刻的矛盾，英国在此议题上的对华关系必须化害为利	Ⅲ－2－a. 继续促使中国融入以联合国和世贸组织为核心的国际规则体系，遵从西方已经确立的国际经济规则 Ⅲ－2－b. 共同维护现有的以世贸组织为核心的国际多边贸易体系和全球经济治理架构，并加强协商，共同推动对这一体系架构的改革
Ⅳ. 对华贸易与投资政策	Ⅳ－1－a. 提供良好的政策环境，促进中英双边贸易与投资的增长 Ⅳ－1－b. 对可能危及英国核心利益的涉及国家安全的中国对英投资，保持防范	Ⅳ－2－a. 充分利用“一带一路”倡议构建的合作平台，在基建投资、服务业输出等领域开展对华合作 Ⅳ－2－b. 借助双边对话机制，促使中国进一步向英国开放市场，尤其是向英国的农产品、服务业、建筑业开放，同时增进在基建领域的双边合作
Ⅴ. 对华金融合作政策	Ⅴ－1－a. 为中国深化金融改革提供协助 Ⅴ－1－b. 致力于构建中英合作的双边资本市场，为双边经济的融资服务	Ⅴ－2－a. 为“一带一路”倡议的推进提供英国金融服务 Ⅴ－2－b. 开通上海－伦敦证券市场互联互通业务 Ⅴ－2－c. 推动两国银行业互相向对方发行债券和其他融资工具

续表

领域要点	1. 总则	2. 细则
Ⅵ. 对华产业与科技政策	Ⅵ－1－a. 落实“中英科技与创新合作联合战略”，运作“中英研究与创新伙伴关系基金”，推动联合技术创新 Ⅵ－1－b. 建立“中英产业合作伙伴关系”	Ⅵ－2－a. 在新能源汽车、航天、清洁能源等领域对华开展项目合作 Ⅵ－2－b. 双方在人工智能和5G技术等新技术领域对华开展有限合作，但同时防范中国公司对英国的基础设施安全形成威胁

资料来源：作者自行制作。

从2017年初开始，英中贸易协会、英国商会和英国工业联合会这三家利益集团在其书面分析与建言材料里，尤其是在其定期发布的商务手册、白皮书和不定期发布的媒体评论与声明里，陆续强调发展对华经济关系的重要性，提出对华政策的新设想，对英国未来发展对华关系的目标、方式与政策内容提出了建议。其中英国工业联合会关于发展对华经济关系的战略意义的阐述最为明确而系统，其2018年以来的各项书面材料多次直言对华经济关系的态势对英国脱欧之后的战略利益具有至关重要的影响。[①] 而英中贸易协会则对“一带一路”倡议保持密切的追踪，开展持续的分析，2017年初以来已发布了至少四份关于“一带一路”的专题研究报告。[②] 上述三家利益集团书面分析与建言材料中关于英国对华政策的评述，笔者将其中提到的表2所列的对华政策各项新要点的时间与形式，和英国官方政策文件里提到相同要点的时间与形式进行对比，制成了表3。

通过分析表3，可以看出上述三家利益集团在观念建构、战略认知和议程设置的层面向英国决策层发挥影响的节奏、效果，亦可看出上述三家利益集团在英国对华经济政策的不同领域与议题的关注程度的差异。表3显示

① CBI, *Winning Worldwide*: *A Four-Step Exports Growth Plan for the UK*, July 2018, pp. 27－30.

② 关于英中贸易协会2017年初以来的四份关于“一带一路”的研究报告，参见http://www.cbbc.org/resources/#!/723。

表 3　三家具有代表性的英国工商界利益集团的书面分析与建言材料和英国决策层提到英国对华政策新要点的时间与形式的对比分析(2017 年 1 月至 2019 年 8 月)

政策要点＼提出政策要点的主体			英中贸易协会(CBBC)提到该项政策要点的形式与时间	英国商会(BCC)提到该项政策要点的形式与时间	英国工业联合会(CBI)提到该项政策要点的形式与时间	英国决策层提到该项政策要点的形式与时间
Ⅰ. 战略评估	总则Ⅰ-1	形式	带有研究报告性质的商务手册、白皮书、一般研究报告	媒体评论、回复决策层询问的立场意见书	媒体报道与评论、媒体声明、会议发言、研究报告	外交大臣演讲、驻华大使演讲、下院报告、下院辩论记录、财政部公报
	总则Ⅰ-1	时间	2017 年 5 月、2018 年 11 月、2019 年 5 月	2017 年 1 月、4 月和 7 月,2018 年 3 月、5 月和 9 月(多次提到Ⅰ-1-b,没有提到Ⅰ-1-a)	2018 年 1 月、2 月和 7 月(2 次),2019 年 1 月(2 次)和 6 月	2018 年 10 月,2019 年的 2 月、3 月、5 月(2 次)和 6 月
	细则Ⅰ-2	形式	带有研究报告性质的商务手册、白皮书	媒体评论	研究报告、媒体声明	外交部对下院的书面答复、下院报告、下院辩论记录
		时间	2017 年 5 月,2018 年 11 月,2019 年 5 月	2018 年 4 月	2018 年 7 月(2 次)	2018 年 1 月,2019 年 1 月、3 月和 5 月
Ⅱ. 总体架构	总则Ⅱ-1	形式	带有研究报告性质的商务手册	回复决策层询问的立场意见书	媒体报道与评论、媒体声明、会议发言、研究报告	外交部对下院的书面答复、下院报告
		时间	2017 年 5 月	2018 年 10 月	2018 年 1 月、2 月和 7 月,2019 年 1 月	2018 年 1 月,2019 年 3 月 26 日

续表

政策要点 \ 提出政策要点的主体			英中贸易协会(CBBC)提到该项政策要点的形式与时间	英国商会(BCC)提到该项政策要点的形式与时间	英国工业联合会(CBI)提到该项政策要点的形式与时间	英国决策层提到该项政策要点的形式与时间
Ⅱ. 总体架构	细则Ⅱ-2	形式	白皮书	未提及	研究报告、媒体声明	下院报告、下院辩论记录
		时间	2018年11月		2018年7月(2次)	2019年3月和5月
Ⅲ. 在国际多边规则体系议题和全球治理议题上的对华政策	总则Ⅲ-1	形式	带有研究报告性质的商务手册	媒体评论	研究报告	下院报告、下院辩论记录
		时间	2017年5月	2017年10月	2018年7月	2019年3月和5月
	细则Ⅲ-2	形式	一般研究报告	媒体评论、回复决策层询问的立场意见书	研究报告	外交部对下院的书面答复、贸易大臣演讲、英国驻华大使演讲、下院报告、下院辩论记录、财政部公报
		时间	2019年5月	2018年5月和10月	2018年7月	2018年1月和11月,2019年2月、3月、5月和6月
Ⅳ. 对华贸易与投资政策	总则Ⅳ-1	形式	带有研究报告性质的商务手册、白皮书	媒体评论	媒体报道与评论、媒体声明、研究报告、年度报告	下院报告、下院辩论记录、财政大臣演讲、财政部公报
		时间	2017年5月,2018年9月和11月(提到了Ⅳ-1-a,没有提到Ⅳ-1-b)	2017年1月、2月、8月和10月,2018年2月、3月和8月(提到了Ⅳ-1-a,没有提到Ⅳ-1-b)	2018年2月、7月(2次)和12月,2019年1月	2018年11月,2019年3月、5月和6月

续表

提出政策要点的主体 / 政策要点			英中贸易协会(CBBC)提到该项政策要点的形式与时间	英国商会(BCC)提到该项政策要点的形式与时间	英国工业联合会(CBI)提到该项政策要点的形式与时间	英国决策层提到该项政策要点的形式与时间
Ⅳ. 对华贸易与投资政策	细则Ⅳ-2	形式	带有研究报告性质的商务手册、白皮书、一般研究报告	指导手册、媒体评论,回复决策层询问的立场意见书	研究报告、年度报告、媒体声明	贸易大臣演讲、国际贸易部战略文件、英国驻华大使演讲、下院报告、下院辩论记录、财政部公报
		时间	2017年5月,2018年9月和11月,2019年5月	2018年5月、7月和8月	2018年7月(2次)和12月	2018年11月和12月,2019年2月、3月、5月和6月
Ⅴ. 对华金融合作政策	总则Ⅴ-1	形式	带有研究报告性质的商务手册	指导手册	研究报告	国际贸易部战略文件、财政部公报
		时间	2017年5月	2018年5月	2018年7月和10月	2018年12月、2019年6月
	细则Ⅴ-2	形式	带有研究报告性质的商务手册、一般研究报告	指导手册	媒体声明	财政部公报
		时间	2017年5月,2019年5月	2018年5月	2019年6月	2019年6月

续表

政策要点 \ 提出政策要点的主体			英中贸易协会(CBBC)提到该项政策要点的形式与时间	英国商会(BCC)提到该项政策要点的形式与时间	英国工业联合会(CBI)提到该项政策要点的形式与时间	英国决策层提到该项政策要点的形式与时间
Ⅵ. 对华产业与科技政策	总则Ⅵ－1	形式	带有研究报告性质的商务手册、白皮书、一般研究报告、媒体评论	媒体评论	研究报告、年度报告、媒体声明、会议发言	国际贸易部战略文件、驻华大使演讲、下院报告、下院辩论记录、财政部公报
		时间	2017年5月,2018年11月,2019年1月、5月(2次)	2017年1月和2月	2017年10月,2018年2月、7月(2次)和12月	2018年12月,2019年2月、3月、5月(2次)和6月
	细则Ⅵ－2	形式	白皮书、一般研究报告、媒体报道与评论	指导手册、媒体评论、立场意见书	研究报告	国际贸易部战略文件、驻华大使演讲、外交大臣演讲、下院辩论记录、财政部公报
		时间	2018年9月和11月,2019年1月、5月(2次)	2018年5月、7月和8月,2019年7月	2017年10月,2018年7月	2018年12月,2019年2月、5月(2次)和6月

资料来源：作者自行制作。

出，英国工商界利益集团对当前英国对华经济政策讨论的影响作用，尤其是对英国政治决策者的对华决策的影响作用，表现出如下两项特征。

首先，从表 3 可以看出，英中贸易协会、英国商会和英国工业联合会这三家利益集团关于对华政策新要点的观察、思考与建言的过程，其启动的时间比英国政治领导层早，而其运行的节奏与英国政治领导层的决策进程密切关联。这三家利益集团对表 2 所列的对华政策各项新要点的提出与探讨，与英国官方决策文件对这些要点的提及，具有观点上的相通性、内容上的关联性和话语上的相似性，前者提出新要点和对其进行密集讨论的时间，与后者首次阐述和后续深入探讨相同的某一项要点的时间，往往具有大致的先后顺序。鉴于这三家利益集团分别是表 1 所列的三种类型利益集团的典型代表，在英国工商界具有最广泛的代表性，是英国对华政策的决策共同体（Policy Community）的重要组成部分，因而可以大致认为，这三家利益集团在 2017 年底 2018 年初以来的英国对华政策讨论中，对英国政治领导层确实发挥了影响。进而言之，这三家利益集团研判中英经济关系和评议英国对华政策的节奏，与英国政治领导层的决策节奏，存在较高的关联性。

其次，上述三家利益集团对英国对华政策的具体领域与议题的关注焦点，与英国政治决策层相比存在细微的差异，因而这三家利益集团在对华政策的不同领域与议题上对英国政治领导层施加影响的强度与效果也存在差异。具体而言，表 3 显示出三点差异。

（1）这三家利益集团对表 2 所列的第Ⅰ部分，即关于英国对华关系的战略评估，有较多的聚焦，而对表 2 所列的第Ⅱ和第Ⅲ部分，即对华关系的总体架构和在国际多边规则体系与全球治理问题上的对华政策这两部分，则关注较少。这表明，这三家利益集团所代表的英国工商界人士，对 2017 年底以来的国际竞争格局中的中英关系的战略大势相当敏感，一直保持密切的关注。英中贸易协会和英国工业联合会发布的商务手册、白皮书和行业指南等文件里关于宏观形势和英国对华政策的文本，透露出一股强烈的紧迫感，表现出英国工商界面对欧美民粹主义力量崛起、全球化和欧洲一体化出现逆转、中国等新兴经济体崛起的宏观变局时的焦虑心态。对比英国政治领导层此后的政策文件，可以认为这种紧迫感和焦虑心态传递到了英国政治领导层，反映在决策者的观念建构和战略认知之中。不过，这三家利益集团虽然能敏锐地察觉大势的变化，但是缺乏针对国家对外战略的全局考量的能力，因而对表 2 所列的对华政策总体架构与在国际多边规则体系和全球治理议题上的对华政策这两个领域鲜有述及。

（2）在评议中英关系的战略态势时，这三家利益集团对表 2 所列的Ⅰ－1 总则部分，即中英关系的长远趋势和战略格局，有较多的观察和分析，而对表 2 所列的Ⅰ－2 细则部分，即关于中国对外关系的立场态度的评估和英国对华关系的利弊得失的权衡，则关注较少。这再次表明，上述三家利益集团所代表的工商界对国际社会的宏观趋势较为敏感，对于对华关系所影响的英国的国家战略利益得失，则很少考虑，并不擅长对此进行计算和权衡。

（3）上述三家利益集团对表 2 所列的第Ⅳ部分和第Ⅵ部分，即对华贸易与投资政策和对华产业与科技政策这两个领域，有较多的探讨，尤其是对中英产业与科技合作的议题表现出相当强烈的兴趣，进行了频繁的探讨。这表明英国工商界面对脱欧带来的愈加沉重的经济风险，日益重视中国这一规模最大的新兴经济体蕴含的商业潜力，其希望拓展对华贸易与投资的意愿更加强烈。同时也说明，当前由于人工智能与大数据等新技术的应用，第四次产业革命正在兴起，世界范围内已出现了新一轮国际战略竞争，中、美、欧等世界最主要经济体已展开激烈的角逐，致力于通过提升科技与产业实力，在世界经济体系中夺取超越对手的领先地位，而英国工商界对这一变局心知肚明，迫切希望借助对华合作，为英国科技与产业的发展注入新的资源和动力。

总之，通过对比上述三家利益集团的书面材料和英国政治领导层的政策文件，比较两者提及英国对华政策新要点的时间与形式，可以看出英国工商界利益集团与英国决策者在当前新的英国对华政策体系形成过程中的相互关联，进而分析出前者对后者的影响作用。

结　语

英国的利益集团政治历史悠久，利益集团由于能通过政治游说的各种方式，向政治领导层传递社会群体的政治立场、利益诉求与政策偏好，因而一直被视为英国政治中最重要的“压力集团”。与美国基于成文宪法典、按照系统的制度设计而建立起来的政治体系不同，英国政治体系作为最早形成的代议民主体制，是在漫长的历史进程中自发形成的，具有一定程度的碎片化特征，其内部结构相对美国更为繁复和曲折，因而对于英国利益集团影响政治决策的路径、方式、节奏与效果，及其在英国政治决策进程中的位置与作用，很难展开清晰而翔实的分析。而工商界利益集团惯于低调开展“内部游说”，注意隐蔽和保密，致使研究者很难查到英国工商界利益集团与政治领导层进行直接沟通，进而影响决策的确切材料。不过，鉴于上述三家最具代表性的利益集团都在不断推出评述中英关系和英国对华政策的各类书面分析与建言材料，而英国政治领导层也在不断出台相关领域的政策文件，通过对比两者探讨对华政策的新要点的时间与形式，可以看出前者对后者施加影响的节奏与效果，同时也能辨认出在哪些特定的政策领域，前者能够对后者形成较大的影响力，此外还能分析出前者对形势进行认知和研判的模式特点。

从 2017 年初以来，英国脱欧僵局带来的对外关系的不确定性和经济风险不断增加，而美欧关系的恶化更使英国在欧盟和美国之间处境微妙。与此同时，民粹主义力量在英国和整个西方世界的崛起，既对经济全球化和欧洲一体化的既有架构形成了强烈的冲击，也导致英国出现严重的社会撕裂和政局的持续摇摆。接连不断的内外困境促使英国决策者重新思考对外关系，也凸显出中英关系和英国对华政策的重要性。面对急剧变化的形势，英国政治领导层在 2017 年底 2018 年初启动了关于对华政策的讨论，并围绕相关议题加快了与英国战略研究界、工商界和社会各群体的互动与沟通，而工商界利益集团在这一“决策共同体”中无疑发挥着重要的影响作用。在 2020 年底之前，英国政府很可能将出台新的对华战略文件，对于英国工商界利益集团在关于这一文件的决策进程中的作用，值得开展进一步的研究。

资料篇

Data and Statistics

B.19

统计资料

沈 毅*

表1 英国内阁成员名单

首相兼第一财政大臣兼公务员事务部部长	鲍里斯·约翰逊 Boris Johnson	财政大臣	赛义德·贾维德 Sajid Javid
外交及英联邦事务大臣兼第一国务大臣	多米尼克·拉布 Dominic Raab	内政大臣	普丽蒂·帕特尔 Priti Patel
兰卡斯特公爵大臣	迈克尔·戈夫 Michael Gove	大法官兼法务大臣	罗伯特·伯克兰 Robert Buckland
脱欧大臣	史蒂芬·巴克利 Stephen Barclay	国防大臣	本·华莱士 Ben Wallace
卫生和社会关怀大臣	马特·汉考克 Matt Hancock	商务、能源和工业政策大臣	安德烈娅·利德索姆 Andrea Leadsom

* 沈毅，北京外国语大学英语学院英国研究中心副教授，主要研究方向为英国经济。

续表

国际贸易大臣兼贸易委员会主席	伊丽莎白·特拉斯 Elizabeth Truss	就业、养老金兼妇女事务及平等大臣	安珀·路德 Amber Rudd
教育大臣	加文·威廉姆森 Gavin Williamson	环境、粮食和农村事务部大臣	特蕾萨·维利尔斯 Theresa Villiers
住房、社区和地方政府大臣	罗伯特·詹里克 Robert Jenrick	交通大臣	格兰特·沙普斯 Grant Shapps
北爱尔兰事务大臣	朱利安·史密斯 Julian Smith	苏格兰事务大臣	阿利斯特·杰克 Alister Jack
威尔士事务大臣	阿伦·凯恩斯 Alun Cairns	上议院领袖兼掌玺大臣	伊万斯女男爵 Baroness Evans of Bowes Park
数字、文化、媒体和体育大臣	尼基·摩根 Nicky Morgan	国际发展大臣	阿洛克·沙玛 Alok Sharma
不管部部长(不带薪)	詹姆斯·克莱弗利 James Cleverly		

资料来源：根据英国政府官网（https：//www.gov.uk/government/ministers）发布的名单编译。

表2　英国国内生产总值（GDP）增长率（2017年至2019年第二季度）

单位：%

时间段	2017年全年	2018年全年	2018年第一季度	2018年第二季度	2018年第三季度	2018年第四季度	2019年第一季度	2019年第二季度
对比期	比上一年	比上一年	比上一季度	比上一季度	比上一季度	比上一季度	比上一季度	比上一季度
增长率	1.8	1.4	0.1	0.4	0.7	0.2	0.5	-0.2

资料来源：Office for National Statistics，https：//www.ons.gov.uk/economy/grossdomesticproductgdp/timeseries/ihyp/pn2。

表3　2019～2020财政年度英国政府公共支出预算

单位：10亿英镑，%

序号	项目	金额	占总支出百分比
1	社会保障	256	30.4
2	个人社会服务	34	4.0
3	债务利息	43	5.1
4	住房和环境	32	3.8

续表

序号	项目	金额	占总支出百分比
5	工业、农业和就业	25	3.0
6	医疗	166	19.7
7	公共秩序和安全	35	4.2
8	交通	37	4.4
9	教育	103	12.2
10	国防	52	6.2
11	其他	58	6.9
预计总支出		842	100
预计总收入		810	—

注：总支出百分比小数点第二位按四舍五入原则，总和略低于100%。

资料来源：HM Treasury，“Chart 1：Public Sector Spending 2019 – 20”，*Budget 2018*，https：//www. gov. uk/government/publications/budget – 2018 – documents/budget – 2018。

表4　2019～2020财政年度英国政府公共收入预算

单位：10亿英镑，%

序号	项目	金额	占总收入百分比
1	所得税	193	23.8
2	增值税	156	19.3
3	国民保险	142	17.5
4	消费税	50	6.2
5	公司税	60	7.4
6	营业税	31	3.8
7	市政税	36	4.4
8	其他税种	89	11.0
9	其他非税收入	54	6.7
预计总收入		810	100

注：总收入百分比小数点第二位按四舍五入原则，总和略高于100%。

资料来源：HM Treasury，“Chart 2：Public Sector Current Receipts 2019 – 20”，*Budget 2018*，https：//www. gov. uk/government/publications/budget – 2018 – documents/budget – 2018。

表5　英国进出口和国际收支平衡总表（2016年第一季度至2019年第二季度）

单位：百万英镑

时间段	总出口	总进口	国际收支平衡
2016年第一季度	131401	138102	-6701
2016年第二季度	136044	142262	-6218
2016年第三季度	138462	152202	-13740
2016年第四季度	151054	155282	-4228
2017年第一季度	151463	158146	-6683
2017年第二季度	153044	160009	-6965
2017年第三季度	156229	161594	-5365
2017年第四季度	156803	161723	-4920
2018年第一季度	155345	160568	-5223
2018年第二季度	156632	164080	-7448
2018年第三季度	159541	168401	-8860
2018年第四季度	162544	171982	-9438
2019年第一季度	164171	184438	-20267
2019年第二季度	160590	164862	-4272

资料来源：Office for National Statistics，出口：https://www.ons.gov.uk/economy/nationalaccounts/balanceofpayments/timeseries/ikbh/pn2；进口：https://www.ons.gov.uk/economy/nationalaccounts/balanceofpayments/timeseries/ikbi/mret；国际收支平衡：https://www.ons.gov.uk/economy/nationalaccounts/balanceofpayments/timeseries/cwe6/mret。

表6　CPIH、CPI和OOH指数及年率（2018年6月至2019年7月）

单位：%

时间	CPIH（2015年=100）	CPIH年率	CPI指数（2015年=100）	CPI年率	OOH指数（2015年=100）	OOH年率
2018年6月	105.9	2.3	105.8	2.4	105.4	1.1
2018年7月	105.9	2.3	105.8	2.5	105.6	1.1
2018年8月	106.5	2.4	106.5	2.7	105.7	1.0
2018年9月	106.6	2.2	106.6	2.4	105.9	1.0
2018年10月	106.7	2.2	106.7	2.4	106.0	1.1
2018年11月	106.9	2.2	107.0	2.3	106.1	1.1
2018年12月	107.1	2.0	107.1	2.1	106.2	1.2
2019年1月	106.4	1.8	106.3	1.8	106.2	1.1
2019年2月	106.8	1.8	106.8	1.9	106.3	1.1
2019年3月	107.0	1.8	107.0	1.9	106.4	1.1

续表

时间	CPIH（2015 年 = 100）	CPIH 年率	CPI 指数（2015 年 = 100）	CPI 年率	OOH 指数（2015 年 = 100）	OOH 年率
2019 年 4 月	107.6	2.0	107.6	2.1	106.5	1.2
2019 年 5 月	107.9	1.9	107.9	2.0	106.6	1.2
2019 年 6 月	107.9	1.9	107.9	2.0	106.7	1.2
2019 年 7 月	108.0	2.0	107.9	2.1	106.8	1.2

注：CPIH（the consumer prices Index including owner occupiers' housing costs）：含业主住房费用之消费者价格指数/家庭消费价格指数；CPI（the consumer prices index）：消费者价格指数；OOH（the owner occupiers' housing costs）：业主住房费用。

资料来源：Office for National Statistics, *Consumer Price Inflation*, *UK*: *July 2019*, 2. Analysis of consumer price inflation, Table 1: CPIH, OOH component and CPI index values and 12 – month rates UK, July 2018 to July 2019, https://www.ons.gov.uk/economy/inflationandpriceindices/bulletins/consumerpriceinflation/june2019, https://www.ons.gov.uk/economy/inflationandpriceindices/bulletins/consumerpriceinflation/july2019。

表 7 各消费类产品对家庭消费价格指数（CPIH）年变化率贡献（2019 年 6～7 月）

消费类产品	2019 年 6～7 月
食物和非酒精饮料	-0.020
烟酒	0.000
服装和鞋类	0.050
住房和家政服务	-0.040
业主住房费用	0.010
家具和家用产品	-0.010
保健	0.000
交通	-0.120
通信	-0.010
娱乐和文化	0.080
教育	0.000
餐饮和住宿	0.060
其他商品和服务	0.050

资料来源：Office for National Statistics, *Consumer Price Inflation*, *UK*: *July 2019*, Contributions to change in CPIH 12 – month inflation rate, Figure 3: Offsetting contributions lead to no change in the headline rate, Contributions to change in the CPIH 12 – month rate, UK, between June and July 2019, https://www.ons.gov.uk/economy/inflationandpriceindices/bulletins/consumerpriceinflation/july2019。

表 8　个人所得税税率

单位：%

税阶	应纳税收入	税率
个税起征线	至 12500 英镑	0
基本税率	12501 ~ 50000 英镑	20
较高税率	50001 ~ 150000 英镑	40
附加税率	150000 英镑以上	45

资料来源：UK Government，“Income Tax Rates and Personal Allowances”，2019 年 8 月 16 日，https：//www. gov. uk/income – tax – rates。

表 9　英国 16 ~ 64 岁劳动力市场统计（2017 年 1 ~ 3 月至 2019 年 4 ~ 6 月）

单位：千人

类别	就业		失业		有经济活动能力		无经济活动能力	
时间段	人数	%	人数	%	人数	%	人数	%
2017 年 1 ~ 3 月	30747	74. 8	1514	4. 7	32261	78. 4	8862	21. 6
2017 年 2 ~ 4 月	30753	74. 8	1507	4. 7	32260	78. 4	8872	21. 6
2017 年 3 ~ 5 月	30818	74. 9	1475	4. 6	32293	78. 5	8847	21. 5
2017 年 4 ~ 6 月	30904	75. 1	1466	4. 5	32370	78. 7	8778	21. 3
2017 年 5 ~ 7 月	30977	75. 3	1432	4. 4	32408	78. 7	8749	21. 3
2017 年 6 ~ 8 月	30931	75. 1	1428	4. 4	32358	78. 6	8806	21. 4
2017 年 7 ~ 9 月	30883	75. 0	1407	4. 4	32290	78. 4	8883	21. 6
2017 年 8 ~ 10 月	30917	75. 1	1400	4. 3	32317	78. 5	8864	21. 5
2017 年 9 ~ 11 月	31031	75. 3	1415	4. 4	32446	78. 8	8743	21. 2
2017 年 10 ~ 12 月	30970	75. 2	1442	4. 4	32411	78. 7	8785	21. 3
2017 年 11 月 ~ 2018 年 1 月	31028	75. 3	1434	4. 4	32461	78. 8	8742	21. 2
2017 年 12 月 ~ 2018 年 2 月	31064	75. 4	1399	4. 3	32463	78. 8	8749	21. 2
2018 年 1 ~ 3 月	31146	75. 6	1395	4. 3	32541	78. 9	8679	21. 1
2018 年 2 ~ 4 月	31165	75. 6	1394	4. 3	32560	79. 0	8668	21. 0
2018 年 3 ~ 5 月	31188	75. 6	1386	4. 3	32574	79. 0	8662	21. 0
2018 年 4 ~ 6 月	31159	75. 5	1346	4. 1	32504	78. 8	8739	21. 2
2018 年 5 ~ 7 月	31153	75. 5	1341	4. 1	32494	78. 8	8758	21. 2
2018 年 6 ~ 8 月	31173	75. 6	1345	4. 1	32518	78. 8	8740	21. 2
2018 年 7 ~ 9 月	31176	75. 6	1362	4. 2	32538	78. 9	8726	21. 1

续表

类别	就业		失业		有经济活动能力		无经济活动能力	
时间段	人数	%	人数	%	人数	%	人数	%
2018 年 8 ~ 10 月	31247	75.7	1358	4.2	32605	79.0	8666	21.0
2018 年 9 ~ 11 月	31272	75.8	1355	4.2	32627	79.0	8650	21.0
2018 年 10 ~ 12 月	31307	75.8	1345	4.1	32652	79.1	8632	20.9
2018 年 11 月 ~ 2019 年 1 月	31425	76.1	1317	4.0	32742	79.3	8549	20.7
2018 年 12 月 ~ 2019 年 2 月	31438	76.1	1323	4.0	32761	79.3	8536	20.7
2019 年 1 ~ 3 月	31414	76.1	1280	3.9	32694	79.2	8609	20.8
2019 年 2 ~ 4 月	31443	76.1	1287	3.9	32730	79.2	8581	20.8
2019 年 3 ~ 5 月	31421	76.0	1276	3.9	32698	79.1	8619	20.9
2019 年 4 ~ 6 月	31448	76.1	1313	4.0	32761	79.3	8562	20.7

资料来源：Office for National Statistics, Table A05: Labour market by age group: People by economic activity and age (seasonally adjusted), https: //www.ons.gov.uk/employmentandlabourmarket/peopleinwork/employmentandemployeetypes/datasets/employmentunemploymentandeconomicinactivitybyagegroupseasonallyadjusteda05sa。

表 10　英国 16 岁以上失业人口性别统计（2017 年 1 ~ 3 月至 2019 年 4 ~ 6 月）

单位：%

时间段	失业人口占比	男性占比	女性占比
2017 年 1 ~ 3 月	4.6	4.7	4.4
2017 年 2 ~ 4 月	4.5	4.7	4.4
2017 年 3 ~ 5 月	4.4	4.6	4.2
2017 年 4 ~ 6 月	4.4	4.6	4.3
2017 年 5 ~ 7 月	4.3	4.4	4.2
2017 年 6 ~ 8 月	4.3	4.4	4.3
2017 年 7 ~ 9 月	4.3	4.3	4.2
2017 年 8 ~ 10 月	4.2	4.4	4.1
2017 年 9 ~ 11 月	4.3	4.3	4.2
2017 年 10 ~ 12 月	4.4	4.4	4.3
2017 年 11 月 ~ 2018 年 1 月	4.3	4.2	4.4
2017 年 12 月 ~ 2018 年 2 月	4.2	4.2	4.2
2018 年 1 ~ 3 月	4.2	4.2	4.2
2018 年 2 ~ 4 月	4.2	4.3	4.1
2018 年 3 ~ 5 月	4.2	4.2	4.1

续表

时间段	失业人口占比	男性占比	女性占比
2018 年 4 ~6 月	4.0	4.0	4.0
2018 年 5 ~7 月	4.0	4.0	4.0
2018 年 6 ~8 月	4.0	4.1	4.0
2018 年 7 ~9 月	4.1	4.2	4.0
2018 年 8 ~10 月	4.1	4.1	4.0
2018 年 9 ~11 月	4.0	4.1	4.0
2018 年 10 ~12 月	4.0	4.1	3.9
2018 年 11 月 ~2019 年 1 月	3.9	4.0	3.8
2018 年 12 月 ~2019 年 2 月	3.9	4.1	3.8
2019 年 1 ~3 月	3.8	3.9	3.7
2019 年 2 ~4 月	3.8	4.0	3.7
2019 年 3 ~5 月	3.8	4.0	3.6
2019 年 4 ~6 月	3.9	4.1	3.6

资料来源：Office for National Statistics，Figure 2：Unemployment rates have been generally falling for the last five years，UK unemployment rates（aged 16 years and over），seasonally adjusted，https：//www. ons. gov. uk/employmentandlabourmarket/peopleinwork/employmentandemployeetypes/bulletins/uklabourmarket/latest。

表 11　英国过去 5 年房价变化（2015 年 6 月 1 日至 2019 年 6 月 1 日）

单位：%

时间	英国全境	英格兰	苏格兰	威尔士	北爱尔兰
2015 年 6 月 1 日	5.198365	6.023377	2.606939	2.561834	6.829295
2015 年 7 月 1 日	5.499102	6.320455	2.877778	2.686745	7.880941
2015 年 8 月 1 日	5.231665	6.071871	2.20465	2.88245	7.880941
2015 年 9 月 1 日	5.335052	6.241614	2.550453	1.468596	7.880941
2015 年 10 月 1 日	5.634347	6.574021	1.958332	3.133969	7.228472
2015 年 11 月 1 日	6.806175	7.792368	3.855626	2.977775	7.228472
2015 年 12 月 1 日	6.913433	7.984735	3.039981	3.371624	7.228472
2016 年 1 月 1 日	7.760868	8.629253	1.359334	2.840738	7.130663
2016 年 2 月 1 日	7.7361	8.45648	1.548588	5.236386	7.130663
2016 年 3 月 1 日	8.249949	9.492284	-2.53893	4.722043	7.130663
2016 年 4 月 1 日	7.87607	8.666385	1.802946	3.565311	7.791664
2016 年 5 月 1 日	7.966335	8.693119	1.900087	4.901669	7.791664
2016 年 6 月 1 日	8.1727	8.841305	2.418334	5.75439	7.791664

续表

时间	英国全境	英格兰	苏格兰	威尔士	北爱尔兰
2016 年 7 月 1 日	7. 487401	8. 125505	2. 332496	5. 128509	5. 959191
2016 年 8 月 1 日	6. 521454	7. 146705	1. 672373	3. 365259	5. 959191
2016 年 9 月 1 日	6. 140416	6. 701307	1. 65437	3. 371068	5. 959191
2016 年 10 月 1 日	5. 646034	6. 123445	1. 431962	4. 078115	5. 308045
2016 年 11 月 1 日	5. 332315	5. 745425	1. 716615	3. 762008	5. 308045
2016 年 12 月 1 日	5. 162782	5. 619502	1. 100054	3. 477634	5. 308045
2017 年 1 月 1 日	4. 683023	5. 097294	1. 144861	4. 55625	4. 99369
2017 年 2 月 1 日	4. 839224	5. 470274	1. 02951	2. 189665	4. 99369
2017 年 3 月 1 日	3. 732458	4. 085343	0. 475519	4. 362007	4. 99369
2017 年 4 月 1 日	4. 815383	5. 02145	3. 404259	5. 618815	3. 188098
2017 年 5 月 1 日	4. 22969	4. 575452	2. 75909	2. 170332	3. 188098
2017 年 6 月 1 日	4. 125941	4. 449901	2. 424068	2. 694893	3. 188098
2017 年 7 月 1 日	4. 381909	4. 56433	3. 705155	3. 194728	3. 325069
2017 年 8 月 1 日	4. 846475	4. 954108	4. 509819	5. 141831	3. 325069
2017 年 9 月 1 日	4. 614709	4. 848558	2. 844432	5. 690925	3. 325069
2017 年 10 月 1 日	5. 053415	5. 24431	3. 88665	5. 710738	3. 632104
2017 年 11 月 1 日	4. 264875	4. 342107	3. 903481	4. 670142	3. 632104
2017 年 12 月 1 日	4. 484545	4. 508365	5. 086601	5. 018339	3. 632104
2018 年 1 月 1 日	4. 32126	4. 088307	6. 167677	4. 599712	4. 412278
2018 年 2 月 1 日	4. 374934	3. 993977	7. 331218	5. 056272	4. 412278
2018 年 3 月 1 日	3. 967915	3. 740059	5. 671688	4. 213877	4. 412278
2018 年 4 月 1 日	3. 327082	3. 13817	5. 199169	2. 45096	3. 865826
2018 年 5 月 1 日	3. 130149	2. 838013	4. 61084	4. 970516	3. 865826
2018 年 6 月 1 日	2. 941235	2. 668879	4. 404807	4. 302222	3. 865826
2018 年 7 月 1 日	2. 879559	2. 71334	2. 909554	5. 083357	4. 454904
2018 年 8 月 1 日	2. 750083	2. 485177	3. 381784	5. 3762	4. 454904
2018 年 9 月 1 日	2. 925438	2. 574118	4. 740892	4. 66757	4. 454904
2018 年 10 月 1 日	2. 73802	2. 395708	4. 466175	3. 813132	5. 529934
2018 年 11 月 1 日	2. 582848	2. 43806	2. 186547	4. 577209	5. 529934
2018 年 12 月 1 日	2. 019327	1. 724144	2. 097168	5. 499131	5. 529934

续表

时间	英国全境	英格兰	苏格兰	威尔士	北爱尔兰
2019 年 1 月 1 日	1. 731227	1. 555409	2. 103108	3. 663979	4. 094197
2019 年 2 月 1 日	1. 128274	1. 099892	0. 279012	4. 085173	4. 094197
2019 年 3 月 1 日	1. 540427	1. 246207	3. 261468	3. 879439	4. 094197
2019 年 4 月 1 日	1. 358179	1. 174148	1. 524867	5. 221364	3. 536733
2019 年 5 月 1 日	0. 905519	0. 665053	1. 528094	4. 559124	3. 536733
2019 年 6 月 1 日	0. 921101	0. 720807	1. 28768	4. 401119	3. 536733

资料来源：UK Government，*UK House Price Index summary*：*June 2019*，3. 1Annual price change，Annual price change for UK by country over the past 5 years，https：//www. gov. uk/government/publications/uk – house – price – index – summary – june – 2019/uk – house – price – index – summary – june – 2019#price – changes。

表 12　英国按区域平均房价（2019 年 6 月）

区域	房价(英镑)	月变化(%)	年变化(%)
英格兰	246728	0. 7	0. 7
北爱尔兰(2019 年第二季度)	136767	0. 8	3. 5
苏格兰	151891	0. 7	1. 3
威尔士	163768	1. 2	4. 4
英格兰中东部地区	195344	1. 6	3. 2
东英格兰地区	291370	0. 5	0. 7
伦敦	466824	0. 7	–2. 7
英格兰东北地区	130342	1. 7	1. 8
英格兰西北地区	164116	0. 2	2. 4
英格兰东南地区	322866	1. 1	–0. 6
英格兰西南地区	252122	–0. 4	–0. 2
英格兰中西部地区	198993	0. 9	2. 6
英格兰约克郡与亨伯地区	161997	0. 6	0. 9

资料来源：UK Government，*UK House Price Index summary*：*June 2019*，3. 2Average price by country and government office region Price，monthly change and annual change by country and government office region，https：//www. gov. uk/government/publications/uk – house – price – index – summary – june – 2019/uk – house – price – index – summary – june – 2019。

表 13　英国按房产类别平均房价变化（2018 年 6 月至 2019 年 6 月）

单位：英镑

房产类别	2019 年 6 月	2018 年 6 月	变化
独立式住宅	349879	343969	1.7%
半独立式住宅	219752	215660	1.9%
排屋	187082	184595	1.3%
公寓或小户型房屋	200699	204732	-2.0%
所有类型	230292	228190	0.9%

资料来源：UK Government，*UK House Price Index summary*：*June 2019*，3. 3Average price by property type，https：//www. gov. uk/government/publications/uk – house – price – index – summary – june – 2019/uk – house – price – index – summary – june – 2019。

表 14　英国人口按地区增长（2018 年中）

单位：人，%

地区	2018 年中	占全国人口	比 2017 年增长	与 2017 年之百分比	与 2008 年之百分比
英格兰	55977000	84.3	358000	0.64	8.0
威尔士	3139000	4.7	14000	0.43	3.7
苏格兰	5438000	8.2	13000	0.25	4.5
北爱尔兰	1882000	2.8	11000	0.58	5.8
全国	66436000	100.0	396000	0.60	7.5

资料来源：Office for National Statistics，*National Records of Scotland*，*Northern Ireland Statistics and Research Agency-Population Estimates*，7. England's population continued to grow at a faster rate than the rest of the UK in mid – 2018，Table 1：Population growth for UK countries，mid – 2018，https：//www. ons. gov. uk/peoplepopulationandcommunity/populationandmigration/populationestimates/bulletins/annualmidyearpopulationestimates/mid2018。

表 15　1998～2018 年出入境人数统计

单位：千人

年份	英国居民出境	海外居民入境
1998	50872	25745
1999	53881	25394
2000	56837	25209
2001	58281	22835
2002	59377	24180

续表

年份	英国居民出境	海外居民入境
2003	61424	24715
2004	64194	27755
2005	66441	29970
2006	69536	32713
2007	69450	32778
2008	69011	31888
2009	58614	29889
2010	55562	29803
2011	56836	30798
2012	56538	31084
2013	57792	32692
2014	60082	34377
2015	65720	36115
2016	70815	37609
2017	72772	39214
2018	71733	37905

资料来源：Office for National Statistics，https：//www. ons. gov. uk/peoplepopulationandcommunity/leisureandtourism/articles/traveltrends/2018#toc。

表 16　2018 年英国十大入境来源国

单位：千人

国别	来访人数	国别	来访人数
美国	3877	荷兰	1954
法国	3693	波兰	1817
德国	3262	意大利	1808
爱尔兰	2782	比利时	1116
西班牙	2530	澳大利亚	1003

资料来源：Office for National Statistics，https：//www. ons. gov. uk/peoplepopulationandcommunity/leisureandtourism/articles/traveltrends/2018#toc。

表 17　2018 年英国居民出境十大目的地国

单位：千人

国别	出访人数	国别	出访人数
西班牙	15618	葡萄牙	2818
法国	8556	德国	2813
意大利	4325	荷兰	2716
美国	3472	波兰	2472
爱尔兰	3218	希腊	2468

资料来源：Office for National Statistics，https：//www. ons. gov. uk/peoplepopulationandcommunity/leisureandtourism/articles/traveltrends/2018#toc。

表 18　海外居民入境目的调查（1998～2018 年）

单位：千人

年份	度假	商务	探亲访友	其他
1998	10475	6882	5400	2988
1999	9826	7044	5640	2884
2000	9302	7322	5834	2750
2001	7585	6778	5898	2574
2002	7735	7158	6398	2888
2003	7973	6967	6978	2797
2004	9275	7470	7861	3149
2005	9713	8168	8687	3401
2006	10566	9019	9406	3722
2007	10758	8845	9720	3456
2008	10923	8124	9727	3113
2009	11424	6579	8783	3103
2010	11668	6793	8408	2935
2011	12008	7238	8841	2710
2012	11961	7422	8948	2752
2013	12668	7898	9313	2813
2014	13578	8277	9756	2766
2015	13857	8865	10451	2943
2016	13899	9187	11565	2958
2017	15368	8800	11995	3051
2018	15119	8448	11763	2576

资料来源：Office for National Statistics，https：//www. ons. gov. uk/peoplepopulationandcommunity/leisureandtourism/articles/traveltrends/2018#toc。

表 19　英国居民出境目的调查（1998~2018 年）

单位：千人

年份	度假	商务	探亲访友	其他
1998	32306	8033	6452	4082
1999	35023	8161	6598	4100
2000	36685	8872	7178	4102
2001	38670	8220	7727	3664
2002	39902	8073	7870	3532
2003	41197	7892	8527	3807
2004	42912	8140	9799	3343
2005	44175	8556	10648	3063
2006	45287	9102	11963	3184
2007	45437	9018	12214	2781
2008	45531	8920	12392	2168
2009	38492	6887	11592	1643
2010	36422	6639	10850	1652
2011	36819	6846	11594	1576
2012	36173	6956	11797	1612
2013	37149	6750	12313	1580
2014	38519	6756	13272	1535
2015	42150	7149	14729	1691
2016	45020	7156	16603	2036
2017	46636	6783	17582	1771
2018	47042	6584	16743	1364

资料来源：Office for National Statistics，https：//www. ons. gov. uk/peoplepopulationandcommunity/leisureandtourism/articles/traveltrends/2018#toc。

表 20　英国（预算责任办公室）主要经济数据预测

单位：%

经济数据分类	2017	2018	2019	2020	2021	2022	2023
GDP 增长率	1. 7	1. 3	1. 6	1. 4	1. 4	1. 5	1. 6
人均 GDP 增长	1. 1	0. 6	1. 0	0. 9	0. 9	1. 0	1. 1
GDP 主要构成							
家庭消费	1. 8	1. 3	1. 2	1. 2	1. 3	1. 4	1. 5
一般政府消费	-0. 1	1. 0	2. 1	2. 0	1. 7	1. 6	1. 6
固定资产投资	3. 3	1. 0	2. 9	1. 8	1. 8	1. 9	2. 0
商务	1. 8	0. 5	2. 3	2. 1	2. 1	2. 1	2. 2

续表

经济数据分类	2017	2018	2019	2020	2021	2022	2023
一般行政费用	1.7	-0.2	5.7	3.3	1.8	0.9	1.4
私人住房	8.1	7.0	3.0	-0.1	0.8	2.3	1.9
库存资产变化	-0.5	-0.2	0.1	0.0	0.0	0.0	0.0
净贸易	0.7	0.2	-0.1	-0.1	0.0	0.0	-0.1
通货膨胀率	2.7	2.6	2.0	2.0	2.1	2.1	2.0
就业(百万)	32.1	32.4	32.7	32.9	33.0	33.1	33.2
失业率(劳动力调查法)	4.4	4.0	3.7	3.8	3.9	3.9	4.0
生产力/小时	0.8	0.8	0.8	0.9	1.0	1.1	1.2

资料来源：Office for National Statistics and Office for Budget Responsibility, *Budget 2018*, Table 1.1: Summary of the OBR's central economic forecast, https://www.gov.uk/government/publications/budget-2018-documents/budget-2018。

表 21 英国全球竞争力排名（2018 年）（第 8 名/140 个国家）

	得分（0~100）	排名/140 个国家	第一名国家
总得分	82	8	美国
有利环境			
机构框架	77	7	新西兰
基础设施	89	11	新加坡
信息通信技术应用	71	28	韩国
宏观稳定	100	1	31 个并列第一
人力资本			
健康	94	29	4 个并列第一
技能	80	13	芬兰
市场			
产品市场	69	12	新加坡
劳动力市场	76	8	美国
金融体系	88	8	美国
市场规模	82	7	中国
创新生态系统			
企业活力	79	7	美国
创新能力	79	7	德国

资料来源：World Economic Forum, *The Global Competitiveness Report 2018*, p. 583, https://www.weforum.org/reports/the-global-competitveness-report-2018。

B.20

英国大事记（2018年7月1日～2019年6月30日）[*]

2018年

7月

6日　英国内阁官员商谈12小时，于当天深夜在首相乡村官邸契克斯别墅就英国退出欧洲联盟的方案达成一致。

8日　因不满首相特雷莎·梅的“温和脱欧”政策，英国脱欧大臣戴维·戴维斯及其副手史蒂夫·贝克辞职。

9日　因脱欧政见分歧，英国外交大臣鲍里斯·约翰逊辞职。

首相特雷莎·梅任命住房大臣多米尼克·拉布为新任脱欧事务大臣，任命卫生大臣杰里米·亨特担任外交和英联邦事务大臣。

10日　英国皇家空军成立100周年纪念日。英国皇家空军派遣百架各型战机组成编队飞越白金汉宫，展示皇家空军百年历史。

保守党副主席玛丽亚·克劳福德和本·布拉德利因反对首相特雷莎·梅的脱欧方案而宣布辞职。

12日　英国政府发布脱欧白皮书，描绘了英国脱欧后与欧盟关系的蓝图。

美国总统特朗普访问英国，与首相特雷莎·梅会谈。特朗普此行遭遇了

---

* 大事记撰稿人为北京外国语大学英国研究中心硕士研究生卞婷、樊文睿、黄芸蔚、李峥、刘梦乙、柳玥、卢要杨、吕大永、苏会、孙婷炜、王家鑫、王卓、熊健、徐梓红。

英国民众的抗议，他称英国因脱欧问题陷入混乱。

13日 英国警方就埃姆斯伯里神经毒剂中毒事件发表声明称，在中毒的情侣的住处发现一个装有神经毒剂“诺维乔克”的瓶子。

16日 特雷莎·梅所支持的海关法修正案以超出3票的微弱优势通过。该修正案由保守党内部欧洲研究小组提出，以阻止英国在不存在互惠的情况下为欧盟征收关税或税收。

17日 英国脱欧竞选团队“Vote Leave”被罚款61000英镑，英国选举委员会经调查宣布其存在违反选举法的行为。

英国下议院以微弱优势否决了一项贸易法案的修正案。该修正案由保守党内部的亲欧派提出，意在让英国脱欧后留在关税同盟。

23日 英国多地持续高温，气象局针对英格兰东部和东南部发布高温热浪三级预警。

英国内政大臣赛义德·贾维德表示英国政府将不反对美国判处两名“伊斯兰国”（IS）英籍成员死刑。

26日 欧盟拒绝了英国脱欧白皮书中与关税相关的内容。

29日 《星期日泰晤士报》报道，英国政府已在起草应急预案，应对2019年3月可能出现的无协议脱欧。

8月

1日 英国剑桥大学教授考切尔·比尔卡尔获“数学界诺贝尔奖”菲尔茨奖。他的主要研究领域是代数几何。

3日 英国官方统计数据显示，在英格兰和威尔士6～7月的15天高温期间，死亡人数比历年平均水平高出近700人，其中老年人死亡比例最高。

6日 英镑兑美元汇率下跌0.6%至1英镑兑1.2924美元，汇率处于2017年9月5日以来的最低水平。

7日 英国农民联盟称，脱欧或将影响英国粮食安全，敦促英国政府将粮食安全放在政治议程首位，力求与欧盟达成无摩擦的自由贸易协议。

10日 英国第二季度GDP环比增长0.4%，是第一季度的两倍。服务业和建筑业分别增长0.5%和0.9%。

14日 英国伦敦警察局称，一名男子驾驶汽车撞击人群及议会大厦外的防护栏，造成多人受伤。警方将这一事件视为恐怖袭击。

17日 伦敦市长萨迪克·汗命令为无协议脱欧做准备。他表示，伦敦恢复能力论坛将评估英国退出欧盟对医药、能源和食品供应的影响。

20日 英国议会大厦撞击案嫌疑人出庭受审。他被指控犯有两项谋杀未遂罪。

23日 英国政府发布应对无协议脱欧技术建议，意在减轻无协议脱欧可能对民众和企业造成的影响。

中国商务部在与英国贸易大臣利亚姆·福克斯举行会谈后表示，中国和英国已同意考虑在英国脱欧后达成“一流”自由贸易协议的可能性。

28日 特雷莎·梅宣布了40亿英镑的英国非洲经济投资计划：未来四年内英国将向非洲国家投资35亿英镑，并为至少40亿英镑的私营企业融资铺平道路。

29日 英国政府表示，将斥资9200万英镑研究开发独立自主卫星导航系统。这一方案出自对于脱欧后可能无法继续参与欧盟伽利略卫星导航系统项目的担忧。

30日 特雷莎·梅访问尼日利亚，两国领导人就和平、安全、反恐、经贸、反腐、资产追逃、移民、乍得湖保护等议题进行了讨论。

31日 欧盟和英国就脱欧问题在布鲁塞尔举行会谈。谈判在安全合作方面取得了进展，但欧盟食品标签保护等问题尚未解决。

9月

1日 特雷莎·梅在《星期日电讯报》发表文章表示，她不会因外部压力对契克斯方案进行有损国家利益的修改。

2日 保守党内硬脱欧派鲍里斯·约翰逊、戴维·戴维斯、利亚姆·福克斯等发声反对契克斯方案。

3日 苏格兰民族党全国注册的成员人数首次超过保守党，后者党员人数下滑至第三位，而工党则占据第一位。

4日 英国气象局数据显示，自2018年6月底至8月初，气温连续6周超过30摄氏度，突破历史纪录。

6日 位于爱尔兰海坎布里亚海岸线上的沃尔尼风电场正式启动，该风电场发电能力为659兆瓦，可为59万户居民提供电力。

7日 英国航空公司的乘客数据发生为期两周的泄露，大约38万张银行卡被波及。

北爱尔兰议会议员工资将由49500英镑降至35888英镑，三个月后工资水平将进一步减少。北爱尔兰事务大臣凯伦·布莱德利称此举旨在回应北爱议会休会期间议员未能完全履行政府义务的状况。

8日 苏格兰民族党召开会议讨论新经济独立蓝图，并就其发展委员会于5月发表的有关苏格兰独立后的经济研究结果征集意见。

10日 欧盟脱欧事务首席谈判代表米歇尔·巴尼耶表示，英国与欧盟有望在8周内签署脱欧协议。

11日 英国国家统计局数据显示，本季度英国GDP上涨0.6%，与上季度相比，增长主要由服务业带动。

13日 英国政府拟发布一系列研究报告，以评估无协议脱欧对驾照、护照以及话费的影响。

15日 伦敦市长呼吁就是否脱欧进行二次公投，他坚称必须给英国人民拒绝有损经济、就业以及全民医疗的脱欧协议的机会。

18日 苏格兰议会发布了一项推动保护盖尔语的五年计划，该计划内容包括对苏格兰地方政府员工进行盖尔语意识培训。

风暴阿里登陆北爱尔兰。该风暴导致人员伤亡、道路与电力中断、航班延误、建筑损坏。

20日 特雷莎·梅在萨尔斯堡欧盟特别峰会上向欧盟领导人表示，英国将于2019年3月29日脱欧。欧盟领导人回应称双方就贸易安排以及爱尔兰边境问题仍存在巨大分歧。

21日 特雷莎·梅发表讲话，称欧盟领导人在谈判最后阶段拒绝她的脱欧计划且并未提出替代方案的行为是“不可接受”的。

22 日　康卡斯特击败福克斯，以 300 亿英镑收购天空公司。

25 日　在利物浦举办的工党大会上，代表们投票通过了一项动议，若议员无法就脱欧问题达成共识，将保留所有可能的脱欧选项，包括二次公投。

10月

3 日　特雷莎·梅在保守党年会上发表演讲，承诺提供更好的癌症护理，供应更多的住房，呼吁党内团结一致，同时宣布将结束财政紧缩。

4 日　亚马逊公司提高了英美工人最低工资标准，但由于取消了员工份额和激励计划，该增长将被抵消。

在工会及工党领袖的支持下，来自零售业和酒店业的工人在英国 8 个城市举行罢工游行。

6 日　英国数位知名音乐家在给特雷莎·梅的公开信中反对英国脱欧，并严厉警告脱欧将对英国创意文化产业造成严重破坏。

特雷莎·梅为吸引工党支持者，采取中间立场，承诺增加房屋建设及进行必要的市场管理。

7 日　英国国防部演练对俄罗斯发起大规模网络攻击，以便在莫斯科发动“侵略”时切断俄的电力供应。

8 日　英国高等法院驳回了针对谷歌的大规模诉讼。据称，谷歌绕过 iPhone 隐私设置，并使用数据为广告客户分类。该诉讼索取高达 30 亿英镑的赔偿金。

9 日　剑桥大学的研究表明，自 2010 年推行紧缩政策以来，地方政府支出削减，英格兰北部的后工业城市以及伦敦市中心的一些城区受到了最严重的打击。

英国前首相戈登·布朗表示，除非特雷莎·梅在 2019 年推出全民信贷计划，否则英国将面临征税的乱局。

11 日　北爱尔兰民主统一党威胁若协议将北爱尔兰与英国其他地区分

开对待，将拒绝在议会中继续支持保守党政府。

由于受到法律诉讼威胁，内政部同意对英国拘留中心涉嫌虐待移民事件开展独立深入调查。

23日 一艘英国皇家海军驱逐舰护送英国油轮经过霍尔木兹海峡时，遭到伊朗伊斯兰革命卫队舰艇的阻拦。

25日 英国信息专员办公室（ICO）网站公布，美国社交媒体公司Facebook因在剑桥分析公司丑闻中保护用户信息不力而被处以50万英镑罚款，这是该部门就泄露数据能够开出的最高罚单。

31日 英国外交大臣亨特发表讲话，强调英国致力于扩大和强化外交网络，英国外交部将扩员近千人。

11月

1日 欧盟委员会首席脱欧谈判代表巴尼耶否认英欧已达成脱欧后金融服务初步协议的报道，强调欧盟拥有同意或取消在某些金融服务领域对等地位的自主权。

2日 由英国油气公司Cuadrilla主导开发的英格兰兰开夏郡页岩油气项目产出第一批页岩气。

3日 英国70多名商界领袖在《星期日泰晤士报》上发表联名信，要求政府就脱欧举行第二次公投。

在英国铁路、海运和运输工会联盟组织下，英国西南铁路工作人员开展罢工。

5日 根据英国第四频道的民意调查，如果就脱欧举行第二次公投，54%的英国选民将支持留在欧盟。

6日 英国天然气和电力市场办公室公布，英国能源供应商标准收费上限为每年1137英镑，该标准于2019年1月1日实施。

7日 伦敦地铁中央线、皮卡迪利线和滑铁卢及城市线的员工联合进行24小时罢工，影响超过80万人出行。

英国工党影子脱欧事务大臣斯塔莫爵士表示，工党将投票否决一切不包含细节的脱欧协议，反对“盲目脱欧”。

8日 英国伦敦警察局局长雷西达·迪克宣布伦敦警队针对190余个帮派采取严厉手段，打击持刀犯罪。

9日 英国交通大臣乔·约翰逊因不满英国脱欧谈判进展而宣布辞职。

根据普华永道发布的报告，2018年上半年英国主要商业街的店铺净减少量为1123家，半年期店铺减少量为五年新高。

11日 第一次世界大战结束百年纪念日，英国王储查尔斯代表英女王在伦敦市中心向战亡将士纪念碑敬献花圈。

13日 英国政府与欧盟委员会就脱欧协议内容和政治宣言大纲达成一致。

英国电信业运营商EE宣布，2019年计划在英国的16个城市推出5G服务。

14日 特雷莎·梅就脱欧协议草案召开内阁会议，审议通过了脱欧协议草案。

欧盟委员会和英国政府发布脱欧协议草案及政治宣言大纲，脱欧协议草案中涵盖边界问题、关税问题、关于与爱尔兰边界的协议、脱欧过渡期等多个议题。

脱欧协议草案规定，英国需向欧盟支付一笔约为390亿英镑的财务结算费；英欧双方确保北爱尔兰和爱尔兰之间不出现硬边界，在北爱边界问题解决前，允许英国全境留在欧盟关税同盟，英国和欧盟维持单一海关区，并实行关税及海关深度合作，力求商品零关税；设置为期21个月的过渡期至2020年12月31日，且英国可以在2020年7月1日前要求延长脱欧过渡期，延长时长不超过两年。

15日 英国首相特雷莎·梅在下议院就脱欧问题发表声明。

因拒绝支持英国脱欧协议草案，英国脱欧事务大臣多米尼克·拉布、就业与养老金大臣埃丝特·麦克维伊和北爱尔兰事务办公室大臣谢勒施·瓦拉宣布辞职。

16日 前内政大臣安伯尔·鲁德被特雷莎·梅任命为就业与养老金大

臣，斯蒂芬·巴克利被任命为脱欧事务大臣。

17日　6000余人在英国伦敦参与环保示威，导致市中心五座横跨泰晤士河的桥梁受阻，超过70人因此被捕。

19日　欧盟27国部长签署脱欧协议草案。

英国工业联合会年会举行，脱欧协议草案获英国工业联合会支持。

21日　特雷莎·梅在布鲁塞尔与欧盟委员会主席容克会面，磋商脱欧协议草案最终细节和双方未来的关系。

22日　英国与欧盟委员会就英欧未来关系政治宣言草案达成一致。

24日　英国首相特雷莎·梅会见欧盟委员会主席容克，讨论脱欧协议草案。

英国和西班牙就英国脱欧后直布罗陀的主权归属问题达成协议。

北爱尔兰民主统一党举行年度党代表大会，该党领袖阿琳·福斯特在会上反对此前英国与欧盟达成的脱欧协议草案。

25日　欧盟成员国领导人在布鲁塞尔举行的特别峰会上正式批准英国脱欧协议和英欧未来关系的政治宣言。

12月

1日　英国政府确认，在脱欧之后将不会使用欧盟伽利略卫星导航系统进行国家防御或重要的国家基础设施建设。

2日　英国卫生及社会保障大臣汉考克下令储备婴儿配方奶粉，以应对英国无协议脱欧的紧急情况。

4日　英国议会下院投票通过一项决议，指责政府未能公开脱欧协议全部法律建议是藐视议会的行为。

5日　英国政府公布脱欧协议全部法律建议，招致党内外的猛烈抨击，进一步加大了协议在议会获得通过的难度。

9日　在英国议会即将就脱欧协议进行表决前夕，英国独立党在伦敦组织发起了一场支持脱欧的游行。

12日　英国首相特雷莎·梅以200票对117票赢得了保守党的不信任

投票。

14 日　欧盟领导人宣布，尽管英国首相特雷莎·梅请求对脱欧协议进行修改，以促使英国议员接受该协议，但欧盟对英国的脱欧协议“不再进行重新谈判”。

15 日　英国内阁官员向路透社透露，英国的脱欧方案陷入僵局，甚至可能面临逆转。英国举行第二次脱欧公投的可能性也在上升。

17 日　瑞士与英国正式签署航空协议，以确保英国脱欧后两国航空运输业能够正常运营。

19 日　英国内政大臣贾维德公布英国脱欧后移民政策白皮书，明确了欧盟 27 国公民移居英国的基本要求。

英国脱欧进入倒计时 100 天，英国拟拨款 20 亿英镑，并调派 3500 名军人待命，协助处理无协议脱欧可能产生的状况。

21 日　英国伦敦盖威克机场因无人机干扰停飞数小时，严重扰乱大批乘客的出行。

25 日　英国女王伊丽莎白二世发表圣诞致辞，强调社会和谐以及尊重他人的重要性，寄语民众团结一致。她还称，较以往任何时刻，世界此时更需要和平与善意。

31 日　爱尔兰外交部表示，受英国脱欧影响，2018 年英国公民申请爱尔兰护照的人数增长了 22% 。

特雷莎·梅发表新年讲话，敦促议员支持她与欧盟达成的脱欧方案。一旦协议遭否决，英国可能面临无协议脱欧的混乱局面，脱欧进程也可能被逆转。

2019年

1月

1 日　能源监督机构 Ofgem 为英格兰、苏格兰和威尔士的家庭引入了新的能源价格上限。

7 日　英国国民保健服务部门公布了一项 10 年计划，拟将额外资金分配到苏格兰议会、威尔士议会和北爱尔兰行政部门。

8 日　英国议会下院以 303 票对 296 票通过了财政法案的修正案，以限制财政部在无协议脱欧的情况下调整税案和颁布临时税收政策的权力。

9 日　下院议员表决支持多米尼克·格雷夫对脱欧协议的修正案，该修正案提出如果协议草案被议会否决，政府必须在三天内重新在议会投票。

14 日　保守党党鞭加雷斯·约翰逊辞职，他表示自己无法支持特雷莎·梅的脱欧协议。

15 日　英国下议院以 432 票比 202 票压倒性地否决了特雷莎·梅提出的脱欧协议。这是英国历史上执政党在议会投票表决中遭遇的最惨重失败。

16 日　英国下议院以 325 票比 306 票否决了由工党领导人科尔宾提出的对政府不信任动议。

17 日　日本日立公司因担心成本上升宣布暂停威尔士 Wylfa Newydd 核电站的建设工作，此举可能危及数千个工作岗位。

20 日　英国独立党前党魁奈杰尔·法拉奇与独立党经济事务发言人凯瑟琳·布莱克洛克正式宣布成立英国脱欧党。

21 日　特雷莎·梅向下议院陈述其英国脱欧“B 计划”，取消欧盟公民在英国脱欧后必须支付 65 英镑费用才能确保在英国居住的规定。

22 日　欧盟表示，如果英国最终无协议脱欧，北爱尔兰和爱尔兰共和国之间将出现硬边界，尽管这会给和平带来风险。

23 日　英国国际贸易大臣福克斯表示，他将利用出席世界经济论坛的机会，同各国贸易部长会晤，依照目前欧盟的贸易协议同其他国家商讨签署协议。

24 日　在世界经济论坛期间，英国央行行长马克·卡尼表示，尽管并不一定会出现“硬脱欧”，但英国金融业已经为其做好了准备。

欧洲药品管理局（EMA）关闭了在伦敦金丝雀码头的办公室，准备搬迁到阿姆斯特丹。欧洲药品管理局是欧盟最大的监管机构之一，此举将导致当地失去900个工作岗位。

27日 英国议会下院就退出欧盟的可能方案举行第一轮“指示性投票”，当天表决的8种方案均遭否决。

英国首相特雷莎·梅向保守党议员承诺，只要脱欧协议能获议会下院批准，她愿提前卸任。这一重大让步换来部分保守党要员认可。

29日 英国议会下院就近日各党派议员提出的多份与脱欧协议有关的修正案进行讨论和表决，最终有两项修正案获得通过，其中包括备受关注的“布雷迪修正案”。

英国议会下院通过脱欧协议修正案，要求首相特雷莎·梅与欧盟谈判后用新方案取代现有协议中有关爱尔兰边界问题的内容。

30日 英国高等法院的一项判决显示，巴克莱银行因无协议脱欧的潜在风险准备将价值1660亿英镑的资产转移到其爱尔兰分部。

欧盟委员会主席容克就英国议会要求修改脱欧协议做出回应称，欧盟不会与英国政府就脱欧协议重新谈判。

31日 汽车制造商协会（SMMT）的报告指出，由于英国脱欧的不确定性，2018年英国汽车业的投资下降了46.5%。

2月

2日 位于唐宁街10号的英国首相府首次在门外贴上春联，迎接农历新年。

4日 英国首相特雷莎·梅在春节致辞中称，农历新年庆祝活动展示出英国多元文化社会的力量、活力和多样性。

5日 特雷莎·梅支持英国与爱尔兰联合申办2030年世界杯足球赛。

7日 欧盟委员会主席容克表示，欧盟不会与英国就脱欧协议重新谈判，但愿意修改英欧“未来关系框架政治宣言”中有关双方未来关系的内容表述。

英国央行公布利率决议，维持政策利率0.75%不变，与市场预期一致，并下调了2019年和2020年经济增长预期。

10 日　第 72 届英国电影学院奖（BAFTA）在伦敦举行颁奖典礼，热门影片《罗马》《宠儿》成为最大赢家。

11 日　英国与瑞士签署贸易协议，以便在英国脱欧后继续维持两国间现有的贸易优惠条件。瑞士是英国在欧盟以外的第三大市场。

14 日　英国跨境支付公司万里汇宣布，该公司已完成所有权变更，成为蚂蚁金服集团全资子公司。

英国议会下院以 303 票反对、258 票赞成否决了政府关于脱欧协议谈判策略的动议。有 67 名保守党议员选择了弃权，另有 5 名保守党议员投了反对票。

19 日　日本车企本田宣布将于 2021 年关闭其位于英国南部斯温登的工厂，该工厂目前年产汽车 15 万辆，有员工 3500 人。

20 日　英超球队曼城的所有者正牵头收购中国乙级联赛球队四川九牛，这家英国足球俱乐部希望在中国蓬勃发展的体育市场获得一席之地。

特雷莎·梅前往布鲁塞尔，与欧盟领导人就修改脱欧协议进行谈判。

21 日　英国国防大臣威廉姆森访问阿曼首都马斯喀特，与阿曼国防大臣巴德尔签署了两国共同防卫协议。

英国与欧洲联盟谈判代表进行会谈，未能取得突破。双方承认无法立刻就脱欧协议的法律文本达成一致，但已接近达成妥协。

24 日　特雷莎·梅宣布推迟脱欧协议在议会下院的最终表决，投票将在 3 月 12 日前举行。

25 日　英国工党领袖杰里米·科尔宾宣布，工党将支持就英国是否应该脱欧举行第二次公投。此举为反对脱欧者带来了希望。

26 日　特雷莎·梅表示，如果脱欧协议在 3 月的英国议会下院投票中未获通过，且无协议脱欧被排除，那么将由议会下院投票决定是否推迟脱欧。

28 日　英国汽车制造商和经销商协会 28 日公布的数据显示，受脱欧不确定性等因素影响，英国 1 月汽车产量同比大幅下降 18.2%。

3月

1日 欧盟英国脱欧首席谈判官米歇尔·巴尼耶表示，针对爱尔兰边界问题，他正在寻找方案，期望在现存的协议中增加补充条款，以防止谈判陷入僵局。

2日 英国下议院领袖利德索姆与英国外交大臣在《星期日电讯报》上联合发文称，任何积极寻求推迟脱欧的举动都是对公投结果的背叛。

5日 英国保守党党鞭朱利安·史密斯向内阁发话，表示如果脱欧协议再次被议会否决，亲欧派的下院议员将支持延期脱欧，并迫使首相梅接受新的脱欧协议。

6日 首相官邸唐宁街10号表示，议会将有权决定对工人权益的保护仍遵循欧盟框架下的协定，或重新制定相关规定。

11日 据BBC报道，英欧双方谈判代表在为期两天的谈判后并未取得突破性进展。

12日 特雷莎·梅的脱欧协议被英国议会以391票反对、242票赞成否决。

13日 英国议会通过动议反对在任何情况下无协议脱欧。

14日 英国议会下院以413票赞成、202票反对通过了一项关于“延期脱欧”的动议。

下院以314票对312票的微弱优势否决了工党议员提出的“脱欧议程应由下院议员而非政府掌控”的动议。

17日 特雷莎·梅在《邮报》撰文呼吁议员在即将举行的第三次脱欧协议投票中做出“公正的妥协”。

18日 英国议会下院议长约翰·伯科表示，如果再度提交的脱欧协议与此前被否决的协议“相同”或“大致相同”，则该协议不能获得再次表决的机会。

19日 英国首相官方发言人称英国正处在由脱欧引起的危机中。

20日 特雷莎·梅致函欧洲理事会主席图斯克，要求将脱欧日期延长至2019年6月30日。

21日 特雷莎·梅抵达布鲁塞尔，参加欧盟峰会。经过谈判，欧盟领导人同意英国脱欧的最后期限延长至4月12日，但若英国议会通过脱欧协议，则脱欧将延期至5月22日。

23日 数以十万计的英国人涌向伦敦市中心抗议英国脱欧，要求政府就英国是否应该离开欧盟举行第二次公投。

24日 英国查尔斯王子和妻子卡米拉抵达哈瓦那，对古巴进行访问。这是1959年古巴革命后，英国王室成员首次正式访问该国。

特雷莎·梅召集前内阁大臣约翰逊等保守党内主张无协议脱欧的代表人物，前往白金汉郡的契克斯首相别墅举行会谈。

27日 英国下议院就脱欧协议的8项替代方案进行指示性投票，包括是否无协议脱欧、是否留欧、是否举行第二次公投等。投票结果显示，没有一项方案获得多数支持。

民调机构益普索—莫里市场调查公司发布的调查结果显示，57%的英国人不认可英国首相特雷莎·梅的工作，梅的公众认可度跌至上任以来最低水平。

28日 英国“华为网络安全评估中心”（HCSEC）监督委员会发布2019年年度报告，向英国国家安全顾问汇报过去一年对华为网络安全的评估。

29日 英国议会以344票反对、286票赞成，第三次否决脱欧协议。

4月

2日 特雷莎·梅表示将寻求再次延长脱欧期限，以争取时间与主要反对党工党达成脱欧方案。

3日 英国议会以313票对312票通过了由工党议员伊维特·库珀提出的一项动议，迫使首相特雷莎·梅请求欧盟延长脱欧期限以避免无协议脱欧。

5日 特雷莎·梅致函欧洲理事会主席图斯克，要求将英国脱欧日期推迟至6月30日。

6 日 英国政府开始签发封面不带有“欧洲联盟”字样的护照，为利用库存、节省公共开支，会继续签发封面印有“欧盟”字样的护照。

8 日 保守党和工党之间的谈判继续进行，工党领袖杰里米·科尔宾声称政府的“红线”没有变化。

10 日 欧盟同意将英国脱欧的最后期限延长至 10 月 31 日，这意味着英国有了额外 6 个月的时间来寻求可能的最佳方案。

12 日 脱欧党领导人奈杰尔·法拉奇声称希望在英国政治中进行“民主革命”。

15 日 特雷莎·梅称，尽管英国脱欧的最后期限已经推迟至 10 月底，但仍要为无协议脱欧做出准备。

16 日 工党领导人杰里米·科尔宾表示，工党与保守党关于脱欧的谈判陷入僵局，且尚未就关税同盟和工人权利达成协议。

17 日 美国众议院议长南希·佩洛西表示，美国国会支持爱尔兰应对可能来自英国脱欧的挑战。并警告说，如果英国退出欧盟违反复活节协议，华盛顿将不会与英国达成新的贸易协定。

18 日 29 岁的记者兼作家莱拉·麦基在北爱尔兰伦敦德里骚乱中被枪杀。警方将其视为“恐怖事件”，并怀疑是新爱尔兰共和军所为。

22 日 70 名来自各地保守党协会的领导人签署了一份请愿书，要求对特雷莎·梅发起不信任投票。

英国伦敦爆发气候变化抗议活动，抗议人群指责英国政府未对减少碳排放应对气候变化采取必要行动。

23 日 百万民众在伦敦市中心举行抗议示威，要求就脱欧举行第二次公投。参加抗议者包括伦敦市长萨迪克·汗、苏格兰首席部长尼古拉·斯特金和工党副党魁汤姆·沃森。

25 日 英国政府宣布，将对中国电信公司华为在英国的信息泄露问题展开正式调查。

28 日 中国驻英国大使刘晓明在英媒撰文称，英国应该就是否允许华为帮助建设英国的 5G 网络独立做出决定。

5月

1日 英国国防大臣加文·威廉姆森因泄密被解职，英国国际开发大臣彭妮·莫当特接任国防大臣一职。

“维基解密”网站创始人朱利安·阿桑奇因违反保释条例在英国伦敦被判入狱50周。

2日 英国央行宣布将英国2019年经济增长预期从先前预计的1.2%上调至1.5%，同时继续维持0.75%的基准利率不变。

3日 英国地方议会选举初步结果显示，保守党和工党因处理脱欧问题不力在选举中遭到重挫。

8日 国务委员兼外交部部长王毅在北京会见英国内阁秘书、首相国家安全顾问塞德威尔率领的常务次官代表团。

10日 英国研究人员在美国《科学进展》杂志上发表论文称，他们开发出迄今最小的像素，只有目前智能手机像素的百万分之一大小，有望用于制造柔性显示屏等。

英国国家统计局公布数据显示，2019年第一季度英国经济环比增长0.5%，符合英国央行此前预期。

11日 数千名威尔士人举行集会，要求实现威尔士独立。

12日 据《卫报》报道，数百名外国医生正在考虑向国家医疗保健机构辞职，以抗议在英国工作每年需要支付的数千镑签证和医疗保险费用。

17日 保守党与工党围绕脱欧协议的谈判结束，双方未能取得任何实质进展。

18日 曼城队在足总杯决赛中夺冠，成为英格兰足球历史上首个在单赛季同时拿到英超冠军、足总杯冠军和联赛杯冠军的本土赛场三冠王。

20日 英国内政部全面废除非欧盟公民填写纸质入境卡的规定，并宣布即日起采用新电子系统。

22日 英国第二大钢铁生产商英国钢铁公司宣布启动破产程序，由政府暂时接管，并开始寻求买家收购。

联合国大会通过动议，敦促英国在查戈斯群岛无条件结束殖民统治，在6个月内将该群岛控制权交还毛里求斯。

英国半导体设计与软件公司安谋公司（ARM）宣布终止和华为公司的所有交易。

英国保守党下议院领袖利德索姆因在脱欧问题上与首相特雷莎·梅意见不合，提出辞职。

23日 英国举行欧洲议会选举。

中国吉林省人民政府和英国福建社团联合总会联合主办的中国吉林—英国经贸交流会在位于伦敦的英国董事协会举行。

24日 英国首相特雷莎·梅宣布将于6月7日辞去保守党领导人一职，但将留任首相至保守党新领导人产生。

26日 2019年欧洲议会选举投票全部结束。新成立的英国脱欧党大获全胜，赢得32%的选票，该党派主张英国无条件脱欧。

28日 英国下议院议长约翰·伯科提出议会不会任由无协议脱欧的情况发生。

30日 英国电信运营商EE公司正式在伦敦、卡迪夫、爱丁堡、贝尔法斯特、伯明翰以及曼彻斯特这6个人口密集城市开通商业5G网络服务。

6月

3日 美国总统特朗普正式开启对英国为期三天的国事访问。

4日 特朗普对英国进行国事访问第二天，万名抗议者于伦敦特拉法加广场举行示威活动。

特朗普在唐宁街10号与英国首相特雷莎·梅会面，两人随后出席了联合记者会。特朗普表示，美方致力于在英国退出欧盟后与英国达成潜力巨大的贸易协议。

英国心脏病学家团队宣布，他们研发的“心脏贴片”将进入临床试验阶段。

5日 特朗普前往英国港口城市朴次茅斯参加诺曼底登陆75周年纪念

活动，称赞美国和英国有着“世界上最伟大的盟友关系”。

6日 法国总统马克龙与英国首相特雷莎·梅共同出席在法国诺曼底举行的纪念诺曼底登陆75周年活动，及英国纪念碑奠基仪式。

英国英格兰东部城市彼得伯勒举行议会下院补选，工党候选人莉萨·福布斯以微弱优势击败脱欧党候选人，拿下该议席。

7日 英国首相特雷莎·梅正式辞任保守党党魁。

10日 英国保守党管理委员会正式宣布，10名候选人将参与保守党党魁和首相职位的角逐。

英国与韩国达成初步原则性协议，在英国脱欧后保持现有的自由贸易协定，英国朝着无协议脱欧情况下加强全球贸易关系迈出一步。

11日 上海陆家嘴集团与英国泰特美术馆签署了合作谅解备忘录，计划2021年开幕的浦东美术馆将在开馆两年内进行三场泰特美术馆馆藏大展。

12日 英国政府批准了美国政府递交的引渡“维基解密”网站创始人朱利安·阿桑奇的正式申请。

13日 保守党党魁选举第一轮投票结果揭晓。鲍里斯·约翰逊以114票遥遥领先。在此轮投票中胜出的7位候选人将在下周接受下一轮投票。

14日 英国伦敦市内连续发生了5起暴力伤人事件，最终导致3人死亡、3人受伤。

17日 英国财政大臣菲利普·哈蒙德在伦敦会晤中国国务院副总理胡春华后表示，英国可以与中国共同捍卫国际贸易体系，抵御美国保护主义日益抬头构成的威胁。

20日 在保守党党魁选举第五轮投票中，前任外交大臣鲍里斯·约翰逊斩获160票，现任外交大臣杰里米·亨特获得77票，这两人顺利晋级。

英国伦敦上诉法院裁定英国政府向沙特出售武器的决定不合法。法院同时表示，不会立即吊销向沙特出口武器的许可证。

21日 中信银行伦敦分行开业仪式在英国伦敦举行。

25日 国际监管机构金融稳定委员会和英国金融市场行为监管局（FCA）均表示，在未经严格审查的情况下，他们不会允许世界最大社交网络推出其计划中的数字货币。

27 日 鲍里斯·约翰逊在英国伯恩茅斯一场竞选演说会上重申必须如期脱欧，称任何可能再度延期脱欧的暗示都会腐蚀民众对政治的信任、削弱保守党。

英国新修订的《气候变化法案》生效，正式确立英国到 2050 年实现温室气体“净零”排放的目标。英国由此成为世界主要经济体中率先以法律形式确立这一目标的国家。

29 日 英国南部举行“武装部队日”庆祝活动，向现役军人和退伍老兵致敬。

B.21 后 记

王展鹏*

过去的几年中，每到秋季，撰写《英国发展报告》的后记都成了我忙碌的学校生活中一项不大不小的工作，它记录了全体作者努力的成果即将付梓的喜悦，但也有报告撰写过程中的种种困难和挑战。对于英国脱欧前景的判断就是其中一例。去年的报告截稿时，我们曾觉得今年的这个时候，英国的脱欧戏剧或许已经落下帷幕，或者其结果已经初见端倪，我们可以静下心来思考英国脱欧对于英国、欧洲、世界乃至中国的长远影响。然而，到今年报告截稿时，我们对于脱欧未来走向的判断仍然充满不确定性，虽然无协议脱欧的可能性加大，但达成协议和二次公投的可能性依然存在，似乎又回到了 2016 年脱欧公投后的起点，与我们期待的确定性相去很远。

英国前首相威尔逊曾说过："对于政治而言，一个星期可以是一个漫长的时期。"在过去的一年中，英国政治经历了一个又一个"漫长的星期"：从脱欧协议在议会遭遇英国现代政治史上最严重的失败，到议会夺取立法议程控制权迫使脱欧延期，再到特雷莎·梅黯然辞职。就在 9 月初，约翰逊做出议会休会五周的决定，导致亲欧议员的激烈反弹，在短短一周内，保守党彻底失去了议会多数，反对派再次夺取了立法议程控制权，并通过了迫使英国政府继续延期脱欧的立法。在约翰逊首相"不脱欧毋宁死""宁可死在壕沟里，也绝不向欧盟要求延期"的强硬表态中，英国是否会在 10 月 31 日如期脱欧还是个未知数。

---

* 王展鹏，博士，北京外国语大学英语学院英国研究中心教授。研究方向为英国政治与外交、爱尔兰研究、欧洲一体化。

也许突变将在未来几个月的某个“漫长的星期”中发生，也许英国仍将陷入长达数年的脱欧僵局。如果说2016年的全民公投是疑欧主义者以脱欧议题“绑架”保守党的结果，进而重塑了英国政党政治，2018～2019年的脱欧僵局则见证了各党派出于选举利益“绑架”脱欧进程，使这部脱欧戏剧的大结局不断延迟，至今仍充满悬念。

英国的媒体使用了脱欧使英国面临“国家危机”“理性和意识形态之间的撕裂”“国家处在崩溃的边缘”等标题，渲染政治家们面对国家利益、政党利益、个人进退的艰难选择。在这样的背景下，我们作为从外部观察英国的研究者更需要有历史学家般的对细节的关注和社会学家深入肌理的耐心，继续跟踪研究英国脱欧的“戏剧性叙事”，挖掘英国内部和外部以及历史与逻辑层面的动因。同时进一步思考英国脱欧给英国带来的长远影响，特别是已经发生或者将可能经历的种种转型与重构的挑战。避免背离初衷的后果是英国政治的传统，英国能否在自身政治文化传统和脱欧变局之间找到一个契合点，实现自身内外政策的再平衡，也是未来观察英国脱欧乃至国家发展与对外政策轨迹的一个重要角度。

本书的编写一如既往地得到了国内外学术界同行的支持和帮助。中国欧洲学会英国研究分会会长、我国前驻英国大使、北京外国语大学客座教授马振岗先生，中国社会科学院欧洲研究所所长黄平研究员作为编委会学术顾问对报告方向的把握提出了许多真知灼见。从今年起，《英国发展报告》加入了北京外国语大学区域与全球治理高等研究院“区域和国别研究蓝皮书系列”，得到了区域与全球治理高等研究院的资助和多方面的支持。

除北外英国研究中心的师生外，来自中国社会科学院欧洲研究所、中国现代国际关系研究院、中国国际问题研究院、中国人民大学、中国政法大学、中国传媒大学、中央财经大学、上海外国语大学、济南大学等机构的专家、学者承担了大量撰稿和审稿工作，使我们的研究更加全面、专业。“英国蓝皮书”编委会的专家在《英国发展报告》的选题和编写过程中给予了很多富有启发的指导和建议。中国社会科学院欧洲所李靖堃研究员、中国现代国际关系研究院欧洲研究所刘明礼研究员和曲兵副研究员、北外英国研究中心徐瑞珂博士、上海对外经济与贸易大学夏添博士和我一起对稿件做了审读和编辑工作。

教育部国际司、国别和区域研究秘书处、北京外国语大学的领导、全球和区域发展研究院、科研处、英语学院、国际关系学院等兄弟单位的同行和同事对《英国发展报告》的立项与编写给予了许多热情的关心和无私的帮助。

英国研究中心秘书李艾颖老师承担了本书一定的编务工作。英国研究中心博士后赵羲，博士生穆婕、张茜、周婧怡、吕大永、刘赢和，硕士生于艾岑、王卓、徐梓红等承担了大量的编务和统稿阶段体例、文字处理工作。在此一并致谢。

感谢社会科学文献出版社当代世界分社社长祝得彬和责任编辑仇扬在本书出版过程中给予的支持和帮助。

王展鹏

2019 年 10 月 20 日

Abstract

The year of 2018 – 2019 has been a turbulent year for the UK. The gloom of Brexit still looms over British politics, impacting on all aspects of British domestic and foreign policies. The Brexit negotiations are constantly deadlocked in unpredictable ways. After the Brexit draft agreement was rejected three times by the Parliament, Theresa May had to resign as prime minister for failing to deliver Brexit. The transition from "May era" to "Johnson era" did not herald more hope for the nation, instead more chaos and confusion arise.

Brexit remains the top priority of the British government in the past year. The draft withdrawal agreement reached by the Theresa May government and the EU in November 2018 was overwhelmingly crushed in the House of Commons. One of the main sticking points of delivering Brexit is the Irish border issue, as the Northern Ireland backstop has become the key bone of contention in the draft deal. However, the fundamental causes of the deadlock lie in divergences of the Eurosceptics and the Europhiles in British party politics, and the hard Brexiteers and soft Brexiteers within the Conservatives, as well as the different party interests reflected. Since Boris Johnson took office as prime minister on July 24, 2019, he has requested the EU to budge on the Irish border issue. Meanwhile, Johnson ramped up the rhetoric to prepare for a no-deal Brexit on October 31, 2019. The opposition, however, proposed a bill to avert no-deal Brexit. As the bill became law in early September, the prospects of Brexit once again became unclear.

In terms of politics, the Brexit stalemate adds more uncertainty to British politics. Hard Brexiteer Johnson's coming to power has greatly increased the risk of Britain's crashing out of the European Union without a deal. British party politics is subject to the pressures of transformation and restructuring as debates around Brexit and party politics are intertwined; the polarization of the major political parties, the fragmentation and reorganization of party politics have become more evident trends. Third parties such as the Brexit Party and the Liberal Democrats have posed serious challenges to the two-party dominance of the Conservatives and the Labour. As the odds of a no-deal Brexit increases, Scotland intended to push for another independence referendum, while Welsh nationalist sentiment has soared, and the strife among major ethnic groups in Northern Ireland and other regions have intensified, whereas the peace brokered by the Good Friday Agreement is at stake. The unified multi-ethnic nation is facing greater challenges.

In terms of economy, the year 2018 – 2019 is highlighted by the trend of economic slowdown as Brexit takes its toll. However, the relationship between economic development and the Brexit process is not necessarily linear. There have been fluctuations in British economy along Brexit negotiations. Economic growth rate in the UK significantly contracted in 2018, followed by rebound in the first quarter of 2019 despite risks of recession, but the momentum did not last. The UK financial market has witnessed large fluctuations since 2018. Net investment inflow from financial institutions has dropped sharply, while the widening trade deficit has heaped up pressure on the government's foreign trade negotiations. There are, however, also positive elements in the UK economy: fiscal and monetary policies are stable, inflation rate target has been achieved, industrial policies are implemented as planned and the employment rate continues to climb.

In diplomatic sphere, the British government continues to pursue the concept of "Global Britain", but its diplomatic achievements in 2018 – 2019 cannot match such vision. In overall, UK foreign policy has not strategically shrunken in the past year because of the Brexit dilemma, neither has it been more global than what it was before the Brexit referendum, as its diplomatic focus is still on Europe and the United States. Sino-British relations are developing in meander amid risks of instability, as more complications arise as compared with previous years. On one hand, the lustre of the "Golden Era" has not faded: the British government attaches greater importance to its China policies, and there are more and more discussions on China policy in the UK, the influence of interest groups representing industrial and commercial communities on the current discussion of UK's China policy cannot be underestimated; China and the UK continue to promote practical cooperation in trade, M&A investment, finance, energy, education, science and technology, and humanities. On the other hand, the bilateral relations are disturbed by issues such as Hong Kong, the South China Sea and Huawei 5G network from time to time. The special relationship between the United Kingdom and the United States continues to develop in awkwardness. Since Johnson's appointment as prime minister, the strategic coordination between Britain and the United States is about to be strengthened, but President Trump still puts strains on bilateral relations on many issues. In terms of participation in global governance, British diplomacy has achieved some progress. For instance, the UK is still actively promoting non-proliferation of nuclear power through multilateral diplomacy, while trying to play a leading role in global climate governance.

In social and cultural sphere, British social consensus was further weakened in 2018 – 2019, and social divergence exacerbated. British cultural and entertainment industry, albeit plagued by Brexit, maintained steady growth. The long delay in delivering Brexit has plunged British society into fragmentation and chaos. The rationality of pragmatism and middle way which is inherent to British society has been brought to its knees. Left-wing thoughts spearheaded by Corbynomics are expanding their influence. However, whether it can be the perfect antidote for the "British disease" is still unclear. Over the past year, new prospects of the British media have been unfolding. There are plenty of successful cases in the transformation of the press. Developments in the audiovisual field are accelerating, vloggers and intelligent voice interaction technologies are receiving a lot of public attention. However, the prevalence of fake news during Brexit has undermined the credibility of the journalism industry. The British film industry has achieved remarkable accomplishments, with both annual box office revenue and audience hit new records since the early 1970s, and market share culminated in the 21st century.

(Translated by Liu Yinghe)

Contents

I General Report

Abstract: Since the second half of 2018, the Brexit impasse has become an important background and keyword to understand the political, economic, social and diplomatic situation in Britain from 2018 to 2019. After Prime Minister Theresa May resigned over Brexit, Boris Johnson, her successor, insisted on amending the Brexit agreement even at the cost of a no-deal Brexit on 31st October. However, he was battered by the opposition in the parliament. The uncertainty of Brexit thus increased, political predicament and economic fluctuations in the UK further aggravated. British diplomacy, which faces the challenge of redefining its relationship with the EU while maintaining the country's status as a major power, is limited and increasingly speculative and risky. British government's choice of China policy, subsequent development of the Brexit process and the pressure from the United States are intertwined as principal factors affecting the development of Sino-British relations. Generally speaking, the consideration of party politics even electoral politics at this stage has increased influence on Brexit, and the long-term impact of which on British political, economic and social development has begun to emerge, putting up pressure for adjustment and restructuring. The persistent and profound effects of Brexit on

British development model and British domestic and foreign policies deserve further attention.

Keywords: Brexit Impasse; General Trends of the UK; Party Politics; Economy; Foreign Policy; Sino-British Relations

Ⅱ Reports on UK Trends

Abstract: Brexit has become the dominant issue in the UK party politics during 2018 – 2019 as the deadline approaches. The Conservatives have been deeply divided over the details of Brexit arrangements. Theresa May resigned after her deal had been rejected by parliament for the third time. Labour still holds a vague and passive position on the issues of Brexit and shifted its position from supporting soft Brexit to a second referendum, which has also reflected its dilemma in the electoral politics. The debates over Brexit have transcended the traditional divisions between parties and social classes. During the protracted Brexit process, party politics in the UK is likely to become more divided and fragmented. As Boris Johnson came to power, the possibility of Britain leaving the EU with no deal has increased, and Britain's society, economy and politics have been faced with greater risks and uncertainties.

Keywords: Conservative Government; Labour Party; Party Politics; Brexit

Abstract: Over the past year, the British economy has shown both positive and negative aspects. On the one hand, the economy has been growing steadily and the expectation was higher than that of the euro zone. The unemployment rate has been gradually falling, and the international trade has not been greatly affected by the sluggish world economy. Moreover, its fiscal and monetary policy had a positive effect on the market, as the inflation rate reached the target. On the other hand, investors lacked confidence; the financial market was highly volatile; the exchange rate continued to fall, and trade dependence on the EU has increased. Just in time for Brexit, many people are concerned about the development of the British economy. Rational judgment shows that the future trend of the British economy mainly depends on the form and process of Brexit. Its fiscal policy has little room in dealing with the short-term risks of Brexit, while monetary policy may boost economic development to some extent.

Keywords: UK Economy; Economic Policy; International Trade; Brexit

Abstract: From July 2018 to June 2019, the May government continued to implement the concept of "Global Britain", but its diplomatic achievements remained difficult to match the vision of "Global Britain" . On the whole, the foreign policy of the May government managed to keep its global outlook without suffering shrinkage in terms of diplomatic footprint over the past year. Nonetheless, British foreign policy had not become more global in practice than before Brexit referendum. The May government still paid heavy attention to the trans-Atlantic area. Brexiteers have turned out to be overoptimistic and naïve about Britain's prospect of reemerging as a glorious big power on the world stage after Brexit. Though the May government has made some progress towards "Global Britain", there remains a gap between the vision and the reality.

Keywords: "Global Britain"; Brexit; Free Trade Agreement; International Order; Global Governance

Ⅲ Brexit and Its Impacts

B. 5 Irish Border Problem and the Brexit Trilemma *Qu Bing* / 113

Abstract: UK's border problem with Ireland re-emerged due to the country's departure from the EU and has become a major sticking point in Brexit negotiations. The EU insisted putting a "backstop" mechanism into the Withdrawal Agreement as an "insurance policy" to ensure no hard border on the island of Ireland, which complicated the Irish border problem. While Theresa May promised to endorse an open border, she was also determined to "exit the single market and customs union" and uphold "whole UK Brexit". As these cannot be realized at the same time, May was caught in a "trilemma". Failing to resolve the Irish trilemma led to May's downfall and a delay in the Brexit process. Boris Johnson, her successor, asked the Irish border backstop to be removed and claimed that "alternative arrangements" based on new technology would alleviate the need for an Irish border. Foreseeably, no matter what form of Brexit goes ahead, the UK and EU will be continuously afflicted by the Irish border problem.

Keywords: Brexit; Irish Border; Backstop; Alternative Arrangements

B. 6 Debates on Scottish Devolution and a Second Scottish Independence Referendum *Zhang Xi* / 124

Abstract: Since the implementation of devolution by the new Labour government, an unavoidable problem in British politics is how to balance the relationship between the central and devolved governments under the unique constitutional system of the UK. The problem is particularly acute in Scotland. After the 2014 Scottish independence referendum, demands of the nationalists in Scotland forced the UK government to further devolution and the power of

Scottish devolved bodies was strengthened, which has exerted a profound impact on the centralized unitary system of the country. What's more, the outcome of the 2016 Brexit referendum has brought about more contradictions and uncertainties. EU membership was an important consideration for those who voted to stay in the UK in the Scottish referendum. As the result of Brexit referendum shows, Scotland has the highest share of Remain voters among all British nations, which made Scotland as a firm opponent of the UK government's Brexit policies. The Scottish National Party (SNP) believes that the Brexit deal is very likely to take Scotland out of the EU against its will, which meets the conditions of launching a second Scottish independence referendum set by the SNP manifesto for the 2016 election. Therefore, SNP strategically links Brexit with a second independence referendum in order to achieve its ultimate goal of Scottish independence. With Boris Johnson becoming the British Prime Minister, the prospect of no-deal Brexit has increased. A second Scottish independence referendum has thus been put on the agenda. The conflicts between the Scottish government and the UK government have been intensified, and Scotland's future depends on the game of both sides.

Keywords: Brexit; Devolution; Brexit Deal; Scottish Independence Referendum

Abstract: In light of the dissent between the Trump administration and the May government on diplomatic philosophies, the Anglo-American special relationship is put to another test at this point of history. The growing conflicts in terms of global governance has increased the embarrassment in dealing with the bilateral political relations of the two countries. The relative decline of the British power in relation to that of the US makes the special relationship increasingly asymmetrical. Meanwhile, Brexit also impales the UK on the horns of a dilemma where it has to take side between the US and the EU in some cases, thus adding uncertainty to its further trade agreement with the US. Nonetheless, the cooperation between the UK and the US remains close and effective. They still manage to act in concert to deal with both traditional and non-traditional security threats to a large extent.

Keywords: Anglo-American Special Relationship; Global Governance; Security Cooperation; Bilateral Trade Agreement; Brexit

B. 8 Developments in and Influences of UK's Climate Policy after Brexit Referendum

Li Huiming / 163

Abstract: Since the inclusion of climate change in the issue agenda of international politics in the late 70s and early 80s, the climate policy of the UK has witnessed a changing process from passivism to activism. The Climate Change Act of 2008 made the country the first in the world to set target for carbon emission in the form of law. After the EU referendum in 2016, the May government disbanded the Department for Business, Innovation and Skills and created the Department for Business, Energy and Industrial Strategy. While the new British political agenda has certainly exerted some impacts on the issue of climate change, it failed to bring substantial changes to its climate policy. The May government continued to stick to the five-yearly carbon budget starting from 2008. The UK Committee on Climate Change issued a new report to recommend net zero emissions by 2050 in May 2019, garnering support from both the central and local governments. The positive responses from all levels of governments reveal the ambition of the country to continue its leading role in the global governance of climate. Regarding Brexit, although there remains uncertainty about how the country will continue to stay in the EU emissions trading system (ETS) after the departure, complex and profound impacts on British ETS and carbon pricing are foreseeable. In the meantime, Brexit will undoubtedly bring some negative impacts on British climate policy as well as its role in the global climate negotiations, thereby weakening its role in the global system of climate politics.

Keywords: Brexit; Climate Change Act; Carbon Budget; Committee on Climate Change

Ⅳ Economic and Social Developments

Abstract: The British government issued its industrial strategy in the white paper titled "Industrial Strategy: Building a Britain Fit for the Future" at the end of 2017. As a flagship policy of the May government, it has been seen as an essential plan for post-Brexit Britain. The strategy answered a wide call for change in British society and economy, reflecting a gradual shift of government thinking on industrial policies and searching for answers in the Brexit era. The industrial strategy is composed of "5 foundations", "grand challenges", "sector deals" and specific policies. It reflects consensus, and features continuity and creativity. The strategy also has the support of the government and the industry. However, it is faced with challenges and uncertainties: the hazard of Brexit and the ongoing debate about government intervention. The future of the industrial strategy merits further attention.

Keywords: Industrial Strategy; Productivity; Innovation; Government Intervention; Brexit

Abstract: Over the past years after his election as the radical leftist Labour leader, Jeremy Corbyn emerged with a series of social and economic policies with the help of his shadow chancellor John McDonnell. It is called Corbynomics which mainly includes borrowing more money to fund social services in the monetary policy, raising taxes and increasing spending in the fiscal policy, and more radical policies in terms of economic structure reforms such as re-nationalising some industries and reforming the ownership of companies enabling workers to own 10% of the company share and participate in the business management. Corbinomics is rooted in the theories of the "moral economists" such as Karl Polanyi in the 1940s and his followers in the Labour Party such as R. H. Tawney and Tony Benn who argue for the inevitable nature of the greedy and corrupting capitalism which produces poverty and inequality and advocates mechanisms to restrain its negative power. To implement Corbynomics, the Labour Party has to win the trust of the voters with the rationality and practicality of its policies and its ability to implement them, thus get elected in the next general election.

Keywords: Brexit; Opposition; Leftist; Corbynomics; Prospect

B. 11 Development in British Tertiary Education and New Directions of Sino-British Cooperation in Education

Abstract: Since the implementation of the *Higher Education and Research Act*, the UK government has launched a new round of higher education reform. From 2018 to 2019, the UK government issued a series of new initiatives to enhance the quality of teaching, to improve research assessment methods, and to internationalize the education of the country. With regards to Sino-British relations, in-depth exchanges have been carried out in the education sector, generating more fruitful results.

Keywords: New Trends in Higher Education; Teaching Excellence; Research Excellence; International Education; Sino-British Relations

Abstract: From 2018 to 2019, the picture of British media is constantly unfolding: heartening success has been seen in the transformation of the press industry; the audio-visual sector has been changing at accelerating rate; podcasting and intelligent voice interaction technology have attracted more attention and video content consumption has become popularized. As the role of Internet companies and social media platforms on news publishing are becoming more and more prominent, debate over the nature and responsibility of platforms has become a thorny problem. Overall, the advertisement industry continued to perform well. The proportion of digital advertising is increasing, and mobile-end advertising exceeded that of PC-end for the first time in 2018. In terms of regulation, the main aspects concentrated on how to maintain and enhance the credibility of news, to regulate false information, to protect the interests of the audience (especially children and vulnerable groups) and to protect personal data rights. "Brexit" has a certain impact on the public's attitude towards news and profit of publishing industry. From a historical perspective, the year 2018 is a specific period of uncertainty, which generates concerns over the future of journalism and negative contents brought by the Internet.

Keywords: British Media; Press Transformation; External Regulation; Platform Responsibility

Abstract: The British film industry performed better in 2018 and 2019 than in 2017. In 2018, UK box office, cinema admission, box office share of UK films (46.1%) all broke record; UK films' global box office share were second highest in the 21st century. The Top 20 Films continued to be dominated by Hollywood movies as well as UK-US co-productions. Box office share of independent films rose from 9.6% in 2017 to 13.2% in 2018 and 14.6% in 2019. The 2018 – 2019 total UK production expenditure remained at high point. British film talents won 14% of key international awards in 2018. *Avengers: Endgame*, *Mamma Mia! Here We Go Again* and *Bohemian Rhapsody* became box office hits; *Darkest Hour*, *Bohemian Rhapsody*, *The Favourite* were honored with artistic awards.

Keywords: British Film Industry; Box Office; UK Image

V Sino-British Relations

Abstract: Since Chinese President Xi Jinping visited the UK in 2015, Sino-British relations have entered a "golden era" characterized by rapid and steady development. However, the year of 2018 –2019 witnessed twists and turns in Sino-British relations, due to a combination of varied negative factors, mainly including the leadership change in the British government against the backdrop of Brexit, British intervention in China's internal affairs related to Hong Kong and the South China Sea, and the third-party factors in Sino-British relations (in particular the United States). There will remain great uncertainty for the trajectory of Sino-British relations in the coming year.

Keywords: Sino-British Relations; Brexit; "Global Britain"; Hong Kong; South China Sea

Abstract: The UK has long been a major destination for Chinese investment in Europe, partly thanks to its liberal and open economy. As predicted in last year's report, a complete overhaul of Britain's foreign investment regulation, as envisioned in the BEIS's long-time measures of reform, quickly lost momentum during 2018 –2019, amid dampening controversy and debate over national security risks of foreign investment, conflicting views over the proposed measures by stakeholders, and perhaps more importantly predominance of Brexit in domestic politics. Post-referendum Britain has, quite unexpectedly yet confirmed by various sources, become an ever more favourable destination for capital. Likewise, in spite of declining Chinese investment overseas in 2018, Britain remained the largest European recipient of Chinese capital and was ranked the second in the world. In addition to residential and commercial real estate, Britain's proud sectors of education, technology, manufacturing, finance and fintech, as well as construction, have continued and are expected to continue to attract Chinese capital in the near future.

Keywords: Sino-British Relations; M&A; Brexit; Foreign Investment Review

Abstract: During the last year, several major changes were seen in Sino-British energy relations. Firstly, in the 10th Sino-British Economic and Financial Dialogue, both sides reiterated their willingness to maintain cooperation in energy and the "Clean Energy Partnership". Secondly, Sino-British relations were affected by the US, especially by the addition of CGN into the "entity list". Thirdly, the Chinese nuclear companies were carrying out their plans, including participating in the Hinkley Point C project, negotiating with Electricite de France (EDF) about the Sizewell project and submitting Hualong One to Generic Design Assessment. Fourthly, thanks to Centrica's sale of its stake, Chinese nuclear companies obtained more opportunities to expand themselves into the UK. In addition, cooperation in wind power has been remained during the last year, with no significant progress made. Looking into the future, the cooperation in energy between the two countries will be probably maintained, but increasingly influenced by the changing approach to China of the US and the skeptical attitude towards Chinese nuclear companies of the UK.

Keywords: Sino-British Relations; Energy; Nuclear Power; China General Nuclear Power

Abstract: With the formidable block imposed on Huawei by the Trump administration, the May government is seeking a balanced approach, which could mitigate the political and security concerns over Huawei by monitoring its operation and limiting its kits to the UK 5G's non-core parts. This is based on the government's previous experiences of supervision on the company and the economic and technological cost-and-benefit analysis of using or banning Huawei. Opponents to Huawei in the UK focus on its "Chinese identity", emphasizing its close relations with the Chinese Government, and that the company could endanger the UK's national security by enabling China to control or even shut down the UK's critical national infrastructure. The intelligence cooperation and mutual trust of the Five Eyes are said to be threatened as well. Boris Johnson is likely to hold on to the technical approach of May administration. However, The policy is susceptible to the imminent Entity List ban on Huawei by the Trump administration.

Keywords: Huawei; 5G; Sino-British Relation; Anglo-American Relation; Sino-US Trade War

Abstract: The UK is now entrapped in multiple dilemmas due to the twisted suspension of Brexit negotiation, the worsening of transatlantic relations, and the rise of populism. Confronted by these challenges, UK's policymakers were forced to initiate a new round of China policy debate and plan to issue a new China strategy document before the end of 2020. As an important type of actors within UK's political system, British business interest groups have influenced the perceptional construction, strategic cognition, and agenda-setting of the UK political leadership. Through a comparison of the published materials made by the three most typical British business interest groups (CBBC, BCC, and CBI) since early 2017 and the policy documents of UK government since the end of 2017, a more nuanced estimate is made on the rhythm and effectiveness of the influences of these business interests on UK's official policy process for China-related issues at the present. Furthermore, based on this comparison, this paper elaborates the focuses and perceptional patterns of these business interests over UK's China policy process, and reveals their positions and roles within UK's political system and policy process related to China issues.

Keywords: Business Interests; Interest Groups; UK's China Policy Making

皮书起源

“皮书”起源于十七、十八世纪的英国，主要指官方或社会组织正式发表的重要文件或报告，多以“白皮书”命名。在中国，“皮书”这一概念被社会广泛接受，并被成功运作、发展成为一种全新的出版形态，则源于中国社会科学院社会科学文献出版社。

皮书定义

皮书是对中国与世界发展状况和热点问题进行年度监测，以专业的角度、专家的视野和实证研究方法，针对某一领域或区域现状与发展态势展开分析和预测，具备原创性、实证性、专业性、连续性、前沿性、时效性等特点的公开出版物，由一系列权威研究报告组成。

皮书作者

皮书系列的作者以中国社会科学院、著名高校、地方社会科学院的研究人员为主，多为国内一流研究机构的权威专家学者，他们的看法和观点代表了学界对中国与世界的现实和未来最高水平的解读与分析。

皮书荣誉

皮书系列已成为社会科学文献出版社的著名图书品牌和中国社会科学院的知名学术品牌。2016 年，皮书系列正式列入“十三五”国家重点出版规划项目；2013~2019 年，重点皮书列入中国社会科学院承担的国家哲学社会科学创新工程项目；2019 年，64 种院外皮书使用“中国社会科学院创新工程学术出版项目”标识。

S 基本子库
UB DATABASE

中国社会发展数据库（下设12个子库）

全面整合国内外中国社会发展研究成果，汇聚独家统计数据、深度分析报告，涉及社会、人口、政治、教育、法律等12个领域，为了解中国社会发展动态、跟踪社会核心热点、分析社会发展趋势提供一站式资源搜索和数据分析与挖掘服务。

中国经济发展数据库（下设12个子库）

基于“皮书系列”中涉及中国经济发展的研究资料构建，内容涵盖宏观经济、农业经济、工业经济、产业经济等12个重点经济领域，为实时掌控经济运行态势、把握经济发展规律、洞察经济形势、进行经济决策提供参考和依据。

中国行业发展数据库（下设17个子库）

以中国国民经济行业分类为依据，覆盖金融业、旅游、医疗卫生、交通运输、能源矿产等100多个行业，跟踪分析国民经济相关行业市场运行状况和政策导向，汇集行业发展前沿资讯，为投资、从业及各种经济决策提供理论基础和实践指导。

中国区域发展数据库（下设6个子库）

对中国特定区域内的经济、社会、文化等领域现状与发展情况进行深度分析和预测，研究层级至县及县以下行政区，涉及地区、区域经济体、城市、农村等不同维度。为地方经济社会宏观态势研究、发展经验研究、案例分析提供数据服务。

中国文化传媒数据库（下设18个子库）

汇聚文化传媒领域专家观点、热点资讯，梳理国内外中国文化发展相关学术研究成果、一手统计数据，涵盖文化产业、新闻传播、电影娱乐、文学艺术、群众文化等18个重点研究领域。为文化传媒研究提供相关数据、研究报告和综合分析服务。

世界经济与国际关系数据库（下设6个子库）

立足“皮书系列”世界经济、国际关系相关学术资源，整合世界经济、国际政治、世界文化与科技、全球性问题、国际组织与国际法、区域研究6大领域研究成果，为世界经济与国际关系研究提供全方位数据分析，为决策和形势研判提供参考。